# 정부·공공·교육기관 및 기업체를 위한 소프트웨어자산관리 활용방법

## Software Asset Management Guideline

정보기술 소프트웨어자산관리

제1부

프로세스 및 단계별 적합성 평가

Information Technology
Software Asset Management

Part 1
Processes and tiered
assessment of conformance

이 책은 국제규격인 ISO/IEC 19770-1(정보기술 –소프트웨어자산관리– 제1부 프로세스 및 단계별 적합성 평가)의 국내 표준화(KS X ISO/IEC 19770-1)에 즈음하여 한국 내 기업체 및 국가, 공공기관 등의 조직 내에서의 소프트웨어자산관리의 효율화 및 활성화를 위해서뿐만 아니라 가이드라인의 일환으로 작성한 것이다.

국제표준으로서 ISO/IEC 19770은 소프트웨어자산관리(SAM: Software Asset Management)에 관해 국제표준화기구(ISO[1]) 및 국제전기표준회의(IEC[2])의 합동 기술위원회인 JTC1[3] 산하의 분과위원회 SC7[4] 산하 실무 그룹인 WG21(Working Group 21)에서 개발이 진행되고 있는 규격이다. 현재 국제 표준 규격으로 발행되고 있는 프로세스 및 단계별 적합성 평가의 요구 사항을 규정한 ISO/IEC 19770-1(2012)과 소프트웨어를 식별하는 태그의 사양을 규정한 ISO/IEC 19770-2, 그리고 소프트웨어 사용권 태그를 규정한 ISO/IEC 19770-3 등이 있다.[5] 이 규격은 최초 스웨덴 표준화 기구(SIS: Swedish Standards Institute)에서 논의된 후 국제표준화기구로 이관되어 2002년에 한국의 부산에서 규격 원안(WD: Working Draft)이 정리 되었다. 그 이후 2005년 핀란드 헬싱키, 이탈리아 발리에서 연이은 회의를 통해 최종 규격 원안(FDIS: Final Draft International Standard)으로 정리되었고 2006년 방콕 회의에서 승인되었다.

2006년 발행 버전은 ISO/IEC 19770-1(2006 Processes)은 소프트웨어자산관리를 수행함에 있어 조직이 달성해야 할 상태를 27개 프로세스로 나누어 설명하고 있다. 이 규격에 대한 준수는 완전한 전체 적합성을 실현하는 조직만으로 한정했기 때문에 일반적인 조직이 이 규격에 적합 하려면 그 벽이 매우 높았다고 할 것이다.[6] 그래서 단계적인 적용을 가능하도록 "Staged adoption of SAM processes"로서 검토 되었던 것이다. 당초 ISO/IEC 19770-4로 명명 하려고 하였지만, 표준화 과정에서 ISO/IEC 19770-1: 2006의 개정판으로 정하는 것으로 결론이 났고, 2012년 6월에 ISO/IEC 19770-1: 2012 Processes and tiered assessment of conformance가 발행 되었다.

---

[1] International Organization for Standardization(ISO)
[2] International Electrotechnical Commission(IEC)
[3] Joint Technical Committee 1 for Information Technology
[4] Subcommittee
[5] 2015년 6월 말 현재 ISO/IEC 19770 시리즈 중 프로세스 및 단계별 적합성 평가인 19770-1과 소프트웨어 식별태그(19770-2) 및 소프트웨어 사용권 태그(19770-3) 그리고 개요와 용어 파트인 19770-5는 개발이 완료되었고, 19770-7(태그관리), 19770-8(산업별 매핑 지침), 19770-11(중견 및 중소기업에의 적용 지침)은 개발을 검토 중에 있다.
[6] ISO/IEC 19770-1(2012) "제1부 프로세스 및 단계별 적합성 평가"에 의하면 4단계에 해당하는 수준을 의미한다고 할 것이다.

우리나라에서도 이러한 국제표준화 흐름 및 한미 FTA의 체결로 말미암아 2011년 11월 28일 문화체육관광부 훈령(제163호)으로 «정품 소프트웨어 및 그 밖의 대상물 관리에 관한 규정»을 통하여 정부기관에 대해 정품 소프트웨어 사용 의무화 및 소프트웨어자산관리에 대한 필요성을 밝혔다. 이는 한미 FTA 협정 제18장 제4조 제9항에 근거하여 국내 훈령을 통하여 구체화 하려고 한 것이다. 이듬해는 대통령 훈령(제296호)으로 위 문화체육관광부 훈령을 격상시켜, 2012년 6월 14일 «공공기관의 소프트웨어관리에 관한 규정»이 발표되어 문화체육관광부 산하 이외의 다른 부처 기관에까지 확대 적용하여 범 정부적인 소프트웨어자산관리에 대한 필요성을 언급하기에 이르렀다. 각 지방자치단체 및 교육청 등 기관도 이러한 적용에 예외가 될 수 없는 상황에 이르렀다고 할 것이다. 2013년 초에는 국회 문화체육관광 방송통신위원회 소속 의원들이 "정품 소프트웨어 유통 촉진 지원 의무 및 불공정거래 금지 명시"등에 관한 소프트웨어산업진흥법 개정안을 발의하여 2013년 3월 23일 일부 조항이 개정되었다. 이는 정부 및 공공기관 등이 해마다 대규모 IT투자 예산을 반영하여 새로운 소프트웨어를 구매하고 있는데, 이미 유효한 라이선스를 보유한 상태에서 소프트웨어의 업그레이드를 통해 버전업을 할 수 있음에도 불구하고 소프트웨어자산관리 소홀로 인해 신규 예산을 들여 소프트웨어를 중복 구매하는 경우가 발생하고 있는 데서 개정 이유를 찾을 수 있을 것이다. 결국 소프트웨어자산관리의 효율적 운영을 통한 비용 절감이라는 이점을 모색하는 시발점이 될 것으로 전망한다.

혹자들은 향후 클라우드 컴퓨팅의 시대가 도래하므로 ICT(Information & Communication Technology)의 운용 관리가 없어지거나 소프트웨어자산관리(SAM)가 편해짐으로써 그 필요성에 의문을 제기하는 분들도 계시겠지만, 비즈니스 분야에서는 사용자의 자원으로 관리해야 할 범위가 늘어 나게 되는 만큼 서비스를 제공하는 소프트웨어와 관련된 자산 관리도 많아 지게 되므로, 오히려 더욱 어렵게 되는 경우가 발생할 것으로 전망하고 있다. 아울러 우리나라도 북미, 유럽 및 일본 사회

---

대통령 훈령 제296호에 의하면, 각 공공기관의 장은 정보담당 부서장을 기관 관리 책임자로 지정해야 하고, 해당 관리 책임자는 분기별로 소프트웨어 관리대장 및 소프트웨어 현황표를 작성하여 보관하도록 되어 있다. 또한 연 1회 이상 소프트웨어 관리 실태를 점검하고 불법복제 발견 시 조치하며, 담당자는 연 1회 이상 소프트웨어 관리 교육을 받아야 하고, 공공기관의 장은 연 1회 이상 소속 직원을 대상으로 소프트웨어의 이용 및 저작권 교육을 실시해야 한다고 규정하고 있다.

처럼 각 조직에 대한 SAM 도입 촉진을 위한 SAM의 중요성 계몽과 동시에 소프트웨어자산관리의 적합성 평가 인증제의 도입 및 공인 SAM 컨설턴트의 배출 등 국가·사회적인 노력이 필요할 시점이다. 이러한 움직임을 통해 글로벌 추세에 보폭을 맞춰 궁극적으로 소프트웨어 제조업체와의 신뢰확보 및 지속적인 서비스 제공을 담보할 뿐만 아니라 불필요한 분쟁을 최소화 하여 조직 운영에 간접적으로나마 지원을 하는 계기가 되기를 바란다. 이를 통해 조직에 대한 형사상 고소 및 단속 등의 네거티브 한 접근방식에서 벗어나 포지티브 한 선 순환 방식으로의 전환이 이루어지기를 또한 바랄 뿐 이다.

## 제1장 소프트웨어 개관

- I. 소프트웨어의 특징 … 12
  1. 저작권 보호 대상 … 12
  2. 무형자산 … 13
  3. 소프트웨어와 라이선스의 구분 … 14
  4. 소프트웨어 이용현황 … 14
  5. 바이러스의 경로 … 16
  6. 업무효율성 지원 … 18
- II. 소프트웨어의 종류 … 20
  1. 일반적 개념 … 20
  2. 프로그래밍 언어 … 20
  3. 응용소프트웨어 종류와 기능 … 21
- III. 소프트웨어 라이선스 … 23
  1. 정의 … 23
  2. 라이선스의 이해 … 24

## 제2장 각 국의 저작권 보호 단체 및 활동

- I. 미국 … 32
  1. BSA The Software Alliance … 32
  2. IAITAM International Association of Information Technology Asset Managers … 37
  3. IBSMA International Business Software Manager Association … 38
  4. Tag Vault … 39
- II. 영국 … 40
  1. FAST & IiS The Federation against Software Theft & Investors in Software … 40
  2. BCS British Computer Society … 41
  3. itSMF IT Service Management Forum … 41
- III. 일본 … 43
  1. ACCS Association of Copyright for Computer Software … 43
  2. SAMAC association of SAM Assessment & Certification … 44
- IV. 중국 … 47
- V. 우리나라 … 48
  1. 한국저작권위원회 KCC … 48
  2. 한국소프트웨어저작권협회 SPC … 51
  3. 문화체육관광부 저작권 특별사법경찰 … 51
  4. 한국소프트웨어저작권사용자보호협회 KOSUPA … 52

## 제3장 소프트웨어 저작권 보호 정책

- I. 불법소프트웨어 단속 … 56
  1. 우리나라 … 56
  2. 일본 … 66
  3. 미국 … 70
  4. 영국 … 78
  5. 독일 … 79
  6. 중국 … 80
- II. 소프트웨어 감사 … 83
  1. 국제적 흐름 … 83
  2. 감사에 대한 법률적 쟁점 … 86
  3. 소프트웨어 감사의 문제점 및 대처방안 … 89

## 제4장 대체적 분쟁 해결제도 ADR

Ⅰ. ADR Alternative Dispute Resolution 제도 ............ 92
   1. 소개 ............ 92
   2. ADR의 개념 ............ 92
   3. ADR의 장단점 ............ 93

Ⅱ. ADR 분류 ............ 94
   1. 주관기관에 따른 분류 ............ 94
   2. 분쟁해결방안의 성격에 따른 분류 ............ 96

Ⅲ. ADR 이용현황 ............ 99
   1. 미국의 «연방 ADR법» ............ 99
   2. EU의 «유럽조정지침»과 «유럽조정인행위규약» ............ 100
   3. 독일의 «ADR법» 초안 ............ 102
   4. 일본의 «ADR 기본법» ............ 102

Ⅳ. 한국저작권위원회의 ADR 제도 ............ 104
   1. 제도 소개 ............ 104
   2. 조정의 장점 ............ 104
   3. 조정의 대상 ............ 105
   4. 조정의 효력 ............ 106
   5. 조정절차 ............ 106
   6. 조정비용 ............ 106
   7. 조정성공 및 실패사례 ............ 107
   8. 한국저작권위원회의 ADR제도 활성화 필요성 ............ 109

## 제5장 소프트웨어 자산관리 가이드라인

Ⅰ. 개요 ............ 112

Ⅱ. 용어의 해설 ............ 119
   1. 기준 Baseline ............ 119
   2. 구성 항목 CI: configuration item ............ 119
   3. 이사회 또는 동등한 기관 corporate board or equivalent body ............ 119
   4. 최종 마스터 버전 definitive master version ............ 119
   5. 배포용 사본 distribution copy ............ 119
   6. 유효한 정식 라이선스 effective full license ............ 120
   7. 부문(부서) SAM 책임자 local SAM owner ............ 120
   8. 요원 personnel ............ 120
   9. 절차 procedure ............ 120
   10. 프로세스 process ............ 120
   11. 플랫폼 platform ............ 120
   12. 릴리스 release ............ 121
   13. SAM 책임자 SAM owner ............ 121
   14. 소프트웨어 software ............ 121
   15. 소프트웨어자산관리 software asset management: SAM ............ 121
   16. 기본 라이선스 underlying license ............ 122
   17. 소프트웨어자산 ............ 122
   18. IT 자산 ............ 122
   19. IT 자산의 라이프 사이클 ............ 122
   20. 라이선스 관리 ............ 122
   21. 사용허락계약 (사용허락서) ............ 122

| | | | |
|---|---|---|---|
| | 22. | 소프트웨어자산관리 도구 (SAM Tool) | 123 |
| | 23. | 인벤토리 | 123 |
| | 24. | 내부감사 | 123 |
| | 25. | 외부감사 | 123 |
| | 26. | 재고조사 | 123 |
| | 27. | 소프트웨어의 조달 | 123 |
| | 28. | 소프트웨어의 도입 | 124 |
| | 29. | 소프트웨어 제거 | 124 |
| | 30. | 라이선스 사용 | 124 |
| | 31. | 라이선스 보유 | 124 |
| | 32. | 라이선스 폐기 및 반환 | 124 |
| | 33. | 범위 | 124 |
| | 34. | IT 거버넌스 | 125 |
| | 35. | 도입 소프트웨어 대장 | 125 |
| | 36. | 보유한 라이선스 대장 | 125 |
| | 37. | 라이선스 관련 부재 | 125 |
| | 38. | 라이선스 관련 부재 대장 | 125 |
| | 39. | 하드웨어 대장 | 125 |

Ⅲ. SAM 관리 프로세스    126
     1. 일반    126
     2. 다른 경영 시스템과의 관계    128

Ⅳ. SAM 통제환경    135
     1. 일반    135
     2. SAM 기업 지배구조 프로세스    135
     3. SAM 역할과 책임    137
     4. SAM 정책, 프로세스 및 절차    141
     5. SAM 역량    144

Ⅴ. SAM 계획 및 도입 프로세스    146
     1. 일반    146
     2. SAM 계획 수립    146
     3. SAM 도입    149
     4. SAM 모니터링 및 평가 (검토)    150
     5. SAM 지속적인 개선    154

Ⅵ. SAM 재고 프로세스    156
     1. 일반    156
     2. 소프트웨어자산 식별    156
     3. 소프트웨어자산 재고관리    160
     4. 소프트웨어자산 통제    164

Ⅶ. SAM 검증 및 준수 프로세스    167
     1. 일반    167
     2. 소프트웨어자산 기록 검증    167
     3. 소프트웨어 라이선스(사용권계약) 준수    169
     4. 소프트웨어자산 보안 준수    172
     5. SAM 적합성 검증    173

| | | |
|---|---|---|
| Ⅷ. SAM 운영관리 프로세스 및 인터페이스 | | 176 |
| 1. | 일반 | 176 |
| 2. | SAM 관계 및 계약관리 | 176 |
| 3. | SAM 재무관리 | 180 |
| 4. | SAM 서비스 수준관리 | 184 |
| 5. | SAM의 보안관리 | 186 |
| Ⅸ. SAM 라이프 사이클 프로세스 인터페이스 | | 189 |
| 1. | 일반 | 189 |
| 2. | 변경관리 프로세스 | 189 |
| 3. | 취득 프로세스 | 190 |
| 4. | 소프트웨어 개발 프로세스 | 194 |
| 5. | 소프트웨어 릴리스 관리 프로세스 | 196 |
| 6. | 소프트웨어 배포 프로세스 | 197 |
| 7. | 사건 사고관리 프로세스 | 200 |
| 8. | 문제관리 프로세스 | 201 |
| 9. | 폐기 프로세스 | 202 |

**제6장**

**소프트웨어 자산관리(SAM) 도입 설명서**

| | | |
|---|---|---|
| Ⅰ. SAM의 목적 | | 208 |
| Ⅱ. SAM의 필요성 | | 209 |
| 1. | 재정적 관점 | 210 |
| 2. | 라이선스 준수의 관점 | 210 |
| 3. | 업무효율 및 비용 관점 | 211 |
| 4. | 정보보안의 관점 | 211 |
| Ⅲ. SAM 도입계획 | | 213 |
| 1. | 현황파악 | 213 |
| 2. | 체제(방식) 및 정책 결정 | 218 |
| 3. | 도입계획의 책정 | 221 |
| Ⅳ. SAM 시스템 (또는 툴) | | 225 |
| 1. | SAM 시스템 | 225 |
| 2. | SAM 시스템의 기본적 기능 | 226 |
| 3. | SAM 시스템에 대한 오해 | 227 |
| 4. | SAM 시스템의 포인트 | 230 |
| Ⅴ. SAM의 구축 | | 236 |
| 1. | 개요 | 236 |
| 2. | SAM 시스템 도입 | 236 |
| 3. | 대상자산의 파악 | 237 |
| 4. | 관리규정 및 절차의 수립 | 249 |
| Ⅵ. SAM 운용 | | 252 |
| 1. | 개요 | 252 |
| 2. | SAM 계획의 책정 | 252 |
| 3. | 교육 | 252 |
| 4. | 재고조사 | 256 |
| 5. | 감사 | 257 |
| 6. | SAM 계획의 검토 | 258 |

Ⅶ. 조달사양 예시 259
    1. 작성 개요 259
    2. 기능 요구사항 261
    3. 비기능적 요구사항 262
Ⅷ. 일본 공공단체의 SAM 구축 사례 264
    1. K 시 사례 264
    2. Y 발전기 주식회사 267
Ⅸ. 일본 대학교 SAM 구축 사례 272
    1. D 예술공과대학 272
    2. G 대학 274

**부록 A**
ISO/IEC 19770-1 단계에 따른 성과의 요약 참조표    277

**부록 B**
선택된 주제에 대한 안내서    284

**부록 C**
업계 모범사례에 대한 상호참조    288

**부록 D**
로드맵    320

**부록 E**
업계 역량 및 성숙도 접근방식    324

**부록 F**
일본 SAMAC의 성숙도 모델에 의한 평가방법    334

**부록 G**
BSA의 경영자를 위한 소프트웨어 리스크 관리 가이드    356

**부록 H**
마이크로소프트의 소프트웨어 자산관리 가이드    362

**부록 I**
각종 규정 류 및 대장 등 보고서    370

**참고문헌**    421

제1장

# 소프트웨어 개관

I. 소프트웨어의 특징

II. 소프트웨어의 종류

III. 소프트웨어 라이선스

제1장

# 소프트웨어 개관

## I. 소프트웨어의 특징

### 1. 저작권 보호 대상

우리나라 저작권법 제1조에는 "저작자의 권리와 이에 인접하는 권리를 보호하고 저작물의 공정한 이용을 도모함으로써 문화 및 관련 산업의 향상 발전에 이바지 함을 목적으로 한다."라고 규정하고 있고, 동법 제4조 제1항에서는 저작물의 예시를 다음과 같이 들고 있으며, 제9호 에서 소프트웨어에 대한 저작물 규정을 구체화 하고 있다.

> 제1호 소설·시·논문·강연·연설·각본 그 밖의 어문저작물
> 제2호 음악저작물
> 제3호 연극 및 무용·무언극 그 밖의 연극저작물
> 제4호 회화·서예·조각·판화·공예·응용미술저작물 그 밖의 미술저작물
> 제5호 건축물·건축을 위한 모형 및 설계도서 그 밖의 건축저작물
> 제6호 사진저작물 (이와 유사한 방법으로 제작된 것을 포함한다.)
> 제7호 영상저작물
> 제8호 지도·도표·설계도·약도·모형 그 밖의 도형저작물
> 제9호 컴퓨터프로그램저작물

또한 동법 제2조의 2(저작권 보호에 관한 시책 수립 등)에 의하면 문화체육관광부 장관은 저작권의 보호 및 저작물의 공정한 이용 환경 조성을 위한 기본정책에 관한 사항, 저작권 인식 확산을 위한 교육 및 홍보에 관한 사항, 저작물 등의 권리 관리정보 및 기술적 보호조치의 정책에 관한 사항에 대해 시책을 수립하여 시행할 수 있다라고 규정하고 있다. 아울러 외국인의 저작물도 대한민국이 가입하거나 체결한 조약(Berne Convention)[8]에 의해 보호하도록 규정하고 있는바(동법 제3조), 외국산 소프트웨어에 대해서도 그 저작권을 보호할 의무를 부담하게 된다. 2010년 문화체육관광부 유병한(제2대, 한국저작권위원회 위원장) 문화콘텐츠산업 실장은 간담회에서 "산하기관 SW구입예산을 확보하고 공공기관 SW사용실태를 철저히 조사할 계획"이라고 밝히며 "저작권보호 문화가 공공부문부터 정착될 것"이라고 밝힌바 있다. 오늘날 우리나라 산업 전반에 걸쳐 업무상으로 사용되는 대표적인 소프트웨어는 국산(오피스, 보안, 게임 등)뿐만 아니라 외산 소프트웨어(운영체제, 오피스, 설계, 그래픽, 유틸리티, 개발, 서버 등)를 포함하여 수만 가지 이상이 될 것이다. 그러나 이렇게 사용되는 소프트웨어 대한 자산관리를 체계적으로 실시해 나가는 조직이 생각보다 많지 않은 것이 현실이다.

### 2. 무형자산

무형자산이란 물적 실체가 없는 고정자산으로서 이 자산을 소유함으로써 미래의 경제적 효익을 얻을 수 있는 것으로, 자산으로서의 실체성은 없지만 법률상 또는 사실상의 권리로서 인식되는 고정자산을 말한다. 기업회계기준 및 법인세법 시행령 제26조 등에 의거, 산업재산권(특허권, 상표권, 실용신안권, 디자인권, 상호권 및 상품명), 광업권, 어업권, 라이선스와 프랜차이즈, 저작권, 컴퓨터소프트웨어, 개발비, 임차권리금, 사용수익기부자산 등을 그 예로 들 수 있다.

---

[8] Berne Convention의 정식 이름은 "문학 및 미술 저작물 보호에 관한 국제협정"으로 만국저작권보호동맹조약 이라고 하며 1886년 체결된 조약이다. 당시 유럽에서는 외국인의 저작물을 무단 출판하는 경우가 많았기 때문에, 프랑스의 위고가 명예회장으로 있던 국제문예협회의 강력한 주장이 이 조약 체결의 원동력이 되었다. 이 조약 이외에 따로 세계저작권협약이 있지만, 베른 조약이 세계저작권협약에 우선하므로 모든 것을 베른조약 규정에 따라 처리하면 되도록 되어 있다. 한국은 세계무역기구(WTO) 협정이 1995년 7월부터 발효됨에 따라 1996년 가입하였다. 2014년 현재 가맹국은 한국을 포함하여 약 167개국이다.

세법상 무형자산은 감가상각자산에 포함되며 법령에서 정하는 방법에 의해서 감가상각 해야 한다. 기업회계기준서에 따르면 그 자산의 추정 내용연수 동안 체계적인 방법으로 상각하되 관계법령이나 계약에 정해진 경우 외에는 20년을 초과할 수 없으며, 내용연수 동안의 상각 방법으로 다양한 방법을 사용할 수 있으나 합리적인 상각 방법을 정할 수 없는 경우에만 정액법을 사용하도록 하고 있다.

### 3. 소프트웨어와 라이선스의 구분

SAM의 대상이 되는 소프트웨어는 실행 소프트웨어와 비 실행 소프트웨어를 모두 지칭한다. 예를 들어, 실행 소프트웨어에는 응용 프로그램, 운영 시스템, 유틸리티 프로그램 등이 있다. 비 실행 소프트웨어는 글꼴, 그래픽, 음성 데이터, 영상 데이터, 템플릿 및 매뉴얼 등을 포함한 문서 류, 사전 류, 데이터 등을 들 수 있다. KS X ISO/IEC 19770-1에서는 자사에서 개발한 시스템도 대상으로 하고 있다. 라이선스는 본 설명서 여러 곳에서 언급하고 있는바, 소프트웨어의 판권 내지 사용 권한을 가리킨다. 사용권 계약(License agreement) 또는 계약서 등에는 그 사용 조건이 기재되어 있다. 따라서 소프트웨어자산[9]은 소프트웨어 및 라이선스를 총칭하는 의미로 사용된다.

### 4. 소프트웨어 이용현황

오늘날 소프트웨어 이용은 기존의 자체개발을 통한 조달에서 범용 소프트웨어를 통한 방식으로 바뀌게 됨에 따라, 1인당 소프트웨어 이용 가격은 하락함과 동시에 IT 활용 능력 향상과 업무 효율화에 기여하였다. 물론 지금도 자체개발 및 커스터마이징(Customizing) 성향이 남아 있기는 하지만, 20여 년 전에 비해서는 일반 응용프로그램의 수는 상상할 수 없을 만큼 많아지고 있는 현실이다. 또한 프리웨어[10] 및 오픈소스(OSS)[11] 등 표면상 무료인 소프트웨어도 늘어 났고, 그 결과 범용 소프트웨어는 자체개발 시스템과 달리 도입을 결정함에 있어 조직의 최고 경영층에서 관여하는 일이 줄어 들게 되었다. 자체개발 시스템과 고액의 커스터마이징 소프트웨어는 그 도입 시에는 저작권을 포함한 계약을 체계적으로 검토하면서 도입하고

---

[9] 참고로, IT자산은 라이선스, 라이선스 허가 증명 부자재 (또는 라이선스 관련 부재), 하드웨어, 도입 소프트웨어까지를 포함한다. 여기서 말하는 하드웨어가 무엇을 가리키는지는 조직에 따라 다르겠지만 예를 들어, PC, 서버, 네트워크 케이블, 라우터, 허브, 프린터 및 복사기, 팩스 등을 생각해 볼 수 있다.

있지만, 범용 소프트웨어는 대부분의 조직에서 그 이용 조건을 확인하지 않고 있으며 도입 시 이용자에게 사용권 계약에 동의를 묵시적으로 맡기고 있는 상황이고, 이용자도 계약 조건을 확인하지 않고 맹목적으로 동의하고 이용하고 있는 실정이다. 이와 같이 소프트웨어를 이용하는 행위가 라이선스 계약에 근거한다는 인식이 조직 및 이용자에게도 희박해 지고 있는 상황에서 소프트웨어자산관리의 필요성이 더욱 더 필요하다고 할 것이다.

〈표 1-1〉 산업별 실무담당자의 저작권 중요성 인식도

| 구분 | 매우 중요 (4) | 중요 (3) | 약간 중요 (2) | 중요하지 않음(1) | 평균 |
|---|---|---|---|---|---|
| 어패럴·직물·신발 | 7 | 15 | 6 | 28 | 2.0 |
| 보석·귀금속 | 7 | 6 | 4 | 12 | 2.3 |
| 기타 공예품 | 3 | 2 | 4 | 15 | 1.7 |
| 가정용품·자기·유리 | 6 | 13 | 8 | 26 | 2.0 |
| 벽지·카페트 | 4 | 5 | 3 | 17 | 1.8 |
| 가구 | 12 | 6 | 2 | 26 | 2.0 |
| 장난감·게임용품 | 8 | 4 | 3 | 12 | 2.3 |
| 건축·엔지니어링[12] | 25 | 13 | 1 | 11 | 3.0 |
| 생활공간 디자인 | 8 | 4 | 0 | 8 | 2.6 |
| 박물관 | 8 | 5 | 3 | 14 | 2.2 |
| 전체 | 88 | 73 | 34 | 169 | 2.2 |

출처: 2012 저작권 백서, 한국저작권위원회

[10] 프리웨어(Freeware)는 사용에 대한 제한이 없는 프로그램으로서 주로 제조사에서 무료로 사용하도록 허가한 소프트웨어로 저작권은 존재한다. 참고로, 셰어웨어(Shareware)는 자유롭게 사용할 수는 있지만, 일정한 제약(기능, 기간 등)이 있는 프로그램으로 일종의 데모용 소프트웨어 또는 트라이얼(trial) 버전이라고도 한다.

[11] 오픈소스(Open source)란 소스코드를 공개하여 유용한 기술을 많은 개발자들이 공유하여 자유롭게 소프트웨어의 개발 및 업데이트에 참여할 수 있도록 하여 보다 더 우수한 소프트웨어를 설계할 수 있다는데 발상을 두고 있다. 대표적인 프로그램이 운영체제인 리눅스이다. 1970년대에는 대부분의 소프트웨어 소스코드가 무료로 배포되었으며, 1980년대 들어 자유소프트웨어 재단을 중심으로 유닉스 개발자 들을 통해 무료 배포와 소스 공개가 본격적으로 이루어 졌다고 할 수 있다. 또한 1998년부터 "자유소프트웨어"라는 말 대신에 "오픈소스 소프트웨어"라는 표현을 사용하게 되었다.

### 5. 바이러스의 경로

오늘날 우리는 불법 소프트웨어 취득 환경(인터넷, 불법 CD 거래, 조립 PC판매상의 무단설치, 사내 동료들간 고의 또는 과실에 의한 무단 설치 등)에 너무도 쉽게 노출되어 있다고 할 수 있다. 통상 개인 또는 조직간에 발생하는 거래는 재화와 용역이라는 거래의 매개체를 통해 합리적인 대금을 지불하고 대상물을 취득하게 되는 것이 일반적이다. 그런데 눈으로 보이는 유형자산의 경우에는 비용 지불에 있어서 이성적인 판단을 하는 것이 일반적이라고 한다면, 무형자산의 경우 (특히 저작권 분야)에는 그러한 판단을 하지 않으려고 했던 것이 역사적 사실인 듯 하다.[13]

미국에 있는 리서치 기관인 IDC(International Data Corporation)는 불법 소프트웨어를 여하한 경로로 취득하여 이용하게 되면 기업체, 정부기관 등 조직에 심각한 보안상 위험을 안겨 줄 것이라고 밝힌 바 있다. 포탈 사이트 등에서 불법 및 음성적으로 유포되는 각종의 소프트웨어에는 그 유포자가 고의로 악성코드를 감염시켜 배포하는 경우가 많다고 한다. 악성코드의 특징을 예로 든다면, 외부로부터의 원격제어 및 개인정보 유출 또는 시스템 및 데이터 파괴, 디바이스 성능 저하 등의 문제 외에 유포자가 의도한 다른 악의적 목적의 대상이 될 수 있다. 이러한 특징들을 돌이켜 보면, 무상으로 용이하게 구할 수 있다는 장점이 있는 불법 소프트웨어 사용에는 원상회복이 불가능할 만한 위험이 상존한다고 할 것이다. 또한 IDC는 2013년 한 해 동안 악성코드가 야기하는 사이버 공격을 처리하기 위해 기업이 소모해야 할 비용은 전 세계적으로 1,140억 달러로 예상했으며, 아시아 태평양 지역에서는 이러한 비용이 390억 달러에 달할 것으로 추정했고, 데이터 손실로 인한 비용까지 고려하면 1,290억 달러에 이를 것으로 예측했다.[14] 이러한 감염으로 인해 일반 소비자들이 입게 될 피해(인증, 수리, 복구하기 위해 드는 시간)비용은 세계적으로 15억 시간, 피해 규모는 220억 달러에 이르는 것으로 나타났다.[15]

---

[12] 건축 및 엔지니어링 회사는 설계를 중점적 업무로 영위하는 분야로서 cad와 같은 설계 프로그램 저작권사로부터 오래 전부터 문제 제기를 받았기에 저작권에 대한 인식이 다른 분야에 비해 빠르게 향상될 수 있었다고 추정된다.

[13] Historically it is little secret that nations, and people, generally do not respect intellectual property laws except when it is in their best interest to do so. The United States was a European book pirate and refused to join the Berne Convention until it appeared that U.S. media industries stood more to gain than to lose from assenting.
(Leverage That is "Criminal" : Seeking to Balance the Rights of Korean Defendants and Plaintiffs in Small-Scale Software Copyright Cases : KLRI Journal of Law and Legislation, Volume 2 2012)

IDC는 이번 조사를 진행하기 위해 270개의 웹사이트 및 P2P 네트워크, 108개의 소프트웨어 다운로드, 114개 CD 혹은 DVD를 분석했다. 또한 영국, 미국, 중국, 인도, 멕시코, 러시아 등을 포함한 세계 각국의 2,077명의 일반 소비자와 258명의 IT관리자 및 CIO들도 조사 대상에 포함했으며, 조사 결과 불법 소프트웨어는 45%가 인터넷에서 다운로드 되는 것으로 밝혀졌다. 이 중 스파이웨어(Spyware)[16]를 포함한 78%는 웹사이트나 P2P 네트워크에서 다운로드 됐고, 36%는 트로이목마 및 애드웨어(Adware)[17]를 포함하고 있었다. 이렇게 위장된 악성 코드들을 통해 사이버 범죄자들이 피해자의 개인 정보나 금융 정보를 빼내가거나 원격으로 감염된 컴퓨터의 마이크나 비디오 카메라를 조정해 피해자의 사생활을 엿볼 가능성도 있는바, 이러한 사이버 범죄의 위협을 막고 자신을 보호하기 위해서는 컴퓨터를 구매할 때 정품 소프트웨어를 꼭 확인하는 것이 최선의 방법이라고 할 것이다.

〈그림 1-1〉 2013 불법 소프트웨어 감염 비율

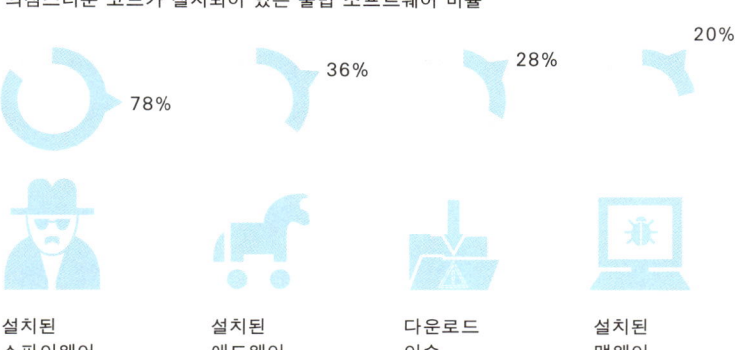

출처: IDC, 불법 소프트웨어 위험성 조사 발표, CAD & Graphics 2013.4월호.

---

14 IDC, 불법 소프트웨어 위험성 조사 발표, CAD & Graphics 2013-4월호(김지혜)
15 상동
16 타인의 컴퓨터에 잠입하여 중요한 개인정보를 빼가는 소프트웨어를 말한다.
17 무료로 사용되는 프리웨어 또는 일정한 금액을 지불하고 사용하는 셰어웨어 등에서 광고 보는 것을 전제로 사용이 허용되는 프로그램을 말한다. 광고 게시 자체는 정당한 행위에 해당하나, 정상적인 컴퓨터 사용을 곤란하게 할 정도로 무분별한 팝업 광고나 인터넷브라우저의 시작 페이지를 고정하여 사용자의 인터넷 이용을 불편하게 하는 경우를 생각할 수 있다.

**6. 업무효율성 지원**

오늘날 복잡한 산업분야에서 다양한 소프트웨어를 통해 생산성과 효율성을 도모하고 있다는 것은 주지의 사실이다. 어쩌면 생산성과 효율성은 차치하고라도 기업의 고유한 업무목적을 달성하여 상품을 생산해 낼 수 있는 기반에는 각종의 소프트웨어들이 한 몫을 하고 있다는 것을 부인할 수 없다. 예컨대, 업무지원 소프트웨어(운영체제, 오피스, 보안 프로그램 등)에서부터 생산지원 소프트웨어(설계, 그래픽, 개발 프로그램 등) 등을 들 수 있다. 다만, 이러한 소프트웨어들의 대다수가 외국산 이라는데 우리나라의 소프트웨어 산업 육성책을 고민해야 할 것이다. 2013년 5월 김진형 KAIST 교수가 신동아에 정책 제안한 일부분을 인용하면 다음과 같다. "우리나라 소프트웨어 산업은 매우 열악할 뿐만 아니라 글로벌 경쟁력도 취약하다. 경제협력개발기구(OECD) 19개국 중 14위에 그친다. 시장 규모도 20조 원 수준으로 작아서 전체 산업에 차지하는 비중이 1%에 불과하고 성장률도 1% 안팎이다. 그나마도 글로벌 소프트웨어 제조업체가 패키지 시장의 대부분을 장악하고 있다. 소프트웨어 산업에서 1인당 부가가치는 6,100만 원으로 전체 산업 평균 6,800만 원보다 낮다고 할 것이다(2006년 기준). 우리 소프트웨어 회사들은 대체로 영세하고 글로벌 경쟁력이 취약하다. 대부분 매출 10억 원 미만이다. 이는 소프트웨어 개발자에 대한 낮은 대우로 이어지고, 따라서 이 직업은 3D(Difficult, Dangerous, Dirty)에 Dreamless까지 추가한 4D 직종으로 불린다. 현재 우리나라 소프트웨어 관련 인력은 70만 명으로 추산된다. 이는 국내 총 일자리의 2% 수준으로 선진국의 4%에 비해 한참 낮다. 이 때문에 중소기업이 소프트웨어 개발자를 구하기가 여간 어렵지 않다."

또한 김 교수는 "우리나라는 자동차나 통신에서 보듯 보호주의 정책으로 내수 산업을 키워왔다. 외국 기업의 진입을 봉쇄하고 국내 기업이 경쟁력을 키우게 배려했다. 하지만 소프트웨어산업만은 아무런 보호조치 없이 외국 선진기업들과 경쟁해야 했다. 1등만 살아남는 승자독식의 산업 생태계에서 우리 소프트웨어 기업들이 경쟁력을 갖는다는 건 애초에 불가능했던 게 아닌가 싶다. 소프트웨어에 대한 R&D 투자도 미미했다. 마이크로소프트가 2008년 한 해에 사용한 R&D 비용이 총 매출의 15%인 6조6,000억 원인 데 비해 우리 정부의 소프트웨어 R&D 비용은 3,700억 원에 그쳤다. 우리 소프트웨어 기업들의 매출액 대비 R&D 투자 비율도 1.5%에 불과하다."라고 주장했다. 소프트웨어라는 저작권은 그것이 어느 나라에서 누가 개발하였느냐에 상관없이 관련 조약에 가입해 있는 한 해당 국가 및 그

국민은 저작권 보호 의무가 있음은 틀림없다. 지난 모든 정부에서도 IT 및 소프트웨어 산업 육성에 대한 정책은 다양했지만, 실질적으로 국내 소프트웨어 개발사들에 대한 지원과 장기 비전은 없었거나 수준 미달이었다고 할 것이다. 21세기 핵심 산업은 IT(그 중에서도 소프트웨어)가 중심이 되는 구조임에는 확실해 보인다. 그러나 우리나라의 경우 IT라는 거대한 공룡의 어느 부분에 해당할까? 팔, 다리가 되어서는 진정한 IT 강국으로 나아 갈 수 있을지 고민해야 할 것이다.

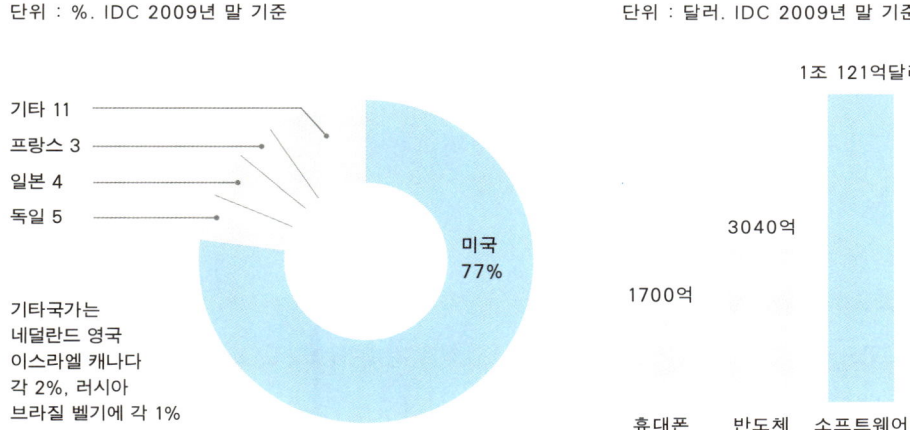

〈그림 1-2〉 세계 100대 패키지 소프트웨어 기업의 국가별 분포표[18]

출처: IDC 주요 산업별 시장규모, 2009년 말 기준

---

[18] 조선닷컴 경제분야
(http://inside.chosun.com/site/data/html_dir/2011/08/18/2011081800576.html)

## II. 소프트웨어의 종류

### 1. 일반적 개념

일반적으로 소프트웨어는 컴퓨터 또는 관련 장치들을 동작(operation)시키는데 사용되는 다양한 종류의 프로그램을 일컫는 용어이다. 대별하면 시스템 소프트웨어와 응용 소프트웨어[19]로 나눌 수 있다. 시스템 소프트웨어는 운영체계(OS)와 운영 소프트웨어를 지원하는 프로그램을 말하고, 응용 소프트웨어 는 사용자들이 본인의 업무나 관심에 맞게 작업을 처리하도록 설계된 프로그램을 일컫는다. 시스템 소프트웨어인 운영체제는 하드웨어와 소프트웨어 그리고 하드웨어와 사용자간의 인터페이스 역할을 하고 있으며, 그 종류로는 Windows, Mac OS, Unix, Linux 등을 들 수 있다. 운영체제의 핵심 기능은 처리 속도 및 능력, 응답시간, 사용 적합성 등으로 구별할 수 있으며, 그 운영방식은 일괄처리[20], 실시간 처리[21], 시분할 처리[22], 다중 프로그래밍[23] 등으로 나눌 수 있다.

### 2. 프로그래밍 언어

프로그래밍 언어는 저급언어와 고급언어로 분류할 수 있다. 전자는 인간이 이해하기 어려운 기계중심의 언어로써 기계어(이진법 숫자로 구성된 것으로 번역의 과정을 거치지 않고 계산기가 직접 알아 들을 수 있는 언어) 또는 어셈블리어(기계어를 기억하기 쉬운 기호어로 표시한 것) 등을 들 수 있다. 후자는 인간이 보다 더 이해하기 쉽게 UI(User Interface)가 활성화 된 사용자 중심의 언어이나 컴퓨터에서 실행되기 위해서는 번역과정이 필요하다. 그 예로 LISP, C, COBOL, BASIC, FORTRAN, ALGOL, PL/1 등 여러 가지 종류의 언어가 있다. 언어 번역기로는 컴파일러[24], 인터프리터(프로그램을 한 문장씩 읽고 즉시 해석하는 방식), 어셈블러가 있다.

---

[19] 일반적으로 응용소프트웨어는 H사, M사의 사무용 소프트웨어로서 오피스 프로그램(워드프로세스, 스프레드시트, 파워포인트 등)과 A사, C사 등의 그래픽 디자이너를 위한 그래픽 소프트웨어, Q사의 편집용 소프트웨어, A사의 설계 및 생산 자동화를 위한 소프트웨어, 기타 특화된 해양, 과학, 금융, 보험 등 관련 소프트웨어를 예로 들 수 있다.

[20] 네트워크 망이 연결되어 있지 않았던 과거 시절 자료가 발생하는 대로 처리가 곤란하였고 운영체제에서도 즉시 처리를 지원하지 않았기 때문에, 실시간으로 발생되는 자료를 모아 두었다가 일정 시점 단위로 일괄 처리하는 방식으로서 배치 프로세싱(batch processing)이라고도 한다. 즉시 업무를 처리해야 할 필요가 있는 분야(예, 금융, 보험, 재고관리 등)에서는 커다란 어려움이 있었다.

### 3. 응용소프트웨어 종류와 기능

　기본적으로 응용 소프트웨어는 특정한 업무를 해결하기 위한 목적을 가지고 만들어진 프로그램을 말한다. 주로 각 분야의 전문 기업에서 패키지화 된 프로그램이 개발되어 활용되고 있는바 이를 패키지 소프트웨어라고 한다. 예컨대, 문서작성 및 편집 툴인 워드프로세서(한글, MS, Open office 등)와 표와 수식 작성에 적합한 프로그램인 스프레드 시트(한컴 한셀, MS 엑셀 등), 그래픽 작업을 지원해 주는 프로그램(포토샵, 일러스트레이터, 코렐드로우, 페인트샵 등), 건축물 및 선박·항공기·교량·기타 유형의 물건을 제작하기 위해 사전 설계작업을 지원하는 프로그램(CAD/CAM, Catia, UG, CADian, MIDAS, Rino, ZWcad, Inventor, Solidworks, Solidedge, Microstation 등), 데이터 베이스 프로그램(Oracle, Dbase, Access, Informix 등), 공학 계산 프로그램(Mathlab, Labview 등), 통신 프로그램(익스플로러, 넷스케이프 등) 등이 있다.

---

[21] 데이터 발생과 동시에 즉시 처리되는 방식으로 real time processing 이라고 하며, 입출력 장치가 중앙처리 장치(CPU)에 직접 제어되고 있는 온라인 상태를 말한다. 이 경우 예외 없이 네트워크 망의 연결을 전제로 하고 있다.

[22] 하나의 중앙 컴퓨터를 두 개 이상의 단말장치에서 동시에 공동 이용하는 방식. 중앙 컴퓨터에서 멀리 있는 여러 장소의 단말장치를 온라인으로 연결하여 이용자는 단말장치를 조작하면 중앙컴퓨터를 언제나 자유롭게 이용할 수 있다. 프로그램에 정해진 순서대로 단시간(약 100 밀리 초=0.1초)씩 실행시간을 주어 이를 되풀이해서 일정기간에 복수 프로그램을 실행할 수 있는 시스템. 즉 시간을 세분화해서 사용하는 한편 동시에 복수의 일을 처리하는 것처럼 보이는 방식이다. 개개의 프로그램을 쓰는 이용자가 동시에 이용해도 컴퓨터의 처리속도가 빠르기 때문에 각 이용자는 마치 자기 혼자만 컴퓨터를 쓰는 것처럼 즉시 처리 결과를 얻을 수 있다. 기업·학교·병원 등이 컴퓨터를 도입할 때 비용이 많이 소요되는 경우 TSS서비스 회사와 계약을 통해 저렴한 비용으로 컴퓨터를 이용하는 방법이 앞으로 보급될 것으로 보인다(출처: 매스컴대사전, 1993.12, 한국언론진흥재단).

[23] 보통 프로그램에서는 입출력 명령을 실행하는 것과 그것이 완료되기까지 기다려야만 하는 처리 순서로 되어 있는 것이 많다. 이러한 CPU의 휴식이 없도록 하기 위해 동시에 실행할 수 있게 다른 프로그램을 준비하고, 한 프로그램의 CPU사용에 대기 상태가 출현했을 때 차차로 여러 프로그램에 명령 실행의 제어를 넘겨 외관상으로 볼 때 동시에 복수 처리를 실행시키는 것이다(출처: 컴퓨터인터넷IT용어대사전, 전산용어사전편찬위원회 엮음, 2011.1.20, 일진사).

[24] 고급언어로 쓰인 프로그램이 컴퓨터에서 수행되기 위해서는 컴퓨터가 직접 이해할 수 있는 언어로 바꾸어 주어야 한다. 이러한 일을 하는 프로그램을 컴파일러라고 한다. 예를 들어 원시언어가 파스칼(Pascal)이나 코볼(Cobol)과 같은 고급언어이고 목적언어가 어셈블리 언어나 기계어일 경우, 이를 번역해 주는 프로그램을 컴파일러라 한다. 고급언어로 쓰여진 프로그램의 의미를 수행하는데 있어서 컴파일러는 그와 동등한 의미를 갖는 목적 프로그램으로 바꾸어 목적 프로그램을 수행함으로써 결과를 얻고, 인터프리터는 원시 프로그램의 의미를 직접 수행하여 결과를 얻는다. 원시 프로그램의 수정 없이 계속 반복 수행하는 응용 시스템에서는 컴파일러가 효율적이며, 개발 시스템이나 교육용 시스템에서는 인터프리터가 보다 능률적이다.

<표 1-2> 용도별 주요 소프트웨어

| 용도 | 제품명 | 제조사 |
|---|---|---|
| 건축 및 설계용 | CADian | 인텔리코리아 |
| | Auto Cad | Autodesk |
| | Auto Cad Mechanical | |
| | Inventor | |
| 그래픽 | 3ds Max | Autodesk |
| | Adobe After Effects | Adobe |
| | Adobe Flash | |
| | Adobe Illustrator | |
| | Adobe Photoshop | |
| | Adobe Premiere | |
| | Fireworks | |
| | Maya | Autodesk |

| 용도 | 제품명 | 제조사 |
|---|---|---|
| 사무용 | 한글/한컴오피스 | 한글과 컴퓨터 |
| | Adobe Acrobat | Adobe |
| | MS-Office | Microsoft |
| | Visual Studio | |

| 용도 | 제품명 | 제조사 |
|---|---|---|
| 운영체제 | Windows | Microsoft |
| | Linux | Linux |

| 용도 | 제품명 | 제조사 |
|---|---|---|
| 유틸리티 및 웹 제작용 | 알씨/알집/알FTP | 이스트소프트 |
| | V3 ZIP | 안철수연구소 |
| | Adobe Contribute | Adobe |
| | Adobe Dreamweaver | |

출처: 2013 소프트웨어관리 가이드 별첨 참조, 한국저작권위원회, 2013.2.15

## III. 소프트웨어 라이선스

**1. 정의**

소프트웨어는 저작권에 의해 자신이 만든 소프트웨어를 다른 사람이 사용하지 못하게 하고 자신만이 사용할 수 있는 권리를 가지게 되며, 원칙적으로 이러한 권리자만이 소프트웨어를 사용·복제·배포·수정할 수 있다. 하지만 다양한 필요에 의해 이들 권리자가 다른 사람에게 일정한 내용을 조건으로 특정 행위를 할 수 있는 권한을 부여할 필요가 있는데, 이와 같은 권한을 보통 "라이선스(License, 이용허락권)"라고 한다. 즉, 이러한 라이선스는 일반적으로 소프트웨어 자체에 대한 소유권과는 별개의 개념으로 소프트웨어를 "사용할 수 있는 권리"를 말한다. 즉 소프트웨어 라이선스는 저작권자로부터 일정한 범위와 조건 안에서 소프트웨어를 사용할 수 있도록 허락 받는 것이다.[25] 또한 우리나라 저작권법 제46조 ①항과 ②항에서 "저작재산권자는 다른 사람에게 그 저작물의 이용을 허락할 수 있고, 허락을 받은 자는 허락 받은 이용 방법 및 조건의 범위 안에서 그 저작물을 이용할 수 있다."라고 정하고 있다. 동법 ③항에서는 "허락에 의하여 저작물을 이용할 수 있는 권리는 저작재산권자의 동의 없이 제3자에게 이를 양도할 수 없다."라고 정하고 있어 양도와 관련 제한 규정을 두고 있다. 즉, 독점적 라이선스는 저작권자와 이용자간 신뢰관계를 바탕으로 하므로 이를 사전 동의 없이 임의로 제3자에게 양도하게 하는 것은 권리자인 저작권자의 이익을 부당히 해할 염려가 있다고 본 것이다. 우리 민법 제629조 제2항에서 임차인이 임차 목적물에 대한 전대행위 시 임대인의 사전 동의를 요구하는 것과 같은 취지로 해석해 볼 여지가 있다. 다만, 라이선스에 대한 양도 조건이 충족된 경우 권리자는 이를 신속히 처리할 수 있도록 노력해야 하며, 각 소프트웨어 벤더 및 유통 채널 차원에서도 그러한 시스템이 명확히 갖춰지고 활성화 되도록 하는 것이 바람직할 것이다. 또한 라이선스 위반과 관련 계약상 합의한 사용방법이나 조건을 위반한 경우 무조건 저작권 침해로 볼 것인가에 대해 권리자 측은 적극적으로 해석하는 것으로 보인다. 그러나 학설은 일정 범위 내로 좁게 해석하고 있으며, 그렇게 소극적으로 다루는 것이 옳다고 생각된다.

---

[25] 한국저작권위원회 발행, 2012 소프트웨어 가이드라인 참조

끝으로 소프트웨어 라이선스에 대한 일정한 조건하에서의 활발하고 적극적인 양도허가가 오히려 소비자들로 하여금 소프트웨어 라이선스에 대해 재산권으로서의 인식을 강화시킬 수 있으며, 아울러 부정한 방법으로의 라이선스 이용을 최소화할 수 있을 것으로 생각된다.

## 2. 라이선스의 이해[26]

(1) 사용자 라이선스

- 1PC 1Copy 라이선스

가장 일반적인 라이선스로 PC기반의 라이선스를 말한다. 카피 별, 즉 1대의 PC에 1개의 복사본 사용을 기준으로 판매된다.

- 동시 사용(Concurrent usage) 라이선스

동시 사용자의 수를 제한하여 사용권한을 부여하는 소프트웨어 라이선스로 네트워크를 통해 서버에서 소프트웨어 사용을 통제한다.

- 사이트 라이선스

소프트웨어 저작권사와 사용자 간에 이용 범위(국가, 본사 및 지사 등)를 지정하여 계약하는 라이선스를 말하며, 사용기관은 라이선스 사용조건 범위 내에서 소프트웨어를 무제한으로 사용할 수 있다. 근래에는 이용범위에 시간의 개념을 도입하여 연간계약 등의 특정 계약을 맺는 기관을 대상으로 계약기간 동안 해당 사이트 내 사용자수의 변동에 관계없이 그 소프트웨어의 사용을 인정하는 라이선스 형태로 발전되었다. 본 라이선스는 저작권사 별로 다양한 형태로 존재하므로 해당 프로그램의 저작권사 고객지원센터에 문의하는 것이 보다 더 빠른 답을 얻을 수 있을 것이다.

(2) 업그레이드 라이선스

- 버전 업그레이드(Version upgrade) 라이선스

동일 제품의 새로운 버전이 출시되었을 때 할 수 있는 업그레이드 라이선스로 가장 흔한 업그레이드 방식이다. 이때 하위 버전의 라이선스는 새로운 버전의 라이선스를 받기 위해 필수적으로 필요하며 라이선스 업그레이드 후에는 별도로 분리하여 양도할 수 없다.

[26] 한국저작권위원회 발행, 2012 소프트웨어 가이드라인 참조

- 경쟁 업그레이드(Competitive upgrade) 라이선스

경쟁사의 제품을 기반으로 한 업그레이드 타입으로 시장에서 경쟁 관계에 있는 제품을 사용하지 못하게 하기 위해서 라이선스 업그레이드 혜택을 준다. 가령, 한글과컴퓨터 제품을 사는 사용자가 마이크로소프트사의 오피스 프로그램을 사용하고 있을 경우, 이를 증명하면 한글과컴퓨터사의 업그레이드 라이선스를 발행해 주는 방식이다.

- 언어 업그레이드(Language upgrade) 라이선스

추가적인 언어 기능을 갖춘 제품을 사용할 수 있게 하는 라이선스이다. 가령, 영문 제품을 기반으로 한글제품 사용 권한을 취득하는 라이선스를 말한다.

- 인슈어런스 업그레이드(Insurance upgrade) 라이선스

사용자가 해당 기간 동안 만들어지는 모든 최신 제품을 사용할 수 있게 하는 라이선스이다. 마이크로소프트사의 경우 SA(Software Assurance)라는 이름으로 복잡한 개별적인 업그레이드(VUP, PUP, LUP, UA)대신 사용할 수 있다.

- 기술보증 업그레이드(Technology guarantee Upgrade) 라이선스

새로운 버전의 소프트웨어가 임박한 경우 소프트웨어 제조업체가 현행 버전의 구매자에게 제공하는 라이선스를 말한다.

(3) 공급형태별 라이선스

- 패키지(Package) 라이선스

CD 매체와 설명서 등이 박스 안에 동봉되어 포장된 제품을 말한다. 일반적으로 가장 비싸게 판매되며 관리가 어려운 측면이 있다.

- 중 소규모 볼륨(Low volume) 라이선스

사용자가 등록되는 라이선스로 설치를 위한 매체는 별도로 구매해야 한다. 일반적으로 5 users 이상 구매 시 가능한 라이선스이다. 한글과컴퓨터사와 마이크로소프트사가 오픈 라이선스(Open license)라는 이름으로 사용하고 있다.

- 대규모 볼륨(High volume) 라이선스

수백 대 이상의 대규모 PC를 보유한 기관을 대상으로 체결되는 라이선스이며 소프트웨어 제조업체와 별도의 계약을 체결한다. 한글과컴퓨터사의 ILA, 마이크로소프트사의 EA 등이 있다.

- 서비스로서의 소프트웨어 라이선스

하나 이상의 공급업체가 원격지에서 보유, 제공, 관리하는 소프트웨어 라이선스를 의미하며, 공급업체는 하나의 플랫폼을 이용해 다수의 고객에게 소프트웨어 서비스를 제공한다. 사용자는 이용한 만큼 돈을 지불하거나 월, 년 단위의 이용료를 낼 수도 있다.

(4) 사용제한에 따른 라이선스

- 셰어웨어(Shareware) 소프트웨어

보통 무료로 다운받아 사용 가능하지만 기능이나 기간 등에 제약이 있는 소프트웨어 이다. 제조사들이 정품 구매를 확대하기 위해 공급하는 일종의 샘플로, 자유롭게 사용하거나 복사할 수 있지만 판권은 공개한 쪽에 남아 있으며 일정기간 사용한 뒤에는 대금을 지불하고 정식 사용자로 등록해야 한다. 무료로 공급하는 소프트웨어라고 해도 정품에 뒤지지 않는 강력한 기능과 사용환경을 가지고 있어 일반 컴퓨터 사용자에게 널리 사용되고 있다. 파일압축 프로그램인 윈집, 그래픽 프로그램인 페인트샵 프로는 가장 대표적인 셰어웨어이다. 지정된 기간이 끝난 이후에도 프로그램을 그대로 사용하는 경우가 많은데 이는 명백한 저작권법 위반이다. 그래서 셰어웨어와 동일한 성능을 가지는 프리웨어(freeware)를 다운받아 설치하기도 한다.

- 프리웨어(Freeware) 소프트웨어

무상으로 자유롭게 사용할 수 있도록 배포하는 소프트웨어를 말한다. 프리웨어는 셰어웨어와는 달리 이용기간이나 기능의 제약은 없지만 이용목적이나 사용자를 구분 짓는 경우가 종종 있기 때문에 구체적인 이용허락의 범위를 확인하여야 한다. 보통의 경우 특별한 제한이 없지만 개작 및 배포의 허용이라든지 상업용 목적으로 이용 시에는 달리 취급하는 경우가 많다. 아래 〈표 1-3〉은 주요 셰어 및 프리웨어 소프트웨어 현황이다.

- 번들(Bundle) 소프트웨어

다른 기기(하드웨어 또는 소프트웨어)와 묶어서 일체로 공급되는 소프트웨어를 말하며, 보통 컴퓨터 또는 하드웨어 장치를 구매할 때 부속물로서 함께 판매되고 있다. 해당 하드웨어와 소프트웨어에 대해서만 효력을 가지며 다른 하드웨어에 설치할 때에는 라이선스를 인정받지 못한다.

〈표 1-3〉 기능별 셰어/프리웨어 현황[27]

| 종류 | 소프트웨어 명 | 사용조건 | 기능 및 기타 |
|---|---|---|---|
| 압축 | 빵집 v4.0 | 제한 없음 | 국산 프리웨어 프로그램으로 39개의 압축 포맷을 지원 |
| | 다집 v2.9 | | 42가지의 다양한 압축형식을 지원하는 무료 국산 압축프로그램 |
| | 7-ZIP v9.30 | | 256비트 암호화까지 가능한 압축프로그램 |
| | 반디집 v2.08 | | 64bit OS와 Unicode를 지원하는 압축프로그램 |
| | 별집 v2.040 | | 멀티스팬 압축 기능을 지원, 파일을 분할하지 않기 때문에 멀티볼륨 압축 시 속도가 빠르다 |

| 종류 | 소프트웨어 명 | 사용조건 | 기능 및 기타 |
|---|---|---|---|
| 뷰어 | Picasa v3.9 | 제한 없음 | 구글의 무료이미지 관리 프로그램 |
| | 꿀뷰3 Build#6045 | | 이미지 뷰어로 압축파일 지원, 압축 상태에서 내용보기 가능 |
| | 다씨 v7.74 | | 40여 가지의 그림파일을 볼 수 있는 국산 이미지 뷰어 |
| | 별씨 v2.040 | | 아크로벳 리더의 실행 없이 PDF문서 확인 및 출력이 가능하며, 이미지 파일뷰어 및 포맷 전환, 슬라이드 쇼 등 기능 제공 |
| | Brava Free DWG Viewer v7.0 | | IGC사의 CAD 뷰어로 DWG, DXF, DWF, CSF 포맷 지원 |

| 종류 | 소프트웨어 명 | 사용조건 | 기능 및 기타 |
|---|---|---|---|
| 이미지 및 멀티 미디어 | Paint.NET v3.5.10 | 제한 없음 | NET Framework 설치 필요. 이미지 편집 프로그램 |
| | PhotoScape v3.63 | | 사진뷰어, 편집, 인쇄 및 GIF 애니메이션 기능이 있는 그래픽 툴 |
| | FomatFactory v3.00 | | 멀티미디어 파일(비디오,오디오,이미지)를 지원하며 사진편집, 손상된 비디오 · 오디오 파일 복구 등을 지원 |
| | IrtanView v4.32 | 사용범위 제한 | GIF, TIF, ICO 포맷 및 Photoshop 포맷도 지원<br>• 기업 및 PC방 등에서 사용은 금지<br>• 교육기관, 비영리기관만 사용 가능 |

[27] 2013 소프트웨어관리 가이드 별첨 참조, 한국저작권위원회, 2013.2.15

| 종류 | 소프트웨어 명 | 사용조건 | 기능 및 기타 |
|---|---|---|---|
| 통신 | FileZilla v3.6.0 | 제한 없음 | HTTP:/1.1, SOCKS5와 FTP 프록시를 지원하고 4GB이상 파일 전송과 윈도우, 맥 등 서로 다른 운영체제도 지원 |
| | Putty v0.62 | | 통신용 프로그램, 윈도우와 유닉스에서 사용가능 |
| | 다(Da)FTP | | 통신 프로그램으로 이어받기, 다운로드, 업로드, 이름 바꾸기, 접속 끊기 등 자주 사용하는 메뉴를 Function 키로 조작이 가능 |

| 종류 | 소프트웨어 명 | 사용조건 | 기능 및 기타 |
|---|---|---|---|
| 편집 | AcroEdit v0.9.25.114 | 제한 없음 | 텍스트 에디터 프로그램으로 HWP 파일 읽기 가능 |
| | Notepad++ v6.23 | | 윈도우의 노트패드와 다른 인코딩까지 지원하는 텍스트 에디터 |
| | 벨메모 | | 바탕화면에 메모를 띄워놓고 중요한 일들을 기록해 항상 보며 체크할 수 있는 편리한 메모 프로그램 |

| 종류 | 소프트웨어 명 | 사용조건 | 기능 및 기타 |
|---|---|---|---|
| 오피스 | OpenOffice v3.4.1 | 제한 없음 | Writer(Word), Calc(Excel), Impress(PowerPoint), Base(Access)등 MS오피스와 유사한 구성, 상호호환 및 편집, 저장 시 확장자 변경 가능 |
| | ThinkfreeOffice Online | | 한글과 컴퓨터의 오피스 프로그램으로 Word, PowerPoint, Excel 편집이 가능 (단, Office 2003, 2007만 지원) |
| | Google Docs | | 미국 구글사에서 만든 온라인 오피스 편집프로그램 |

| 종류 | 소프트웨어 명 | 사용조건 | 기능 및 기타 |
|---|---|---|---|
| 원격 제어 | UltraVNC v1.1.8.0 | 제한 없음 | 원격제어 프로그램으로 암호화, 파일변환, 채팅 기능 구현 |
| | TeamViewer v8 | 사용범위 제한 | 인터넷을 통한 원격 접속 및 지원 솔루션<br>• 기업,관공서,교육기관, PC방 사용 제한 |

- OEM(Original Equipment Manufacturer)방식의 소프트웨어

일반적으로 하드웨어 생산 시 소프트웨어가 부착되어 같이 생산되는 소프트웨어를 말한다. OEM 방식으로 제공되는 소프트웨어는 비용이 지불되지않았다고 생각할 수 있으나 보통 하드웨어 비용에 이미 포함되어 있다. OEM 방식의 소프트웨어는 메이저 제조사(PC 등 하드에어)에서 제품생산에서부터 OEM 방식으로 생산되는 경우도 있지만, COEM(Commercial OEM) 방식처럼 조립 PC에 제공되는 경우도 있다. OEM 방식의 소프트웨어의 경우 EULA(End User License Agreement)는 소프트웨어 저작권사와 최종 사용자 사이의 계약이 아니라 컴퓨터 제조업체와 최종 사용자 사이에 체결되는 계약이라는 점에 유의해야 한다.

- 퍼블릭 도메인(Public domain) 소프트웨어

누구든지 무료로 자유롭게 이용할 수 있도록 공개되어 있는 소프트웨어를 말한다. 취미나 연구로 작성된 프로그램이 여기에 주로 해당된다. 또한 저작권 보호 기간이 끝난 소프트웨어나 저작권자가 명시적으로 저작권을 포기한 경우도 이 영역에 속한다.

제 2 장

# 각국의 저작권 보호 단체 및 활동

I. 미국

II. 영국

III. 일본

IV. 중국

V. 우리나라

제2장

# 각국의 저작권 보호 단체 및 활동

## I. 미국

소프트웨어 저작권을 비롯해서 각종의 지적재산권을 생산하고 있는 미국은 그 어느 국가보다도 저작권 보호와 관련된 단체가 많다고 할 것이다. 그 예로 BSA, SIIA, IAITAM, IBSMA 등이 대표적인 단체이다.

### 1. BSA

1988년 "안전하고 합법적인 디지털 세상(Safe and Legal Digital World)"을 표방하며 세계 각국의 소프트웨어 관련 업체들(제조사, 솔루션업체, 컨설팅업체 등)이 모여 결성한 단체로서 전세계 소프트웨어 저작권사의 권익을 위해 불법복제 근절뿐만 아니라 조직의 소프트웨어 라이선스 관리의 중요성 환기에서 라이선스 및 소프트웨어 자산관리 교육 등의 계발에 이르기까지 폭넓게 활동하고 있다. 2012년 사무용소프트웨어연합에서 소프트웨어연합으로 단체 이름을 변경하였다. 미국 워싱턴 DC에 본부가 있고, 영국 런던을 비롯해서 독일, 일본, 중국, 싱가포르, 브라질 등 11개 지역에 사무소를 운영하고 있으며, 우리나라는 1991년부터 BSA 코리아가 활동하고 있다.

회원의 종류로는 글로벌 회원, 불법복제 방지 회원, 아시아 지역 회원, 연합 회원, 유럽·중동아프리카(EMEA) 지역 회원으로 분류된다. 마이크로소프트·인텔·애플·IBM·HP 등이 가입되어 있으며, 전세계 85개국에서 활동하고 있다. 회원에게는 사용자 교육, 마케팅 캠페인, 정책 활동 및 불법복제 단속 프로그램 등에 참여할 수 있는 혜택이 주어진다. 지속적인 불법복제 피해액 순위 계산에 의한 경제 손실에 따른 문제 제기와 SAM의 국제 규격인 ISO/IEC 19770-1 지식을 습득하기 위한

《e-Learning 교재》의 개발과 그 지식을 습득하기 위한 인증 프로그램인 《SAM Advantage》의 개발 등 전 세계적으로 적절한 소프트웨어의 사용을 확산시키기 위한 다양한 시책을 개발 및 제공하는데 힘을 쏟고 있다. 또한 일본에서는 라이선스 관리를 조직에서 학습할 수 있도록 e-Learning 교재를 개발하여 제공하고 있으며, 공공기관 및 관련 기업 등이 소프트웨어 자산관리를 도입할 때 참고 자료로 사용할 수 있게 규정 류 등의 양식을 제공하고 있다.

2010년도 "BSA 세계 SW 경제보고서"의 불법복제 영향 연구보고서[28]에 따르면 2009년 전세계 PC에 설치된 10개 소프트웨어 프로그램 중 4개 이상이 불법복제 된 것으로 밝혀졌으며, 이는 상업적 가치로 보면 $510억 달러에 해당한다고 주장한다. 불법복제 소프트웨어에 대한 이슈는 기업에서 소프트웨어 라이선스를 거의 구매하지 않고 사용하는 행위에서부터 온라인이나 오프라인에서 매우 저렴한 가격에 크랙된 소프트웨어 프로그램의 불법 복사본을 판매하는 행위에 이르기까지 매우 다양한 형태로 나타난다.

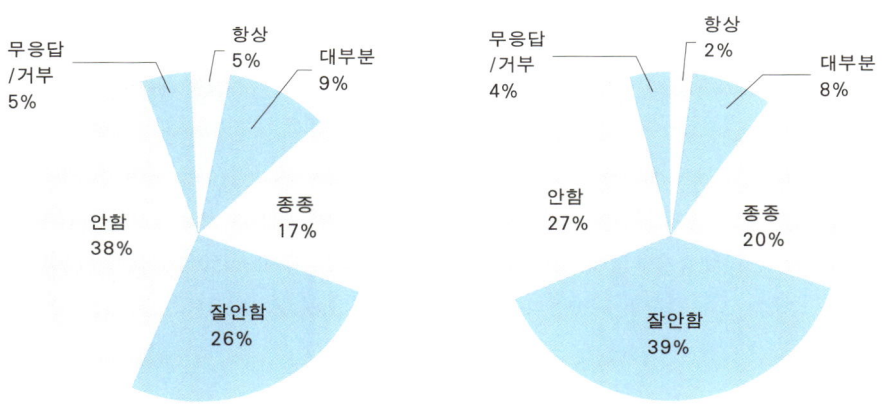

〈그림 2-1〉불법복제 이용(세계평균) 〈그림 2-2〉불법복제 이용(한국)

출처: BSA 글로벌 소프트웨어 불법복제연구, 2011

[28] 불법복제 영향 연구보고서 요약 – 소프트웨어 불법복제 감소의 경제적 효과
http://www.bsakorea.or.kr/data/economic/2010_sw_ec.pdf 인용 참조

그러나 소프트웨어 불법복제는 소프트웨어 제조사의 매출 손실뿐만 아니라 소프트웨어 유통회사 및 서비스 공급업자의 매출 감소로 이어져, 결국 여러 산업분야에서 고용 창출 효과를 나타낼 수 없게 된다. 불법복제의 억제는 그 반대 효과를 가져와 전체 IT 경제에 연쇄적인 상승효과를 가져온다. 그리고 불법복제 감소를 단기간에 실천하면 그 혜택은 더욱 커진다. "소프트웨어 불법복제 감소의 경제적 효과(The Economic Benefits of Reducing Software Piracy)" 보고서는 전세계 PC 소프트웨어 시장의 93%를 차지하는 42개국을 대상으로 불법복제 소프트웨어 감소의 경제적 효과를 보여준다.

다음은 불법복제 소프트웨어 감소의 경제적 효과를 요약한 것이다.

- PC 소프트웨어 불법복제율을 4년 동안 연간 2.5% 포인트씩 10% 포인트 낮추면 2013년까지 새로운 경제 활동으로 1,420억 달러가 창출되고 동시에 50만개의 하이테크 관련 신규 고용이 창출되며 대략 320달러의 세수가 증가되는 효과를 가져온다.
- 평균적으로 PC 소프트웨어 불법복제 절감효과 중 80% 이상은 지역 경제로 돌아간다. 어떤 경우는 그 수치가 90% 이상에 이르기도 한다.
- 소프트웨어 불법복제율을 4년 기간 중 첫 두 해 만에 10% 포인트 낮추면, 그 경제적 효과는 36% 더 늘어나, 2013년까지 1,930달러의 신규 경제활동이 창출되고 신규 세수는 430달러가 발생된다.
- 소프트웨어는 SW 판매 서비스 지원 등의 다운스트림(downstream) 즉, 하위 단계까지의 경제 활동을 창출하기 때문에 전반적인 IT 산업에 파급효과를 창출한다. 본 보고서 조사 대상 42개국에서 2009년 시장에 유통된 불법 PC 소프트웨어의 상업적 가치는 450억 달러에 이르러 관련 부분의 매출, 고용, 세수의 총 손실액은 1,100억 달러 이상으로 나타났다.

또한 동 연구보고서에 의하면 소프트웨어 불법복제 감소를 위한 BSA 청사진을 밝히고 있는데 다음과 같다.

- IP 및 소프트웨어자산관리(SAM: Software Asset Management)를 통해 소프트웨어 자산을 관리하고 최적화 하는 비즈니스 관행의 중요성에 대한 대중 교육을 확대한다.
- 온라인 및 오프라인에서 저작권 보호에 대한 효율적인 입법 환경을 조성하기 위해 세계지적재산권기구(World Intellectual Property Organization)의 저작권 조약(Copyright Treaty)을 실행한다.
- 세계무역기구(WTO)의 무역관련 지적재산권에 관한 협정(TRIPS[29])에서 요구하는 대로 견실하고, 실행 가능한 IP 집행 메커니즘을 마련하고, 클라우드 컴퓨팅 기술과 같은 새로운 소프트웨어 혁신의 오용 및 침해 사례를 강력하게 집행한다.

- 전문 IP 집행 부서를 포함하는 전담 자원으로 IP 법 집행을 강화하고 법 집행 기관 간의 협력을 개선한다.
- 적극적인 SAM 정책을 통해 정품 소프트웨어 사용에 대한 의지를 보임으로써 모범을 보이고, 모든 정부기관, 정부 출연기관, 계약업자, 납품업자들의 정품 소프트웨어 사용을 장려한다.
- 교육, 계몽 사업의 일환으로 SAM Advantage 프로그램을 제공하고, ISO/IEC 19770-1에 준거한 Tiered 접근 방식으로 SAM 실현을 위한 Practitioner용 인증코스를 제공한다.

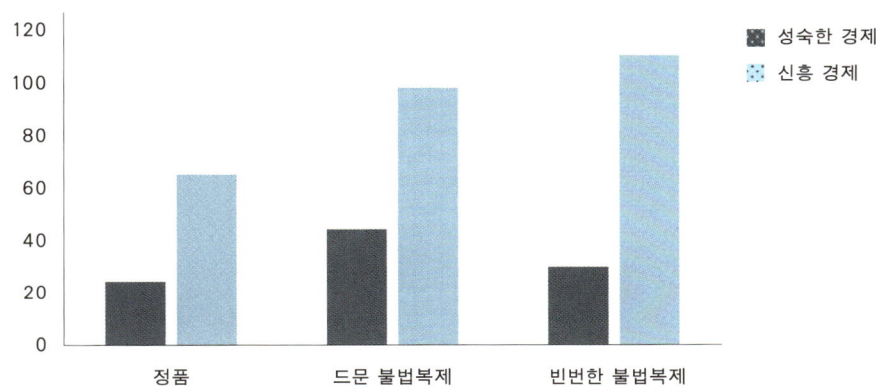

〈그림 2-3〉 컴퓨터에 설치되는 프로그램(2011년 평균 기준)

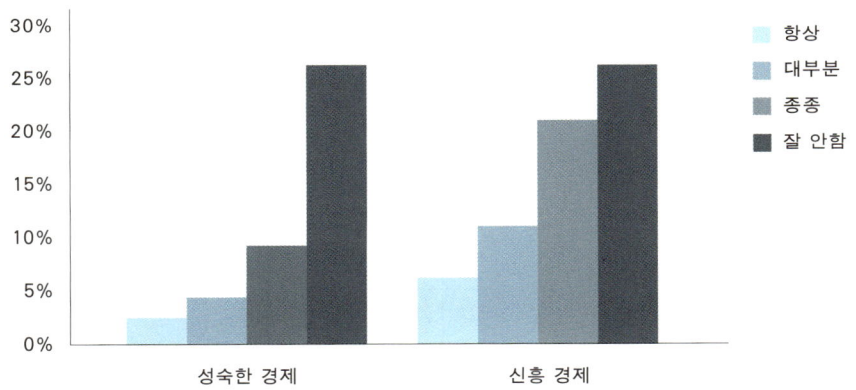

〈그림 2-4〉 시장 별 불법복제 빈도

출처: BSA 글로벌 소프트웨어 불법복제연구, 2011

---

[29] Trade Related Aspects of Intellectual Property Rights Agreement, 이는 1989년 5월 워싱턴에서 체결되었으며, 가맹국은 자국 영토 내에서 지적재산권을 보호하고 불법행위를 방지해야 할 의무가 부여된다. 한국은 이 협정의 타결에 따라 세관은 지적재산권 침해 물품의 수출입을 금지(관세법 제 235조)하고 있으며, 수출입 통관과 관련한 지적재산권침해 사범에 대한 단속규정을 두고 있다. WTO는 이 협정을 체결하여 지적재산권 보호에 대한 국제적인 기준을 마련하였고 지적재산권을 침해하는 물품의 국제거래를 엄격히 금지하고 있다. 이 협정은 특허권, 의장권, 상표권, 저작권 등 이른바 지적재산권에 대한 최초의 다자간 규범이다.

<그림 2-5> 연도별 PC 평균가격(2011년)

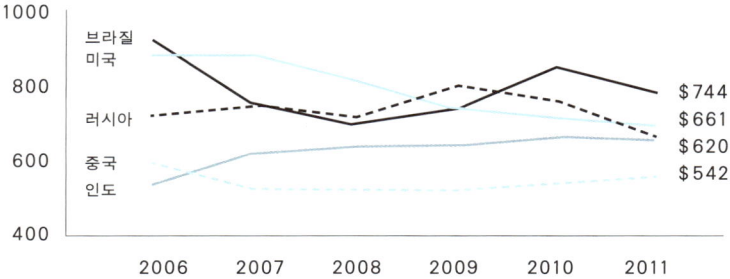

<그림 2-6> 연도별 PC당 소프트웨어 판매가격 추이(2011년)

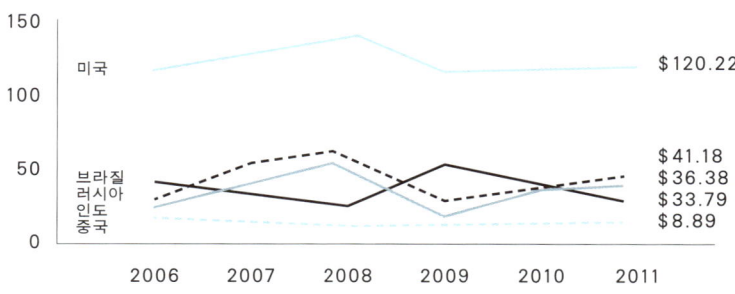

출처: BSA 글로벌 소프트웨어 불법복제연구, 2011

<표 2-1> 주요 국가별 불법 소프트웨어 복제비율(2011년)

| 국가 | 침해금액<br>(경제적 가치) | 법정손해금<br>(법률적 해결) | 불법 복제율 |
|---|---|---|---|
| 미국 | 9,773 | 41,664 | 19 |
| 중국 | 8,902 | 2,659 | 77 |
| 러시아 | 3,227 | 1,895 | 63 |
| 인도 | 2,930 | 1,721 | 63 |
| 브라질 | 2,848 | 2,523 | 53 |
| 프랑스 | 2,754 | 4,689 | 37 |
| 독일 | 2,265 | 6,447 | 26 |
| 이탈리아 | 1,945 | 2,107 | 48 |
| 영국 | 1,943 | 5,530 | 26 |
| 일본 | 1,875 | 7,054 | 21 |
| 인도네시아 | 1,467 | 239 | 86 |
| 멕시코 | 1,249 | 942 | 57 |
| 스페인 | 1,216 | 1,538 | 44 |
| 캐나다 | 1,141 | 3,085 | 27 |
| 대만 | 852 | 331 | 72 |
| 한국 | 815 | 1,223 | 40 |
| 호주 | 763 | 2,554 | 23 |
| 베네수엘라 | 668 | 91 | 88 |
| 말레이시아 | 657 | 538 | 55 |

출처: BSA 글로벌 소프트웨어 불법복제연구, 2011

〈표 2-2〉 대륙 별 불법 소프트웨어 복제비율(2011년)

| 대륙 | 침해율(%) | 비고 |
|---|---|---|
| North America | 19 | 미국, 캐나다 |
| Asia Pacific | 60 | 한국, 일본, 호주, 중국 및 동남아시아, 서남아시아 |
| Latin America | 61 | 브라질, 아르헨티나 등 |
| Western Europe | 32 | 독일, 프랑스, 영국 등 |
| Central & Eastern Europe | 62 | 러시아 등 |
| Middle East & Africa | 58 | 터키, 사우디아라비아, 이집트, 쿠웨이트, 우즈베키스탄 등 |
| Total Worldwide | 42 | |

출처: BSA 글로벌 소프트웨어 불법복제연구, 2011

## 2. IAITAM (International Association of Information Technology Asset Managers)

IAITAM는 IT 자산 관리, 소프트웨어 자산관리, 하드웨어 자산관리, IT 폐기관리, 모바일 자산관리, IT 자산관리를 위한 라이프 사이클 프로세스(조직의 규모, 산업을 불문하고) 관련 업무에 종사하는 개인과 조직을 위한 전문 교육기관이다. 민간 및 공공기관 등 거의 모든 업계에서 회원[30]으로 참여하고 있는 것이 특징이며, IT 자산 관리에 관련된 상품과 서비스를 제공하는 기업은 공급자 멤버로 참여하고 있다. 또한 소프트웨어 자산관리에 종사하는 관리자 개인의 인증 제도를 제공하고 있다. 위 단체의 주요 활동은 다음과 같다.[31]

- ITIL, ISO 20000, ISO 19770 등 정보 제공. 월간 정보지 ITAK 제공.
- 구성원과 공유하는 모범 사례(IBPL: IAITAM Best Practice Library)의 개발과 ITAM에 관련된 지식의 공유
- SAM 구축방법과 관련된 정보 제공(IAITAM이 제공하는 ROI, 벤치 마크, 교육, 모범 사례로 즉시 SAM 구축에 실천할 수 있는 정보 제공)
- 백서 및 조사 연구보고서 작성(벤더 중립적인 접근을 통해 다양한 회원의 정보를 제공한다. WG21 클래스 C영역으로서 회원을 대상으로 한 조사 지원, ISO의 피드백 등)
- 교육 및 계발사업

---

[30] 주요 회원의 특성을 보면 IT 자산 관리자, SAM 담당자, 조직(기업, 기관), IT 벤더 (관리 도구 벤더, IT 자산 관리 및 서비스 공급 업체 등) 등이며, 참가 멤버로는 IBM, HP, Sun, Unisys, CA, Microsoft, Adobe, Oracle, Fujitsu America, Toyota, Sony, Yahoo, Takeda Pharmaceuticals 등이 있다.

[31] 일본 JIPDEC 발행 연재기사(해외 소프트웨어자산관리) 참조 인용

- Certified Software Asset Manager(CSAM) 코스 제공

    Certified IT Asset Manager(CITAM), Certified Hardware Asset Management Professional(CHAMP), Acquisition Management Advanced Training Course(AMATC), Asset Identification Advanced Training Course(AIATC), Communication & Education Advanced Training Course(CEATC), Compliance and Legislation Advanced Training Course(CLATC), Disposal Management Advanced Training Course(DMATC), Documentation Management Advanced Training Course(DMATC), Financial Management Advanced Training Course(FMATC), Policy Management Advanced Training Course(PMATC), Project Management Advanced Training Course(PMATC), Vendor Management Advanced Training Course(VMATC) 등 제공

- 조사 및 연구와 정책 제언
- 인증 및 평가제도

    Certified Software Asset Manager - CSAM(인증 소프트웨어 자산 관리자)은 ISO 20000, ISO 19770에 따라 IAITAM의 모범 사례를 습득하고자 하는 코스의 수강자를 대상으로 인증하고 있다. 약 5,000명의 기관 인증자

### 3. IBSMA (International Business Software Manager Association)

IBSMA는 소프트웨어 자산관리 모범 사례를 개발 및 촉진하면서 공통적으로 우려되는 문제점을 해결하는 것을 목적으로 활동하는 비즈니스에 초점을 맞춘 소프트웨어 자산관리 전문가(IT 자산 및 소프트웨어 구성과 IT 서비스 관리)에 의한 비영리 단체이며, 소프트웨어 자산관리 분야에서는 세계 최대의 규모를 자랑한다. 법인의 목적은 주로 조직을 위한 SAM 교육 및 훈련과 소프트웨어 사용에 관련된 책임에 관한 계몽 활동이다. 주요 회원의 특성은 IT관리자를 대상으로 미국을 포함한 북미 70%, Europe 20%, 기타로 구성되어 있다. 위 단체의 주요 활동은 다음과 같다.[32]

- 계몽 정보 제공(SAM 모범 사례 서적 출판)
- SAM 구축방법 소개
- ISO/IEC 19770-1에 준거한 도서 출판 Assessing the SAM processes and creating score card 백서 및 조사연구 보고서: "Software Manager"
- 교육 및 계발(Practitioners Certificate in Software License Management Course Assessing the SAM Processes and Creating Score Card Course: 기본적인 소프트웨어 관리 기법에 대해 라이선스 관리 경험이 적은 관리자 과정)

또한 이 단체는 매년 정기적으로 «SAM Summit»을 개최하여 소프트웨어 관련 기업 및 단체 또는 컨설턴트 등을 대상으로 SAM, 라이선스, 컴플라이언스(compliance), 도구(Tool), 정보보안 등의 주제를 가지고 토론을 하고 있다. 최근 행사는 2013년도 7월

미국 시카고에서 3일간 개최되었으며 약 150 여명이 참가하여 열띤 토론과 의견 개진을 통하여 상호 정보를 교환하였다. SAM Summit Agenda[33]중에서 라이선스 감사, 라이선스 컴플라이언스에 대한 세션이 가장 많은 관심과 호응을 불러 일으켰다.

### 4. Tag Vault

이 단체는 ISO/IEC 19770-2에서 표준화된 소프트웨어 식별 태그(software tagging)의 인증 사업을 목적으로 하고 있으며, 미국 표준개발 전문기구인 IEEE Industry Standards and Technology Organization(IEEE ISTO) 산하의 비영리 기관이다. 소프트웨어 태그의 신뢰된 등록 인증 절차의 제공(현재는 ISO/IEC 19770-2 소프트웨어 식별 태그 만)과 소프트웨어 제조업체 및 소프트웨어 자산관리 도구 업체, 소프트웨어 자산관리 담당자에 대한 소프트웨어 식별 태그 정보와 기술정보, 도구 류 등의 제공과 공유를 주요 사업으로 하고 있다. 1884년 설립 되었고 회원 수는 약 31만 명 정도 이며, 규격은 일련번호로 표시된다.

**예)** IEEE 828-1990: IEEE Standard for Software Configuration Management Plans.

또한 이 단체는 ANSI(American National Standards Institute)의 16개 위원회에 참여하고 있으며, 연방정부에도 약 30개 IEEE 규격이 채용되고 있다. IEEE의 Standards Board의 승인으로 규격이 제정되고 그 규격은 5년마다 재검토 된다.[34] 참여 회원사는 Symantec, Third Eye, CA, Manage Soft, GSA, ERACENT VeriSign, Express Metrix, ModusLink 등이다. 이 단체의 주요 활동내용은 다음과 같다.[35]

- ISO/IEC 19770-2, 19770-3에 의한 소프트웨어 태그를 제공하는 소프트웨어 제품 또는 소프트웨어 벤더, 태그 처리 도구, 태그 관리 기능을 제공하는 OS 인증
- 최신 소프트웨어뿐만 아니라 과거 소프트웨어의 태그 생성, 태그의 채용 및 이용에 관한 국제 표준, 소프트웨어 자산 데이터에 대한 사양 및 지침의 수립
- 태그에 대한 표준 및 서비스 제공, 공동 포럼 및 이벤트 개최, 기술 개발로 태그 이용자 지원 홍보 및 광고에서 명성을 얻은 회원 단체에 대한 인증 마크 제공
- 기타 주요 정보 제공(도서, 가이드라인, 모델 등)
- 도구 및 API(Application Programming Interface) 등

---

32  일본 JIPDEC 발행 연재기사(해외 소프트웨어자산관리) 참조
33  SAM Summit 2013의 주요 의제는 Oracle 감사, SAP 라이선스 관리, IBM 라이선스 감사, SAM 프로세스 엔지니어링에 대한 소개, 라이선스 준수에 관한 Oracle의 접근방식, 소프트웨어 사전의 필요성, hp 자산관리 데모, Marriot international의 글로벌 SAM 조직에 대해, SAM 도구의 필요 항목 설정, SaaS 등 클라우드 가상화 라이선싱, ISO의 SAM 규격 등으로 구성되었다.
34  국제규격연구회 전세계 규격사전(2010.6.25 일진사) 참조
35  일본 JIPDEC 발행 연재기사(해외 소프트웨어자산관리) 참조

## II. 영국

### 1. FAST & IiS[36]

영국에서는 FAST & IiS(The Federation against Software Theft & Investors in Software)가 소프트웨어 자산 관리에 특화된 단체로서 존재한다. FAST와 IiS는 각각 다른 단체였지만, 2008년 9월부터 소프트웨어 자산 관리 및 소프트웨어 라이선스 관리에 대한 견해를 통일하기 위해 협력 체제를 선택하고 있어, 라이선스 비용 절감 및 컴플라이언스 위험 경감을 구현하기 위해 균형 잡힌 활동을 실시하고 있다. 역할로 FAST 브랜드는 정부에 로비 활동과 참여 회원사의 IP 권리 보호 활동을 실시하고 IiS 브랜드는 모범 사례와 표준 개발에 주력하고 있다. 또한 IiS 아래 SIRB(Software Industry Research Board)에서 소프트웨어 자산관리, 소프트웨어 라이선스 관리, 규정 준수 및 미래 기술에 관한 과제 등에 대해 연구를 하고 있다. 이 단체는 소프트웨어 불법 사용의 감소 및 소프트웨어 발행자가 얻어야 할 적정한 가격 보장, 최종 사용자의 소프트웨어 사용 및 관리에 대한 전문적이고 책임 있는 표준화 제기를 통한 가치와 그로 인한 의무를 상호 연결하는 커뮤니티 사이의 명확성과 투명한 상호 작용 촉진을 도모한다. 이 단체의 주요 활동내용은 다음과 같다.

- FAST 브랜드에 따라 정부에 로비 활동과 참여 회원사의 IP 권리 보호 활동
- IiS 브랜드에 따라 모범 사례와 표준의 책정
- IiS 산하 SIRB에서 SAM, SLM, Compliance, 미래 기술 문제 연구

또한 SAM(Software Asset Management)에 대해 다음과 같이 대처하고 있다.

- 소프트웨어 인식 및 전달과 허가를 위한 소프트웨어 벤더, 표준기구, 규제 기관과의 협업
- 공정한 정보를 바탕으로 컨설팅, 교육, 지식 공유
- SAM의 대응지원 도구, 프로세스, 실무자의 제공 또는 그들에 관한 조언
- 소프트웨어 라이선스의 법적 프레임 워크의 지침 제공
- 로비 활동
- SIRB가 실시하는 연도별 연구 등에 의한 최종 사용자에 대한 교육
- 소프트웨어의 악용에 대한 회원 권리의 적절한 행사
- 통일 표준, 모범 사례, 단순 메시지 지원
- SAM 실무자, 리셀러 및 최종 사용자 커뮤니티에 대한 연수
- 소프트웨어 산업의 새로운 혁신을 도모하기 위한 타 단체와의 리더쉽 포럼 검토

---

[36] 일본 JIPDEC 발행 연재기사(해외 소프트웨어자산관리) 참조

## 2. BCS (British Computer Society)[37]

1957년 London Computer Group이 과학자 협회와 합병하여 발족한 BCS(British Computer Society)가 존재한다. 직원과 자원 봉사자에 의해 운영되는 국제기구이며, IT 전문가 육성을 목적으로 비즈니스를 위한 솔루션 제공, IT 분야의 전문 서적 출판, IT 분야의 뛰어난 업적에 대한 표창, 자격 시험 주관, 정책 제언 등의 활동을 하고 있다. 현재 BCS는 IT에 대한 인증 협회로 활동하면서, IT 전문가로서의 자격 요건을 제시하고 자격증을 발급하는 단체로서 장기간에 걸쳐 높은 평가를 얻고 있다. 가입 회원은 IT 전문가 네트워크에 액세스할 수 있거나 다양한 IT 주제에 대한 이벤트에 참가할 수 있는 등의 혜택이 있다. BCS는 소프트웨어 자산 관리 전문가로 인증을 얻기 위한 자격증을, 소프트웨어 자산 관리 인증서를 발행하는 기관의 하나인 ISEB(Information System Examination Board) 시험 협회를 통해, 제공하고 있다. 이 단체의 주요 활동내용은 다음과 같다.

- 전문 조직으로서의 활동
- 다른 전문 조직, 정부, 업계, 연구 기관과 연계하여 IT 전략 과제에 대해 토론 및 정보 제공
- 학회로서의 활동
- 인증부여 단체로서의 활동
- 공인 자선 단체로서의 활동

또한 SAM (Software Asset Management)에 대한 대처와 인증제도는 다음과 같다.

- ISEB(Information Systems Examinations Board)[38]에 의한 SAM 교육 및 연수
- SAM 관련 오피니언, 뉴스, 조사 결과 전달
- IT 전문가 육성을 위한 전문컨설턴트 인증제도 운영(IT 전문가 기술 향상을 목적으로 한 국제적으로 공인된 자격. 지금까지 200개 이상의 국가와 지역에서 38만 명 이상이 응시한 실적을 갖고 있다.)

## 3. itSMF (IT Service Management Forum)

itSMF (IT Service Management Forum)은 1991년부터 IT 서비스 관리 기준의 발전과 자격의 보급에 관한 활동을 전개하고 있는 비영리 단체이다. IT 서비스 관리를 위한 지침인 ITIL®(IT Service Management)의 개정에 깊이 관여하고 있다. 또한 itSMF는 국제기구로서 각국에 지부 설치 및 ISACA(정보시스템감사통제협회) 및 BCS를 포함한 해외 파트너와의 제휴를 실시하고 있다. 이 단체의 목적사업은 ITIL®의 보급 촉진이며, 참가 멤버는 HP, IBM, CA, Sun 등이다. 이 단체의 주요 활동내용은 다음과 같다.

- ITIL® 보급을 위한 이벤트 개최
- ITIL® 계발
- 포럼 및 자격제도 운영
- 서적 판매
- 인증제도[41]
- 외부 발신 주요 정보(도서, 가이드라인 등)[42]

[37] BCS(British Computer Society) 소속 교육기관으로 IT 종사자의 능력과 능률을 올리는 것을 목적으로 한다.

[38] Foundation(초급), Practitioner(실용 레벨), Higher(전문가, 관리자 레벨) 3단계로 나뉘며, 전문분야는 ITIL(IT Infrastructure Library) 소프트웨어 테스트, 지속 가능한 IT, 기업 분석, 시스템 개발, 프로젝트 관리 및 지원, IT 거버넌스, 정보 및 보안, IT 자산 및 IT 인프라 8개로 나뉜다. 또한 SAM은 "IT 자산 및 IT 인프라"에 포함되어 있어 중소기업 및 대기업의 소프트웨어 자산 관리자를 위한 효과적인 SAM의 구현 및 운영과 관리를 실현하기 위한 지식을 제공하고 있다.

[39] 일본 JIPDEC 발행 연재기사(해외 소프트웨어자산관리) 참조

[40] 상 동

[41] ITIL® Qualifications Board 통해 APMG에 의해 인가를 받은 다음 단체가 인증 제도를 운영하고 있으며, 해당 단체에 대한 링크 게재 ⇨ APMG-UK, EXIN, ISEB, Loyalist College (LCS) Dansk IT, DF Certifiering, TUV SUD, CSME

[42] Service Design (ITIL® V3)/Service Operation (ITIL® V3)/An Introductory Overview of ITIL® V3/ITIL® V3 Glossary & Acronmys 등 다수

## III. 일본

**1. ACCS (Association of Copyright for Computer Software)**

ACCS는 일본의 대표적인 소프트웨어저작권 보호 단체로서 1985년 소프트웨어 법적 보호 감시기구로 설립하여 1990년 컴퓨터소프트웨어저작권협회로 명칭을 변경하였다. 소프트웨어 저작권 보호 및 계몽과 정보 윤리(moral)의 보급 등을 사업 목적으로 설립된 단체이다. 소프트웨어 벤더와 변호사, 출판사, 툴 벤더 등 약 200개사가 회원(2012년 11월 1일 현재)으로 참여하고 활동하고 있다. SAMCon이 SAM 방법에 대한 계몽을 하고 있는 반면, ACCS는 저작권의 적절한 보호를 계몽하고 있다. 우리나라의 한국소프트웨어저작권협회(SPC)와는 달리 기업 등에 대한 불법소프트웨어 단속지원 활동은 하지 않고 계몽과 법률지원 등을 하고 있다. 일본은 2000년대부터 기업에서 예상하지 못한 사건들이 잇따랐기에 관계부처[43] 및 관련 단체는 저작권 관련 법령과 제도를 정비하고 강화함과 동시에 기업에서도 《규정 준수》라는 이슈가 강하게 대두되게 되었다. 기업 조직의 불법 복제에 대한 계몽 활동이 컴퓨터소프트웨어저작권협회(ACCS) 및 BSA를 통해 적극적으로 행해져 2004년 "공익 신고자 보호법"의 시행이 실시되면서 신고 건수는 증가했다. BSA의 조사에 따르면 일본의 불법 복제율은 2003년을 정점으로 건수로는 감소하는 경향에 있지만 실제로는 PC, 인터넷 사용자의 증가에 따라 소프트웨어 불법 복제의 양상은 복잡화 하는 경향이 있었다고 밝혔다. 이것은 전통적인 조직에서의 불법 복제 뿐만 아니라 새로운 불법 거래 형태로서 인터넷 경매에서 제품 키 정보와 제품 키가 포함된 COA(출처 인증서) 레이블의 매매 등 새로운 거래 수법이 증가하고 있는 것도 또 다른 배경으로 꼽힌다.

또한 ACCS의 Web 사이트에서는 "2011년 1월 11일부터 14일까지 사이에 23개 도도부 현 경찰이 파일 공유 소프트웨어를 통한 영화, 음악, 애니메이션, 게임, 상업용 소프트웨어 등의 저작권 위반 사건에 대해 일제히 집중 단속을 실시하여, 전국에서 50개소를 수색 후 18명을 체포하여 각각 법원에서 유죄 판결을 받았다"는 보도자료를 게재하였다. ACCS는 2010년부터 2011년까지 파일 공유 소프트웨어 관련 사건에 대한 저작권 침해 정보에 대해 적극적으로 홍보 활동을 실시하고 있다. SAM 대응 움직임으로서 파일 공유 소프트웨어를 금지 소프트웨어로 정의하기 시작한 조직 및 기업도 증가하고 있어 상기와 같은 대규모 적발에서 알 수 있듯이,

---

[43] 일본의 저작권관련 정부 부처로는 문부과학성, 경제산업성, 총무성 등이 있다.

설치되어 문제가 있는 소프트웨어 명을 탐지하고자 하는 프로세스 정의의 일환으로서도 SAM에 관심이 쏠리고 있다. 아울러 ACCS는 2013년 4월경 전국 10,000여개의 민간 기업의 경영자 및 정보화 팀 책임자에게 조직 내에서의 불법 복제를 방지하기 위해 사전에 소프트웨어 자산관리의 중요성을 알리는 메일을 일괄 발송했다고 한다. 메일에는 소프트웨어 자산관리 요청 문서 이외에 경영자가 소프트웨어 관리를 해야 하는 필요성에 대한 소개서와 소프트웨어 관리 기법을 정리한 책자도 함께 동봉했다고 한다.

**2. SAMAC (association of SAM Assessment & Certification)**

일반사단법인 소프트웨어자산관리평가인증협회(SAMAC: association of SAM Assessment & Certification)는 소프트웨어자산관리의 올바른 보급촉진을 목적으로 2010년 12월 1일자 설립된 비영리 형 일반사단법인이다. 이 단체에서는 기업 및 공공기관 등의 조직에서 소프트웨어자산관리(SAM)가 어느 정도 도입되어 있는지를 평가(성숙도 평가)하기 위한 사업을 수행한다. 또한 이 평가기준에 대해서는 ISO/IEC 19770 내용 및 JIS 규격에 맞게 SAMAC에 의해 개발되고 있다. 동시에 SAM 체제 구축을 돕기 위해 사업자와 컨설턴트를 위한 인증기준 제공 및 인증관리 개발을 통해 시장에서 제공되는 SAM관련 서비스의 품질유지 향상 및 균질화에 노력하고 있다. 상기 외에 SAM의 올바른 보급 촉진을 위해 필요한 각종 사업과 교육 및 계몽 활동을 실시하고 있다.

이 단체는 2013년 8월 2일 사단법인 한국소프트웨어저작권사용자보호협회(KOSUPA)와 "양국간 소프트웨어 자산관리 활성화를 위한 업무 협약"을 체결 하였으며(소프트웨어자산관리 표준화, 공인 SAM 컨설턴트 자격시험 활성화, 조직에 대한 적합성 인증 사업, 소프트웨어자산관리컨설팅 기법 개발, 저작권 교육, 세미나 등), 양국간 사용자와 저작권사의 이익균형과 상호번영을 위한 가교자로서의 역할을 통해 소프트웨어 저작권 문화발전에 이바지하기로 합의 했다.[44] 이 단체의 주요 활동 내용은 다음과 같다.

- 소프트웨어자산관리의 성숙도 평가 자격자 인증 육성사업
  (인증기준 작성, 테스트 및 인증, 교육코스 작성 및 제공, 인증서 발급관리 등)

- 소프트웨어자산관리의 성숙도평가 자격조직의 인증사업 (인증기준 작성, 평가자격 조직의 인증사업, 자격증의 발급관리, 품질의 유지관리 등)
- 소프트웨어자산관리의 성숙도 평가 기준 책정 (ISO/IEC 19770 내용은 이와 관련된 JIS 규격에 준한 소프트웨어 자산관리 성숙도 평가기준 작성 유지 갱신)
- 조직의 소프트웨어 자산관리의 성숙도 인증사업 (ISO/IEC 19770 또는 이와 관련된 JIS 규격에 준한 소프트웨어 자산관리의 성숙도 평가 지원 및 인증)

또한 이 단체는 ISO/IEC 19770-1을 기반한 SAM 표준과 SAM 평가 기준을 바탕으로 SAM 컨설턴트 또는 조직의 성숙도 평가, 인력 및 시간 절감을 위한 사전 제공, SAM 세미나를 통해 SAM의 보급 활동을 하고 있다. ISO/IEC 19770-1(2012년)의 Tiered 모델에도 Annex에서 참조되고 있다. 아울러 일본 각 지역을 순회하며 매년 정기적으로 소프트웨어자산관리와 관련된 설명회를 각종 관련 단체와 함께 주관하고 있다. 아래 사진은 2013년 2월과 5월 두 차례에 걸쳐 일본에서 있었던 소프트웨어 자산관리 설명회 모습으로서 일본 사회가 소프트웨어 자산관리에 갖는 관심을 확인할 수 있었다. 주요 발표주제는 다음과 같다.

- 소프트웨어자산관리 및 IT 자산관리에 관한 조사 연구
- 정부 및 공공기관의 정보보안 대책
- SAM 사례(민간기업, 공공기관, 대학교의 사례를 중심으로)
- 소프트웨어자산관리시스템을 통한 IT자산관리 체계 구축 사례
- ISO/IEC 19770 시리즈(소프트웨어 자산관리)의 최근 동향
- 소프트웨어자산관리 대응과정에서의 주의사항
- 법률 및 컴플라이언스 측면에서의 라이선스 관리 필요성
- 가상화 및 클라우드 환경에서의 SAM의 고찰
- 소프트웨어자산관리(SAM)의 현상과 향후 과제

44 전자신문 http://www.etnews.com/news/computing/informatization/2808568_1475.html 참조

〈그림, 2-7〉 JIPDEC 주최, 소프트웨어자산관리 설명회(2013.2, 도쿄)

〈그림, 2-8〉 Nikkei 주최, 소프트웨어자산관리 설명회(2013.5, 도쿄)

## IV. 중국

중국은 2004년경부터 CSA 및 지역 판권 국 등 정부 기관과 협력하여 북경, 상해 등 대도시에서 소프트웨어자산관리 세미나 등을 실시하고 있다. 2009년에는 정품 소프트웨어 진흥부를 설립하고, 특히 기업의 소프트웨어자산관리 추진을 진행하고 있다.

CSA(중국 소프트웨어 연맹: China Software Alliance)는 정품 소프트웨어 사용에 대한 인식을 높이고 정부와 협력하여 자국 기업의 정식 버전 소프트웨어의 확산을 목표로 하고 있다. 또한 소프트웨어 사용자와 저작권사 사이에 서서 쌍방의 합법적 권익을 지키고, 소프트웨어 산업의 건전한 발전을 촉진하고 소프트웨어의 지적 재산권의 존중과 정보화의 확산을 목표로 한다. 또한 일본의 컴퓨터 소프트웨어 저작권 협회(ACCS)에서도 정기적으로 정보 교환과 세미나를 실시하는 등 지원을 실시하고 있다. CSA의 특징으로서 업계 단체와 긴밀한 협력을 주요 활동으로 들 수 있다. 2009-2010년에는 건설업 협회, 디자인 협회 등과 합동조사 연구를 실시하고 있다. 참가 회원은 2010년 2월 현재 Microsoft, Adobe, Symantec, Autodesk 등 해외 주요 소프트웨어 벤더 및 금산(킹 소프트) 등 중국 내 소프트웨어 공급업체로 구성된 21개사로 구성되었다. 이 단체의 주요 활동 내용은 다음과 같다.[45]

- 정보 제공(법률, 가이드라인, 사례)
- 사용자 교육
- 소프트웨어 시장 조사 연구
- 정책 제안
- 부정이용 정보 접수(전화, FAX, e-mail)
- 제조업체와 사용자 간의 조정
- 소프트웨어 벤더 대리점 감사
- 뉴스레터 발행

---

45 일본 JIPDEC 발행 연재기사(해외 소프트웨어자산관리) 참조

## V. 우리나라

### 1. 한국저작권위원회(KCC)

(1) 연혁

1987년 7월 저작권법에 따라 저작권 관련 사항을 심의하고, 저작권 분쟁을 조정할 목적으로 저작권심의조정위원회가 설치되었다. 1988년 3월 국제저작권정보센터로부터 한국저작권정보센터로 지정되었고, 2007년 6월에 저작권위원회로 이름이 바뀌었다. 2009년 7월 저작권법 개정에 따라 컴퓨터프로그램보호위원회와 통합되면서 한국저작권위원회로 출범하였다.

(2) 주요업무

• 분쟁조정

법조계, 학계 그리고 산업계를 대표하는 1~3인의 전문가들로 구성된 조정부의 조력을 통하여 당사자간 원만한 화해를 유도하는 ADR(Alternative Dispute Resolution) 제도 중 하나로서 신속하고 저렴하며, 비공개로 진행되어 당사자의 명예와 프라이버시를 보호받을 수 있는 민주적이고 간편한 분쟁해결제도[46]로서 조정과 알선이 있는바, ADR 제도에서 자세히 살펴 보기로 한다.

• 법정허락

다른 사람의 저작물(또는 실연, 음반, 방송 및 데이터베이스)을 이용하기 위하여 상당한 노력을 기울였어도 권리자를 알 수 없거나 권리자의 거소를 알 수 없는 경우 또는 특별한 목적으로 저작물을 이용하고자 하였으나 권리자와 협의가 성립되지 않아 이용할 수 없는 경우 저작권법에 의하여 권리자를 대신하여 저작물 이용을 승인하는 제도이다.[47]

• 저작권 등록

작자가 창작한 저작물에 관한 일정한 사항과 권리의 변동 등에 대한 사항을 공적 장부에 등재하고, 일반 국민에게 공개 및 열람하도록 하는 공시제도이다.[48]

---

[46] 한국저작권위원회 홈페이지 참조
(https://www.copyright.or.kr/service/escrow.do?hm_seq=79)
[47] 상동
[48] 상동

• 소프트웨어 임치

SW 기술정보 등 거래 시, 개발기업의 저작권 보호와 사용기업의 안정적 사업수행을 보장하기 위해 신뢰성 있는 제3의 기관에 관련 기술자료 등을 예치해 두는 양자 간 상생협력을 위한 제도이다.[49]

• 소프트웨어 관리체계 컨설팅

SW 자산관리에 어려움을 겪고 있는 기관 및 기업을 대상으로 효율적인 SW자산관리가 되도록 개선사항과 관리방향 등을 무료로 컨설팅 하는 제도이다.[50]

• 저작권 교육

저작권에 대한 국민의 인식 개선과 전문인력 양성을 위하여 다음과 같은 다양한 교육 프로그램을 운영하고 있다.[51]

- 청소년을 위한 저작권 교육
- 교사를 위한 저작권 교육
- 방문 맞춤형 저작권 교육(학교, 기업체, 공공기관 등)
- 저작권 전문인력 양성
- 기타 온라인 교육 (학교 속 저작권 이야기, 저작권 기초와 수업활용, 인터넷 종사자를 위한 저작권 노하우, 출판·음악·게임·방송 등 종사자를 위한 저작권 노하우, 대학생 및 일반인을 위한 저작권 개론 등)

이 밖에도 기증, 감정, 디지털 저작권 포렌식, OSS 라이선스 감사 등의 업무를 통하여 대국민 서비스를 제공하고 있다.

(3) 우리나라의 저작권 보호정책 및 제도[52]

정부는 «균형과 상생의 저작권 생태계 조성»을 목표로 "틈새 없는 저작권 보호망 구축", "생활 속 저작권 인식제고" 등 과제를 추진하였으며, 저작권법 위반사범에 대한 수사 확대, 온라인 재택 모니터링 요원 확충을 통한 야간 및 휴일 등 취약 시간대 온라인 모니터링 강화, 디지털 기술발전에 따른 새로운 유형의 저작권 침해에 적극적으로 대응하기 위해 불법저작물 추적관리 시스템을 확충하는 한편, 디지털

---

[49] 한국저작권위원회 홈페이지 참조
(https://www.copyright.or.kr/service/escrow.do?hm_seq=79)
[50] 상동
[51] 상동
[52] 2012 저작권 백서, 한국저작권위원회, 2013.10

저작권 증거분석 시스템을 강화하였다. 우리나라의 저작권 보호 제도는 저작권자 개인 차원에서는 자신의 저작권이 침해되었을 경우 해당 저작물의 복제·전송 중단 요청, 민사상 손해배상 청구, 형사 고소를 할 수 있으며, 영리 또는 상습적 저작권 침해 시에는 침해범죄 수사, 특수한 유형의 온라인서비스 제공자에 대한 기술적 조치 불이행에 따른 과태료 부과, 불법적인 복제·전송 또는 게시판 운영 등과 관련하여서는 온라인 서비스 제공자에게 내리는 시정명령 및 시정권고, 불법적인 복제 및 전송자에 관한 정보제공 명령 등의 행정처분이 있다.

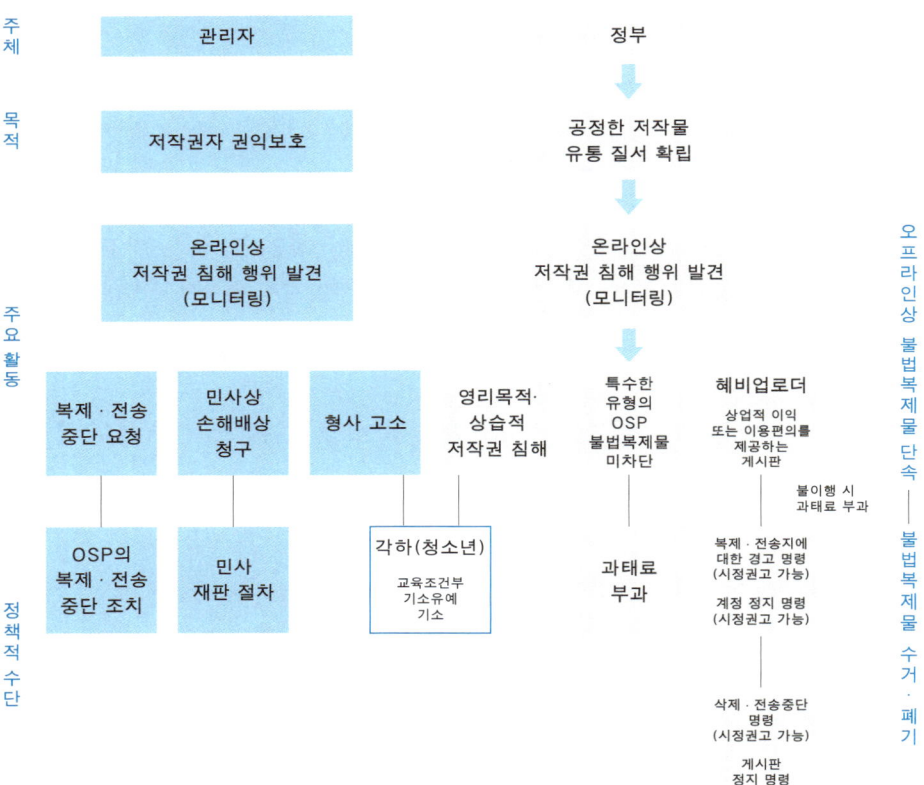

〈그림 2-9〉 우리나라 저작권 보호체계

〈표 2-3〉 연도별 주요 단속 현황

| 구분 | 2011년 | 2012년 | 증감 |
|---|---|---|---|
| 특별사법경찰 사법처리 (송치) | 1,116명 | 1,803명 | 61.6% |
| 한국저작권위원회 시정권고 | 107,724건 | 250,039건 | 132.1% |
| 저작권보호센터 복제·전송 중단 요청 및 수거·폐기 등 | 377,549건<br>86,607,707점 | 921,211건<br>177,007,537점 | 143.9%<br>(104.4%) |
| 온라인 재택 모니터링 운영 | 263,286건<br>80,458,992점 | 412,278건<br>109,882,656점 | 56.6%<br>(39.6%) |
| 불법저작물 추적관리 시스템 운영 | 82,621건<br>3,161,355점 | 491,253건<br>65,132,086점 | 494.6%<br>(1,960.3%) |

출처: 저작권 2012 백서, 한국저작권위원회

## 2. 한국소프트웨어저작권협회 (SPC)

한국에서는 소프트웨어 저작권사의 권익을 대변하는 저작권 보호 지원 단체로 SPC(Korea Software Property-right Council)가 있다. SPC는 정품 소프트웨어 제품의 이용에 대한 인지도 강화 및 소프트웨어 제품의 부정 이용을 허용하지 않는 문화의 조성을 위해 다양한 홍보 활동과 교육 활동을 실시하고 있다.

1993년 소프트웨어 저작권 보호위원회 출범 이후 소프트웨어 불법복제 감시 및 단속지원 업무를 실시하였으며, 2000년 정보통신부 허가 단체로 되면서 SPC로 명칭을 변경하였다. 언론 보도[53] 및 SPC 관계자에 따르면 불법소프트웨어 사용기업에 대한 단속지원 활동을 매년 1천건 이상씩 활발히 진행하고 있으며, 가장 많이 단속한 해는 2005년도 경으로 약2,500여건 이라고 밝혔다. 또한 권리보호 지원 활동으로는 회원 기업을 위해 인터넷에서 불법복제 소프트웨어에 대한 모니터링을 실시하고 불법복제 소프트웨어를 발견한 경우에는 당해 복제물의 삭제 또는 폐기를 요구하고 SPC 소속 변호사와 협력하여 고소 고발 활동을 실시하는 등 단속지원 활동을 실시하고 있다. 2007년에는 일본의 ACCS 및 중국 저작권 보호 단체 중국연건 연맹(CSA: China Software Alliance) 사이의 소프트웨어 관리에 대한 상호 협력에 관한 양해각서(MOU)를 체결하였다.

## 3. 문화체육관광부 저작권 특별사법경찰[54]

문화체육관광부 저작권 특별사법경찰은 일명 저작권 경찰로서 2008년 7월 3일 출범하여 2009년 9월 16일 서울중앙지검으로부터 40명을 지명 받았다. 서울·부산·대구·광주·대전 등 5개 광역도시에 사무소를 설치하여 담당 지역에 있는 기업체 또는 공공기관 등을 방문하여 다음과 같은 활동을 하고 있다.[55]

- 불법복제 예방 안내서와 점검용 소프트웨어 제공
- 소프트웨어 불법복제 단속 현황과 단속 주체 관련 법령 안내
- 소프트웨어 불법복제 사용 적발 시 처벌 조항과 처벌 사례 소개
- 소프트웨어 관리의 필요성과 관리 방법 안내
- 무료 오픈 소스 소프트웨어와 저렴한 대체 소프트웨어 사용 관련 정보 등 제공

---

[53] 불법 복제 근절이 지식강국 해법, 한국경제매거진 2012.2.15 참조
http://news.naver.com/main/read.nhn?mode=LSD&mid=sec&sid1=001&oid=050&aid=0000023617

[54] 저작권법 제133조 제3항에 근거

[55] 저작권 특사경- SW 불법복제 단속 강화, 시민일보 2013.2.20 참조

<그림 2-10> 저작권특별사법경찰 조직 및 관할지역

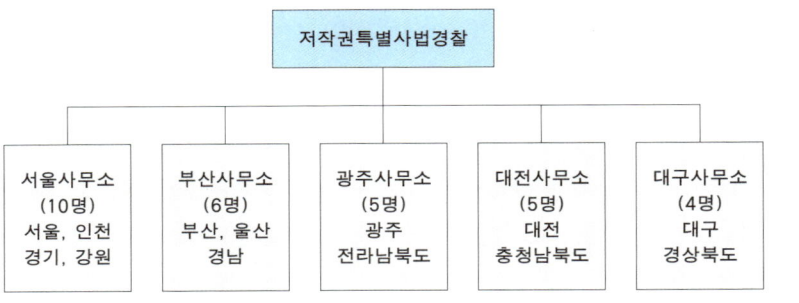

출처: 저작권 2012 백서, 한국저작권위원회

### 4. 한국소프트웨어저작권사용자보호협회 (KOSUPA)

KOSUPA는 2010년 5월 설립하여 소프트웨어저작권을 사용하는 사용자(기업, 공공기관, 교육기관, 개인 등)에 대한 권익을 보호함과 동시에 올바른 소프트웨어 저작권 문화를 형성하기 위한 사용자 교육 및 설명회와 컨설팅 등을 병행하고 있다. 이 단체는 2011년부터 줄곧 중소기업청, 상공회의소, 각 공단 등과 함께 관내 기업체들을 대상으로 소프트웨어 저작권 및 자산관리 설명회를 개최하고 있다.[56] 또한 일본의 SAMAC과의 교류를 통해 선진적인 분쟁 해결 방법과 정품화 추진 방안 등을 연구하여 사용자와 권리자간의 이해 조정자로서의 역할을 목표로 하고 있다. 주요 활동 내용으로는 다음과 같다.

- 소프트웨어 자산관리 표준화 연구(ISO/IEC 19770 시리즈)
- 소프트웨어 자산관리 및 소프트웨어 감사관련 컨설팅
- 소프트웨어 저작권관련 분쟁 시 조정 대리 및 법률지원
- 소프트웨어 자산관리 툴(TOOL) 개발 및 보급
- 저작권법 및 라이선스 정책 연구를 통한 문제점 발굴
- 개인 또는 조직에 대한 인증제도 연구
- 설명회 및 세미나
- 소프트웨어 저작권 및 자산관리 관련 출판 사업
- 소프트웨어 저작권 교육
- 해외 소프트웨어 저작권 등 사례 연구 등

---

56　http://www.ddaily.co.kr/news/news_view.php?uid=82885 (디지털데일리),
http://www.dt.co.kr/contents.html?article_no=2011121402019960600002 (디지털타임즈),
http://www.zdnet.co.kr/news/news_view.asp?artice_id=20120903163146&type=xml (지디넷코리아)

— 2012년 9월 6일, 7일
— 서울, 경기, 인천 지역
— 한국저작권위원회교육연수원

— 2012년 9월 11일
— 충북(청주)
— 청주시 문화산업진흥재단 3층 나눔마당

— 2012년 9월 12일
— 광주 / 전남
— 광주 김대중컨벤션센터

— 2012년 9월 13일
— 전북 (전주)
— 전주 전북경제통상진흥원 희망교육장

— 2012년 9월 14일
— 대전 / 충남
— 대전 컨벤션센터

— 2012년 9월 18일
— 강원 (원주)
— 강원도 산업경제 진흥원

— 2012년 9월 20일
— 대구 / 울산 / 경북
— 패션산업연구원

— 2012년 9월 21일
— 부산 / 경남
— 부산 벡스코 컨벤션홀

2011년 BSA 조사 결과에 따르면 우리나라는 북미, 유럽, 일본 등 선진 국가들에 비해 불법소프트웨어 사용률(약 41%)이 높게 나타났다. 지난 10년 전에 비하면 그나마 정품화 비율이 많이 높아지고 있는 것은 사실이다. 우리나라는 주로 정품화 추진 방법을 형사적인 고소 및 단속으로 일관하는 경향이 있다. 일본 ACCS 담당팀장에 의하면, 일본의 경우 기업 등 조직을 단속하는 것은 매우 엄격한 요건이 필요하여 집행이 용이하지 않으므로 인해 지난 수십 년간 2건 밖에는 없었다고 한다. 또한 주로 형사상 대상이 되는 경우는 불법소프트웨어를 유통 및 배포하는 경우, 인터넷상에서 업로드 하는 경우 등 판매와 관련된 이윤 창출을 목적으로 할 때만 고소와 단속이 이루어 진다고 밝혔다. 이에 비하면 우리나라는 불법 소프트웨어 사용으로 인한 고소와 단속 등 형사적인 처리가 너무 많다고 할 것이다. 저작권 침해로 인한 처벌은 강화해야 할 필요가 있지만, 고소 및 단속 집행에 있어서 보다 더 엄격한 요건이 요구되어야 할 것이다. 또한 한국저작권위원회 및 KOSUPA를 통한 사전 조정 및 중재절차 제도를 통하여 법률 진행 전 충분히 의견 접근을 시도하는 것도 바람직하다고 생각한다. 이러한 저작권 중재제도(ADR: 선택적 분쟁해결제도)에 대해서는 후술하기로 한다. 우리나라의 불법소프트웨어 단속과 관련하여 KOSUPA 대런빈 고문 변호사는 "KLRI Journal of Law and Legislation Volume 2 2012, Leverage That is Criminal: Seeking to balance the right of Korean defendants and plaintiffs in small-scale software copyright cases"에서 사소한 저작권 침해의 비 범죄화[57]와 범죄 단속 시스템의 조정제도를 주장하고 있다. 전자의 근거로 그는 미국 법을 들고 있다. 미국 법은 일반적으로 법정손해배상 제도가 존재하고, 저작권 범죄 조사는 상업적 이익 또는 재생산, 배포와 같은 특정 경제적 상황에서의 고의적 침해에 제한되고, 통상 법 집행 범위에서 사소한 침해는 제외된다고 설명한다. 후자는 사전 중재제도의 활용을 의미하고 있다. 그는 연구 논문에서 분쟁 전 한국저작권위원회(KCC)를 통한 분쟁조정 제도의 활용을 주장하고 있다. 중립적 성격의 기관인 KCC가 충분히 권리자와 침해자 사이의 균형추의 역할을 할 수 있을 것으로 내다보고 있다.[58]

[57] American law generally agrees ; statutory damages exist and criminal copyright investigation is limited to willful infringement in certain economic contexts involving commercial advantage or reproduction and distribution, which will generally remove small-scale infringement from the purview of law enforcement.

[58] If the complaining victim fails to appear at mediation or conciliation or otherwise intentionally frustrates the proceedings, s/he gives up his or her right to bring a criminal complaint. The KCC shall arbitrate the matter and the decision of the KCC shall be binding on the parties.

제3장

# 소프트웨어 저작권 보호 정책

I. 불법소프트웨어 단속

II. 소프트웨어 감사

# 제3장

# 소프트웨어 저작권 보호 정책

## I. 불법소프트웨어 단속

### 1. 우리나라

(1) 근거법령

저작권법 제1조 및 제11장 벌칙 중 제140조, 제141조 등을 종합적으로 보면, "영리를 목적으로 또는 상습적으로 제136조 제1항 제1호(저작재산권, 그 밖에 이 법에 따라 보호되는 재산적 권리〈제93조에 따른 권리는 제외한다〉를 복제, 공연, 공중송신, 전시, 배포, 대여, 2차적 저작물 작성의 방법으로 침해한 자), 제136조 제2항 제3호(제93조에 따라 보호되는 데이터 베이스 제작자의 권리를 복제, 배포, 방송 또는 전송의 방법으로 침해한 자) 및 제4호(제124조 제1항에 따른 침해행위로 보는 행위를 한 자)의 경우에는 고소가 없어도 검찰이 직권으로 공소를 제기할 수 있도록 비친고죄 범위를 확대하여 개정[59]하였다.

다만, 제124조 제1항 제3호에서는 "프로그램의 저작권을 침해하여 만들어진 프로그램의 복제물을 그 사실을 알면서 취득한 자가 이를 업무상 이용하는 행위의 경우에는 피해자의 명시적 의사에 반하여 처벌하지 못한다."라고 규정[60]되어 있다.

국가형벌권을 행사함에 있어 친고죄와 더불어 반의사불벌죄에 의해 피해자의 의사를 반영하는 것은 국가형벌권 행사의 절대성과 권위만을 고집함으로써 나타나는 형식적 획일성과 비 형평성을 완화하여 구체적 타당성을 확보하려는 데 그

---

[59] 대한민국과 미합중국간의 자유무역협정 및 대한민국과 미합중국간의 자유무역협정에 관한 서한교환(이하 한미 FTA)의 국내 이행을 위하여 "저작권법 일부 개정 법률안"이 2011년 11월 22일 국회를 통과하여 2011년 12월 2일 법률 제11110호로 공포되어 2012년 3월 15일 발효되었다.

의의가 있고, 나아가 범죄자의 회개에 기초한 범죄자와 피해자 사이의 진정한 화해가 피해자 쪽의 불고소나 불처벌의 의사표시 또는 고소의 포기나 취소로 나타나고, 그 결과 법적 평화의 회복이 신속하게 이루어지기를 기대하는 입법자의 의지가 담겨 있다고도 이해할 수 있다.[61] 그러나 형사 사법의 실제 운영에서는 친고죄나 반의사불벌죄에 관한 고소가 피해보상의 확보도구로 이용되고, 나아가 고소의 대상인 특정 범죄와의 관련성이 희박한 민사상 손해배상의 미끼로 남용되는 예가 많으므로 폐지는 아니더라도 이에 대한 적절한 대응책이 요구된다.[62]

(2) 개정내용 및 효과

인터넷 환경에서의 대규모적이고 반복적인 저작권 침해는 영리 목적뿐만 아니라 상습적인 과시욕 등 다양한 요인에 기인하는 경우가 많아졌으므로 인해, 기존의 영리 목적만으로는 법의 취지를 효과적으로 살릴 수 없다는 고려하에 상습적 법익 침해도 그 구성요건으로 하였다. 즉 비영리 목적이라 하더라도 상습적인 저작권 침해 시 비 친고죄를 적용함으로써 신속한 권리보호가 가능하여 심각한 산업적 피해를 감소시킬 수 있다는 판단이었다.

2010년도부터 저작권법 개정을 위하여 각 업계 이해 관계자들을 대상으로 한 공청회 및 학술 세미나 등에서 저작권 보호 강화를 위한 친고죄 폐지 여부와 관련하여 격렬한 토론이 있었다. 친고죄 폐지를 주장하는 쪽(정부 부처)에서는 저작권의 보호 추세는 국제적인 흐름이고 그 처벌 수위도 한 층 높아 지고 있으며, 그 보호법익이 개인적 법익뿐만 아니라 사회적 법익(공익성)에도 해당 하는 등 몇 가지 이유를 들었다. 이에 반해 친고죄 유지를 주장하는 측에서는 범죄사실을 일반인에게 알리는 것이 피해자의 명예에 영향을 줄 수 있으며, 피해에 따른 손실이 미미한 사안에 대한 조속한 처리라는 사유를 그 논거로 들었다. 현재 소프트웨어 저작권 위반(예컨대, 불법 설치 등 행위 및 무허가 라이선스의 업무목적 사용 행위 등)은 비 친고죄

---

[60] 이를 반의사불벌죄라고 한다. 이는 국가기관이 수사와 공판을 독자적으로 진행할 수 있지만 피해자(예컨대, SW 저작권자 등)가 처벌을 원하지 않는다는 명시적인 의사표시를 하는 경우에는 그 의사에 반하여 형사소추를 할 수 없도록 한 범죄를 말한다. 반의사불벌죄는 처벌을 원하는 피해자의 의사표시 없이도 공소할 수 있다는 점에서 고소 및 고발이 있어야만 공소를 제기할 수 있는 친고죄와 구별된다.
[61] "형법각론"(오영근, 박영사, 2005년) 및 "피해자의 의사와 형사절차"(윤동호, 피해자학연구, 2006년), 한국학중앙연구원 한국민족문화대백과 참조
[62] 상동

또는 반의사불법죄로 고소인의 고소가 필요한 친고죄와는 그 성격이 엄연히 다르다. 그러나 실무상 소프트웨어 저작권 침해사범에 대한 처리는 친고죄와 같이 운용되고 있다고 할 것이다.[63] 미국의 경우에도 저작권법이 비 친고죄로 되어 있지만, 당사자간의 원만한 합의가 이루어지면 친고죄와 같이 처리하고 있다.

### (3) 단속경과 및 최근 보호 정책

1999년 한겨레 보도자료에 의하면, "당시 우리 정부에서는 1999년 5월부터 502개 공공기관을 대상으로 단속을 벌인 결과 불법 복제된 소프트웨어가 깔린 컴퓨터의 비율이 평균 10%를 넘지 않는 것으로 나타났다"며 불법복제율이 그 만큼 줄었다고 볼 수 있다고 밝혔다. 이에 대해 BSA는 "검찰은 일부 공공기관을 대상으로 4가지 소프트웨어에 한해서만 단속을 해왔다"며 이런 결과를 바탕으로 전체 불법복제율을 추정하는 것은 비약이라고 주장했다. 이처럼 외국 소프트웨어 업체들이 강도 높은 단속을 계속 해 줄 것을 요구하자, 국내 소비자들은 컴퓨터 통신망 게시판 등을 통해 BSA가 추정하는 불법복제율 수치와 산출 근거를 검증해 부풀려진 부분부터 바로잡아야 한다고 반박[64]하고 있다. 한국소프트웨어저작권협회(SPC)는 1993년 소프트웨어저작권보호위원회로 창립된 후 2000년 방송통신위원회 산하 비영리단체로 전환되었다. SPC는 마이크로소프트, 어도비시스템즈 등 제조업체와 유통사 및 솔루션 개발사 등을 회원사로 하여 그들의 권익을 보호하는 활동 등을 담당하고 있다. 전국적으로 연간 1,000건 이상의 검·경 단속지원 활동을 위해 대부분의 인력이 외부 현장에 파견되는 실정이다. 그동안 이러한 단속 지원 활동을 통해서 우리나라의 불법소프트웨어 사용률을 적지 않게 낮췄다는 것은 그 활동 가치를 인정할 수 있겠으나, 향후 조금 더 포지티브한 방식으로의 접근을 모색해야 할 것이다.

또한 전술한 문화체육관광부 저작권경찰의 출범으로 온라인과 오프라인에서의 저작권법 위반 사건에 대한 수사 및 단속을 강화하였다. 2010년도 공공부문 소프트웨어 사용실태 점검 보고서에 따르면 공공기관 1,742곳 가운데 203곳(11.6%)이

---

[63] 현재 미국의 저작권 위반은 비 친고죄에 해당되나 수사를 진행하면 당사자간 협의로 해결되는 일이 많은 실정이다.

[64] 통상 BSA의 불법 사용률 추정의 근거로 컴퓨터 판매대수와 소프트웨어 판매 대수를 비교하는 방식으로 그 수치를 기록하고 있는바, 당시 국내외 컴퓨터 제조업체들의 치열한 PC 매출 순위 싸움으로 인하여 상당부분 컴퓨터의 보급대수가 부풀려졌을 가능성이 있다고 주장한다. 또한 BSA가 불법복제율을 산정할 때의 계산 방식과 관련하여 불법복제 추정 소프트웨어 수에 소비자가격을 곱해 산출된 수치를 사용하는 것도 불법복제율 추정치를 부풀리는 요인으로 꼽힌다고 주장한다.

불법 소프트웨어를 사용했다고 밝혔다. 그 가운데는 중앙정부 22곳, 특별지방행정기관 28곳, 지방자치단체 104곳, 공공기관 44곳이었으며 이로 인한 저작권 침해금액은 140억 원에 이른다고 하였다. 공공기관의 불법소프트웨어 침해사례로는 민원인용 PC에서의 백업 프로그램 설치 및 유료 프로그램의 무허가 다운로드 설치 유형과 직원용 PC에서 개인 사용자용 무료 소프트웨어(예컨대, 알집, ZOOK, 오픈캡쳐 등)를 설치한 경우 등을 들 수 있다.

〈표 3-1〉 불법 소프트웨어 침해금액별 기관 순위

| 순위 | 기관명 | 피해금액(백만 원) | 비고 |
| --- | --- | --- | --- |
| 1 | 경기 K시청 | 2,246 | |
| 2 | A기술연구원 | 1,296 | |
| 3 | 서울 J 구청 | 1,020 | |
| 4 | 서울 G 구청 | 890 | |
| 5 | 경북 Y 시청 | 800 | |
| 6 | B광역시청 | 626 | |
| 7 | K과학연구소 | 366 | |
| 8 | 경북 C 군청 | 350 | |
| 9 | 경북 G 군청 | 349 | |
| 10 | 서울 K 구청 | 336 | |

〈표 3-2〉 제조사별 침해 제품 및 건수

| 제조사 | 제품명 | 침해 건수 | 비고 |
| --- | --- | --- | --- |
| 한글과컴퓨터 | 한글 2002(SE) | 853 | |
| | 한글 2007 | 527 | |
| 마이크로소프트 | MS 오피스 2003(Pro) | 1,731 | |
| | MS 엑셀 2003 | 531 | |
| | MS 오피스 2007(Pro Plus) | 499 | |
| | MS 엑셀 2007 | 557 | |
| 이스트소프트 | 알집 8.x | 1,520 | |
| | 알약 1.x | 879 | |
| | 알집 7.x | 767 | |
| | 알씨 6.x | 687 | |

〈표 3-3〉 주요 기관별 PC수 대비 보유 SW 수량

| 기관명 | PC | 표준 SW | | | |
| --- | --- | --- | --- | --- | --- |
| | | 한글 | 오피스 | 백신 | 기타(알집 등) |
| 경찰청 | 3,542 | 전사 사용계약 | 788 | 전사 사용계약 | 610 |
| 공정거래위원회 | 1,350 | 500 | - | - | 1,150 |
| 교육부 | 1,083 | 981 | 550 | 전사 사용계약 | 1,400 |
| 국가보훈처 | 2,490 | 1,600 | 1,600 | 2,490 | - |
| 국토교통부 | 5,742 | 4,995 | 3,405 | - | 5,742 |
| 금융위원회 | 489 | 296 | 390 | 500 | 100 |
| 기상청 | 2,720 | 500 | 400 | 3,500 | - |
| 농촌진흥청 | 2,720 | 1,500 | 350 | 3,500 | 1,000 |
| 문화재청 | 594 | 297 | 298 | 600 | 600 |
| 미래창조과학부[65] | 1,594 | 800 | 800 | - | - |
| 방송통신위원회 | 550 | 250 | 250 | - | - |
| 방위사업청 | 3,420 | 1,600 | 1,670 | - | 3,199 |
| 산림청 | 2,697 | 2,349 | 전사 사용계약 | 2,697 | 2,697 |
| 산업통상자원부 | 1,674 | 500 | 전사 사용계약 | 1,290 | - |
| 소방방재청 | 894 | 615 | 584 | 1,200 | 10 |
| 안전행정부 | 2,437 | 1,290 | 1,629 | - | - |
| 여성가족부 | 661 | 275 | 277 | 540 | - |
| 외교부 | 3,053 | 2,328 | 1,604 | 전사 사용계약 | 200 |
| 원자력안전위원회 | 181 | 120 | 120 | 220 | - |
| 중소기업청 | 1,289 | 1,000 | 320 | - | 1,000 |
| 해양수산부 | 1,198 | 1,412 | 1,210 | - | 전사 사용계약 |

출처: 〈2013 국정감사〉 정부 SW 관리체계 매우 부실, 아주경제, 2013.10.14

[65] 미래부 산하기관의 불법 복제는 2009년부터 올해까지 3,308건에 침해 금액이 35억 5,133만원에 달하는 것으로 나타났다. 연도별 침해금액은 2009년 2억1,263만원, 2010년 18억6,405만원, 2011년 13억7,660만원, 2013년 9,802만원으로 나타났고, 지난해에는 침해 사례가 없었다. 기관별로는 한국과학기술연구원이 16억2,878만원으로 가장 많았고, 광주과학기술원 6억6,852만원, 대구경북과학기술원 3억3,441만원 등도 불법 복제가 많았던 것으로 집계됐다(국민일보, 2013.10.29).

현재 저작권 경찰은 앞장에서 설명한 바와 같이 공공기관 등에 대한 불법복제 예방 안내서와 점검용 소프트웨어 제공, 소프트웨어 관리의 필요성과 관리 방법 안내, 무료 오픈 소스 소프트웨어와 저렴한 대체 소프트웨어 사용 관련 정보 제공 등 홍보 및 캠페인 활동을 위주로 사용자들에 대한 계몽활동을 강화하고 있다. 현재 소프트웨어 저작권은 위에서 살펴본 바와 같이 친고죄를 원칙으로 하고 비 친고죄와 반의사불벌죄를 예외로 인정하고 있다. 사실 일반적인 불법 소프트웨어 설치 및 사용과 관련되는 형사사건은 원칙적으로는 비 친고죄 또는 반의사불벌죄로 다루어야 하지만, 우리나라 및 미국의 관행상 친고죄처럼 당사자간의 합의 유무를 기초로 하여 정식재판으로의 길을 마련하고 있는 실정이다. 이는 소프트웨어 제조업체 및 이와 관련되는 단체의 이익과도 어느 정도 부합하는 점이 있다고 판단한 것이다. 첫째, 소프트웨어는 상당수 불법복제자가 침해자 이면서 고객이라는 점이다. 이러한 고객과의 합일점을 통해 원만히 해결하는 것이 이익이라는 것이다. 둘째, 비 친고죄로 국가차원에서 대대적인 단속을 하게 되면 기업체 입장에서는 제대로 기업을 운영할 수 없는 상황에 직면할 수도 있게 되므로 소프트웨어 시장이 위축될 수 있다는 것이다. 결국 소프트웨어 시장의 위축은 제조사의 매출과 직결될 뿐만 아니라 기타 부가가치 창출에 있어서도 도움이 되지 않을 것이라고 판단할 수 있다.

앞서도 밝힌 바와 같이, 지난 10년 이상 불법소프트웨어 단속으로 말미암아 정품 보급률이 상승했음은 부인할 수 없다고 하겠으나, 단속으로 인한 원만한 해결을 시도하려는 중견 중소기업체 들에게는 불법 설치 수량대로의 정품 구매와 과도한 합의금 등으로 많은 어려움을 겪었음도 주지의 사실이다. 불법행위로 인한 손해배상적 책임이라는 관점에서는 그 누구도 반론하기 쉽지 않겠으나 이러한 사용자의 책임부담이 과하지는 않았는지 따져 볼 일이다. 또한 고소 및 수사 과정에서 발생하는 불법청탁[66] 등의 사건도 심심치 않게 발생하고 있다. 우리나라에 비해 일본은 소프트웨어저작권 침해 범죄 사건과 관련하여 형사 사건으로 비화하는 경우는 극히 예외적인 부분으로 한정하고 있다. 예컨대, 불법소프트웨어를 온라인 또는 오프라인으로 판매하는 경우 및 인터넷을 통한 업로드 등 배포 내지 유포에 대한 수사 및 모니터링을 주요 대상으로 하고 있다. 따라서 기업체 등 조직 내에서 불법소프트웨어 사용을 이유로 고소 및 영장집행으로 인한 단속은 지난 20여 년 동안 2건이

---

[66] http://news.hankooki.com/lpage/society/201206/h2012060402395621950.htm

전부다. 물론 우리나라와 일본이 서로 다른 여건(저작권 준수 및 인식의 정도, 법과 제도, 외교통상교역, 불법사용률 등)이 존재하기 때문에 동일한 기준으로 판단할 수는 없겠지만 일본에서는 압수 수색 영장을 통해 소프트웨어 저작권 침해 사건을 해결하려는 시도는 적은 것이 사실이다. 최근 몇 년 전부터 소프트웨어 제조업체들은 저작권 보호의 일환으로 고소 및 단속에서부터 내용증명 발송, 전화 등을 통해 사용자들을 압박하고 있다. 사실관계를 파악 후 정당한 권원에 의한 권리주장이라고 한다면 문제가 되지 않는다고 할 것이나, 그렇지 않은 경우가 적지 않은 실정이므로 법률적·사회적 문제가 대두되고 있다.[67]

### (4) 판결 사례

- 저작권 침해 혐의 무죄 사건

설계 및 금형 회사인 A사는 2010년 5월 M사외 제품들을 라이선스 없이 사용하다 경찰 단속으로 검찰에 송치되어 법정 다툼을 벌이게 되었다. 1심에서 대표이사와 법인이 각 벌금 200만원에 처해지는 결과를 낳았으나, 항소심에서 무죄가 선고 되었다. 1심은 대표이사에게 저작권법 제136조 2항 4호(3년 이하 징역 또는 3천만 원 이하 벌금) 및 제124조 1항(업무목적 사용), 형법 제30조(공동정범)[68] 규정을 적용하였고, 법인에게는 저작권법 제141조(양벌규정), 제136조 2항 4호 및 제124조 1항을 적용하여 모두 유죄를 인정하였다. 그러나 항소심에서는 "프로그램저작권을 침해하여 만들어진 프로그램의 복제물을 그 사정을 알면서 취득한 자가 이를 업무상 사용하는 행위를 하는 경우 그 행위자를 처벌하도록 규정하고 있으므로, 법인의 직원이 프로그램저작권을 침해하여 만들어진 프로그램의 복제물을 그 사정을 알면서 이를 취득하여 업무상 사용하였을 뿐 법인의 대표자가 이를 직접 취득하여 업무상 사용한 것이 아니라면 그 대표자가 위 법조에서 정한 행위를 하였다고 볼 수는 없고, 설령 법인의 대표자가 직원이 그러한

---

[67] http://news.inews24.com/php/news_view.php?g_serial=763247&g_menu=020200&rrf=nv
(무료 소프트웨어 오픈캡쳐 사태 일파만파…쟁점은? 아이뉴스24뉴스, 2013.8.4)
http://www.dt.co.kr/contents.html?article_no=2013070402011060746005
(무료 소프트웨어 오픈캡쳐 유료전환 후폭풍, 디지털타임스, 2013.7.3)

[68] 2인 이상이 공동하여 죄를 범한 때는 각자를 그 죄의 정범으로 처벌한다. 2인 이상이 공동하여 주관적 요건인 공동 가공의 의사와 객관적 요건인 공동의사에 의한 기능적 행위지배를 통한 범죄의 실행사실을 요구하고 있다. 판례의 입장인 행위공동설에 의하면 고의행위 또는 과실행위에 상관없이 그 행위를 공동으로 할 의사만 있으면 족하다는 것이다.

복제물을 취득하여 업무상 사용하는 것을 알고 방치하였다고 하더라도 행위자인 그 직원과의 공동정범 내지 방조범[69]이 성립하는지는 별론으로 하고, 직접 위 법조의 행위자로 처벌되는 것은 아니다."라고 판단하였다. 이러한 판단은 다음과 같은 요인에 근거하고 있다.

- 무단 복제 설치 주체의 불분명
- 이 사건 프로그램을 직접 복제한 것인지 아니면 제3자로부터 복제 프로그램을 구매한 것인지의 자료의 불분명
- 어떤 방식으로 업무상 사용했는지 확인할 자료의 불분명 등

결국, 이 사건 공소사실 중 대표이사에 대한 부분은 범죄의 증명이 없는 경우에 해당하여 형사소송법 제325조 후단에 의하여 무죄를 선고하여야 할 것임에도 원심판결은 이 부분 공소사실에 대하여 유죄를 인정하였으므로, 이러한 원심판결에는 사실을 오인하거나 법리를 오해하여 판결에 영향을 미친 위법이 있다고 보았다. 또한 공소사실 중 법인에 대한 부분은 피고인 대표자가 저작권을 침해하여 만들어진 프로그램의 복제물을 그 사정을 알면서 취득 후 업무상 이용하였음을 전제로, 저작권법 위반 행위자를 벌하는 외에 그 법인을 벌하는 양벌규정인 저작권법 제141조에 따른 것인바, 앞서 살펴 본 바와 같이 대표자에 대해 저작권법 위반죄가 인정되지 않는 이상 피고인 법인에 대한 부분 또한 범죄의 증명이 없는 경우에 해당하여 형사소송법 제325조 후단에 의하여 무죄를 선고하였다. 이 사건의 항소심 판단은 옳다고 본다. 다만, 위 회사가 저작권 침해 위반사건에서 무죄가 확정되었지만, 소프트웨어 자산관리의 소홀로 말미암아 오랜 시간 동안 법률적 분쟁에 휘말렸다는 것은 시사하는 바가 크다고 할 것이다.

---

[69] 형법 제32조 1항 규정에 의하면, 정범의 범죄실행을 방조한 자로 규정하고 있다. 종범이라고도 하며 교사범과 함께 협의의 공범에 해당한다. 방조행위는 정신적 내지 물리적으로든 또는 적극적 작위 내지 소극적 부작위 이든 정범의 실행행위를 돕는 것을 말하며 그 방법에는 제한이 없다. 공범의 처벌 근거는 종속적 원인 야기에 의한 법익침해행위라는데 있으므로 그 한도 내에서 인과관계는 필요하다. 방조범은 정범의 범죄실행을 방조한다는 인식, 즉 방조의 고의와 정범이 범죄를 실행함으로써 기수에 이르러 결과가 발생할 것이라고 하는 정범의 고의가 있어야 한다. 이를 이중의 고의라고 하며, 방조범과 정범간의 의사가 일치가 있을 필요도 없다.

- **법원 조정 사례**

이는 과거 회사 내에서 A사 등이 저작권을 가지고 있는 소프트웨어를 불법으로 사용하다 저작권사의 고소 및 경찰의 단속으로 말미암아 벌금형을 선고 받은 후, 회사 자금사정상 정품을 구입하지 못하고 있던 와중에 민사상 손해배상 청구를 당한 사건이다. 외국 저작권사인 원고에서 청구한 금액은 소비자가에 침해한 수량을 곱한 금액이었으나, 법원은 원고 주장 금액의 30%선에서 조정을 권고하였고 이를 양 당사자가 받아 들여 확정되었다.

- **징벌적 손해배상 판결**

최근 세계적인 소프트웨어 제조업체인 A사 등 7개 업체가 국내 중소기업 2곳을 상대로 한 손해배상 청구 사건에서 승소 판결을 받았다.[70] 기존 대법원 판례가 《차액설》[71]을 따르고 있었다고 본다면 이번 판결은 징벌적 손해배상(영 미법계)을 의미하는 판단으로 중요한 사건이라고 할 것이다. 우리나라의 법체계에는 이러한 징벌적 손해배상 제도에 대해 익숙하지 않은 경향이 있다. 그러나 제조물 책임법 개정 이후 제조물 하자에 대한 책임에 더하여 징벌적 손해배상을 인정해야 한다는 주장이 강하게 대두되고 있다. 이번 판결은 소프트웨어를 무단으로 사용한 과거 일정 시점을 기준으로 배상액을 산정하는 기존 방식에서 무단 설치를 하게 되면 그 즉시 영구적으로 사용한 것과 같은 책임을 묻고 있는 방식으로의 전환을 의미한다. 영미법계에서 유래된 징벌적 손해배상은 가해자의 불법행위가 고의이며 악의적인 경우에 인정하여 피해자의 피해를 보전하는 배상제도이다. 미국의 Restatement(second) of Torts에서는 제908조에서 징벌적 손해배상을 다음과 같이 설명하고 있다. "징벌적 손해배상은 첫째 전보적 또는 명목적 손해배상과는 달리 무법한(outrageous) 행위를 한 자를 처벌하고, 장래에 그 자나 제3자가 그와 유사한 행위를 하지 못하도록 억제하기 위하여 인정되며, 둘째 타인의 권리에 대한 피고의 악의(evil motive) 또는 무시적 무관심(reckless indifference)을 이유로 무법한 행위에 대하여 인정될 것이라고 한다. 징벌적 손해배상을 산정함에 있어서도 사실 심리인(trier of fact)은 행위의 성격, 원고에게 생긴 손해

---

[70] 대판 2013다38985 손해배상(기)

[71] 차액설이란 어떠한 손해를 법익에 관하여 받은 불이익으로서 가해원인(불법행위 또는 채무불이행)이 없었다면 존재하였을 이익 상태와 가해가 있는 현재의 이익상태와의 차이를 말한다. 이것은 기존의 이익의 상실(적극적 손해)과 장차 얻을 수 있는 이익의 상실(소극적 손해)로 구성된다.

또는 발생시키려고 의도한 손해의 성격 및 범위와 피고의 재산에 관하여 고려할 수 있다."라고 규정하고 있다.[72] 따라서, 기업체 등 조직에서 무단으로 소프트웨어를 업무 목적으로 사용했다고 하더라도 제재적 기능으로서의 징벌적 손해배상 책임은 종합적인 판단(불법행위가 계획적이고 악의적이며 만연된 상태 또는 소프트웨어 자산관리에 대한 고의적 무관심 등)을 통해 신중히 결정되어야 할 것이다. 또한 계약위반으로 인한 경우에는 이 배상 책임을 인정하지 않는 것이 원칙인바, 그 계약위반 자체가 악의적이기 때문에 불법행위 내지는 신뢰관계의 위반으로 된 경우 등에 한정하는 것이 바람직하다.

(5) 개선방향

한국SW저작권사용자보호협회 고문변호사인 Darren Bean은 2012년 한국법제연구원에 제출한 연구논문(KLRI Journal of Law and Legislation, Volume 2)에서 우리나라의 소프트웨어 저작권 침해에 따른 해결책으로 다음 두 가지 방안을 제안하고 있다.

- **사소한 저작권 침해의 비 범죄화**

실용적인 관점에서 형사적 접근이 저작권 침해를 예방하고 저작권자의 이익을 증대시킬 수 있다고 하더라도, 사소한 저작권 침해에 대해서는 단속 등 제재의 실익(공권력 집행으로 얻게 되는 이익)이 크게 예견되지는 않을 것이라고 한다. 미국 법은 일반적으로 법정손해배상제도가 존재하고 있으며, 저작권 침해 범죄의 조사는 상업적 이익 또는 재 생산, 재 배포와 같은 상황에서의 고의적 침해로 제한하고 있다고 한다. 따라서 일반적으로 법 집행 범위에서 사소한 침해는 제외되고 있는 상황이다.

First, small-scale copyright infringement, even in business, should be removed from the purview of the criminal justice system. Unfortunately, as the statutory damage provisions were recently legislated without a legislative counterpart realigning the criminal provisions of the Copyright Act, it is unlikely they will be repealed in the near future. Therefore we will also examine possible means to adjust the criminal enforcement system and ultimately conclude that, as an alternative to decriminalizing minor infringements, mediation through the Korea Copyright Commission ("KCC") should be made a prerequisite to criminal investigation by the police.)

---

[72] SW지적재산권 침해 시 손해배상액 산정에 관한 연구, 컴퓨터프로그램보호위원회, 조사연구 2007-11

- **저작권 침해 단속시스템의 조정**

연구논문에서 Darren Bean 변호사는 세가지 방법을 제시하였다. 첫째, 저작권 침해자(피고)에게 공익 변호사를 제공한다. 둘째, 경찰은 피해자인 원고의 피해사실의 객관적 조사와 침해자인 피고의 합법적 방어를 위해 특별 교육을 받는다. 셋째, 경찰 수사 이전에 저작권 중재 기관의 적극적 활용 법안 및 제도를 만든다. 그는 여기서 세 번째 방안이 가장 현실적이라고 판단하고 있다. 저작권 침해사건에서 제3의 기관인 중재 기관의 필수적 분쟁 조정 절차의 시스템화는 궁극적으로 저작권자의 침해구제(합리적 배상)와 침해자(사용자)의 합법적 방어를 만족시켜 줄 수 있다고 주장하고 있다.

Software copyright cases make up a very small minority of the work done by police «less than one hundredth of one percent of "specialized law enforcement, which itself is only one subset of enforced laws» and therefore it would seem inefficient to expend further resources focusing on a small and rarely-occurring issue. I propose that mandatory pre-complaint arbitration would better balance the rights of the parties. Plaintiffs will still be able to use potential criminal sanctions to collect awards in meritorious actions. Defendants will be granted greater ability to assert their defenses. Larger scale cases, involving importation or distribution, would remain investigable by law enforcement «whether they should remain so or not is a debate for another day». The plaintiff may complain that he is not similarly undergoing any improvement in position, but this is because his position is already too strong. He may opt to sue and collect statutory damages and fees, but rather he has chosen expedited, low-cost extrajudicial enforcement.

### 2. 일본

(1) 근거법령

일본 저작권법은 최초 저작물의 창조자의 권리를 보호하는 법률 로 1899년 제정되었고, 1986년 개정 저작권법에서 소프트웨어 프로그램도 그 보호대상으로 추가하였다.[73] 2006년 개정법에서는 저작권을 침해한 경우, 10년 이하의 징역 또는 1,000만엔 이하의 벌금(법인의 경우 3억 엔)에 처하도록 규정하였고, 그 처벌 대상은 불법 설치를 한 직원 또는 지시를 한 상급 관리자 내지 시스템 담당자로 정하고 있다. 일본도 우리나라와 같이 친고죄이며 양벌규정 국가이다.[74]

(2) 소프트웨어 불법복제 경과[75]

2000년대부터 기업에서 예상하지 못한 사건들이 잇따랐기에 상기 법령과 제도의 강화와 함께 기업에서도 «규정 준수 철저»가 강하게 대두되게 되었다. 기업 조직의 불법 복제에 대한 계몽 활동이 BSA 및 컴퓨터소프트웨어저작권협회(ACCS)를 통해 적극적으로 행해져 2004년 «공익 신고자 보호법»이 시행되면서 신고 건수는 증가했다.

세계 소프트웨어 불법 복제 현황 등에 대해서는 BSA의 조사(URL: http://www.bsa.or.jp/education/illegal.html)를 참조하기 바란다. BSA의 조사에 따르면 일본의 불법 복제율은 2003년을 정점으로 건수로는 감소하는 경향에 있지만 실제로는 PC, 인터넷 사용자의 증가에 따라 소프트웨어 불법 복제의 양상은 복잡화 하는 경향이 있고 그 침해금액도 커지고 있다. 이것은 전통적인 조직에서의 불법 복제뿐만 아니라 새로운 불법 거래 형태로서 인터넷 경매에서 제품 키 정보와 제품 키가 포함된 COA(출처 인증서) 레이블의 매매 등 새로운 거래 수법이 증가하고 있는 것도 또 다른 배경으로 꼽힌다. 소프트웨어 불법 복제의 대표는 조직에서의 복제가 주를 이루고 있지만, 침해의 형태는 다음과 같은 것을 생각해 볼 수 있다.

- 해적판 판매
- 인터넷 경매 사이트에서 불법 복제 제품 판매(CD 키 판매 포함)
- 파일 공유 소프트를 이용한 불법 복제 소프트웨어의 교환
- 클라우드 등 서비스 제공자가 라이선스 계약을 제대로 다루고 있지 않는 경우 등

또한 불법 복제(조직에서 복제)라는 인식이 없는 사용자의 예로는 다음과 같은 것을 들 수 있다.

- 라이선스를 관리한다는 인식 없이 임의대로 설치한다.
- 업무상 필요하기 때문에 소프트웨어의 복사본을 만들고 그 상태로 방치하고 있다.
- 소프트웨어를 정식 루트로 구매하고 있기 때문에 관리할 필요성이 없다고 이해한다.
- 지적을 받으면 그때 마다 제대로 구입하기 때문에 문제가 없다고 인식한다.
- 지적 받게 되면 제거하면 된다고 인식한다.

---

[73] 저작물의 복제는 저작권자의 허락이 필요하며, 소프트웨어 사용권 계약에 해당 조항이 기재되었다.
[74] 일본도 2007년 저작권법 친고죄 재검토 요청이 있어 "비 친고죄" 도입을 검토한 바 있지만, 문화재청이 2008년 보고서에서 "입법 기술상 가능한지, 사회적 영향은 어떠한지 신중하게 검토하자"는 보고서를 낸 뒤 별다른 움직임이 없다"고 했다. 이어 "일률적으로 비친고죄로 하는 건 적법하지 않다" 면서 "중요한 것은 저작권 침해자와 권리자간 타협에 의해서 조정해야 한다는 점이고, 타협 이후에는 이후의 재발 방지 대책이 있어야 한다"고 언급 했다(한미 FTA, SW 비 친고죄 하면 손해, 아이뉴스24뉴스, 2010.11.21).
[75] 일본 JIPDEC 발행 연재기사(일본의 소프트웨어자산관리) 참조.

불법 복제의 발생 요인으로는 다음과 같은 것을 들 수 있다.

- 조직에 정책과 지침이 존재하지 않고 무법 상태가 되어 있는 경우
- 업무상 필요에 직면하여 복사본을 만들지만, 그대로 방치해둔 채 제거하지 않는 경우[76]
- 소프트웨어 라이선스의 형태가 복잡해서 이해할 수 없거나 모르는 경우
- 사용권 계약의 의미를 이해하지 못하는 경우

### (3) 단속 및 처벌 사례

- 민사소송 판례

저작권(사무용 소프트웨어의 경우) 침해에 관한 판례로는 2001년 5월 16일 동경지방재판소에서 있었던 《사법시험 예비학교 사건》[77]에서 약8,500만 엔의 손해배상 판결이 있었고, 2003년 10월 23일 오사카 지방법원에서는 《컴퓨터학원 사건》[78] 관련하여 약 4,000만 엔의 손해배상액 판결이 있었다. 두 사건 모두 재판 전에 판사가 민사상 증거보전절차를 실시하였다는 것이 우리나라의 불법소프트웨어 사용에 따른 분쟁해결 방법[79]과 상이하다고 할 것이다.[80]

- 형사소송 사례

가. 업무목적 사용 1

나가노현 경찰은 애완 용품 판매점을 운영하는 A씨와 법인 B에 대하여 어도비시스템즈가 저작권을 가지고 있는 포토샵 CS3 익스텐디드와 일러스트레이터 CS3 일본어 버전을 업무 목적으로 무단 사용한 혐의로 2010년 8월 B상점을 압수수색하고 2010년 11월 26일 나가노 지검에 송치했다. 이러한 불법 사용 사실은 A씨가 인터넷 경매 사이트에서 2010년 5월경 사이트 운영자로부터 해적판을 구매하였고, 그 사이트 운영자가 해적판 판매 혐의로 체포되면서 판매장부에 A씨와 B사가 공개되면서 수사가 진행되었다. 경찰 조사에서 A씨는 애완동물 상품 카달로그 및 상품 태그 등을 디자인하는데 위 소프트웨어를 사용했다고 진술했다. 이 사건이 일본에서는 최초의 업무 목적 사용자에 대한 고소 및 단속 집행이었다.

---

[76] 실제로 소프트웨어 관리가 관리자의 부적절한 주의 의무 위반으로 위법 하다고 확정된 사례도 있다. SAM의 기초지식으로서 올바르게 라이선스를 이해하거나 그 배경이 되는 법률을 이해하는 것도 기업 및 조직에서 준수해야 할 중요한 포인트라고 지적하고 있다.

[77] 이 사건의 핵심은 실제로 검출의 대상이 된 컴퓨터(136대)와 그렇지 않은 컴퓨터(83대)에서 사용하는 소프트웨어의 상황은 차이가 없는 것으로 해석하는 것이 합리적이기 때문에 건물에 있던 219대 전체 컴퓨터에 관한 침해행위에 의하여 얻은 피고의 이익 액은 136대분의 이익 액에서 136대 분의 219를 곱한 금액을 추인하는 것이 상당하다고 한다.

나. 업무목적 사용 2

카가와현 경찰은 광고회사를 운영하는 C씨와 법인 D에 대하여 어도비시스템즈가 저작권을 가지고 있는 포토샵 CS2 프리미엄 일본어 버전을 업무 목적으로 약 7개월간 무단 사용한 혐의로 2011년 5월 20일 다카마쓰 지검에 송치했다. 카가와현 경찰은 불법 사용에 대한 제보를 받고 ACCS(일본컴퓨터소프트웨어저작권협회)를 통해 저작권사에 연락을 하도록 하고, 저작권사가 고소를 하면서 사건화 되었다고 밝혔다. 그 결과 2011년 12월 14일 C씨와 D사는 각각 30만 엔의 벌금형에 처해졌다.

다. 화해 사례

일본의 경우 소프트웨어 저작권 침해사건과 관련하여 민사상 화해를 통한 해결 시스템이 우리나라에 비해 보편적으로 정착되었는바, 주로 기업을 대상으로 이루어지고 있으며 화해금액은 수천만엔 에서 최고 4억 4,000만 엔인 경우도 있었다.

(4) 소프트웨어 저작권 정책[81]

일본에서는 2010년도에 지적 재산 추진계획을 다음과 같이 발표하였다.

- 특정 전략 분야의 국제표준 획득을 통한 경쟁력 강화
- 콘텐츠 강화를 중심으로 한 성장 동력의 발굴 및 추진
- 지적 재산의 산업 전반적 관심이 고조되면서 소프트웨어 자산관리와 관련된 정책의 입안(단기 목표로는 저작권 침해방지 기술 개발 지원, 중장기 목표로는 저작권 침해 예방을 위한 소프트웨어 자산관리 인식 홍보 및 대중 문화 계발 활동의 강화)

특히 일본은 문부과학성, 경제산업성, 총무성 등 정부부처 및 권리자 관련 단체로 하여금 대중 계몽 활동에 주력하도록 하기 위해 지적재산 추진 계획 2011 을 발표하였고, 아울러 클라우드 컴퓨팅 확산의 단계에서 소프트웨어의 이용에 대해서는 기존의 온프레미스(On-premises)[82]형태와 웹을 통한 이용 형태가 혼재될 것으로 생각되기 때문에 지적 재산권 보호 및 계약 조건의 준수의 관점에서 SAM(Software Asset Management)에 미치는 영향을 파악하고 대응을 통하여 바람직한 SAM 보급이 향후의 과제가 되도록 홍보 하고 있는 상황이다.

---

[78] 이 사건은 학원 내에 있는 컴퓨터에서 불법 복제 본이 삭제되었어도 컴퓨터에 흔적(레지스트리)이 남아 있었던 컴퓨터뿐만 아니라 불법복제가 설치된 것으로 추정되는 모든 컴퓨터를 증거로 하여 불법복제 수량을 산출한 사례이다.

[79] 우리나라의 경우 통상 고소인의 고소가 있고 수사기관에서 검찰에 영장신청을 하여 법원에서 발급이 되면 현장에서 영장집행을 하여 증거를 수집하게 된다. 이것은 증거 확보의 용이성과 확실성 차원에서 이루어 지고 있다.

[80] 일본 민사소송법 제234조, 법원은 미리 증거조사를 해두지 않으면 그 증거를 사용하는 것이 곤란하게 될 사정이 있다고 인정할 때는 신청에 의하여 증거조사를 할 수 있다.

〈그림 3-1〉 2013년도 일본 ACCS 주최 정품사용 캠페인[83]

출처: ACCS 홈페이지 참조 http://www2.accsjp.or.jp/activities/2013/actives113.php

### 3. 미국

(1) 연혁

미국 저작권법은 역사적으로 영국의 «앤여왕법(the Statute of Anne)»에 기초하고 있으며, 1787년 미합중국 헌법을 통해 저작자의 권리보호를 선언한 것을 시작으로 1790년에 최초의 저작권법이 제정되었다. 그 후 1909년과 1976년에 두 차례의 대폭적인 개정을 통하여 오늘에 이르게 되었는데, 미국의 현행 저작권법의 근간인 1976년 법은 1909년 법과 비교하여 첫째, 미발표 저작물에 대한 연방법의 보호를 확대하는 한편 매체에 고정되지 아니한 저작물에 대한 주법(州法)상의 보호를 제한한 점, 둘째 저작권의 보호기간을 국제적 추세에 맞추어 저작자의 생존기간 및 사후 50년으로 한 것을 큰 차이점이라 할 수 있다. 1976년 법 이후에도 미국은 베른협약에 맞추어 수 차례에 걸쳐 저작권법을 개정한 바 있다. 그 중 중요한 개정 중의 하나로는 1998년의 저작권 보호기간 연장법(소위 sonny bono 법) 이 있는데, 이를 통해 저작권 보호기간을 저작자 사후 70년으로 연장하였다. 미국 저작권법은 미합중국 법전(United States Code) 중 제17편(Title)에 규정되어 있다. 미국 의회도서관 산하(Library of Congress) 저작권청(U.S. Copyright Office)에서는 2011년 10월 25일 향후 2년간의 정책 우선 순위와 특별 프로젝트를 담은 주요 정책 연구 보고서를 다음과 같이 발표하였다.

---

[81] 일본 JIPDEC 발행 연재기사(일본의 소프트웨어자산관리) 참조.

[82] 온프레미스 소프트웨어는 인터넷 네트워크에 접속된 서버 클러스트 또는 클라우드 등의 가상화 환경에서 사용되는 것이 아니라, 건물 내에서 작업하는 직원 또는 조직 내에서 설치 및 실행되는 소프트웨어를 말한다. on-prem software(온프렘 소프트웨어) 또는 on-premise software(온프레미스 소프트웨어)라고 줄여서 쓰기도 하며 shrinkwrap software를 일컫기도 한다.

[83] 아키하바라 거리에서 ACCS 회원과 이바시 경찰 등과 공동으로 불법복제 방지 캠페인을 벌이고 있다.

- 미국 저작권청은 주요 정책 연구 과제로 3가지를 제시함
  - 경미한 저작권 침해에 대한 대안적 분쟁 해결방안 연구
  - 저작권 집중관리 제도 활성화 및 거래 촉진 등을 위한 주요 저작물의 디지털화 촉진 방안
  - 현행 미 저작권법상 보호범위에서 누락되어 있는 1972년 이전 녹음된 음반(Sound recording)의 보호 여부
- 소송 이외의 분쟁 해결을 위한 조정 제도의 활성화
- 서비스 접근성 제고 및 저작권 교육강화 (Public outreach and copyright education)
  - 저작권 교육을 강화하기 위한 예산의 우선적 배정
  - 저작권 핫라인 구축을 통한 실시간 상담
  - 저작권 교육의 혁신 방안 추진
  - (현장 전시 'On-site exhibitions', 현장 이벤트)
- 공공기관 직원 대상 저작권법 강좌 프로그램을 통한 교육 훈련 강화(Skills training)

### (2) 저작권 침해 구제

- 민사 구제

저작권자가 저작권 침해로 손실을 입게 된 경우, 실 손해 배상을 청구하도록 하는 외에 법정손해배상제도(Statutory Damages)[85]를 두고 있다. 미국은 이 제도를 통하여 저작권자가 저작권 침해를 입은 경우에는 실 손해를 입증할 필요 없이 법원에 법정 손해배상 청구를 할 수 있으며, 법원은 기본적으로 한 저작물당 750달러 이상 30,000달러 이하의 금액 중에서 적정하다고 판단되는 금액을 손해액으로 결정할 수 있다. 미국의 경우에는 상한과 하한을 두고 있지만, 우리나라의 경우에는 상한(저작물당 1천만 원 이하, 영리목적 고의 침해 시 5천만 원 이하)만을 규정하고 있다.[86] 이러한 법정손해배상제도의 효과는, 첫째 저작권 침해로 손해가 발생한 경우 손해액 입증과 증거자료 확보의 곤란함을 해결하여 줌으로써 침해를 예방할 수 있다는 점, 둘째 저작권 침해로 인한 손해배상의 실효성을 확보하여 저작권 침해에 대하여 형사적 해결방식(고소 및 단속)에서 민사적 해결방식으로의 활용을 증대시킬 수 있다는 점, 셋째 침해에 대한 손해액을 산정하는 기준을 제시함으로써 법원 업무의 효율성을 증대시키고 쌍방간 화해를 도모할 수 있다는 점을 들 수 있다.

- 형사 구제

미국의 경우 저작권 침해자가 영리를 목적으로 하거나, 침해로 인하여 6월 이내의 기간 동안에 1,000달러 이상의 피해가 발생한 경우에만 형사처벌의 대상이 되도록 하였다. 즉 경미한 침해의 경우에는 아예 대상에서 제외하고 있다. 형량은 영리목적

---

[84] 한국저작권저작권위원회 홈페이지 참조(https://www.koreacopyright.or.kr/kr/2011/kr/guide/guide02_01.jsp)

여부 및 피해액에 따라 다른바, 영리목적일 경우 침해행위를 하고 2,500달러 이상의 피해가 발생한 경우에는 5년 이하의 징역, 누범인 경우에는 10년 이하의 징역에 처하도록 되어 있다. 만일 영리 목적이 없다면, 2,500달러 이상의 피해를 발생시킨 경우 3년 이하의 징역, 누범인 경우에는 6년 이하의 징역에 처한다.

### (3) 단속 등 사례

- 체포 사례 1

몇 해전 캘리포니아 경찰은 마이크로소프트와 어도비시스템즈 등이 저작권을 가지고 있는 제품을 불법으로 복제하여 웹사이트와 이베이를 통하여 불법 유통한 남자를 체포하였으며, LA경찰과 SW정보산업협회 공동으로 소프트웨어를 감사하여 어도비시스템즈와 로제타스톤, 오토데스크 제품을 불법 복제하여 수천 카피를 판매한 두 남성을 체포하였다.

- 체포 사례 2[87]

미국 언론보도에 따르면 1,000억 원 이상의 불법 소프트웨어를 판매한 혐의로 중국인 리샹(Xiang Li)씨를 2011년 6월 체포했다고 밝혔다. 그가 유포한 소프트웨어는 어도비시스템즈, 오토데스크, 벤틀리시스템즈, CNC 마스터 캠, 마이크로소프트, PTC, 지멘스 PLM 소프트웨어, 매스웍스(매쓰랩) 등이 저작권을 가지고 있는 제품이었다. 그는 오래 전부터 미국 이민세관집행국(U.S. Immigration and Customs Enforcemen: ICE)의 주된 감시 대상자였다. 이민세관집행국은 2년 동안 그를 수사했으며, 중국 국적자인 그를 미국령인 사이판으로 유인한 후 증거를 포착하여 체포한 사건이다.

---

[85] 법정손해배상제도란 지적재산권을 침해 당했을 경우 원고측에서 입증하지 않더라도 법률에서 정한 손해배상액의 규정에 근거하여 배상을 받을 수 있도록 한 제도이다. 이는 사실상 아무런 손해가 발생하지 않더라도 강제규정에 근거하여 손해를 배상 받을 수 있기 때문에 피해자를 보호하기 위한 제도라 할 것이다. 우리나라도 2011년 12월 저작권법 개정 공포 시 이 제도를 받아들여, 실 손해 입증의 어려움을 해소하기 위해 저작물당 1천만 원 이하, 영리목적으로 고의인 침해의 경우에는 5천만 원 이하의 법정손해배상액을 청구할 수 있도록 했다. 또한 법정손해배상을 선택적으로 청구할 수 있는 시기를 사실심 변론종결 시까지임을 명확히 하였고, 손해액을 청구하기 위해서는 침해행위가 일어나기 전에 저작물 등이 등록되어 있음을 요건으로 하였다.

[86] 법정손해배상액의 하한선을 정하지 않은 이유는 이 제도 자체가 피해자로 하여금 충분한 배상과 침해 억지력을 확보하는데 있으므로, 하한선을 책정하게 되면 침해행위와 손해배상액 사이에 비례성을 담보할 수 없게 되기 때문이다.

- 징역 및 벌금 판례[88]

미국 텍사스에 거주하는 백스터라는 사람은 2000년대 중반 어도비시스템즈, 마이크로소프트, 오토데스크가 저작권을 가지고 있는 소프트웨어를 불법으로 복제하여 그가 운영하고 있던 회사 및 웹 사이트(Amerisoftware.com, Costfriendlysoftware.net, Ultrabackup.net, Superbuysoftware.net 등)를 통해 소비자 가격의 5분의 1 가격으로 판매해 부당이득을 취했다고 법무부와 이민세관집행국이 밝혔다. FBI 역시 2007년에 불법 복제 소프트웨어를 판매하는 백스터씨에 대해 위치타폴스 경찰서에서 별도의 기소 요청(2007년 10월경 백스터씨의 거주지를 수색하고 컴퓨터 및 스토리지 미디어를 확보하여 수사함)을 받아 수사에 착수했다. 2006년 6월부터 2007년 4월에 걸쳐 백스터씨는 66,000달러 이상에 해당하는 어도비 소프트웨어 90카피 이상을 불법으로 판매했으며, 2004년부터 2007년까지 약 4년 동안 3,000건 이상에 해당하는 소프트웨어를 판매하여 약 384,000 달러 어치의 부당이득을 취했다고 한다. 그러한 범죄로 말미암아 백스터씨는 징역 57개월과 402,000달러의 벌금을 선고 받게 되었다.

- 최초 판매 원칙(권리소진의 원칙-독일-)[89]

저작권법은 소유권과 저작권의 충돌을 조화하기 위해 최초판매원칙을 규정하고 있다. 저작권법은 저작권자가 저작물의 판매(배포)를 통해 적절한 경제적 보상을 획득하도록 함과 동시에 "권리소진의 원칙(doctrine of exhaustion)"을 통하여 특정 저작물을 적법하게 획득한 이용자가 자신의 통제 하에 있는 저작물을 자유롭게 사용 및 처분할 수 있도록 함으로써 저작물 거래의 안전은 물론 저작권자의 이익과 이용자의 이익간에 정치한 균형을 유지하고 있다. 쉽게 얘기하면 저작권자(원 권리자)가 저작권이 포함된 제품을 팔아서 이익을 달성했다면, 더 이상 그 제품에 대해서 저작권을 행사할 수 없다는 원칙이다. 즉, 원 권리자의 권리행사(배포권)을 금지시키는 원칙이다.

이 원칙은 원래 상당히 오랜 역사를 가지고 있는바, 책이나 음반 또는 영화필름 등을 그 대상으로 하였던 것이다. 이것은 모두가 눈으로 보이는 유형물이라는데 공통점이 있으며, 문제는 무형물의 형태인 소프트웨어 프로그램에 대한 적용 여부이다. 미국은 1908년 Bobbs-Merrill v. Straus 판결에서 권리소진의 원칙을 처음으로

---

[87] 불법 SW 판매로 미국에서 처벌받게 된 중국인, 미묘한 파장, 디지털데일리 2013.1.10
http://www.ddaily.co.kr/news/news_view.php?uid=99785 참조
[88] 텍사스 북부지구 지방법원 판례
[89] 소프트웨어 거래와 권리소진의 원칙, 계간 저작권, 2012.3.21

인정하였고, 1976년 연방저작권법에 배포권의 예외로서 이를 규정하게 되었다. 권리소진의 원칙과 관련된 다수의 사건들은 소프트웨어 거래와 관련되어 있는데, 오늘날 중고 소프트웨어 거래가 인터넷 등을 통해 점차 활성화되고 있지만 양도인이 판매 후에도 복제물을 삭제하지 않고 계속적으로 사용하는 것을 저작권자는 통제할 방법이 여전히 없다. 따라서 저작권자는 최종사용자 계약서(End User License Agreement)를 통해 소프트웨어의 양도를 금지하거나 양도 전 사전통지의무를 이용자에게 부여하는 등 권리소진 원칙을 제한하고 있으며, 이로 인한 분쟁이 종종 발생하고 있다. 소프트웨어 거래와 권리소진의 원칙과 관련된 다수의 판례경험을 가진 미국에 있어서, 소프트웨어 거래의 법적 성격이 "매매(sale)[90]"인지, 아니면 "라이선스(license)[91]"인지 여부, 권리소진의 원칙을 정한 연방저작권법 규정이 강행규정인지의 여부, 그리고 디지털 권리소진의 원칙을 인정할 것이지 여부가 주요한 쟁점이 되고 있다.

최근 판례(Vernor v. Autodesk, 621 F. 3d 1102, 9th Cir. 2010 사건)인 이베이를 통한 오토데스크사의 오토캐드에 대한 중고 판매 사건과 관련하여 미국 제9항소법원은 소프트웨어의 거래가 매매인지 아니면 라이선스 인지를 판단하는 3가지 지표를 제시했다. 첫째 이용자가 라이선스를 취득하는 것이라고 명시했는지, 둘째 이용자가 소프트웨어를 양도할 권리를 명시적으로 제한했는지, 셋째 소프트웨어 이용에 현저한 제한을 부과했는지에 따라 그 둘을 구분했다. 항소법원의 이러한 판단은 결국 소프트웨어 저작권사측의 "최종사용자계약"의 규정에 전적으로 의존하게 되므로 사용자에게 불리한 결정이라고 할 것이다.

- 불공정거래 판단 사례[92]

2013년 1월 24일 중국 및 인도의 의류 수출업체들을 상대로 미국 법무부에서 불공정거래 혐의로 기소한 사건이 있었다. 이들 업체들은 캘리포니아 지역으로 의류를 수출하는 회사로서, 생산과정에서 마이크로소프트 및 어도비시스템즈 등에서 저작권을 가지고 있는 제품에 대해 라이선스 비용의 지불 없이 무단으로 사용하여 미국 내 기업들과의 경쟁에서 불공정 이득을 취한 혐의를 받고 있다. 이번 사건을 두고 캘리포니아주 법무장관 카말라 해리스(Kamala d. Harris)는 전세계 기업들이 캘리포니아주에서는 결코 지적재산권 침해가 용인되지 않을 것이라는 것을 인식했으면

---

[90] Softman Products Co. v. Adobe Systems, Inc., 171 F. Supp. 2d 1075(C.D.Cal 2001)사건
[91] Adobe Systems, Inc. v. One stop Micro, 84 F. Supp. 2d 1086(N.D.Cal 2000) 사건
[92] SW 불법복제, 불공정거래의 뜻밖의 급소, 디지털데일리 2013.3.18
http://www.ddaily.co.kr/news/news_view.php?uid=102241 참조

한다고 말하고, 지재권 침해는 캘리포니아주 경제에 해를 끼치는 불법적인 불공정 거래이기 때문에 상대방이 외국 기업임에도 불구하고 소송을 제기하게 됐다고 밝혔다. 이 사례는 우리나라 기업에게도 시사하는 바가 분명히 있을 것이다. 이제 우리나라 수출기업들이 미국 등 선진국 시장에서 인정을 받기 위해서는 소프트웨어 저작권 등 지재권 보호 의무를 철저히 준수해야 하는 상황에 이르렀다고 할 것이다.

- 배상명령 제한 판결[93]

DC 연방항소법원은 피고인이 인터넷 경매 사이트 eBay를 통해 Adobe Systems의 소프트웨어 해적판을 판매하여 부당이득을 얻은 점이 인정된다 하더라도 피고인의 행위로 인해 Adobe가 입은 실질적 손실이 입증되지 못한다면 미국 형법 제3663A조에 따른 배상명령은 할 수 없다고 판단하였다. 사건의 개요는 피고인 Gregory Fair는 2001년부터 2007년까지 온라인 경매 사이트 eBay를 통해 Adobe Photoshop 6.0, Adobe Illustrator 9.0, Adobe PageMaker 6.5 등 최신 버전의 출시로 절판된 Adobe Systems의 인기 소프트웨어의 해적판을 자신의 집에서 불법적으로 제작해 판매하였고, 구매자들은 정품 최신판으로 구매할 경우 700달러 상당인 이 소프트웨어를 Fair로부터 약 125달러에 구입하면서 업데이트 코드도 함께 전달받은 뒤 Adobe에 200달러의 수수료를 지급하고 최신 버전으로 업데이트함으로써 정품의 절반에도 미치지 못하는 325달러에 최신판 소프트웨어를 사용할 수 있었고, Fair는 6년간 7천 건의 거래를 통해 약 140만 달러의 수입을 거두었다. Adobe Systems로부터 Complain을 접수 받은 US Postal Inspector는 Fair의 불법행위를 확인했고, Fair는 결국 미국 형법 제2319조에 근거하여 형사 고발되었으며, DC 연방지방법원은 2009. 4. 16. 검찰이 제출한 Fair의 Paypal 결제 기록을 토대로 Fair가 Adobe Systems의 소프트웨어 해적판의 판매를 통해 최소 76만 7천 달러의 수입을 거둔 것을 확인하고, Fair에게 3년 5개월의 징역과 미국 형법 제3663A조에 따른 배상명령을 하였던 사건이었다.

항소법원의 판결이유는 DC 항소법원은 검찰이 Fair가 해적판 소프트웨어의 판매를 통해 얻은 수입만을 증명했을 뿐 Fair가 해적판을 판매하지 않았다면 해적판 구매자의 전부 또는 일부라도 Adobe Systems의 정품 소프트웨어를 구매했을 것이라거나 Fair의 판매가 없었다면 Adobe Systems가 벌어들일 수 있었던 수입 등 Adobe Systems가 입은 실질적 손실을 증명할 수 있는 증거를 제시하지 못했음에도 불구하고

[93] 한국저작권위원회 저작권 동향 제23호, 2012.12.4

1심 법원이 배상명령을 내린 것은 재량의 남용에 해당하며, 피해자의 피해액의 계산이 너무 복잡하여 손해배상액을 적절히 계산할 수 없는 경우에는 추가적인 심리의 기회를 제공한다거나 배상명령을 내리는 것을 거절할 수 있는 권한만 갖고 있을 뿐 검찰이 피해자가 입은 손실을 입증하지 못했음에도 불구하고 배상명령을 내릴 수 있는 재량을 인정하지는 않고 있기 때문에 1심 법원의 판결은 무효라고 판단하였다. 항소법원은 1심 법원이 손해배상액을 재검토할 수 있도록 이번 사건을 1심 법원에 환송해 달라는 검찰의 요청에 대해서도 검찰이 이번 사건과 관련해 Adobe Systems의 실질적 손실을 증명할 충분하고 공정한 기회를 가졌음에도 그러한 증명에 실패했기 때문에 이번 사건을 1심 법원에 환송하여 재검토할 이유가 없다며 거절하였다.

다만, 이 판결로 무효가 된 것은 배상명령뿐이며 Fair의 저작권 침해 행위에 대해 1심 법원이 내린 3년 5개월의 징역형과 3년간 보호관찰은 그대로 인정되었다. 이 연방 항소법원의 판결은 해적판 소프트웨어 판매로 인한 실질적 손해를 증명하지 못하면 배상명령을 할 수 없다고 판단한 사건이다.

## 4. 영국[94]

### (1) 연혁

영국 저작권법의 시초는 1709년 제정된 《앤여왕법(Statute of Anne)》이다. 영국에서는 이 법이 제정됨으로써 비로소 도서를 비롯한 각종 어문저작물들이 법률상 보호받기에 이르렀다. 앤여왕법이 제정 되기 전 도서출판권에 관한 권리 분쟁은 대부분 보통법(Common law)에 따라 처리되었다. 앤여왕법 제정 당시에 저작권자로서 보호하려 했던 주된 대상은 고대 그리스 로마 시대의 학자들이었는데, 다만 그 권리는 경제적인 권리로는 취급되지 못하였다. 저작권 보호라는 관념은 15세기 인쇄술의 발명으로 처음 생겨났다. 그 이전에는 주로 수도자들에 의한 도서 필사본 복제가 대부분이었으며 복제 대상도 종교 서적에 한정되어 있을 뿐만 아니라 유럽 왕립법원에서만 관할할 정도로 그다지 큰 관심을 받지 못했다. 특히 대부분의 국민들이 문맹이었으며 사회의 일부 특권층만 이러한 필사본을 접할 수 있었기 때문에 저작권 보호는 관심 밖이었다고 할 수 있다.

---

[94] 한국저작권위원회 홈페이지 참조

(2) 저작권 침해 구제

• 조정

저작권 침해 소송에 따른 시간적, 경제적 비용 낭비를 극복하기 위한 방안으로 저작권 침해 소송 시 사전 조정 노력 등을 입증하도록 함으로써 소송 전 조정제도를 적극 활용할 것을 제도적으로 장려하고 있다. 이 제도는 우리나라에서도 적극적으로 받아 들여 불필요한 법률적 분쟁으로 진전되지 않도록 할 필요가 있다. 특히 불법소프트웨어 사용으로 인한 기업 등 조직에 대한 고소 및 단속 등이 오히려 사회적 비용 발생과 기업 경영의 장애 요인이 될 수 있을 것이다. 조직에서의 소프트웨어 무단 사용으로 인한 저작권 침해 사건에 대한 법률적 접근(고소 및 단속, 손해배상 청구 등)은 최후의 수단이 되어야 할 것이다.

• 소송

저작권 침해 소송을 통해 저작권 침해 행위의 금지(injunction) 및 손해배상을 청구할 수 있고 저작권 침해 행위로 만들어진 물건에 대한 처분 등의 요청도 가능하다. 저작권은 본질적으로 사권에 속하기 때문에 저작권 침해에 대한 구제는 저작권자의 재량에 따라 결정되나 상업적 규모에 따라 일부 저작권 침해에 대해서는 형사처벌도 가능하다.

(3) 저작권 위반 사례

BSA 조사 결과에 의하면 영국 중소기업의 30%가 비용 절감을 위하여 라이선스 없이 소프트웨어를 사용하거나 라이선스 계약에서 허용된 설치 가능 수를 위반하여 컴퓨터에 소프트웨어를 설치함으로써 저작권을 침해하고 있는 것으로 조사됐다. 2012년 12월 약 250개의 중소기업(근로자 25명 ~ 250명 규모)을 대상으로 한 조사에서, 적지 않은 영국 중소기업들이 라이선스 없이 소프트웨어를 사용함으로써 영국 저작권법을 위반하고 있는 것으로 나타났다고 2013년 4월 10일 발표했다. 또한 미국 시장조사기관인 IDC는 2011년 현재 영국 이용자들이 컴퓨터에 설치한 프로그램의 26%가 불법 복제된 것이고 그 침해금액은 1조 2천억 파운드에 이른다고 하였다.[95] 대체적으로 성장하고 있는 기업들이 소프트웨어 라이선스 취득에 비용을

---

[95] 이번 조사 결과에 반대하는 의견도 있는바, BSA의 조사는 겨우 250개 기업들만을 대상으로 진행된 것으로서 라이선스 없이 소프트웨어를 사용하여 저작권법을 위반하는 중소기업이 약 30%에 이른다는 결과는 신뢰하기 어렵고, 실제로는 약 12%의 소기업만이 저작권법을 위반하는 형태로 라이선스 없이 소프트웨어를 사용하고 있다고 한다.

투입하지 않고 있으며, 조사 기업 중 약 39%가 추가적인 라이선스 비용의 지출 전에 추가적인 소프트웨어를 설치하고 있는 것으로 나타났다. 또한 M&A에 관련되는 기업들 또한 소프트웨어 라이선스 컴플라이언스를 적절히 이행하거나 처리하지 않음으로써 저작권법 위반의 여지를 안고 있는 실정이다. 실제로 2012년 보안 관련 업체인 First Choice Facilities Ltd는 다른 회사를 인수하는 과정에서 라이선스를 얻지 않은 소프트웨어를 상당히 많이 양수하여 BSA에 손해를 배상하고 유효한 라이선스를 새로이 구입하는데 자그마치 10만 파운드가 소요되었다.

### (4) 저작권 홍보 및 소비자 단체

- FAST

FAST는 소프트웨어 절도 반대연합으로서 영국의 소프트웨어 자산관리에 특화된 단체로 존재한다. FAST의 업적은 많은 다른 나라에서 소프트웨어 저작권법과 연구가 수행되는 방법에 직접적인 영향을 미치기도 한다. FAST가 지난 2003년 약 2,700개 자국 회원사를 대상으로 조사한 소프트웨어 라이선스 실태 보고서에는 영국이 소프트웨어를 자산으로 인식하고 있다고 밝혔다. 당시 설문조사에 의하면 이사회나 최고 경영진은 소프트웨어의 자산관리와 지적재산권의 중요성에 대해 잘 인식하고 있다고 했다. 또한 영국 기업들이 소프트웨어 관리 정책을 철저히 수립하고 운용함을 알 수 있다. 설문 응답기업의 약 77%가 서면으로 된 소프트웨어 관리 정책을 갖고 있으며, 약 74%는 FAST의 최소 권고 기준인 1년에 적어도 1회 이상 소프트웨어 전체 감사를 시행하고 있다고 밝혔다. 크리스 민친 FAST 부장은 "영국은 지난 12년 전 약 40%에 달했던 불법 복제율이 이제는 약 27%대로 전세계 평균치보다 많이 떨어졌다"고 강조하면서, "FAST 덕분에 소프트웨어 자산관리에 관한 인식이 다른 나라보다 빨리 형성됐다."고 설명했다.

- 소비자보호협회

영국 소비자 보호협회는 마이크로소프트, 어도비시스템즈 등 17개 소프트웨어 업체의 제품 계약서가 소비자의 권리를 부당하게 침해하고 있다며 관련 기관의 시정명령을 촉구했다.[96] 이 협회는 수개월 동안 소프트웨어 업체의 계약서를 면밀히 분석한 결과 사용자의 계약의무 사항을 명시한 최종사용자라이선스협약(EULA)에 다음과 같이 심각한 결함이 있다고 주장했다.

---

[96] 英, 소비자보호협회, 17개 SW업체 계약서 부당, 전자신문
http://www.etnews.com/news/international/2039469_1496.html 참조

- 소프트웨어 저작권자 보호만 강조하고 있으며, 책임은 소비자에게 전가하고 있다.
- 계약서 내용이 보통 10페이지가 넘는 등 소비자가 접근하기에는 지나치게 길다.
- 쉽고 분명한 용어가 아닌 전문 용어로 기술되어 있어 소비자들이 계약서 내용을 이해하기 힘들다.

이 협회는 예를 들어, 시만텍의 보안 소프트웨어 노튼 360 의 경우 "소비자가 잘못 사용했거나 잘못 사용이 의심될 경우 사용을 중단시킬 수 있다"고 EULA에 규정하고 있는데 이는 소비자의 권리보다는 의무만 지나치게 강조한 사례라고 하였다.

### 5. 독일[97]

(1) 연혁

과거 독일에서 저작권을 규율 하던 법률은 1901년 6월 19일 "문학 및 음악저작물의 저작권에 관한 법률(Gesetz betreffend das Urheberrecht an Werken der Literatur und der Tonkunst)"과 1907년 1월 9일의 "미술 및 사진저작물의 저작권에 관한 법률(Gesetz betreffend das Urheberrecht an Werken der bildenden Künster und Photographie)" 이었다. 독일의 현행 저작권법은 1965년에 제정된 1965년 9월 9일의 "저작권 및 인접보호권에 관한 법률(Gesetz über Urheberrecht und verwandte Schutzrechte〈Urheberrechtsgesetz〉)"로서 1966년 1월 1일부터 시행되고 있으며 최종 개정 일은 2008년 12월 17일이다.

(2) 중고 소프트웨어 거래관련 판례

- 유럽사법재판소(ECJ) 판결[98]

2012년 중고 소프트웨어 거래전문 사이트인 UsedSoft 사와 Oracle사 사이에 발생한 분쟁으로, 독일 연방대법원이 유럽사법재판소에 판단 요청을 한 사건이다. 동 재판소의 판결 요지는 권리소진의 원칙(최초 판매의 원칙)이 적용되는 매매의 범위를 넓게 해석하고 있다는 것이다. 유럽사법재판소 판결(2012.7.3 판결, C-128/11)은 사용자가 다운로드를 하고 사용자 라이선스에 동의하는 것과 비용을 지불하는 것을 전체적인 맥락에서 하나의 행위로 볼 수 있으며, 여기에는 컴퓨터 프로그램 사본의 소유권을 이전시키는 행위가 포함되었다고 보았다. 따라서 법원은 소프트웨어의 판매에 개발자(원 권리자)로부터 구매자로의 소유권의 이전이 포함되어 있으므로 이는 최초판매의 적용대상에 해당한다고 판단했다. 또한 권리소진 원칙의 대상을 기존의 유형물(CD, DVD)로만 한정하지 않고 인터넷 다운로드 방식을 통한 판매 방식을 포함하고 있다.[99]

• 프랑크푸르트 고등법원 판결[100][101]

이 사건은 온라인상 소프트웨어의 판매에 권리소진 원칙을 인정한 유럽사법재판소의 판결을 볼륨 라이선스에서 개별 라이선스의 재판매에도 원용함으로써 종래 하급심 판결과는 견해를 달리하였던 판결로 대법원의 판단이 주목되고 있다. 이 사건의 사실관계는 독일 개신교 사회복지 재단 소속의 한 전산 센터가 IT 업체인 CANCOM을 통해 교육기관용으로 40번 설치가 가능한 Adobe CS4(Adobe Creative Suite 4 Web Premium)의 볼륨 라이선스를 일련번호와 함께 온라인으로 구입한 후 이 프로그램을 컴퓨터에 설치하고 복제물 11부를 만든 후, 볼륨 라이선스와 11개 복제물을 중고 소프트웨어 판매 회사인 Usedsoft에 판매하였고, Usedsoft는 볼륨 라이선스 중 2개의 라이선스와 11개 복제물을 다름슈타트 시청에 다시 판매하였다. 그러자 원고 Adobe Systems Inc.(이하 '원고'라고 함)는 Adobe CS4의 재판매에 관여한 전산 센터, Usedsoft, 다름슈타트 시청(이하 '피고들'이라고 함)이 권한 없이 자사의 소프트웨어를 불법 복제하였다고 주장하면서 피고들을 상대로 침해의 정지와 침해에 대한 손해배상을 청구하는 소송을 프랑크푸르트 지방법원에 제기하였고, 프랑크푸르트 지방법원이 원고의 청구를 인정하는 판결을 선고하자 피고들은 항소를 제기하였다. 프랑크푸르트 고등법원은 2012. 12. 18. 제1심 판결과 달리 독일 저작권법 제69c조 제3호에 따라 원고의 배포권이 소진하였기 때문에 원고의 정지 청구권과 손해배상청구권을 인정할 수 없다고 판단하였다. 저작권법 제69c조 제3호는 EU 컴퓨터 프로그램 지침 제4조를 독일 국내법으로 전환한 것인데, 고등법원은 피고의 배포 행위가 비록 원고의 동의를 받지 않고 이루어졌지만 이 사안에서 문제가 되고 있는 프로그램 복제물의 배포권은 그 전에 이미 소멸되었다고 판단하면서 그 근거로 유럽사법재판소의 2012. 7. 3. 판결(C-128/11)4)을 인용하고 있다. 유럽사법재판소는 오프라인에서의 권리소진 원칙을 온라인에서도 적용하여 인터넷에서 중고 소프트웨어의 재판매를 허용하는 판결을 내렸는바, 프로그램이 유형 또는 무형으로 거래에 제공되는지 여부에 상관없이 그 복제물에 대한 권리가 소멸한다는 점을 EU 컴퓨터 프로그램 지침 제4조로부터 도출하고 있다. 한편 원고인 Adobe Systems는 고등법원 판결에 대하여 상고를 제기하였으며 추후 대법원의 판단이 주목되고 있다.

### 6. 중국

(1) 저작권 침해 및 화해 사례

미국 마이크로소프트사가 중국 항저우 거성과학기술 유한책임회사 및 항저우 거성공구 유한책임회사를 상대로 컴퓨터 소프트웨어저작권 침해 소송을 제기한 사건이 2011년 8월 8일 항저우 시 중급인민법원 심리 및 조정을 거쳐 원고와 피고 양측의 화해로 일단락되었다. 이 두 회사는 소프트웨어 정품화의 전면적 실현을 약속한 동시에 상응하는 조치를 취하여 소프트웨어 자산을 관리하고, 정품화 실현 이전의 저작권 침해 행위에 대해서 MS사에 배상을 해주기로 하였다.[102]

(2) 저작권 홍보 정책

중국은 2011년 12월 중앙정부와 지방 공공기관 등에 대해 정품 소프트웨어 사용을 의무화하는 일환으로 정품 소프트웨어 구입에 예산을 배정하고 회계 감사 내용에도 포함시키는 방법을 도입했다. 중국 국무원은 최근 "정부기관 정품 소프트웨어 사용 관리방법"이라는 지침을 마련하여 정부기관이 소프트웨어 산업 주관부문에 정식으로 등록되지 않은 소프트웨어를 사용하지 말도록 했다. 이 지침은 각급 정부기관이 비용 절감과 정보 보안 원칙 아래 소프트웨어 구매에 관한 합리적인 연간 계획을 세워 예산에 반영하도록 했다. 상하이 시 정부는 "2011년 상하이 시 정품 소프트웨어 사용 업무 회의"를 개최해 전년도 소프트웨어 정품화 사업을 총괄하고 2012년도 상하이 시 소프트웨어 정품화 사업에 대해 다음과 같이 의견을 제시하였다.

- 2012년도 사업 계획과 향후 5개년 목표를 명확히 하고 관련 사업 요구를 제시한 동시에 각 기관 및 각 지방자치단체 인민정부의 업무 분담 및 성실한 수행 요구
- 정품 SW 사용 사업의 중요성과 함께 관련 조치 개선, 체제 완비, 업무 확립 및 서비스 개선과 소프트웨어 사용 비용 절감 등을 강조
- 상하이 시 소프트웨어 정품화 사업의 장기 매커니즘 구축 가속화와 정부, 기업 및 사회자본의 결합을 실현하고 단계적 추진 원칙에 입각한 장기적인 사업 구도 형성을 요구

---

[97] 한국저작권위원회 홈페이지 참조
[98] 유럽연합 내 최고 재판소에 해당하며, 재판관은 27명으로 각 회원국이 1명씩 임명하고, 임기는 6년이며 1회에 한하여 연임할 수 있다. 회원국 법원은 EU 관련 법률과 관련된 소송이 제기되면 회원국 법원의 엇갈린 판결을 예방하기 위해 ECJ(European Court Justice)에 선결적 판결을 의뢰해야 한다. 룩셈부르크의 수도인 룩셈부르크 시에 위치해 있다.
[99] 중고 소프트웨어(S/W) 거래에 대한 유럽사법재판소의 최근 판례, http://kairyu85.tistory.com/7 참조
[100] 프랑크푸르트 고등법원,소프트웨어 볼륨 라이선스의 재판매에도 권리소진 원칙 적용, 한국저작권위원회 저작권 동향 제2호, 2013.2.1
[101] 제69C조(동의를 필요로 하는 행위) 권리 보유자는 다음의 행위를 하거나 허락할 배타적인 권리를 가진다. 3호: 권리 보유자는 "컴퓨터 프로그램의 원본이나 그 복제물의 대여의 모든 형태. 다만 컴퓨터 프로그램의 복제물이 권리 보유자의 동의를 얻어 유럽연합의 영역 또는 유럽 경제공동체에 관한 조약의 회원국 내에서 판매의 방법으로거래에 제공되었다면 이러한 복제물에 관한 배포권은 소멸하지만 대여권은 예외이다."

특히 각급 기관이 컴퓨터 업무와 관련된 장비나 프로그램을 설치할 때는 반드시 정품을 사용하고 바이러스 퇴치 프로그램도 함께 구매하도록 했다. 저작권관련 행정기관은 각급 기관들이 정품 소프트웨어를 적극 사용할 수 있게 독려하고 교육을 실시하는 동시에 상시적인 감독도 벌이도록 했다. 아울러 감사기관은 정품 소프트웨어 구매 자금이 제대로 지출됐는지를 살피고 공상기관은 시장 독점이나 부당경쟁 행위에 대해 철저히 단속하도록 했다.[103]

---

[102] 한국저작권위원회 홈페이지(동향 리포트) 참조
https://www.koreacopyright.or.kr/kr/2011/kr/data/data02_view.jsp?seq=752 참조

[103] 중국, 정부기관 해적판 소프트웨어 사용 금지, 연합뉴스, 2013.8.27
http://news.naver.com/main/read.nhn?mode=LSD&mid=sec&sid1=105&oid=001&aid=0006450511 참조

## II. 소프트웨어 감사

### 1. 국제적 흐름

(1) 북미 및 유럽

오래 전부터 미국 및 유럽에서는 BSA(The Software Alliance: 소프트웨어연합) 및 권리자 관련단체에 의한 불법복제 예방활동뿐만 아니라 소프트웨어 제조업체에 의한 SAM 감사가 늘어나고 있는 추세에 있다.[104] 소프트웨어 감사의 목적은 소프트웨어 제품과 해당 라이선스 규정에 따라 계약한 대로 표준, 지침 등의 의무를 이행하고 있는지 조사하는 것이다. 수행자(내부 또는 외부 감사기관, 제3자 등)는 감사의 필요성에 따라 목적과 범위를 설정하고 평가 기준을 정하여 감사 보고서를 작성한다. 감사책임자는 감사 계획을 준비하고 인터뷰를 실시하며 감사 팀 관리를 통해 감사를 보장하고, 감사를 받은 조직은 그 결과에 대해 시정 조치 및 권고사항을 구현해야 한다.

"소프트웨어 자산관리 및 IT 서비스 연속성 관리에 관한 국제동향 연구보고서"에 있는 사용자 설문조사에 의하면, "소프트웨어 제조 업체로부터 감사를 받은 적이 있느냐"는 질문에 약 20%가 "있다"고 답변했으며, "어느 제조업체로부터 감사를 받았느냐"는 질문에는 마이크로소프트, 어도비시스템즈, 오토데스크 등의 순서로 응답하고 있다. IBSMA(International Business Software Manager Association: 국제비즈니스소프트웨어관리자협회)의 조사에 따르면, 북미의 소프트웨어 라이선스 컴플라이언스에 대한 감사 실행은 자체 내부 감사(약 35 %)가 가장 많았고 소프트웨어 제조업체(약 25%), 그리고 회계법인(약 20%)의 순위로 되어 있다고 밝혔다. 북미는 컴플라이언스 의식이 높은 수준에 있어 소프트웨어 라이선스 감사가 오래 전부터 일반화하는 경향을 보이고 있다. 그러나 IBSMA에 따르면 권리자 단체인 BSA 등의 감사활동은 전체의 5~10%에 밖에는 이르지 않고 있으며, 조직 내부 자체에 의한 감사가 가장 높은 비율을 차지하고 있는바, 소프트웨어 라이선스 감사에 대해 자위적 인식이 높음을 알 수 있다. 다만, 조직 자체에 의한 감사 다음으로 많은 비율을 차지하는 것이 소프트웨어 업체에 의한 감사의 증가를 빼 놓을 수 없을 것이다.

---

[104] 현재 소프트웨어 감사를 위한 추적프로그램은 다양한 상황인바, 그 중에서 BSA의 표준 감사 도구(GASP Suite)는 무료로 다운로드가 가능하다. GASP는 데스크 탑, 노트북 및 네트워크 서버를 포함하여 컴퓨터 시스템에 설치된 소프트웨어나 기타 파일이 사용권이 있는지 확인하고 추적하도록 설계된 프로그램이다. GASP는 윈도우 및 매킨토시 사용자가 모두 활용할 수 있도록 하였다.

또한 IBSMA 이외의 리서치 기관에서도 "많은 소프트웨어 제조업체들이 적극적인 활동을 하고 있다"고 보도하고 있어, 소프트웨어 제조업체의 감사 활동이 확대 경향임을 알 수 있다. 소프트웨어 제조업체들이 중견 및 대기업을 상대로 실시한 감사 활동은 중소기업에 까지 그 대상을 넓혀 가고 있는 실정이다. 대기업 이외에 소프트웨어 제조업체가 중견 및 중소기업 등을 대상으로 감사 활동을 실시 하고 있다는 소식은 영국 Web 미디어에도 보도 되고 있다. 2013년 7월 26일부터 28일까지 미국 시카고에서 IBSMA 주최로 SAM Summit 2013 이 개최 되었다. 참가자의 절반 가까이가 소프트웨어자산관리자 및 IT자산관리자, 그리고 나머지 절반이 소프트웨어자산관리 툴 벤더와 소프트웨어 벤더 등이었다. 이 행사는 IBSMA에 의해 매년 정례적으로 실시되고 있으며, 이번에도 다양한 주제로 여러 Track(Oracle 및 IBM의 감사, SAM 프로세스 소개, 소프트웨어 사전의 필요성, SAM 도구에 대한 개선점, 소프트웨어 라이선스 감사 등)을 통해 약 150여명의 참가자들이 열띤 토론을 펼쳤다. 그 중에서도 라이선스 감사의 실태와 대처방법에 대한 논의가 가장 뜨거웠으며, 일부 사용자들은 감사에 대한 불만도 표시했다.

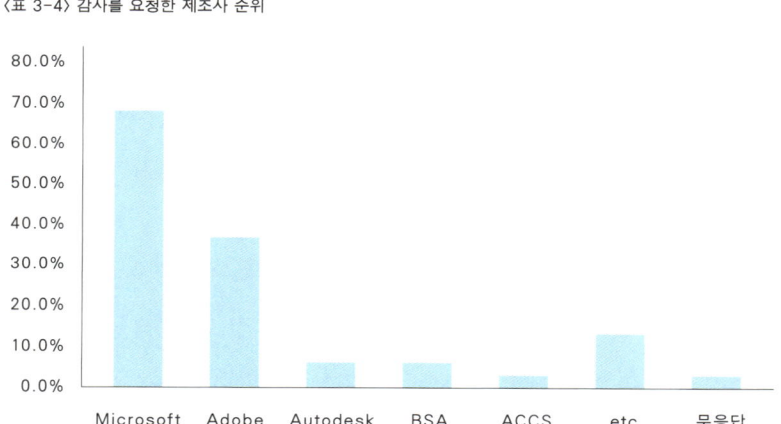

〈표 3-4〉 감사를 요청한 제조사 순위

(2) 일본

일본의 경우 북미 및 유럽과는 약간 다르게 회계 법무법인 또는 저작권사(제조업체)로부터 위임 받은 변호사 사무실에서 감사를 시행하고 있으며, ACCS (Association of Copyright for Computer Software: 컴퓨터소프트웨어저작권협회)와 BSA가 내부 신고제도를 마련하여 라이선스 위반이나 불법복제 실태에 대해 고발할 수 있는 창구를 마련하고 있다. 따라서 이 두 단체(ACCS, BSA)는 라이선스감사를 실시하지 않고, 소프트웨어 제조업체 입장에 서서 권리 행사를 지원하고 있다.

또한 우리나라와는 달리 소프트웨어 불법사용으로 인한 기업체 등에의 형사적인 접근은 극히 이례적이며, 유통 및 업로더(uploader)에 대한 단속과 처벌에 중점을 두고 있다. 한편, 일본 소프트웨어 제조업체 관계자에 따르면, 어떤 형태로든 소프트웨어 사용권 계약서에 《라이선스 감사 권한》에 대한 조항을 추가 하고 있지만, 그러한 권한을 행사할지 여부는 제조사 마다 다르다고 한다. 즉, 라이선스가 제대로 이용되고 있는지를 확인하기 위해 실시하는 경우도 있지만, 적극적으로 그 권한을 행사하지 않는 경우도 있다고 한다. 또한 각 소프트웨어 제조업체는 모든 사용자에 대한 소프트웨어자산관리(SAM)의 계몽과 정보 제공을 적극적으로 실시하고 있는 것이 일반적이다. 또한 SAM 구현을 위한 툴(TOOL)과 SAM 컨설팅 파트너에 대한 지원, 그리고 자체 검사 프로그램 등을 제공하고 있다. 아울러 《라이선스 체크》요청 등의 명목으로 사용자가 자주 확인할 수 있는 시스템을 마련하고 있으며, 라이선스 위반 가능성이 있는 경우에도 우선 《라이선스 체크 요청》의 형태로 자체적인 조사를 우선 실시할 수 있도록 하고 있지만, 사용자 입장에서는 《라이선스 체크 요청》을 소프트웨어 제조업체에 의한 감사로 오해하는 경우도 많은 상황이다.

(3) 우리나라

한국에서도 몇 년 전부터 관련 단체, 소프트웨어 제조업체, 로펌 등에서 소프트웨어 라이선스 감사활동을 활발히 벌이고 있으며, 사용자들은 이에 대해 상당한 반감을 가지고 있어 각각의 입장에 있어 인식의 차이를 드러내고 있는 상황이다. 2010년도 하반기부터 올해 상반기까지 한국SW저작권사용자보호협회에서 상담을 했던 소프트웨어 컴플라이언스 이슈를 보면 불법소프트웨어 사용으로 인한 단속건수는 줄고 있는데 반해, 소프트웨어 라이선스 감사로 인한 상담건수는 늘어나고 있는 추세이다. 이는 결국 소프트웨어 저작권 이슈가 형사적인 접근에서 민사적인 접근으로의 점진적으로 변화하고 있음을 알 수 있다.

북미를 비롯해서 유럽 및 일본 등 선진국에서는 위에서 보는 바와 같이 소프트웨어 라이선스 감사가 일반화 되어 가고 있는 추세에 있다. 그러나 그러한 활동에는 사용자와 제조업체간 미묘한 신경전과 같은 양상이 벌어지고 있는 것도 부인할 수 없다. 이들 국가들에 비하면 우리나라는 조금 더 체계화 되고 있지 않으므로 인해 감사에 대한 이해 부족과 이로 인한 과도한 감사 요구 사례가 있는 것 같다. 예컨대, 적법하게 보유하고 있는 라이선스 수량과 무관하게 중복된 시리얼번호에 대한 문제, 감사 대상 범위가 특정되지 않음으로 인한 문제, 감사공문 수령 이전에 삭제된 이력에 대한 문제, 감사비용에 대한 문제 등 이라고 할 것이다.

<표 3-5> 년도 별 소프트웨어 분쟁관련 상담내용 추이

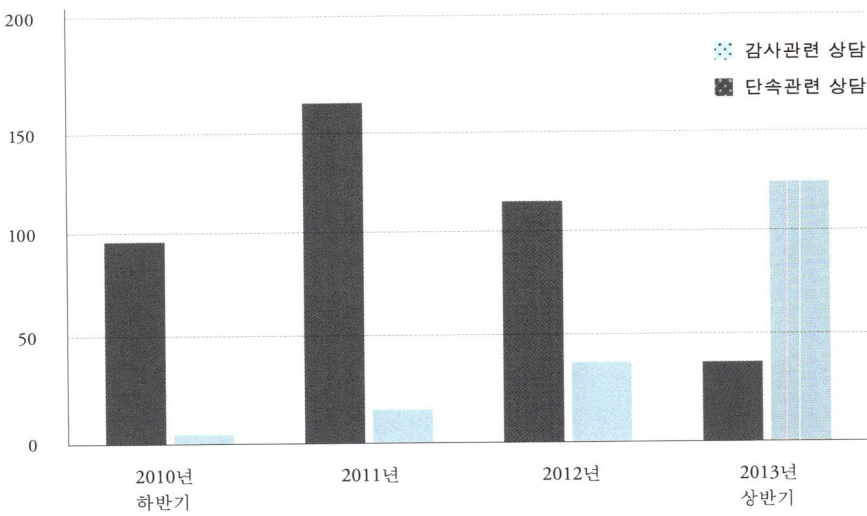

## 2. 감사에 대한 법률적 쟁점

(1) 감사유형

- 자체 감사

미국 IBSMA(국제비즈니스소프트웨어관리자협회) 조사에서 언급했듯이, 설문 응답자의 약 35%가 자체 내부 감사를 실행하고 있다고 했다. 말 그대로 조직 자체적으로 감사부서 내지 책임자가 정기적으로 컴퓨터 및 소프트웨어 대장을 조사하고 있는 상황이다.

- 소프트웨어 제조업체 감사

마이크로소프트 또는 오토데스크 등 벤더 차원에서 직접 사용 기업체를 조사하는 방식으로 IBSMA 보고서에 의하면 약 25%가 이 감사를 수락한다고 응답했다. 대체로 소프트웨어 자산관리가 되어 있고 정기적인 업데이트가 필요하며 자금의 여유가 있는 조직(대기업 등)이 주를 이룬다.

- 제3자 감사

소프트웨어 제조업체(저작권사)로부터 위임을 받은 자(법무법인, 회계법인, BSA 등 저작권 관련 단체)로 하여금 감사를 대행하게 하는 방식으로, 우리나라에서 최근에 가장 흔하게 활용하고 있는 감사형태이다. IBSMA 보고서에 따르면 약 20%가 회계법인을 감사대행 기관으로 활동하고 있는 것으로 나타나 있다.

- 소프트웨어 툴 벤더 감사

소프트웨어 자산관리 솔루션을 개발하는 회사가 감사를 수행하는 형태로 정보 보안 등 여러 가지 문제로 활용도가 낮다.

(2) 감사의 방법

- 클라이언트 별 수집 방식

조직에 속해 있는 각 각의 직원 컴퓨터에 감사 툴을 구동하여 일일이 인벤토리 내역을 확보하는 방식으로 많은 인력과 시간이 소요된다. 이를 개별 수집 방식이라 한다.

- 웹 또는 네트워크상 수집 방식

일괄 수집 방식으로서 소프트웨어 설치 검색 툴을 클라이언트에 설치한 후, 관리자가 각 조직원 컴퓨터에 설치되어 있는 모든 프로그램을 라이선스 대장과 일치 시키는 방식이다. 효율적인 방식이라고 할 것이며, 이러한 솔루션이 갖춰진 조직은 소프트웨어 자산관리를 구현할 수 있는 틀이 마련되었다고 할 것이다. 다만, 이러한 방식을 채용하기 위해서는 사전에 조직원에게 충분히 공지를 하고 협력을 이끌어 내야만 그 실효성을 담보할 수 있다.

(3) 감사 결과에 대한 대응

감사 결과 인벤토리 리스트와 실제 소프트웨어 및 라이선스 대장 사이에 부족분이 발생하게 되면, 이에 대해 소프트웨어 제조업체 입장에서는 그 결과에 대해 문제 제기를 할 수도 있을 것이다. 참고로, SPC(한국소프트웨어저작권협회) 홈페이지상에는 이미 언인스톨(삭제) 및 레지스트리 정리를 한 경우에는 법적 문제를 제기하지 않는다고 하고 있으나, 일본의 관련단체의 경우에는 언인스톨에 대하여도 임의 삭제를 자제하도록 공지하고 있다.

(4) 감사 조항

소프트웨어 라이선스 계약서에는 감사와 관련되는 조항이 있다. 이는 소프트웨어 제조업체에서 사후 관리 및 비즈니스 차원에서 고안한 방안이다. A사의 사용계약서에는 언제든지 서비스 및 자료를 조사 또는 검토할 수 있고, 고유재량 하에 이유불문하고 약관 및 법을 위반한 경우를 포함하여 사용자의 콘텐츠를 제거할 권리를 갖는다.[105] 또한 일반적으로 서비스 및 자료에 접근하면서 일어나는 사용자 행동을 감시하지는 않지만, 만일 약관 위반사항을 인지하게 되면 조사권리를 보유하고,

고유재량으로 서비스 및 자료를 사용할 수 있는 권리들을 포함하여 약관상의 권리를 즉시 종료하거나, 사전 통지 없이 전체 또는 일부라도 콘텐츠 또는 계정정보를 제거할 수 있다.[106]

### (5) 감사의 법적 성질

위에서 보는 바와 같이, 감사조항은 통상 소프트웨어 제조업체의 최종사용자계약서에 명기되어 있다. 즉, 계약상의 의무로서 이를 이행하느냐의 결정은 최종 사용자에게 있고, 이에 따른 법률효과도 최종 사용자가 부담하게 된다. 다만, 이러한 계약서는 약관법의 적용을 받게 되어 불공정한 약관[107]조항은 무효로 하도록 규정하고 있고, 이를 계약의 내용으로 해서는 아니 되며, 이를 위반한 사업자에 대하여는 공정거래위원회는 시정조치를 할 수 있다. 또한 소프트웨어 제조업체의 감사 요청 시 이에 응할 의무가 있는지, 응하지 않았다고 하여 계약의 해지를 통한 라이선스의 반납을 주장할 수 있는지가 문제이다. 위에서 보는 바와 같이 소프트웨어 제조업체의 최종사용자계약서는 말 그대로 계약서일 뿐이다. 감사조항이 계약의 주된 의무가 아닌 이상 이의 위반을 가지고 계약을 해지할 수는 없을 것이다.

### (6) 감사 수락 시 체크사항

조직에서 소프트웨어 제조업체의 감사를 수락하는 경우 감사계약서 등을 체결하여 다음의 사항을 주안점으로 하여 대응하는 것이 중요하다고 할 것이다.

- 감사의 대상 범위 확정
- 감사 비용 분담, 감사 결과에 대한 대응 및 비밀 유지

---

[105] "A", in its sole discretion, may–but has no obligation to– monitor or review the Services and Materials at any time. Without limiting the foregoing, "A" shall have the right, in its sole discretion, to remove any of Your Content for any reason –or no reason–, including if it violates the Terms or any Law.

[106] Although "A" does not generally monitor User activity occurring in connection with the Services or Materials, if "A" becomes aware of any possible violations by you of any provision of the Terms, "A" reserves the right to investigate such violations, and "A" may, at its sole discretion, immediately terminate your rights hereunder, including your right to use the Services, or Materials or change, alter or remove Your Content or Account Information, in whole or in part, without prior notice to you.

## 3. 소프트웨어 감사의 문제점 및 대처방안

### (1) 개요

IT 관련 아웃소싱 컨설팅 기관인 페이스 하몬(Pace Harmon) 대표 조나단 쇼 박사는 경기 침체에 기업들의 IT 예산 축소와 맞물려 대형 소프트웨어 계약이 대폭 줄어들고 있다고 설명하였는바, 위에서도 살펴 보았지만 이하에서는 쇼 박사가 바라보는 소프트웨어 감사의 문제점 및 대처하는 자세를 살펴보기로 한다.

### (2) 이슈

- 모호한 라이선스 규정

오늘날 IT환경은 다양하고 복잡하게 변화하고 있어 기존의 라이선스 계약 방식으로는 조직 내에서의 각종 자원에 대한 효율적 라이선싱 구조를 만들기 어려워졌다. 또한 새로운 방향으로 발전하는 인프라에 대한 소프트웨어 제조업체들의 대응은 적절한 라이선스 계약 자체를 혼란스럽게 만들고 있다.[108]

- 감사 불수용에 따른 압박

소프트웨어 사용자가 감사를 수용하지 않을 경우, 소프트웨어 제조업체는 소프트웨어 사용을 금지하거나 서브라이선싱을 금지하는 등의 라이선스 권리를 제약할 뿐만 아니라 저작권 위반의 혐의로 민·형사적인 조치를 취하려 한다. 이는 고객들로 하여금 적지 않은 반발을 불러 일으킬 수 있으며, 향후 상호간 계속적 계약의 당사자로서 역할을 위협하게 될 것이다.

### (3) 대처방안

- 감사 전 범위 및 조치 규정 등 확인

소프트웨어 제조업체의 감사 권한에 대해서는 사용자 입장에서 면밀히 검토할 필요가 있다. 감사권한은 최종 사용자계약(EULA)의 일부로서 저작권사의 권리이기는 하지만, 그 감사 범위 및 기간 그리고 그에 수반하는 비용 및 위반 시 조치 규정 등을 사전에 합의해 두어야 한다.

---

[107] 약관은 기업의 독점화와 대량거래의 발달에 따라 제도화된 것이다. 사업자가 미리 정하여 놓은 계약조항이라는 성격상 사업자 측에서는 그 내용을 자신에게 유리하게 작성하기 마련이다. 이와 같이 사업자가 거래상의 지위를 남용하여 불공정한 내용의 약관을 작성·통용하는 행위는 법률로써 규제된다. 현행 약관의 규제에 관한 법률 에서는 사업자가 고객에게 약관의 중요한 내용을 이해할 수 있도록 설명할 것을 의무화하고 있다.

[108] SW 라이선스 가사에 대처하는 CIO의 자세, CIO 매거진, 2012.12.12

- **자체 감사 결과 통지**

쇼 박사는 라이선스 규정에 어긋나는 사항을 발견했을 때에는 소프트웨어 제조업체의 참여를 요청할 필요가 있다고 한다. 이러한 자발적이며 적극적인 해결책이 오히려 문제의 사전 예방 및 저작권사와의 관계를 호전시킬 수 있다고 한다. 또한 라이선스 협상 시에도 유리한 가격을 확보할 수 있으며, 라이선스 위반에 따른 손해배상금 청구를 막을 수 있다고 보고 있다.[109] 그러나 이러한 자체 감사 결과의 공유는 계속적 계약관계를 토대로 한 절대적 신뢰관계가 전제되어야 가능할 것으로 보여지며, 어느 일방에서 악의적인 프로세스를 밟아 이윤을 얻고자 하거나 비용을 최소화 하고자 하는 경우에는 그러한 결과에 대한 공유라는 기대 가능성은 약해질 수 밖에 없다고 할 것이다. 참고로, 조직에서 사용하고 있는 컴퓨터 및 그에 인스톨된 소프트웨어의 설치 책임자 내지 부서가 특정되어 있지 않고 고유한 관리번호도 없다면 누가 설치한 행위자인지 확인하는 것은 쉬운 일이 아니다. 이러한 상황에서 소프트웨어 제조업체 등 외부기관으로부터 감사를 허락한다는 것은 결코 쉬운 일이 아니므로 사전에 소프트웨어 자산관리(KS X ISO/IEC 19770-1)를 실시할 필요가 있다고 할 것이다. 끝으로, 소프트웨어 제조업체 등으로부터 감사 요청 공문을 받고 나서 조직 자체적으로 컴퓨터 등을 포맷하는 방식으로 라이선스 수량을 맞추는 행위에 대해서 일률적으로 저작권법 위반 책임을 물을 수 있는지는 여러 가지 검토할 문제가 있다고 할 것이다.

- **소프트웨어 감사 대비**

감사 절차는 소프트웨어 제조업체 마다 다양하지만, 사전에 감사의 범위를 명확히 할 필요가 있다. 또한 감사 진행 중에 그 과정을 적극적으로 관리하는 노력이 중요하다. 또한 쇼 박사는 기업들이 최종사용자계약에 규정된 감사 권한을 명확히 이해해 소프트웨어 제조업체 측으로부터의 부적절한 감사 조치에 대해 정확히 이의를 제기해야 한다고 한다. 아울러 감사 결과에 따른 합의를 또 다른 협상과정의 일부로 바라볼 필요가 있다고 한다.[110] 즉, 기업 입장에서는 소프트웨어 제조업체와의 계속적 거래 및 신뢰구축을 명확히 하되, 최소의 비용으로 최대의 효과를 창출할 수 있는 비즈니스 마인드도 함께 갖출 것을 요구하고 있다. 아울러 소프트웨어 감사를 실시할 경우 가만히 앉아 지켜보고 있는 것을 가장 주의할 점으로 꼽았다.

---

[109] SW 라이선스 가사에 대처하는 CIO의 자세, CIO 매거진, 2012.12.12
[110] 상동

제4장

# 대체적 분쟁해결제도 ADR

**I. ADR** Alternative Dispute Resolution **제도**

**II. ADR 분류**

**III. ADR 이용현황**

**IV. 한국저작권위원회의 ADR 제도**

제 4 장

# 대체적 분쟁 해결제도 ADR

## I. ADR Alternative Dispute Resolution 제도

### 1. 소개

오늘날 지식을 기반으로 하는 국제거래에서 지적재산권의 중요성과 효율적인 권리보전 및 집행 제도가 그 어느 때보다도 필요하게 되었다. ADR(Alternative Dispute Resolution)이란 소송절차를 통한 분쟁해결이 아니라 그밖에 다른 시스템을 통한 접근이라는 점에서 의미가 있다. 사실 모든 분쟁에 대해 법원을 찾아 법적 해결에 의존한다면 분쟁해결의 지연 내지 해결방법의 질적 저하를 초래할 뿐만 아니라, 때로는 법적 해결이 적합하지 않은 사건에 대한 과다한 비용의 지출과 복잡한 절차로 번뇌하게 될 것이다.[111]

ADR 제도는 부적당한 비용과 시간을 줄이고, 법원의 사건부담을 경감시키며, 분쟁해결과정에 지역 주민을 참여시켜 쉽게 접근할 수 있는 권리구제수단을 제공함으로써 보다 효율적인 분쟁해결방법을 제공한다는데 필요성이 더욱 요구되고 있다.[112] 이러한 이유로 미국을 비롯한 유럽 등 선진국들은 대체적 분쟁해결 제도의 활성화와 더불어 각종 법률과 제도 개선에 앞장서고 있다.

### 2. ADR의 개념

ADR은 위에서 언급한 바와 같이, 소송절차에 의하지 않고 사건을 해결하고자 하는 대체적 분쟁해결 제도(조정, 중재, 화해 등)이다. 이 제도는 법원의 소송을 대체한다는 의미에서 비소송적 분쟁해결수단(non-litigious dispute resolution)이라고 할 수 있다. 또한 공공적인 의미에 대신하는 것으로 사적(private)인 분쟁해결수단

---

[111] 이시윤, 신 민사소송법, 박영사, 2009
[112] 사법연수원, ADR, 2010

으로서의 특징을 가지며, 전통적 분쟁해결 수단이 강제적(compulsory)인데 반하여, 자율적(voluntary)인 분쟁해결 수단이라는 특징을 가진다.[113] 아울러 ADR은 사소한 분쟁이나 이웃간의 분쟁에서 계약상의 분쟁에 이르기까지 적용되고 있으며, ADR에 의해서 해결하는 것이 분쟁당사자들에게는 훨씬 만족스럽다는 것이 하나의 통념으로 되었다.[114]

### 3. ADR의 장단점

(1) 장점

종래의 분쟁해결 제도인 법원의 소송절차는 양측에게 시간적 비용적 부담을 전제하고 있다. 원고 쪽에서 승소를 하더라도 적지 않은 각종 비용을 감내해야 하고, 최후 집행절차 등을 거쳐 손해를 배상 받기 까지는 상당한 시일이 소요된다. 또한 당사자간 법률적 해결로 인한 신뢰관계의 파괴와 원만한 해결의 실마리를 상실하게 된다. ADR 제도는 이러한 소모적인 사건 해결을 지양하고자 탄생된 제도로서, 비형식성, 법외성, 비법조화 외에도 전문성, 일심성[115], 탄력성의 특징을 가지고 있기 때문에 소송 외의 분쟁해결 제도를 이용하게 되면, 신속성, 경제성, 자율성, 결과의 유연성을 토대로 재판의 경우보다 효율적으로 해결할 수 있다.[116]

(2) 단점

한편, ADR을 비판하는 견해도 있다. ADR은 법적 권리의 보호가 아닌 법적 권리의 일부 포기를 전제로 하여 분쟁당사자 사이의 평화를 목적으로 한 것이어서, 사회 전체의 관점에서 볼 때 정의가 완벽하게 실현되지 않는 부작용을 낳게 되고, 분쟁당사자 사이의 경제적·사회적 지위의 불균형을 간과하고 있어 ADR이 강자가 약자로부터 양보를 얻어내는 절차로 전락할 문제점이 있다는 점, 법외성에 대하여는 민중 감정에 의한 해결이 재판 받을 권리에 대한 역행일 수 있다는 점, 법치주의 확립에 대한 위험성이 존재한다는 점 등이다.[117]

---

[113] 김상찬, 양영화, "우리나라 ADR 제도의 활성화 방안", 법학연구, 한국법학회, 2012
[114] 상 동 (Harry T. Edwards, "Alternative Dispute Resolution : Panacea or Anathema?", Harvard Law Review, Vol. --:668, 1986, p676)
[115] 우리나라는 3심제를 채택하고 있는바, 법원에서 여러 번 사실관계 및 법률판단을 통한 공정한 재판을 받을 권리를 보장하고 있다. 그런데 ADR 제도에서는 이러한 3심제와는 거리가 있으며 단 1회만의 조정 또는 중재의 결과로 해결되는 1심제이다.
[116] 김상찬, 양영화, "우리나라 ADR 제도의 활성화 방안", 법학연구, 한국법학회, 2012
[117] 상 동

## II. ADR 분류

ADR은 그 주관기관에 따라 사법형 ADR, 행정형 ADR, 민간형 ADR로 나눌 수 있고, 분쟁해결방안의 성격에 따라 조정, 중재, 화해, 알선, 상담 또는 협상, 조정, 중재 등으로 나눌 수 있다.[118]

**1. 주관기관에 따른 분류**

(1) 사법형 ADR

- 민사조정

민사관계의 분쟁에 관하여 법원에 설치된 조정위원회가 간단한 절차에 따라 분쟁당사자들로부터 각자의 주장을 듣고, 관계자료를 검토한 후 여러 사정을 고려하여 그들에게 서로 양보하고 타협하여 합의를 하도록 주선 권고함으로써 이들로 하여금 종국적으로 화해에 이르게 하는 법적 절차로 누구나 쉽게 이용할 수 있는 제도이다.

- 가사조정

이 제도는 가사사건과 관련하여 당사자 사이의 합의를 도출하기 위한 목적으로 마련되었으며, 법원의 판단에 의한 분쟁해결이 아니라 당사자 사이의 합의에 의한 분쟁해결이라는 점에서 소송과 구별된다.

- 재판상 화해

이 제도는 소송상 화해와 제소 전 화해의 두 가지가 있다. 법원은 소송 진행 중 언제라도 화해를 권고할 수 있고, 화해권고를 위하여 당사자 본인이나 그 법정대리인의 출석을 명할 수 있다. 소송상의 화해는 당사자 쌍방이 법관의 면전에서 화해조항의 내용을 일치하여 진술함으로써 성립되고, 법원 사무관 등이 그 진술을 조서에 기재하면 이 화해조서는 확정판결과 동일한 효력이 있다. 화해가 성립되면 그 범위에서의 소송은 종료되고, 이 화해조서에 의하여 강제집행도 가능하다.

- 제소 전 화해

이 제도는 당사자가 소에 관한 규정에 준하는 서류를 제출하고 법원에 화해신청을 하여 법원이 상대편을 출석시켜 화해를 권고한 결과 화해가 된 경우의 화해이다.

---

[118] 김상찬, 양영화, "우리나라 ADR 제도의 활성화 방안", 법학연구, 한국법학회, 2012

제소전의 화해는 순수한 의미로서의 사법작용이라고 보기는 어렵지만, 민사분쟁을 예방할 수 있다는 견지에서 편의상 민사소송법에 규정한 것이다. 화해 신청인이나 상대편이 기일에 출석하지 아니한 때는 화해가 성립되지 아니한 것으로 보고 절차를 종결시킨다.

### (2) 행정형 ADR

- 한국저작권위원회

본 위원회는 저작권에 대한 사항을 심의하고 저작권법에 의해 보호되는 권리에 관한 분쟁을 조정하기 위해 설치된 법적기구이다. 법조계, 학계 그리고 산업계를 대표하는 1~3인의 전문가들로 구성된 조정부의 도움을 통하여 당사자간 원만한 화해를 유도하는 ADR제도를 운용하고 있는바, 신속하고 저렴하며 비공개로 진행되어 당사자의 명예와 프라이버시를 보호받을 수 있는 민주적이고 간편한 분쟁해결 제도이다. 본 위원회의 ADR 제도에 대해서는 후술하기로 한다.

- 노동중재위원회

본 위원회는 노사문제를 공정하고 합목적적으로 처리하기 위하여 설치된 합의제 행정기관이다. 주요활동으로는 노사간 권리분쟁에 대한 판정, 노사간 이익분쟁에 대한 조정 및 중재를 다루고 있다. 원칙적으로 노사관계의 분쟁해결은 일반법원의 재판제도에 의존하고 있었으나, 노사관계의 집단적, 계속적 특수성으로 인하여 생기는 문제를 처리하는 데 부적합한 경우가 많아 이를 보완하기 위하여 노동위원회 제도가 등장하게 되었다. 독일·영국 등에는 전문적인 노동법원이 설치되어 있는데, 한국의 헌법상으로도 하급심으로 노동법원을 둘 수 있다고 규정하고 있다.

- 소비자분쟁조정위원회

본 위원회는 소비자 피해 발생시 사업자가 한국소비자원의 합의권고를 받아들이지 않았을 때 분쟁을 신속히 해결하기 위해 지난 1987년 8월 설립된 기구이다. 본 위원회는 한국소비자원장의 제청으로 기획재정부장관이 임명하는 소비자 및 사업자단체 대표와 법조계, 의료, 자동차, 보험, 제조물 책임 등의 전문가 30인으로 구성되어 있다. 소비자원은 소비자와의 상담과정 중에서 피해구제 조치가 필요한 사항은 분쟁조정국으로 이관하여 업무를 처리한다. 소비자 상담 팀에서 이관된 피해구제건은 분쟁조정1국과 2국의 담당 팀에서 피해구제 접수일로부터 30일 이내에 처리를 한다.

- **환경분쟁조정위원회**

본 위원회는 환경오염으로 인한 국민의 건강 및 재산상의 피해를 구제하기 위하여 설치한 기관이다. 본 위원회의 주요사업은 환경오염의 피해로 인한 분쟁의 조정, 2 이상의 특별시·광역시 또는 도에 걸치는 분쟁의 알선·조정, 지방환경분쟁조정위원회가 조정하기 곤란하다고 결정하여 이송한 분쟁사건 처리, 환경기초시설의 설립 등으로 인한 환경피해에 대한 분쟁의 알선·조정 업무 등이다. 지방환경분쟁조정위원회는 관할구역에서 발생한 환경분쟁사건을 알선 및 조정하는데, 비교적 단순하고 경미한 사건(1억 원 미만의 소액사건)을 처리한다.

- **금융분쟁조정위원회**

본 위원회는 금융소비자와 금융회사간에 분쟁이 발생한 경우, 원만한 해결을 지원하기 위해 금융감독원내에 설치된 기구로서, 객관적이고 공정한 분쟁해결 도모를 통해 금융소비자의 권익을 부당하게 침해 받지 않도록 지원하고 있다.

(3) 민간형 ADR

민간형 ADR 중 가장 대표적인 것이 대한상사중재원의 중재 등 제도이다. 본 중재원은 국내외 상거래상 발생하는 제반 분쟁을 해결하기 위해 설립된 비영리 법인이다. 간이하고 신속한 절차를 통해 각종 상사 분쟁을 해결하고 있는바, 주요 ADR 시스템으로는 중재, 알선, 조정이 있다. 중재는 법원의 확정판결과 동일한 효력이 있으며, 상대방이 중재판정의 결과를 이행하지 않으면 강제집행(압류 및 경매 등)을 할 수 있다.

### 2. 분쟁해결방안의 성격에 따른 분류

(1) 조정

조정은 중립적 위치에 있는 제3자가 분쟁 당사자를 중개하고 쌍방의 주장을 절충하여 화해에 이르도록 도와주는 것을 말한다.[119] 조정은 제3자의 도움을 받으며 진행하는 협상절차라 할 수 있으며 제3자의 도움 하에 이루어지는 협상 또는 협상절차의 확장 내지 완성이라고도 한다.[120] 이러한 조정제도에는 민사조정과 형사조정 그리고 행정부 산하기관 등에서의 조정 등이 있다. 민사 조정과 행정부 산하기관의 조정에 대해서는 앞서 살핀 바와 같다.

다만, 형사조정은 최근 기업체내에서의 불법 소프트웨어 단속과 관련한 수사과정에서 검사의 직권으로 이루어 지는 경우를 생각해 볼 수 있다. 물론 형사조정은 사건담당 검사의 직권뿐만 아니라 이해 당사자도 신청할 수 있는 자격이 된다. 형사조정 회부가 되면 형사조정실에서 당사자를 소환하고 형사 조정위원과 함께 형사조정 절차를 진행하게 된다. 그러나 조정이 이루어지는 경우는 드문 것이 현실이다. 이유는 저작권사가 사용자의 불법 사용정황을 종합적이고 객관적으로 이해하지 않고 침해한 수량 전체에 대한 구매 요구를 하고 있기 때문이다. 어찌 보면 형사조정이 되지 않더라도 정상적인 소송절차를 통해서 원하는 바를 얻을 수 있다라는 사고가 저변에 있다고 보아야 할 것이다.

(2) 중재

중재는 분쟁 당사자의 합의로 법원이 아닌 제3의 기관에서 사건을 심리 후 판정하여 당사자를 구속시키는 제도이다. 조정이 분쟁 당사자로 하여금 제3자의 조정안을 승낙함으로써 효력을 발생시킨다면, 중재는 중재기관의 중재판정이 분쟁 당사자를 법적으로 구속시킨다는 점에서 차이가 있다. 중재제도는 단심제로서 소송보다 시간과 비용을 절약할 수 있으며, 분쟁해결상 당사자간의 감정적 응어리를 덜 남기고, 비공개 심리이기 때문에 업무상 비밀 유지에 좋으며, 국가주권의 범위를 넘어 국제적으로 그 효력을 미칠 수 있다는 등의 이유로 국제상사 거래상의 분쟁해결에 매우 효과적인 방법이라고 할 수 있다.[121] 우리나라의 중재는 위에서 언급했듯이 대한상사중재원이 그 역할을 하고 있다. 중재사건을 판정할 중재인은 분쟁 당사자가 직접 선정하거나 중재원에서 추천한 중재인 후보 중에서 선임하게 된다. 중재인은 법조계, 학계, 업계 등 각계 권위자로서 최소한 20년 이상 해당분야에 경험 있고 전문지식, 신뢰성, 성실성, 신망, 판단력 등이 갖추어진 인사라야 한다. 중재 판정부는 심리의 일시, 장소와 방식을 결정하는데 심리의 일시와 장소가 결정되면 사무국은 당사자에게 심리개시 10일전(국제중재: 20일)까지 통지한다. 중재 판정부는 양당사자에게 심리를 시작하기 전에 주장, 증거방법, 상대방 주장에 대한 의견을 기재한 준비서면을 제출하게 할 수 있다. 중재 판정부는 중재계약의 범위 내에서 계약의 현실 이행뿐만 아니라 공정하고 정당한 배상이나 기타의 구제를 명할 수 있다. 따라서 중재계약의 범위를 벗어난 판정은 효력이 인정되지 아니하고 중재 판정부는

---

[119] 전병서 외, "대체적분쟁해결처리제도 도입방안", 연구용역서, 2005.11.
[120] Christopher W. Moore, "The Mediation Process: Practical for Resolving Conflict", 2nd. Ed. Jossey-Bass Publishers, 1996, p6
[121] 김상찬, 양영화, "우리나라 ADR 제도의 활성화 방안", 법학연구, 한국법학회, 2012

책임 있는 당사자에게 중재비용의 부담비율을 명하여야 한다. 중재 판정부는 당사자간의 별도 약정이 없는 한 중재심리가 종결된 날로부터 30일 이내에 중재인 과반수 찬성으로 판정하고 당사자가 합의하면 판정이유의 기재를 생략할 수 있다. 재판정은 당사자간에 있어서는 법원의 확정판결과 동일한 효력이 있다. 또한 뉴욕협약(외국중재판정의 승인 및 집행에 관한 UN협약)에 따라 외국에서도 중재판정의 승인 및 집행이 보장된다.[122]

### (3) 알선

알선이란 분쟁의 해결 또는 계약의 성립을 위해 제3자가 당사자를 매개하여 해결 합의를 위한 조언과 권유를 하는 제도이다. 알선은 조정이나 중재와는 달리 자주적인 합의를 통한 해결이므로 법적인 구속력은 없다. 따라서 당사자간 합의를 통한 해결이 사실상 불가능한 경우에는 중재제도를 이용하는 것이 바람직하다. 알선은 국내알선과 국제알선으로 분류할 수 있다. 전자는 당사자가 한국 사람 또는 한국 법인인 경우에 제기할 수 있고, 후자는 일방 당사자가 외국인 또는 외국법인인 경우에 신청할 수 있다.

### (4) 화해

화해는 분쟁당사자가 서로 양보하여 당사자 사이의 분쟁을 종식시키기로 하는 계약이다(민법 제731조). 화해가 성립하면 당사자 사이의 법률관계는 확정되고 화해 이전의 주장은 하지 못하게 된다. 즉 화해계약이 성립되면 당사자의 일방이 양보한 권리는 소멸되고, 다른 일방이 화해로 인하여 그 권리를 취득하는 효력이 생긴다(민법 제732조). 여기에서의 화해는 사법상 화해로서, 재판상 화해(소송상 화해 및 제소 전 화해)와 구별된다. 화해는 당사자가 자기의 주장을 부분적으로 양보하는 채무를 부담하는 쌍무계약이며 유상계약이다.

---

[122] 대한상사중재원 홈페이지 참조 http://www.kcab.or.kr/jsp/kcab_kor/arbitration/arbi_04.jsp?sNum=3&dNum=0&pageNum=1&subNum=4

## III. ADR 이용현황

우리나라 ADR 이용현황은 미국이나 일본 등 국가들에 비하면 현저히 낮은 수준으로 알려져 있다. 1990년 제정된 민사조정법으로 법원조정은 증가하고 있지만 민간 단체의 조정은 거의 이루어 지지 않고 있는 실정이라고 할 것이다.[123] 법원조정의 경우에도 민사조정법 시행초기에는 민사조정사건은 제1심 민사 본안 사건의 1% 내외에 불과하였으나, 현재는 5.8%만이 조정 및 화해로 처리되고 있어서 점차 증가하고 있지만 그다지 높은 비율은 아니라고 할 수 있다.[124] 특히 조정 및 화해 비율이 30-35%에 이르는 일본이나, 정식 증거조사를 거치는 재판으로 가는 경우가 10%도 안되고 대부분 그 이전단계에서 다양한 ADR 제도를 활용하여 종료되는 미국에 경우에 비하면 우리나라는 현저히 낮은 수준이다.[125] 다음에서는 각국의 ADR 제도에 대해서 간략히 소개하기로 한다.[126]

### 1. 미국의 «연방 ADR법»

(1) 개요

미국은 ADR을 소송을 대신하여 소비자 분쟁이나 환경분쟁 등 새로운 형식의 분쟁을 해결하기 위한 분쟁 해결수단으로 도입하였다. 1990년 미국 "연방 ADR (Administrative Dispute Resolution Act: 행정분쟁해결법)법"이 제정되었고, 연방행정청들이 행정과정에서 화해, 조정, 조정촉진, 중재, 간이심리, 교섭원조 및 옴브즈맨(Ombudsman)의 이용 등 다양한 분쟁해결 수단을 도입하였다.

(2) ADR 기본원칙

- 개시절차, 개별회합, 조정의 3단계 프로세스
- 조정의 기본규칙을 정할 경우 당사자의 서면 동의
- 당사자의 차선책 유도를 통한 해결방안 모색
- 조정이 불가능한 경우 소송절차 지원 (당사자간 소송관련 세부 논점 합의 유도)

---

[123] 김상찬, 양영화, "우리나라 ADR 제도의 활성화 방안", 법학연구, 한국법학회, 2012
[124] 상동
[125] 상동
[126] 이건목, "대체적 분쟁해결제도(ADR)법제의 주요 쟁점과 입법과제 (조정을 중심으로)", 국회입법조사처, 현안보고서, 2012.9.14, Vol. 164

(3) ADR 이용부담 완화

미국 연방 ADR법은 ADR이 효율적인 분쟁해결방안 임을 선언할 것을 의회에 요구하였다. 동법 제2조에 의하면, 의회는 현재 미국 내 연방법원에 계류 중인 많은 사건을 줄여 법원의 잔여사건을 좀 더 효율적으로 진행하는 것을 ADR이 가능하게 하며, 연방 항소법원의 분쟁해결과정에서 연방 항소법원 내 조정프로그램의 지속적인 조정증가를 통해 조정이 효율적임을 알려줌으로써, 지방법원이 ADR프로그램에 조정을 포함시키는 것을 고려할 수 있도록 한다고 규정하고 있다. 또한 동법 제652조에 의하면, 지방법원은 2071(a)에 근거한 지방법원 규칙에 따라 민사소송사건이 진행되는 과정에 언제든지 필요한 경우 소송당사자에게 ADR의 활용을 고려할 것을 요구해야 하며, 지방법원은 조정, 사전중립평가, 미니트라이얼(minitrial), 제654조 내지 제658조에서 허용된 중재 등의 ADR을 민사분쟁 당사자에게 제한 없이 제공할 수 있어야 한다. 다만 특정 사안의 경우, ADR 이용요구 지방법원은 ADR 유형 중 조정, 사전중립평가 그리고 당사자의 동의를 전제로 한 중재만을 이용하게 할 수 있다.

## 2. EU의 《유럽조정지침》과 《유럽조정인행위규약》

(1) 개요

EU는 ADR의 원활한 활용을 목적으로 "유럽조정지침"과 "유럽조정인행위규약"을 제정하였다. 이는 국경간 분쟁을 해결하는데 적용되고 있으며, EU 회원국의 ADR법은 자국 내에서 발생하는 분쟁을 해결하는데 적용되고 있다. 분쟁당사자중 최소한 일방은 다음의 시점에 다른 분쟁 당사자와는 다른 회원국가에 주거지나 체류지를 가져야 한다.

- 분쟁당사자가 분쟁이 발생한 후 조정을 하기로 합의한 시점
- 법정이 조정을 명령한 시점
- 국내법에 따라 조정이용의무가 발생한 시점

(2) 유럽집행위원회의 ADR 원칙

- 독립성

분쟁해결기구의 독립성을 유지하기 위해서는 분쟁해결안을 제시하는 제3자는 적절한 자격을 갖추어야 한다. 정당한 이유 없이 책임을 면제받지 않아야 하며, 보수를 받은 조직에 관한 분쟁에 대한 조정에는 최소한 3년 이상 관여하지 못한다.

• 투명성

ADR 절차, 비용, 결정에 대한 합의와 관련하여 채택된 결정의 법적 효력 등에 관한 자료를 요청하는 자에게는 정보를 제공해야 하며, 당사자가 ADR 과정에 관하여 정확히 알 수 있도록 해야 한다.

• 당사자 대립구조

ADR절차는 모든 당사자가 법정 외 분쟁해결기구 앞에서 자신의 견해진술과 함께 상대방의 주장을 청취할 수 있는 기회를 주어야 하며, 증거를 제시하고 상대방 증거를 검토할 기회를 가져야 할 것이다.

• 효율성

ADR 절차는 소비자로 하여금 변호사의 선임을 강제하지 않아야 하고, 절차 이용 비용은 무료이거나 저렴해야 한다. 또한 결정은 신속히 이루어져야 하고, 분쟁해결에 적극적인 태도를 보여야 한다.

• 합법성의 원칙

소비자는 분쟁해결기구가 위치한 나라의 법에서 보장된 법적 보호를 받아야 한다. 역외사건인 경우에는 소비자가 거주한 나라에서 보장하는 강행법의 보호를 받아야 한다.

• 자유의 원칙

ADR에 대한 정보를 사전에 소비자가 제공받은 경우에만 법정 외 분쟁조정은 당사자를 구속한다. 나아가 소비자는 분쟁이 발생하기 전에 분쟁 해결 절차에 관한 합의를 강제 당하지 아니한다. 이는 법원에 제소할 권리를 보장하기 위한 것이다.

• 대표의 원칙

당사자는 ADR 절차의 어느 단계에서도 제3자의 조력을 받거나 제3자에 의하여 대리될 권리를 가지며 이 권리는 박탈할 수 없다.

(3) ADR 이용부담 완화

"유럽조정지침"에 의하면 법원은 분쟁조정절차를 제안 또는 명령할 수 있으며, 관련법정 또는 판사는 소송절차가 진행되는 동안 분쟁해결노력을 중지할 수 없다. 동 지침 제3조에 따르면, 절차 개시는 분쟁 당사자가 하고, 법원은 절차를 제안하거나 명령할 수 있도록 규정하고 있다. 또한 회원국가의 법규정에 따라서 절차를 확정할 수도 있으며, 조정의 종결은 분쟁사안의 소송을 관할하지 않는 판사가 하며, 소송절차가 진행되는 동안 선임된 법정 또는 판사는 분쟁 해결 노력을 중지시켜서는 아니 된다. 또한 동 지침 제5조에는 법원이 소송이전 사안에 대한 모든 상황을 고려한 후 조정을 통해 분쟁을 해결할 것을 소송당사자에게 요청할 수 있도록 규정하고 있다.

### 3. 독일의 «ADR법» 초안

(1) 개요

1999년 독일 연방의회는 의무적 조정제도로 모든 독일의 주들이 강제적인 법원 관련 조정을 도입하는 것을 허용하는 법률을 도입하였다. 2008년 연방정부는 "조정촉진과 다른 소송외적 분쟁해결절차를 위한 법률초안(ADR법)"을 만들었다. 또한 2011년 1월 연방정부는 «조정촉진법 초안»을 만들기로 결의하고서 이를 연방법무부에 전달하였으며, 같은 해 12월 독일의회는 연방정부의 «조정촉진법» 초안을 조언하였다.

(2) ADR 이용부담 완화

독일 ADR법 초안은 조정인에게 ADR 과정에서 발생한 비밀을 유지할 의무를 부담함으로써 분쟁당사자의 비밀누출로 인한 조정제도에 대한 불안감을 해소하고 있다. 다만, 다음의 경우에는 비밀유지 의무가 면제된다.

- 조정을 통해 이루어진 합의를 수정 내지 이행하는데 필요한 내용을 공개하는 경우
- 공공질서를 위한 공개, 특히 어린이 안전을 위협하거나 심리적 또는 육체적 완전성을 심각하게 초래하는 경우를 피하기 위한 경우
- 명백한 사안이나 비밀을 지킬 필요가 없는 사안일 경우

### 4. 일본의 «ADR 기본법»

(1) 개요

일본은 ADR과 관련하여 2004년 12월 법률 제151호로 "재판 외 분쟁해결수단의 이용 촉진에 관한 법률"(일본 ‹ADR기본법›)을 제정하였고, 2006년 6월 2일 법률 제50호로 최종 개정되었다. 일본 "ADR 기본법"은 제1장 총칙, 제2장 인증분쟁해결절차의 업무, 제3장 인증분쟁해결절차의 이용에 관한 특례, 제4장 잡칙(雜則), 제5장 벌칙으로 구성된다.

(2) 특징

일본 "ADR 기본법"은 민간형 ADR기관[127]에게 인증제도를 실시하고 있는 바, 민간형 ADR기관인 민간 사업자가 화해의 중개업무를 하기 위해서는 일정한 인증요건을 충족해야 한다.

(3) ADR 이용부담 완화

일본 ADR법 제4조에 의하면, "국가는 재판 외 분쟁해결절차의 이용촉진을 위해 관련 국내외 동향, 그 이용상황, 그 밖의 사항에 대한 조사 및 분석과 함께 정보의 제공 기타 필요한 조치를 강구해야 한다. 또한 지방공공단체는 관련 정보의 제공 기타 필요한 조치를 강구하도록 노력해야 한다."라고 규정하면서, 국가 및 지방공공단체가 ADR 이용촉진을 위한 필요한 조치를 강구할 의무를 부과했다.

---

[127] 일본 금융권 지정기관으로 손해보험협회, 생명보험협회, 보험 오부즈맨, 일본소액단기보험협회, 전국은행협회, 신탁협회, 일본대금업협회 등이 대표적이다. 그 중에서 소액단기보험협회는 협회 내에 상담실을 설치하고 고객상담, 민원처리를 하고 있으며 상담실에서 해결할 수 없는 문제에 대해서는 변호사, 소비자 상담원 등으로 구성된 재정위원회가 대응하는 등 ADR제도를 적극 시행하고 있다.

# IV. 한국저작권위원회의 ADR 제도[128]

### 1. 제도 소개

저작권법 제113조 제1호(분쟁의 조정 및 알선)에 의거, 한국저작권위원회는 분쟁 당사자의 이해 관계를 법적 기준에 따라 알선하거나 조정하여 원만한 해결을 추구하는 제도를 마련하고 있다. 동법 제114조의 2에는 "분쟁의 조정을 받으려는 자는 신청취지와 원인을 기재한 조정신청서를 위원회에 제출하여 그 분쟁의 조정을 신청할 수 있다."라고 규정하고 있다. 또한 동법 제113조의 2에는 "분쟁에 관한 알선을 받으려는 자는 알선 신청서를 위원회에 제출하여 알선을 신청할 수 있다."라고 규정하고 있다. 여기서는 분쟁 조정에 대해 자세히 살펴보기로 한다.

### 2. 조정의 장점

(1) 조정부 구성

동법 제114조에 의거, 조정을 담당하는 조정부는 위원회의 분쟁조정 업무를 효율적으로 수행하기 위하여 위원회에 1인 또는 3인 이상의 위원으로 구성된 조정부를 두되, 그 중 1인은 변호사의 자격이 있는 자이어야 한다. 현재 위원회 안에서는 위원 3인으로 구성된 7부와 변호사 1인으로 구성된 단독 4부 등 총 11개의 조정부로 구성되어 있다.

(2) 조정의 비공개성 및 신속성

일반 법정에서의 재판 진행과는 달리 자유로운 분위기의 조정실에서 비공개로 진행되므로 당사자는 자신의 의견을 충분히 개진할 수 있다. 또한 모든 절차는 조정신청서 접수일로부터 3개월 내에 종결 처리되므로 신속하고 간편하다. 다만, 양 당사자가 동의하는 경우에는 1회에 한하여 1개월 연장이 가능하다.

(3) 저렴한 비용

재판비용에 비해 비용 부담이 없다. 자세한 비용 내역은 후술하기로 한다.

---

[128] 한국저작권위원회 저작권분쟁조정신청시스템 참조
http://adr.copyright.or.kr/concilinfo/concil_effect01.do

### 3. 조정의 대상

(1) 저작재산권에 대한 분쟁[129]

- 인쇄, 복사, 녹음, 녹화 등의 방법으로 복제한 경우
- 상연, 연주, 가창, 연술, 상영 등의 방법으로 일반 공중에게 공연한 경우
- 유선 또는 무선 통신의 방법으로 방송한 경우
- 인터넷상에서 전송한 경우
- 출판물 등으로 배포한 경우
- 그림, 사진 등을 전시한 경우
- 번역, 편곡, 각색 또는 영화로 제작한 경우 등

(2) 저작인격권에 관한 분쟁[130]

- 미 공표 저작물을 무단으로 공표한 경우
- 저작자의 실명 또는 이명을 표시하지 않는 경우
- 저작물의 내용, 형식 및 제호를 무단으로 변경한 경우

(3) 저작인접권에 관한 분쟁[131]

- 가수, 연주자 등 실연자의 허락 없이 그의 실연을 사진촬영
- 녹음, 녹화, 방송 또는 전송하거나, 그의 실연이 녹음된 판매용 음반을 영리 목적으로 대여한 경우
- 음반제작자의 허락 없이 그의 음반을 복제, 배포 또는 전송한 경우와 영리 목적으로 대여한 경우
- 방송사업자의 허락 없이 그의 방송을 동시 중계 방송하거나 녹음, 녹화 또는 사진으로 촬영한 경우

(4) 보상금에 관한 분쟁[132]

판매용 음반을 사용하여 방송함에 있어, 방송사업자가 실연자와 음반 제작자에게 지급하는 보상금에 관하여 합의가 되지 않은 경우

---

[129] 저작권법 제4조(저작물 예시 등) 내지 제7조
[130] 저작권법 제11조(공표권) 내지 제15조(공동저작물의 저작인격권)
[131] 저작권법 제64조(보호받는 실연, 음반, 방송)
[132] 저작권법 제75조(방송사업자의 실연자에 대한 보상) 내지 제76조의 2(판매용 음반을 사용하여 공연하는 자의 실연자에 대한 보상)

### 4. 조정의 효력

저작권법 제117조(조정의 성립)에 "조정은 당사자간에 합의된 사항을 조서에 기재함으로써 성립되며, 이러한 조서는 재판상 화해와 동일한 효력이 있다. 다만, 당사자가 임의로 처분할 수 없는 사항에 관한 것은 그러하지 아니한다."라고 규정되어 있다. 조정에서의 합의 여부에 대한 결정은 전적으로 당사자들의 자유의사에 의지하지만, 이러한 결정에 대한 구속력은 재판상의 판결과 조금도 다르지 않다.

### 5. 조정절차

저작권 관련 분쟁을 조정에 의해 해결하고자 하는 분쟁 당사자이면 누구나 조정 신청을 할 수 있으며, 신청 취지와 원인을 명확히 밝힌 조정신청서와 조정비용을 위원회 사무처에 제출 및 납부한다. 조정신청서가 접수되면, 위원장이 담당 조정부를 지정하여 조정하도록 이송하고, 담당 조정부는 조정 기일을 정하여 당사자에게 출석요구서를 발송한다. 조정부장은 필요한 경우 당사자 또는 이해관계자의 출석을 요구하거나 증명서류의 보완 및 제출을 요구할 수 있고, 증인, 서증, 검증, 감정 등의 방법으로 증거 조사를 실시할 수 있다. 조정은 조정부장이 필요하다고 인정할 경우를 제외하고는 공개하지 않는다. 조정 기일에 본인이 출석하기 어려운 경우 대리인을 둘 수 있으며, 그 경우 조정대리허가신청 및 조정위임장을 작성하여 제출하여야 한다. 당사자를 대리할 수 있는 자는 변호사, 지배인, 법정대리인, 기타 법률상 소송대리권이 있는 자를 제외하고는 조정부장의 허가를 받은 자에 한하며, 자격과 권한을 서면으로 증명하여야 한다. 조정처리기한인 3개월 안에 제1차 또는 여러 번의 조정 기일을 진행한다. 담당 조정부는 신청인과 피 신청인이 출석한 경우 쌍방의 진술을 듣고 적극적으로 분쟁에 개입하여 합의가 성립되도록 노력한다. 조정 기일에서의 당사자 및 이해관계자의 진술은 서면 또는 구술로 한다. 조정부는 당사자 간의 의견에 더하여 조정안을 제시하고 수락을 권고하게 된다.

### 6. 조정비용

조정신청금액에 따른 조정비용은 다음과 표와 같다.

〈표 4-1〉 주요 기관별 PC수 대비 보유 SW 수량

| 조정신청금액 | 기준 | 조정비용 | 비고 |
|---|---|---|---|
| 1백 만원 미만 | 1건당 | 10,000원 | 신청취지가 피신청인 별로 기재된 경우에는 각 금액을 합산한 금액을 조정 신청금액으로 함 |
| 1백 만원 이상 ~ 5백 만원 미만 | - | 30,000원 | |
| 5백 만원 이상 ~ 1천 만원 미만 | - | 50,000원 | |
| 1천 만원 이상 | - | 100,000원 | |
| 금액으로 환산할 수 없는 사건 | - | 50,000원 | |

## 7. 조정성공 및 실패사례[133]

(1) 편집전용프로그램 저작권 침해에 따른 손해배상청구 사건

• 사건개요

신청인은 편집전용프로그램의 저작권자이다. 신청인의 대리인이자 판매권자인 (주)I사는 광고업을 하고 있는 피 신청인이 신청인의 프로그램을 무단으로 복제 사용함으로써, 저작권을 침해하고 있다는 사실을 제3자인 K씨를 통하여 알게 되었다. 이에 피 신청인 회사에 직접 전화하여 저작권 침해 여부에 대하여 이의를 제기하면서, 자체적으로도 조사해 본 결과 피 신청인이 신청인 프로그램을 구매한 기록이 없다는 사실을 알게 되었다. 이에 따라 내용증명을 통하여 정식으로 저작권 침해에 대하여 항의하게 되었다. 피 신청인은 불법소프트웨어를 사용하고 있는 점을 순순히 인정하면서, 정품소프트웨어를 곧 구매하겠다는 의사를 표명하였으나, 시일이 지난 후에 신청인 마음대로 하라는 식으로 태도를 바꾸어 위원회에 저작권 침해에 따른 손해배상을 청구하는 내용으로 조정을 신청하기에 이르렀다.

• 당사자 주장

가. 신청인

광고 회사를 1995년도에 설립한 피 신청인은 현재까지 약8년 간 불법복제 프로그램을 무단으로 사용한 것으로 조사되었다. 이는 마치 불법 복제하여 사용하는 것이 당연한 일이고, 정품소프트웨어를 사용하면 손해를 보는 것이라는 인식을 가지고 있었던 것으로 보인다. 본 건과 같은 악의적인 사용의 경우 당연히 소송을 통하여 해결해야 마땅할 것이나, 합리적인 손해배상을 받을 경우 조정을 통하여 원만하게 마무리 짓고자 조정을 신청한다.

---

[133] 저작권분쟁조정사례, 제3편 컴퓨터프로그램 조정사례, 한국저작권위원회, http://adr.copyright.or.kr/dataroom/example_view.do?bd_seq=50&cPage=1&CT_NO=

나. 피 신청인

프로그램 무단사용 사실은 인정한다. 또한 향후 신청인의 정품프로그램을 구매할 의사도 있다. 다만, 구입비용이 상당히 고가(高價)여서 영세한 업체 입장에서는 구입이 어려운 상황이다. 또한, 최근 당사의 경영상태가 더욱 악화되어 힘든 상황임을 신청인에게 설명했음에도 불구하고, 신청인은 터무니없이 많은 금액을 손해배상액으로 제시하고 있는 것으로 보인다. 이는 당사를 상대로 하여 악의적으로 비용을 회수하고자 하는 수법으로 판단된다. 이에 소송으로 정면 맞대응 하고자 내부 의견을 수렴한 상태이다.

- 사안검토 및 결과

피 신청인이 저작권 침해 사실을 인정하고 있어 합리적인 손해배상액 산정이 본 분쟁의 관건이 될 것이다. 불법복제 프로그램의 사용기간에 있어서는 당사자간 이견이 있으나, 이에 대해서는 제3자인 K씨의 진술 자료 등을 참고하여 판단될 수 있는 문제일 것이다. 손해배상액 산정에 있어서는 컴퓨터프로그램보호법 제32조(손해배상청구)의 규정에 의거하여 살펴본다면, 피 신청인이 불법복제프로그램을 추가 배포한바 없으며, 신청인이 피 신청인의 침해행위가 없었으면 통상 얻을 수 있었을 판매이익 상당액을 기준으로 하여 만일 신청인이 프로그램을 판매할 시 소요되는 소정의 디스켓 비용, 인건비 등을 공제한 적정 금액이 산정되어야 할 것으로 보인다. 결국, 조정부의 권유에 따라 당사자간 조정 외 합의 후 조정취하 되었으며, 이후 본건 해결에 상당히 만족한 신청인이 이와 유사한 사건들에 대해 다른 피 신청인을 상대로 다수의 조정 건을 신청하여 효율적인 분쟁해결을 도모하였다.

(2) 프로그램저작권 침해 관련 손해배상액 조정 청구

- 사건개요

신청인은 사무실내 비치된 30여대의 컴퓨터에서 위 피 신청인들의 프로그램의 불법복제품을 사용하여 형사고소를 제기 당한 상태이다. 이에, 신청인들은 불법복제품을 즉시 삭제조치하고 정품을 구매하려고 하고 있으나, 피 신청인들이 지나친 액수를 요구하여 합의점을 찾지 못하고 있어 이에 대한 조정을 구하게 되었다.

- 당사자 주장

가. 신청인

피 신청인들은 당사(신청인)를 컴퓨터프로그램보호법 위반혐의로 ○○지방검찰청에 진정을 하였고, ○○지방검찰청은 위 진정을 받아들여 신청인의 사무실을 압수수색하고 공소를 제기하여 현재 형사소송이 진행 중이다. 신청인들은 위 압수수색을 받은 것과 동시에 회사 내 컴퓨터에서 분쟁의 소지가 되었던 각 컴퓨터프로그램(정품으로 구입하여 사용하고 있는 컴퓨터프로그램 이외의 각 복제품)을 즉시 삭제 조치하고, 각 프로그램을 구매하려는 중이다. 그러나 피 신청인들이 지나친 액수를 요구하여 그 합의점을 찾지 못한 채 위와 같은 분쟁이 계속되고 있어 분쟁조정을 신청하였다.

나. 피 신청인

현재 관련 형사소송이 진행되고 있는 바, 조정에 응할 수 없음을 밝힌다.

- 사안검토 및 결과

피 신청인이 제시한 손해배상액은 신청인의 영업 이익 액까지 추정하여 합산한 금액이므로 다소 과다하게 책정된 것으로 판단된다. 컴퓨터프로그램보호법 제32조의 손해배상 규정에는, 신청인이 피해행위가 없었으면 통상 얻을 수 있었을 이익상당액을 손해액으로 하여 배상을 청구해야 할 것이다. 다만, 피 신청인이 조정에는 응하지 않는다는 의사를 서면으로 표시하였는바, 조정은 기일 전 종결 처리되었다.

### 8. 한국저작권위원회의 ADR제도 활성화 필요성

(1) 저작권 분쟁 조정 실적[134]

한국저작권위원회의 2012년 저작권 분쟁 조정 실적은 총 78건으로 분야별로는 컴퓨터 프로그램 저작물 33건, 저작인접물 10건, 음악 저작권 13건, 어문 저작권 17건, 사진 저작권 4건, 미술 저작권 1건이다. 2013년 1사분기 실적도 2012년과 유사한 추이를 보이고 있으나 약간 조정신청 건수가 상승한 상황이다.

(2) 현황 및 전망

한국저작권위원회의 ADR은 저작권 분쟁 해결과 관련하여 매우 의미 있는 제도라고 할 것이다. 현재 우리나라의 ADR을 통한 분쟁해결은 상당한 수준에 이미 도달해 있다.[135] ADR절차를 이용하는 사건 수가 아직 적은 것이 사실이나, 각각의 ADR 절차는 이용자들에게 전문성, 신속성 그리고 경제성을 바탕으로 한 서비스를 제공하고 있으며, ADR 절차에 대한 사용자들의 만족도 역시 비교적 높은 것으로 조사되고 있다.[136] 그러나 저작권 분쟁 중 조직에서의 불법소프트웨어 사용으로 인한 단속과 관련해서는 저작권사가 조정에 응하지 않고 있는 것으로 보인다. 아마도 형사적인 접근이 저작권사 및 관련 업종에 있는 조직에게 더 유리하다고 판단하기 때문으로 보인다. 한국SW저작권사용자보호협회 대련 빈 고문변호사는 한국법제연구원에 기고한 연구자료에서도 사소한 침해와 관련한 저작권분쟁은 형사절차 이전에 한국저작권위원회의 사전 조정제도의 의무적인 활용 필요성을 언급 (Therefore we will also examine possible means to adjust the criminal enforcement system and ultimately conclude that, as an alternative to decriminalizing minor infringements, mediation through the Korea Copyright Commission 〈KCC〉 should be made a prerequisite to criminal investigation by the police)한 바 있다. 저작권 분쟁에서 신속성과 전문성 및 편의성 등 ADR의 강점을 살리면서도 분쟁을 종국적으로 해결할 수 있는 중재를 분쟁해결 수단으로 본격적으로 도입할지, 만약 도입한다면 어떠한 형태로 도입할 것인지가 문제된다.[137] 참고로 현재 저작권법이나 저작권위원회 중재규칙에는 중재관련 규정이 없으나, WIPO 중재 및 조정센터는 조정, 중재, 조정-중재(Mediation and Default Arbitration), 신속중재(Expedited A Arbitration), 전문가결정(Expert determination)제도를 운용하고 있으며, 일본에서는 지식재산중재센터(Japan Intellectual Property Association: JIPA)가 상담 조정, 중재, 판정(침해 및 비침해 판정, 무효 판정), 도메인네임 분쟁조정 등 다양한 서비스를 제공하고 있고, 일본 ADR 기본법은 지식재산권을 포함한 다양한 형태의 분쟁을 중재로 해결할 것을 규정하고 있다.[138]

---

[134] 한국의 ADR 제도와 저작권 분쟁조정의 특징, 김갑유, 문체부-WIPO-저작위 저작권 중재조정 세미나 2013
[135] 상동
[136] 상동
[137] 상동
[138] 이영록, 한국저작권위원회, 전게 논문5

제5장

# 소프트웨어 자산관리 가이드라인

제5장

# 소프트웨어 자산관리 가이드라인

## I. 개요

이 책 소개부분에서도 언급했듯이, ISO/IEC 19770 시리즈는 소프트웨어자산관리(SAM)를 가장 적합하게 수행하고자 하는 조직을 위한 것이다. ISO/IEC 19770-1은 ISO/IEC 20000에서 정의된 서비스관리에 부합하게 하기 위해 2006년 소프트웨어자산관리 프로세스로 설계된 포괄적 표준으로 성장했다. ISO/IEC 19770-1(2012)는 소프트웨어 자산관리(SAM)을 실시하고 있는지를 단계별로 평가할 수 있도록 개발되었다. 4개의 단계로서, 제1단계는 관리할 수 있도록 올바른 데이터가 모아진 단계, 제2단계는 실제적인 관리가 행해져 직접적인 효과가 나오기 시작하고 있는 단계, 제3단계는 효율성과 유효성이 개선(향상)된 상태의 단계, 제4단계는 모든 요구사항에 적합한 조직에서 최적의 전략적인 SAM이 달성되는 단계를 정의하고 있다. 이 표준은 관리 시스템으로 ISO 가이드 72의 표준 프레임 워크를 고려하고 있으며, 동일한 프레임 워크를 채택하고 있는 서비스 관리 표준 ISO/IEC 20000-1 및 보안 관리 표준 ISO/IEC 27001과 연계가 쉽게 되어 있다. 또한 소프트웨어의 도입 상황을 파악하기 위해 도입된 소프트웨어를 식별하는 태그의 국제규격이 ISO/IEC 19770-2로 2009년 11월에 표준화 되었다. 본 표준은 소프트웨어 식별 태그의 표현 방법으로 XML 포맷이 사용되고 있다. 필수 속성과 임의 속성을 가지고 있으며 확장할 수 있다. 소프트웨어 제조업체에 의존하지 않는 표현방법을 이용하는 것으로, MS사의 Windows® OS와 다른 운영 체제(UNIX® 및 Linux)에 도입된 소프트웨어 인벤토리 정보를 쉽게 인식할 수 있다. 또한 소프트웨어 식별 태그는 프로그램 이름 및 공급 업체 이름, 버전뿐만 아니라 해당 소프트웨어가 포함된 패키지에 대한 정보 등을 등록할 수 있으며, 번잡한 스위트(suite) 제품 및 번들 제품 관리를 고려하고 있다.

ISO/IEC 19770-3은 ISO/IEC 19770-2에서 표준화된 소프트웨어 식별 태그와 상호 의존을 이루는 것이다. 도입된 라이선스 정보를 컴퓨터에서 보유하도록 태그의 표준화 규격으로서 워킹 그룹(OWG: Other Working Group)에서 논의가 진행되고 있다. ISO/IEC 19770-3을 개발하기 위한 워킹 그룹(OWG)은 2008년 베를린에서 열린 ISO/IEC JTC 1/SC 7/WG 21 회의에서 발족했다. ISO/IEC 19770-3 OWG 사이트에서 그 활동 내용을 파악할 수 있다. 소프트웨어 라이선스는 소프트웨어 벤더의 자유 의사에 따라 결정되며, 다양한 소프트웨어 라이선스의 존재가 소프트웨어 라이선스 관리를 어렵게 하고 있다. ISO/IEC 19770-3은 소프트웨어 라이선스 기준(criteria: 선택의 기준)을 정의하려고 할 것이다. 소프트웨어 라이선스의 이용에 관한 계량 방법 등에 동의하고, CAL이나 CPU 기반 등도 고려하고 있다. 태그의 표현에는 ISO/IEC 19770-2뿐만 아니라 XML 포맷이 사용되고 있으며, ISO/IEC 19770-2 및 본 표준을 구현함으로써 소프트웨어 라이선스의 보유 상태와 사용 상태의 정렬을 디지털화할 수 있게 된다. 이를 포함하여 ISO/IEC 19770 시리즈의 개발 현황과 향후 로드맵은 아래 표와 같다.

〈그림 5-1〉 ISO/IEC 19770 시리즈의 로드맵(2015년 6월 8일 현재)

|  |  |
|---|---|
| 개요 | 19770-5 : 2013<br>Overview and Vocabulary 개요 및 용어 (개발완료) |
| 프로세스 | 19770-1 : 2012<br>Processes and tiered assessment of conformance<br>프로세스 및 단계별적합성 평가 (개발완료) |
| | 19770-8 : 201X<br>Guidelines for mapping of industry SAM practices<br>with the 19770 family of standards (검토중) |
| | 19770-11 : 201X<br>Guidelines for application of ISO/IEC 19770-1 for small organization (검토중) |
| 정보처리 | 19770-2 : 2009<br>Software Identification Tag (개발완료) / 19770-3 : 2015<br>Software Entitlement Tag (개발완료) |
| | 19770-7 : 201X<br>Tag Management (개발중) |

IOS/IEC 19770-1(2012) 표준에서 정의된 4단계는 아래 표와 같다. 단계 분할은 표준화된 SAM이 대부분 조직에 활용될 수 있도록 설계되었다. 처음으로 SAM을 구현하는 조직은 종종 광범위한 소프트웨어 자산의 범위를 신중하게 적용하고, SAM에 의해 산재된 조직 부문의 범위를 한정하여 보다 신속하게 SAM을 구현할 수 있다. 일반적으로 조직은 범위 내 있을 수 있는 모든 것을 포함시키지 않으며, 소프트웨어 범위와 조직의 범위 또한 모든 것을 포함시키지는 않는다. 어떠한 범위라도 모호하지 않다면 한정할 수 있을 것이다.

〈그림 5-2〉 SAM의 4단계

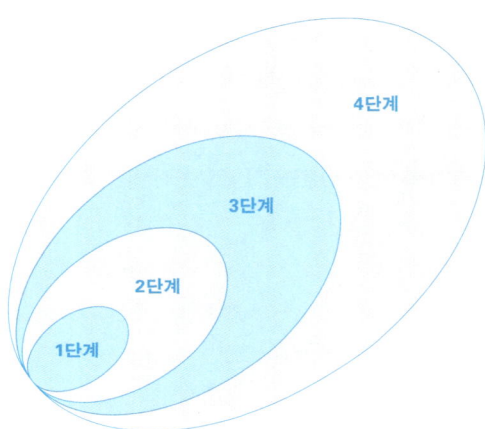

**1단계**
신뢰할 수 있는 데이터
당신이 관리할 수 있는 것이 무엇인지를 안다.

**2단계**
실용적 관리
관리통제를 개선하고 즉각적인 혜택을 구현한다.

**3단계**
운영 통합
효율성과 효과를 개선(향상)한다.

**4단계**
충분(완전)한 ISO/IEC SAM 적합성
최상급 단계의 전략적 SAM을 달성한다.

SAM 프로세스에 대한 전반적인 개념 구조는 포괄적이며, 각 단계에서의 요구사항 달성과 준수를 전제로 상위 단계로 이동하게 된다. 아래 그림은 SAM 프로세스의 개념적인 구조를 제공하고 있으며, 세가지 주요 범주(SAM의 조직관리 프로세스, 핵심 SAM 프로세스, SAM의 주요 프로세스 인터페이스)로 나뉜다.

〈그림 5-3〉 SAM 프로세스에 대한 프레임 워크

| SAM 조직 관리 프로세스 | | | |
|---|---|---|---|
| 4.2 SAM 통제 환경 | | | |
| SAM 기업지배구조 프로세스(4.2.2) | SAM 역할 및 책임(4.2.3) | SAM 정책, 프로세스 및 절차(4.2.4) | SAM 역량 (4.2.5) |
| 4.3 SAM 계획 및 구현 프로세스 | | | |
| SAM 계획 수립 (4.3.2) | SAM 구현 (4.3.3) | SAM 모니터링 및 검토 (4.3.4) | SAM 지속적인 개선(4.3.5) |

| 핵심 SAM 프로세스 | | | |
|---|---|---|---|
| 4.4 SAM 재고프로세스 | | | |
| 소프트웨어 자산 식별(4.4.2) | 소프트웨어 자산 재고관리(4.4.3) | 소프트웨어 자산 통제(4.4.4) | |
| 4.5 SAM 검증 및 준수 프로세스 | | | |
| 소프트웨어 자산 기록 검증(4.5.2) | 소프트웨어 사용권 계약 준수(4.5.3) | 소프트웨어 자산 보안 준수(4.5.4) | SAM의 적합성 검증(4.5.5) |
| 4.6 SAM 운영관리 프로세스 및 인터페이스 | | | |
| SAM의 관계 및 계약 관리(4.6.2) | SAM 재무관리 (4.6.3) | SAM 서비스 수준관리(4.6.4) | SAM의 보안 관리(4.6.5) |

| SAM 주요 프로세스 인터페이스 | | | |
|---|---|---|---|
| 4.7 SAM 생명주기 프로세스 인터페이스 | | | |
| 변경관리 프로세스(4.7.2) | 소프트웨어 개발 프로세스(4.7.4) | 소프트웨어 배포 프로세스(4.7.6) | 문제관리 프로세스(4.7.8) |
| 획득 프로세스 (4.7.3) | 소프트웨어 릴리스관리 프로세스 (4.7.5) | 사건·사고관리 프로세스(4.7.7) | 폐기 프로세스 (4.7.9) |

- **제1단계: 신뢰할 수 있는 데이터에 요구되는 영역**

| SAM 조직 관리 프로세스 | | | |
|---|---|---|---|
| 4.2 SAM 통제 환경 | | | |
| SAM 기업지배구조 프로세스(4.2.2) | SAM 역할 및 책임(4.2.3) | SAM 정책, 프로세스 및 절차(4.2.4) | SAM 역량 (4.2.5) |
| 4.3 SAM 계획 및 구현 프로세스 | | | |
| SAM 계획 수립 (4.3.2) | SAM 구현 (4.3.3) | SAM 모니터링 및 검토 (4.3.4) | SAM 지속적인 개선(4.3.5) |

| 핵심 SAM 프로세스 | | | |
|---|---|---|---|
| 4.4 SAM 재고프로세스 | | | |
| 소프트웨어 자산 식별(4.4.2) | 소프트웨어 자산 재고관리(4.4.3) | 소프트웨어 자산 통제(4.4.4) | |
| 4.5 SAM 검증 및 준수 프로세스 | | | |
| 소프트웨어 자산 기록 검증(4.5.2) | 소프트웨어 사용권 계약준수(4.5.3) | 소프트웨어 자산 보안 준수(4.5.4) | SAM의 적합성 검증(4.5.5) |
| 4.6 SAM 운영관리 프로세스 및 인터페이스 | | | |
| SAM의 관계 및 계약 관리(4.6.2) | SAM 재무관리 (4.6.3) | SAM 서비스 수준관리(4.6.4) | SAM의 보안 관리(4.6.6) |

| SAM 주요 프로세스 인터페이스 | | | |
|---|---|---|---|
| 4.7 SAM 생명주기 프로세스 인터페이스 | | | |
| 변경관리 프로세스(4.7.2) | 소프트웨어 개발 프로세스(4.7.4) | 소프트웨어 배포 프로세스(4.7.6) | 문제관리 프로세스(4.7.8) |
| 획득 프로세스 (4.7.3) | 소프트웨어 릴리스관리 프로세스 (4.7.5) | 사건·사고관리 프로세스(4.7.7) | 폐기 프로세스 (4.7.9) |

보조적 단계    핵심적 단계

• **제2단계: 실용적 관리에 요구되는 영역**

| SAM 조직 관리 프로세스 | | | |
|---|---|---|---|
| 4.2 SAM 통제 환경 | | | |
| SAM 기업지배구조 프로세스(4.2.2) | SAM 역할 및 책임(4.2.3) | SAM 정책, 프로세스 및 절차(4.2.4) | SAM 역량 (4.2.5) |
| 4.3 SAM 계획 및 구현 프로세스 | | | |
| SAM 계획 수립 (4.3.2) | SAM 구현 (4.3.3) | SAM 모니터링 및 검토 (4.3.4) | SAM 지속적인 개선(4.3.5) |

| 핵심 SAM 프로세스 | | | |
|---|---|---|---|
| 4.4 SAM 재고프로세스 | | | |
| 소프트웨어 자산 식별(4.4.2) | 소프트웨어 자산 재고관리(4.4.3) | 소프트웨어 자산 통제(4.4.4) | |
| 4.5 SAM 검증 및 준수 프로세스 | | | |
| 소프트웨어 자산 기록 검증(4.5.2) | 소프트웨어 사용권 계약준수(4.5.3) | 소프트웨어 자산 보안 준수(4.5.4) | SAM의 적합성 검증(4.5.5) |
| 4.6 SAM 운영관리 프로세스 및 인터페이스 | | | |
| SAM의 관계 및 계약 관리(4.6.2) | SAM 재무관리 (4.6.3) | SAM 서비스 수준관리(4.6.4) | SAM의 보안 관리(4.6.6) |

| SAM 주요 프로세스 인터페이스 | | | |
|---|---|---|---|
| 4.7 SAM 생명주기 프로세스 인터페이스 | | | |
| 변경관리 프로세스(4.7.2) | 소프트웨어 개발 프로세스(4.7.4) | 소프트웨어 배포 프로세스(4.7.6) | 문제관리 프로세스(4.7.8) |
| 획득 프로세스 (4.7.3) | 소프트웨어 릴리스관리 프로세스 (4.7.5) | 사건·사고관리 프로세스(4.7.7) | 폐기 프로세스 (4.7.9) |

보조적 단계    핵심적 단계

• **제3단계: 운영통합에 요구되는 영역**

| SAM 조직 관리 프로세스 | | | |
|---|---|---|---|
| **4.2 SAM 통제 환경** | | | |
| SAM 기업지배구조 프로세스(4.2.2) | SAM 역할 및 책임(4.2.3) | SAM 정책, 프로세스 및 절차(4.2.4) | SAM 역량 (4.2.5) |
| **4.3 SAM 계획 및 구현 프로세스** | | | |
| SAM 계획 수립 (4.3.2) | SAM 구현 (4.3.3) | SAM 모니터링 및 검토 (4.3.4) | SAM 지속적인 개선(4.3.5) |

| 핵심 SAM 프로세스 | | | |
|---|---|---|---|
| **4.4 SAM 재고프로세스** | | | |
| 소프트웨어 자산 식별(4.4.2) | 소프트웨어 자산 재고관리(4.4.3) | 소프트웨어 자산 통제(4.4.4) | |
| **4.5 SAM 검증 및 준수 프로세스** | | | |
| 소프트웨어 자산 기록 검증(4.5.2) | 소프트웨어 사용권 계약준수(4.5.3) | 소프트웨어 자산 보안 준수(4.5.4) | SAM의 적합성 검증(4.5.5) |
| **4.6 SAM 운영관리 프로세스 및 인터페이스** | | | |
| SAM의 관계 및 계약 관리(4.6.2) | SAM 재무관리 (4.6.3) | SAM 서비스 수준관리(4.6.4) | SAM의 보안 관리(4.6.6) |

| SAM 주요 프로세스 인터페이스 | | | |
|---|---|---|---|
| **4.7 SAM 생명주기 프로세스 인터페이스** | | | |
| 변경관리 프로세스(4.7.2) | 소프트웨어 개발 프로세스(4.7.4) | 소프트웨어 배포 프로세스(4.7.6) | 문제관리 프로세스(4.7.8) |
| 획득 프로세스 (4.7.3) | 소프트웨어 릴리스관리 프로세스 (4.7.5) | 사건·사고관리 프로세스 (4.7.7) | 폐기 프로세스 (4.7.9) |

[보조적 단계] [핵심적 단계]

• **제4단계: 충분(완전)적합에 요구되는 영역**

| SAM 조직 관리 프로세스 | | | |
|---|---|---|---|
| 4.2 SAM 통제 환경 | | | |
| SAM 기업지배구조 프로세스(4.2.2) | SAM 역할 및 책임(4.2.3) | SAM 정책, 프로세스 및 절차(4.2.4) | SAM 역량 (4.2.5) |
| 4.3 SAM 계획 및 구현 프로세스 | | | |
| SAM 계획 수립 (4.3.2) | SAM 구현 (4.3.3) | SAM 모니터링 및 검토 (4.3.4) | SAM 지속적인 개선(4.3.5) |

| 핵심 SAM 프로세스 | | | |
|---|---|---|---|
| 4.4 SAM 재고프로세스 | | | |
| 소프트웨어 자산 식별(4.4.2) | 소프트웨어 자산 재고관리(4.4.3) | 소프트웨어 자산 통제(4.4.4) | |
| 4.5 SAM 검증 및 준수 프로세스 | | | |
| 소프트웨어 자산 기록 검증(4.5.2) | 소프트웨어 사용권 계약준수(4.5.3) | 소프트웨어 자산 보안 준수(4.5.4) | SAM의 적합성 검증(4.5.5) |
| 4.6 SAM 운영관리 프로세스 및 인터페이스 | | | |
| SAM의 관계 및 계약 관리(4.6.2) | SAM 재무관리 (4.6.3) | SAM 서비스 수준관리(4.6.4) | SAM의 보안 관리(4.6.6) |

| SAM 주요 프로세스 인터페이스 | | | |
|---|---|---|---|
| 4.7 SAM 생명주기 프로세스 인터페이스 | | | |
| 변경관리 프로세스(4.7.2) | 소프트웨어 개발 프로세스(4.7.4) | 소프트웨어 배포 프로세스(4.7.6) | 문제관리 프로세스(4.7.8) |
| 획득 프로세스 (4.7.3) | 소프트웨어 릴리스관리 프로세스 (4.7.5) | 사건·사고관리 프로세스(4.7.7) | 폐기 프로세스 (4.7.9) |

보조적 단계    핵심적 단계

## II. 용어의 해설

#### 1. 기준 Baseline

특정시점에서 서비스나 개별 구성 항목(아래 2.)의 상태의 스냅숏(데이터베이스 안에 실제 데이터는 자주 변경되는데, 특정시점에 데이터베이스에 들어 있는 데이터를 데이터베이스 state 또는 snapshop 이라고 한다. 즉, 시간과 더불어 변화해 가는 상태가 어떤 순간에 포착될 수 있는 것)

#### 2. 구성 항목 CI: configuration item

구성관리 통제하에 있거나 통제하에 놓일 인프라 또는 항목의 구성요소. 본 표준의 목적에서, «통제 중» 이라는 말은 재고프로세스의 통제하에 있다 라는 것을 의미한다. SAM에 대한 재고프로세스는 SAM을 위해서뿐만 아니라 구성관리 전체에 있어서 기초가 된다. 구성 항목 또는 CI는 일반적으로 서비스 관리 실행의 일부로 정의되고 모든 하드웨어, 소프트웨어 그리고 문서를 포함한 전체 시스템에서부터 단일 모듈 또는 작은 하드웨어 구성요소에 이르는 범위까지 복잡성, 크기, 종류에 있어서 다양하다.

#### 3. 이사회 또는 동등한 기관 corporate board or equivalent body

최고 수준에서 조직을 통제하거나 지휘하기 위한 법적 책임이 인정되는 개인 또는 인적 그룹

#### 4. 최종 마스터 버전 definitive master version

소프트웨어를 설치하거나 배포하기 위해 사용되는 소프트웨어의 원본으로 이는 배포용 사본을 만드는데 사용된다. 인스톨은 실행소프트웨어 및 비 실행소프트웨어 또는 폰트와 같은 관련자산에 적용할 수 있다. 그것은 클라이언트 내지 로컬 장치에 인스톨할 수 있으며, 또한 예컨대 서비스 형 소프트웨어자산 제공의 일환으로써 서버 설치에도 적용할 수 있다.

#### 5. 배포용 사본 distribution copy

최종 마스터 버전의 사본으로서, 해당 소프트웨어를 다른 하드웨어(예컨대, 서버 또는 CD와 같은 물리적 매체)에 도입하기 위한 것.

### 6. 유효한 정식 라이선스 effective full license

소프트웨어의 하나의 완전한 사용을 허락한 소프트웨어 사용권 계약에 따른 권리. 유효한 라이선스는 하나 또는 그 이상의 기본 라이선스로 구성되어 있다. 예컨대, 소프트웨어 제품의 버전 1에 대한 기본적인 정품 라이선스의 사용허가조건에는 소프트웨어 제품의 버전 2의 기본적인 업그레이드 라이선스가 추가될 수 있고, 이 경우 소프트웨어 제품 버전 2에는 그 자체로서 하나의 유효한 정품 라이선스가 형성된다. 참고로, 업그레이드 라이선스 권리는 유지보수계약 및 가입조건에 기인할 수 있으며, 소프트웨어의 완전한 사용은 라이선스 조항 및 조건에 명기되어 있다.

### 7. 부문(부서) SAM 책임자 local SAM owner

조직의 특정 부문의 SAM에 대한 책임자로 인정받은 개인으로서, SAM 책임자 보다 하위에 해당되는 조직 수준에 있는 개인.

### 8. 요원 personnel

조직을 대신하여 임무(의무)를 수행할 것으로 기대되는 개인으로서 임원, 직원, 계약자 등을 포함한다.

### 9. 절차 procedure

활동 또는 프로세스를 수행하기 위해 규정된 방법. 성과에 따라 절차를 규정한 경우, 실행 가능한 성과물은 일반적으로 누구에 의해, 어떠한 순서대로 수행할 필요가 있는지 규정한 것이다. 이것은 프로세스에 비해 보다 더 상세한 수준의 명세서이다.

### 10. 프로세스 process

입력을 출력으로 변환시키는 상호 연관된 일련의 활동. 성과에 따라 프로세스 정의를 규정한 경우, 실행 가능한 성과물은 보통 입력 및 출력을 규정하고 예상되는 활동을 설명한 것이다. 다만, 상세함은 바로 위 단계(**9. 절차**)의 경우와 같은 수준일 필요는 없다.

### 11. 플랫폼 platform

소프트웨어가 도입되고 실행될 수 있는 컴퓨터 또는 하드웨어 장치 그리고 관련 운영시스템(OS) 또는 가상화 환경.

### 12. 릴리스 release

실제환경으로 소개되고 도입된 신규 항목 또는 변경된 구성항목. 릴리스는 이러한 목적에 대한 기술적 승인을 받아야 하고 아직 배포를 승인할 수는 없다. 릴리스는 소스코드 및 실행코드로 구성되어 있고, 또한 제품 릴리스로 포장되거나 대상 플랫폼에 대한 테스트를 통하여 복합적 소프트웨어 자산으로 구성된다.

### 13. SAM 책임자 SAM owner

SAM에 대해 책임이 있는 것으로 확인된 개인으로 조직 전체에서 최상위 수준에 있는 개인.

### 14. 소프트웨어 software

프로그램, 절차, 규칙 그리고 정보처리시스템 관련문서의 일부 또는 전부와 같이 여러 정의가 있다. SAM의 대상이 되는 소프트웨어는 실행 가능한 소프트웨어(응용프로그램, 운영시스템, 유틸리티 프로그램 등)와 폰트, 그래픽, 오디오 및 비디오 기록매체, 템플릿, 사전 그리고 문서와 같은 비 실행소프트웨어를 포함하는 것으로써 일반적으로 중요하다. 본 표준의 사용자는 해당 응용프로그램에 대한 범위를 정의할 필요가 있고, 범위에서 고려되어야 할 소프트웨어 유형을 제한할 수 있다. 또한 자사에서 개발한 시스템도 대상으로 하고 있다.

### 15. 소프트웨어자산관리 software asset management: SAM

조직 내에서 소프트웨어자산의 효과적인 관리, 통제, 보호 및 소프트웨어자산을 관리하기 위해 요구되는 관련 자산에 대한 정보의 효과적인 관리, 통제, 보호를 일컫는다. 정보기술 인프라라이브러리(ITIL®)[139]에 부합하는 정의는 생명주기의 모든 단계에 걸쳐 조직 내에서 소프트웨어자산의 효과적인 관리, 통제, 보호를 위해 필요한 절차 및 인프라의 총체를 일컫는다.

---

[139] IT 인프라 라이브러리(ITIL: IT Infrastructure Library)는 IT 서비스 관리의 모범 사례로, IT 서비스 매니지먼트의 사실상 표준이라고 할 수 있다. 1980년대부터 영국에서 IT 서비스를 효율적으로 관리 및 운영해 나가기 위한 방법론의 모색으로 구성되고 실제 IT 서비스 운영의 노하우 등이 집적된 라이브러리에서 일련의 도서 군으로 구성되어 있다.

### 16. 기본 라이선스 underlying license

소프트웨어를 처음 구매 하거나 조달했을 당시 해당 소프트웨어의 라이선스 계약에 따른 권리로서 일반적으로 구매기록에 직접 연결시킬 수 있는 라이선스를 말한다. 기본 라이선스에는 다른 라이선스 또는 유효한 정식 라이선스와 결합하여 이용할 수 있는 조건이 있다. 또한 소프트웨어의 향후 버전을 사용할 수 있는 자격과 승인권한을 가지고 있으며, 아울러 새로운 버전으로 업그레이드 내지 교체될 수 있는 명시된 방법과 제한사항을 가지고 있다. 아울러 직접적으로는 다른 구매기록에 연결된 다른 라이선스와 결합하여 업그레이드 할 수 있는 방법을 가지고 있다.

### 17. 소프트웨어자산

소프트웨어자산은 소프트웨어 및 라이선스를 총칭한 것을 말한다.

### 18. IT 자산

IT자산은 라이선스, 라이선스 허가 증명 부재(이하 "라이선스 관련 부재"라 한다), 하드웨어, 도입 소프트웨어까지를 포함한 것을 말한다. 여기서 말하는 하드웨어가 무엇을 가리키는 지는 조직에 따라 다르지만 예를 들어, 네트워크 케이블, 라우터, 허브, PC, 서버, 프린터 및 복사기, 팩스 등을 생각해 볼 수 있다.

### 19. IT 자산의 라이프 사이클

IT 수명주기는 획득(취득), 도입, 이동, 폐기(또는 반환)로 정의한다.

### 20. 라이선스 관리

라이선스 관리는 주로 저작권법 및 사용권 계약 준수(라이선스 준수)를 목적으로 한다.

### 21. 사용허락계약 (사용허락서)

소프트웨어 또는 라이선스(판권, 사용권, 액세스 권)를 사용할 때의 사용조건을 정의하는 계약을 말한다. 소프트웨어와 함께 배포되는 것과 사전에 확인하는 것 등이 있다. 사용조건을 기재한 문서를 사용권 계약(EULA: End User License Agreement)이라고 한다. 일반적으로 라이선스 계약은 라이선스 보유를 증명하는 것이 아니라 라이선스 사용조건을 정의하는 것이다.

### 22. 소프트웨어자산관리 도구 (SAM Tool)

SAM 도구는 소프트웨어자산관리를 실시함에 있어서 업무를 효율화하는 데 사용되는 도구로써, 예컨대 IT 자산관리 도구 및 운용관리 툴(tool) 등을 들 수 있다.

### 23. 인벤토리

인벤토리는 하드웨어 스펙이나 네트워크 정보 및 하드웨어에 도입된 소프트웨어 정보를 총칭하는 것을 말한다.

### 24. 내부감사

내부감사는 주로 조직 내부에 독립적인 부서가 조직의 내부 통제가 유효하고 효율적인지의 합리성과 법률을 준수하고 있는지 여부의 적법성 등의 평가 및 검증을 실시하고 내부 통제 개선에 대한 조언과 권고 등의 업무를 가리키고 있다. 조직 외부 사람이 실시하는 외부감사와 대비하여 내부감사라 한다.

### 25. 외부감사

내부감사와 대비하여 조직 외부의 외부인이 실시하는 감사를 일컫는다.

### 26. 재고조사

재고조사는 대상자산의 사용현황을 관리기록과 일치하는지 여부를 조사하고 일치하지 않는 경우에는 그 차이와 차이가 발생한 원인을 밝혀 치유하는 것을 말한다.

### 27. 소프트웨어의 조달

소프트웨어의 조달은 외부로부터 라이선스를 구매하는 것을 말한다. 임대(리스 및 렌탈 등)한 PC에 설치되는 라이선스 조달도 포함되지만 라이선스는 원칙적으로 임대가 인정되지 않는다. 라이선스에 따른 사용허락은 최종 사용자에게 부여되는 권리이며, 하드웨어의 임대와 관리상의 취급이 다르므로 주의를 요한다. 따라서, 각각의 SW 라이선스 계약을 제대로 이해할 필요가 있다.

### 28. 소프트웨어의 도입

소프트웨어의 도입은 소프트웨어를 컴퓨터에 설치 및 복제를 하고, 하드웨어에서 소프트웨어를 사용할 수 있는 상태로 하는 것을 가리킨다. 접근권한 도입의 경우에는 단순히 액세스할 수 있는 것 또는 그 환경을 만들 수 있는 것이 포함될 수 있다.

### 29. 소프트웨어 제거

하드웨어에서 소프트웨어를 제거하는 것. 라이선스 계약에서 소프트웨어를 사용하지 않는 상태를 말한다.

### 30. 라이선스 사용

라이선스의 사용은 사용 약관에 소프트웨어를 사용하고 있는 상태에 있는 것을 말한다. 예를 들어, 설치 등을 일컫는다.

### 31. 라이선스 보유

라이선스 보유는 소프트웨어의 사용이 허락되는 상태를 말한다. 정해진 조건에 따라 복제, 사용, 액세스할 수 있는 것을 가리킨다. 라이선스 보유는 라이선스 계약에 따라 다르지만, 일반적으로는 라이선스 증서, 소프트웨어가 포함 된 미디어, 라이선스 구입시 패키지 등으로 증명할 수 있는 경우가 대부분이다.

### 32. 라이선스 폐기 및 반환

라이선스 폐기 및 반환은 라이선스 관련 부재를 폐기 및 반환하는 것을 말한다. 당연히 폐기 및 반환된 라이선스로 사용이 허가되었던 소프트웨어는 라이선스의 폐기 및 반환 후 하드웨어에서 사용해서는 안 된다.

### 33. 범위

범위는 SAM의 대상이 되는 조직과 자산의 범위를 가리킨다. 조직의 범위는 예컨대, 하나의 법인 전체인지, 계열사를 포함 하는지, 또한 일부 제외 조직을 만들 것인가 등을 분류하는 것을 말한다. 자산의 범위는 어떠한 하드웨어, 도입 소프트웨어, 라이선스까지를 대상으로 하는지 등을 말한다.

### 34. IT 거버넌스

IT 거버넌스는 주로 IT화로 인해 새롭게 발생하는 위험을 최소화하고 정확한 투자 판단에 근거한 경영 효율성을 극대화하는 것을 일컫는다. 다시 말해, 위험 관리와 성과 관리를 통한 제반 과정의 건전성 확보에 따른 준수관리의 확립이다.

### 35. 도입 소프트웨어 대장

도입 소프트웨어 대장은 라이선스가 어떤 하드웨어에서 사용할 수 있는지(경우에 따라서 누가 사용하고 있는지), 또한 어느 컴퓨터에 설치되어 있는지를 관리하여 그것이 어떤 라이선스에 따라 도입되고 있는지 등을 관리하는 대장이다.

### 36. 보유한 라이선스 대장

보유하고 있는 라이선스 관리대장을 말한다. 어떤 라이선스를 얼마나 보유하고 있는지를 판별할 수 있다.

### 37. 라이선스 관련 부재

라이선스를 보유하고 있음을 증명하는 데 필요한 CD 및 DVD 라이선스 증서 등을 가리킨다.

### 38. 라이선스 관련 부재 대장

라이선스 관련 부재를 관리하는 대장을 말한다. 소프트웨어 메이커의 정규 매체 (CD/DVD 등)와 백업 또는 작업에 복제가 허용되는 경우에는 그 복제 매체도 포함한다.

### 39. 하드웨어 대장

조직에서 보유한 하드웨어의 정보를 등록한 대장이다. 예를 들어, 컴퓨터 하드 디스크 등의 드라이브 장치 류, 서버 기기 등을 들 수 있다.

## III. SAM 관리 프로세스

**1. 일반**

이 장에서는 SAM의 PDCA 사이클, 즉 조직의 소프트웨어 자산의 효과적인 관리, 통제 및 보호를 위해 필요한 관리 프로세스에 대해 설명하기로 한다. 또한 ISMS(Information Security Management System)와 ITSMS(IT Service Management System) 등 다른 경영 시스템과 SAM의 비교 분석을 통해 상호관계를 알아보기로 한다. PDCA 사이클은 업무를 개선하기 위한 전형적인 관리 사이클의 하나이며, Plan(계획), Do(도입), Check(모니터링 및 검토), Act(지속적 개선) 프로세스를 순환적으로 실시하여 업무의 지속적인 개선을 도모하고자 하는 사고 방식이다. PDCA 사이클은 생산 관리와 품질 관리 등 분야에서 업무를 계획대로 원활하게 진행하기 위한 관리 방법으로 사용되고 있고, ISO 9000를 비롯한 관리 시스템의 기본 개념이기도 하다.

(1) Plan (계획)

SAM 계획 수립 프로세스의 목적은 SAM의 목표를 효과적이고 효율적으로 달성하기 위해 적절한 준비와 계획을 확실하게 하기 위한 것이다. 따라서 조직은 먼저 《SAM 관리 목적》을 수립하고 이사회(또는 동등한 기관)의 승인을 받을 필요가 있다. 승인된 《SAM 관리 목적》은 적어도 년 1회는 검토해야 한다. 이어서 SAM을 도입하고 실행하기 위한 계획 즉, 《SAM 계획》을 세운다. 여기에서는 우선 관리 대상으로 하는 소프트웨어 및 관련 자산 등의 범위를 명확하게 한 후, 대상 자산의 관리 정책, 관리 프로세스, 관리절차를 규정하고 문서화할 필요가 있다. SAM의 감사 절차, 위험 평가 절차, 관리 상황 보고서, SAM의 도입에 필요한 예산 계획서 등도 필요하다. SAM의 성취도를 추적 조사하는 《성과 지표》도 미리 정해 두는 것이 바람직하다. 이러한 문서를 포함한 《SAM 계획》도 《SAM 관리 목적》과 함께 이사회(또는 동등한 기관)의 승인을 받을 필요가 있다. 승인된 《SAM 계획》은 적어도 년 1회 검토해야 한다.

(2) Do (도입)

조직의 SAM 관리 책임자는 먼저 《SAM 계획》에 미치는 영향과 문제점 및 위험에 대한 정보를 각 부문의 SAM 관리 책임자로부터 수집하기 위한 구조를 정비할 필요가 있다. 조직의 SAM 관리 책임자는 SAM 계획의 진행 상황에 대해 적어도 분기에 1회 이사회(또는 동등한 기관)에 보고하는 것이 바람직하다. 계획과 진행과정에 어떠한 불일치가 있을 경우 신속하게 추적 조사를 실시하고 조사 결과를 문서로 보고한다. SAM 계획이 확실히 실시되도록 필요한 자원을 확보하고 도구(tool)를 도입하는 것도 이 과정의 책임 범위에 포함된다.

(3) Check (모니터링 및 검토)

이 프로세스의 목적은 «SAM의 관리 목적»이 달성되고 있는 지 정기적으로 확인하기 위한 것이다. 이를 위해 조직의 SAM 관리 책임자는 SAM의 정책에 대한 공식적인 검토가 적어도 년 1회 실시되기 위한 구조를 정비할 필요가 있다. 또한 검토해야 할 내용은 다음과 같다.

- SAM 관리 목적 및 SAM 계획이 달성되고 있는지
- SAM에 대해 경영진이 승인한 정책, 프로세스 및 절차가 조직의 전체 범위에 주지되어 도입되고 있는지
- 규정 위반 사항이 있었는지 여부
- SAM의 구조를 개선할 기회가 있었는지 여부
- 지속적인 검토의 필요성이 있었는지

또한 조직의 SAM 관리 책임자는 이 프로세스를 통한 검토 관련 보고서를 정식으로 승인하고 향후 조직이 수행해야 할 의사 결정과 취해야 할 행동을 문서화하고 이사회(또는 동등한 기관)에 보고 할 필요가 있다. 아울러 비용 대비 효과가 최대가 되도록 소프트웨어 및 관련 자산이 배포되어 있는지에 대해서도 정기적인 검토 및 개선 권고를 하도록 규정할 필요가 있다.

(4) Act (지속적인 개선)

이 프로세스의 목적은 소프트웨어 및 관련 자산의 사용 방법과 SAM 프로세스 모두에 대해 개선의 기회를 파악하고 그것이 타당하다고 생각되면 확실하게 개선될 수 있도록 하기 위한 것이다. 이 목표를 달성하기 위해 조직의 SAM 관리 책임자는 수시로 모든 창구를 활용하여 SAM 개선안을 수집하고 기록하는 방법을 정비할 필요가 있다. 그리고 개선안을 정기적으로 평가하여 우선 순위를 결정하고 정식으로 승인 절차를 거쳐 차기 SAM 계획에 포함하도록 규정할 필요가 있다.

## 2. 다른 경영 시스템과의 관계

(1) ISMS (Information Security Management System)

ISMS의 목적은 조직이 보호해야 할 정보 자산에 대한 기밀성, 무결성, 가용성을 균형 있게 유지하기 위한 것이다. 조직의 ISMS를 유효하게 기능하기 위해서는 위험 평가에 의해 보호해야 할 정보 자산에 대해 필요한 보안 수준을 결정하고 계획적으로 보안 시스템을 운영 관리할 필요가 있다. 정보 보안과 관련하여 조직의 다양한 프로세스에 대해 《PDCA 사이클》을 적용함으로써 정보 자산의 기밀성, 무결성, 가용성에 대한 요구 사항을 균형 있게 달성할 수 있게 된다. ISMS의 PDCA 모델은 다음과 같다.

〈그림 5-4〉 ISMS의 PDCA 모델

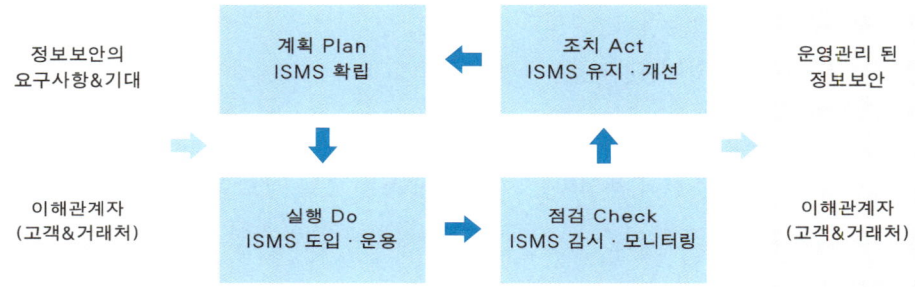

출처: SAM 설명서-도입을 위한 기초-, JIPDEC발행, 2012.2

(2) ITSMS (IT Service Management System)

ITSMS의 목적은 조직이 제공하는 IT 서비스에 대해 다양한 이해 관계자의 만족을 균형 있게 유지하면서 운영 관리하는 것이다. 조직이 ITSMS를 유효하게 기능하도록 하기 위해서는 경영진의 의지와 각 구성원의 책임과 역할의 명확화 프로세스뿐만 아니라 핵심 성과 지표의 설정 및 측정 등이 필요하다. 이를 통해, IT 서비스 관련 조직의 다양한 프로세스에 대해 "PDCA 사이클"을 적용하여 고객을 비롯한 다양한 이해 관계자의 만족도를 균형 있게 달성할 수 있게 된다. ITSMS의 PDCA 모델은 다음과 같다.

〈그림 5-5〉 ITSMS의 PDCA 모델

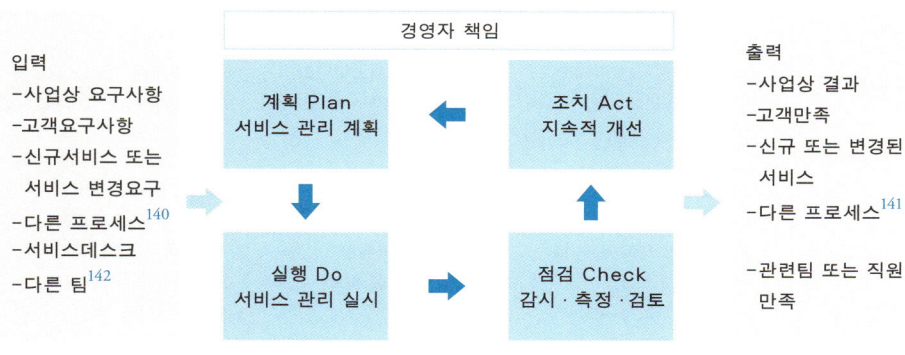

출처: SAM 설명서-도입을 위한 기초-, JIPDEC발행, 2012.2

(3) 상호관계

SAM, ISMS, ITSMS의 각 관리 시스템은 기본적으로 PDCA 사이클에 따른 지속적인 개선 활동이라는 점은 공통점이 있지만 각각의 목적, 대상자산, 이해 관계인의 범위, 위험요소 등에 있어서 차이가 있다고 할 것이다. 각 경영 시스템의 특징을 제시하기 위해 PDCA 비교표와 투입 대비 산출 비교표 및 표준 항목 비교표는 다음과 같다.

〈표 5-1〉 관리 시스템 별 PDCA 비교표

| 구분 | SAM | ISMS | ITSMS |
|---|---|---|---|
| Plan 계획 수립 | SAM 관리 목표를 검토, 개발, 제안하고 이사회 등의 승인을 받는다. 관리하는 SW 및 관련자산의 범위를 명확히 하고, 관리 정책, 관리 프로세스, 관리 절차를 규정함 | 조직의 전반적인 방침과 목적에 따른 결과를 내기 위한 위험관리 및 정보보안의 개선에 관련된 ISMS 기본방침, 목적, 과정 및 절차를 수립함 | 서비스 관리의 도입 및 실시를 계획함 |
| Do 도입 | SAM 계획에 영향을 미치는 정보 수집 장치를 정비하고 계획의 진척 상황을 이사회 등에 보고함 | ISMS 기본 방침, 관리 방법, 프로세스 및 절차를 도입하고 운영함 | 서비스 관리의 목적과 계획을 실시함 |
| Check 감시 및 검토 | SAM의 시책에 대해 검토하고 이사회 등에 보고한다. 또한 비용 대비 효과가 최대가 되도록 SW 및 관련자산의 전개(배포) 상황에 대한 평가를 실시 | ISMS 기본 방침, 목표 및 실제 경험에 비추어 프로세스의 수행 평가(또는 측정) 및 그 결과를 재검토 하기 위해 경영진에 보고함 | 서비스 관리의 목적 및 계획의 달성을 모니터링, 측정 및 검토함 |
| Act 지속적 개선 | 소프트웨어 및 관련 자산의 사용 및 SAM 프로세스 개선 기회를 특정하고 실시되도록 SAM의 개선안을 수집, 기록, 평가하고 차기 계획에 반영함 | ISMS의 지속적인 개선을 달성하기 위한 ISMS 내부 감사 및 경영 검토 결과 또는 기타 관련 정보에 따라 시정 조치 및 예방 조치를 실시함 | 서비스의 제공 및 운영 관리의 효과성 및 효율성을 개선함 |

출처: SAM 설명서-도입을 위한 기초-, JIPDEC발행, 2012.2

140  예컨대, 사업자 프로세스, 공급자 프로세스, 고객 프로세스.
141  상 동
142  예컨대, 보안 정보기술 운영 팀.

〈표 5-2〉 관리 시스템 별 투입 및 산출 비교표

| 구분 | SAM | ISMS | ITSMS |
|---|---|---|---|
| INPUT | 이사회 및 SW 공급업체 (특히 저작권사)로부터의 SW 자산 관리에 대한 요구 사항 및 기대 | 고객 및 거래처로부터의 정보 보안 요구 사항 및 기대 | IT 이용자의 서비스 품질에 대한 요구 사항 및 기대 |
| OUTPUT | 제대로 운영 관리된 소프트웨어 자산 관리 활동에 의한 재고 관리 및 구매 관리의 효과, 효율성 및 적법성 확보 | 제대로 운영 관리된 정보보안 활동에 의한 정보자산의 기밀성, 완전성, 가용성 확보 | 제대로 운영 관리된 IT 서비스의 제공에 의한 고객, 공급 업체, 관련 프로세스, 관련 팀 및 인원의 만족도 확보 |

출처: SAM 설명서-도입을 위한 기초-, JIPDEC발행, 2012.2

〈표 5-3〉 ISMS, ITSMS, SAM 표준 항목 비교표

| 명칭<br>분야<br>규격명 | ISMS<br>정보보안<br>ISO/IEC 27001 | ITSMS<br>IT 서비스<br>ISO/IEC 20000-1 | SAM<br>SW자산관리<br>ISO/IEC 19770-1 | QMS<br>품질관리<br>ISO 9001 |
|---|---|---|---|---|
| 적용범위 | 1. 적용범위 | 1. 적용범위 | 1. 적용범위 | 1. 적용범위 |
| 용어정의 | 3. 용어 및 정의 | 2. 용어 및 정의 | 3. 용어 및 정의 | 3. 용어 및 정의 |
| 일반 요구사항 | 4.1 일반 요구사항 | 3. 관리시스템 요구사항 | 4. SAM 프로세스 | 4.1 일반 요구사항 |
| 경영진의 책임 | 5. 관리 책임 | 3.1. 관리 책임 | 4.2.2.SAM 기업 지배 프로세스 | 5. 관리 책임 |
| 문서관리 | 4.3. 문서화 요구사항 | 3.2. 문서화 요구사항 | 4.2.5.SAM 역량(4.2.5.2.a) | 4.2. 문서화 요구사항 |
| 교육훈련 | 5.2.2. 교육, 훈련, 인식 및 역량 | 3.3. 역량, 인식 및 교육, 훈련 | 4.2.5.SAM 역량(4.2.5.2.a) | 6.2.2. 역량, 인식 및 교육, 훈련 |
| Plan | 4.2.1.ISMS 확립 | 4.1. 서비스 관리계획 | 4.3.2.SAM 계획 수립 | 7.1. 제품 실현 기획<br>7.3. 설계 및 개발 |
| Do | 4.2.2.ISMS 도입 및 운용 | 4.2. 서비스 관리의 구현 및 서비스 제공 | 4.3.3.SAM 도입 | 7.4. 구매<br>7.5. 생산 및 서비스 제공 |
| Check | 4.2.3.ISMS 감사 및 리뷰 | 4.3. 감사, 측정 및 리뷰 | 4.3.4.SAM 감사 및 리뷰 | 8.2. 감사 및 측정<br>8.3. 부적합 제품 관리<br>8.4. 데이터 분석 |
| Act | 4.2.4.ISMS 유지보수 및 개선<br>(7. ISMS 경영 검토)<br>(8. ISMS 개선) | 4.4. 지속적 개선 | 4.3.5.SAM의 지속적 개선 | 8.5. 개선 |

출처: SAM 설명서-도입을 위한 기초-, JIPDEC발행, 2012.2

〈그림 5-6〉 각 관리 시스템의 상호관계

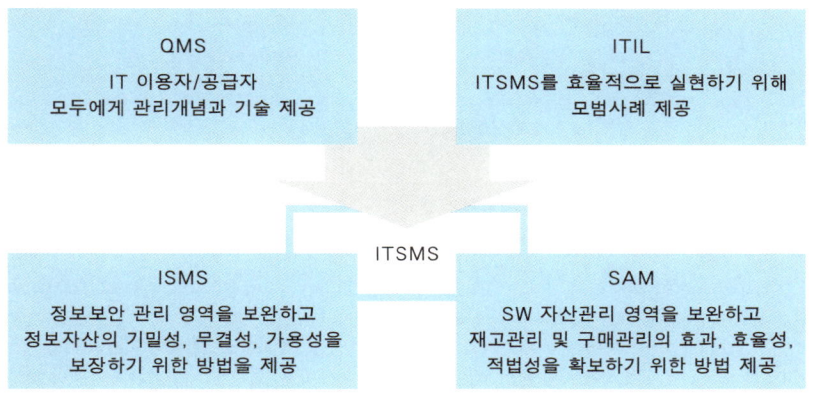

출처: SAM 설명서 -도입을 위한 기초-, JIPDEC발행, 2012.2

이처럼 오늘날 IT 전반을 다루는 경영 시스템은 존재하지 않지만, 최근 SaaS, PaaS와 클라우드 컴퓨팅의 보급을 전제로 생각해 보면, IT 산업은 향후 소유 내지 장비의 구축 구조에서 서비스 이용의 개념으로 전환할 것으로 예상되고 있다. 결국, 이러한 환경에서는 IT 품질 관리 기법을 제공하는 ITSMS가 총괄적인 관리 시스템으로의 중요성을 가지게 될 것으로 예상된다. 그리고 ISMS는 정보 보안 영역에서 그리고 SAM은 소프트웨어 자산관리 영역에서 각각 ITSMS를 적절하게 보완하고 IT 서비스 전체의 품질관리를 실현해 나아갈 것으로 기대하고 있다.

(4) ISMS 및 ITSMS의 SAM 필요성

SAM과 ISMS 및 ITSMS의 관련성에 대해서는 이미 위에서 언급하였지만, 여기에서는 반대로 조직이 ISMS 및 ITSMS을 도입하는데 있어서, 어떤 상황에서 SAM의 지원이 필요한지에 대해 살펴보기로 한다.

• ISMS 관리 방안에 대한 SAM의 기여 가능성

ISMS 관리 방안에 대해 SAM 프로세스가 직접적으로 기여가 가능하다고 생각되는 부분은 자산에 대한 관리목적 및 관리방법, 관리책임 중에서 자산에 대한 관리책임에 관한 항목이라고 할 수 있다.

〈표 5-4〉 ISMS 관리 방안에 대한 SAM의 기여

| ISMS(정보보안) ISO/IEC 27001 | 목적 및 관리방법 | SAM (소프트웨어자산관리) ISO/IEC 19770-1 |
|---|---|---|
| A.7.1 자산에 대한 책임 | 목적: 조직의 자산을 안전하게 보호하고 유지하기 위함 | |
| A 7.1.1 자산목록 | 모든 자산은 명확하게 식별해야 하며, 중요한 모든 자산 목록을 작성 및 유지해야 한다. | 4.4.2 소프트웨어 자산의 식별 |
| A 7.1.2 자산의 관리 책임자 | 정보 및 정보 처리 시설과 관련 자산에 관하여 각각의 모든 조직에 해당 관리 책임자를 지정해야 한다. | 4.4.2 소프트웨어 자산의 식별 4) ⅳ) 관리 담당자(또는 관리 책임자) |
| A 7.1.3 자산이용의 허용범위 | 정보 및 정보 처리 시설과 관련 자산 이용의 허용 범위에 관한 규칙은 명확하게 문서화하고 실시해야 한다. | 4.4.2 소프트웨어 자산의 식별 2) ⅸ), ⅹ) 소프트웨어 자산에 대한 서면 및 전자 문서, 기타 제반 계약서를 작성(계약 조건 포함)하여 명확하게 한다. |
| A 9.2. 장비(시스템) 보안 | 목적: 자산의 손실, 손상, 도난 또는 소실 및 조직의 활동에 대한 방해를 방지하기 위함 | |
| A 9.2.6 장비의 안전한 처분 또는 재사용 | 저장 매체를 내장한 모든 장비는 어떠한 민감한 데이터와 허가된 소프트웨어가 제거되었는지, 또는 처분하기 전에 안전하게 덮어 쓰여졌는지 확인해야 한다. | 4.7.9 폐기 프로세스 4.7.9.2 성과 a) SW 또는 소프트웨어를 설치한 하드웨어를 안정적으로 제거하기 위해 정책 및 절차를 수립하고 승인하여 발행한다. |
| A 9.2.7 자산의 이동(제거) | 장비, 정보 또는 소프트웨어는 사전 승인 없이 외부에 반출해서는 안 된다. | 4.4.2 소프트웨어 자산의 식별 4) ⅲ) 위치 4.5.4 소프트웨어자산 보안준수 |

출처: SAM 설명서-도입을 위한 기초-, JIPDEC발행, 2012.2

### ITSMS 관리 프로세스에 대한 SAM의 기여 가능성

ISO/IEC 19770-1은 ISO/IEC 20000에서 정의하고 있는 정보 기술(IT) 서비스 관리와 잘 양립하도록 구성되어 있으며, 이를 적절히 지원하는 것을 목적으로 하고 있다. 따라서 먼저 ITSMS 관리 프로세스에 해당하는 SAM 프로세스를 표로 살펴보기로 한다.

〈표 5-5〉 ITSMS 관리 프로세스에 대한 SAM의 기여

| ISO/IEC 20000-1 | 프로세스의 목적 | ISO/IEC 19770-1 |
|---|---|---|
| 6. 서비스 제공 프로세스 | | |
| 6.1. 서비스 수준 관리 | 서비스 수준을 정의하고 합의하여 기록 및 관리하기 위함 | 4.6.4. 서비스 수준관리 |
| 6.4. IT 서비스 예산수립 및 회계 업무 | 서비스 제공 비용의 예산을 관리하고 또한 회계처리를 하기 위함 | 4.6.3. SAM 재무관리 |
| 6.6. 정보 보안관리 | 모든 서비스 활동에서 정보보안을 효과적으로 관리하기 위함 | 4.6.5. SAM 보안관리<br>4.5.4. SW 자산 보안 준수 |
| 7. 관계 프로세스 | | |
| 7.2. 고객 관계 관리 | 고객과 고객의 비즈니스 추진 요인에 대한 이해를 토대로 서비스 공급자와 고객간의 원활한 관계를 수립하고 유지하기 위함 | 4.6.2. SAM의 관계 및 계약관리 |
| 7.3. 공급자 관리 | 일정한 품질의 서비스 제공을 보증하기 위함 | 4.6.2. SAM의 관계 및 계약관리 |
| 8. 해결 프로세스 | | |
| 8.2. 인시던트(사건·사고) 관리 | 합의된 서비스가 가능한 빨리 비즈니스에 복구 또는 서비스 요청에 대응하기 위함 | 4.7.7. 인시던트 관리 프로세스 |
| 8.3. 문제 관리 | 인시던트의 원인을 사전에 식별하고 분석하여 문제의 종결 관리를 통해 비즈니스의 중단을 최소화하기 위함 | 4.7.8. 문제관리 프로세스 |
| 9. 통제 프로세스 | | |
| 9.1. 구성 관리 | 서비스 및 인프라의 구성요소를 정의하고 제어하며 정확한 구성 정보를 유지하기 위함 | 4.4.2. 소프트웨어자산 식별<br>4.4.3. 소프트웨어자산 재고관리<br>4.4.4. 소프트웨어자산 통제<br>4.5.2. 소프트웨어자산 기록검증 |
| 9.2. 변경 관리 | 모든 변경사항을 통제된 방식으로 평가, 승인, 구현 및 검토하는 것을 보장하기 위함 | 4.7.2. 변경관리 프로세스 |
| 10. 릴리스 프로세스 | | |
| 10.1. 릴리스 프로세스 | 릴리스의 하나 또는 그 이상의 변경을 운영 환경에 제공하고 배포하며 추적하기 위함 | 4.7.5. 소프트웨어 릴리스 관리 프로세스 |

출처: SAM 설명서-도입을 위한 기초-, JIPDEC발행, 2012.2

ITSMS 관리 프로세스에서 SAM 프로세스가 가장 직접적으로 기여 가능하다고 생각되는 부분은 ISO/IEC 20000-1 «9.1 구성 관리» 및 «9.2 변경 관리»라고 할 것이다. ITSMS의 구성 관리 프로세스의 골자는 서비스 및 인프라 구성 요소를 정의하고 통제하며 정확한 구성 정보[143]를 유지하는데 있다.

[143] 구성 정보 또는 구성 품목(CI: Configuration Item)의 예로는 소프트웨어와 관련 문서(요구 사양서, 설계 설명서, 릴리스 문서)와 동일한 표준 하드웨어 및 보안 구성 요소(방화벽) 등 서비스 관련 문서(SLA 계약 인증서) 등을 들 수 있다. 따라서 ITSMS의 소프트웨어 및 관련 문서의 "구성 관리"프로세스는 SAM의 "재고"프로세스(구체적으로는 "소프트웨어 자산의 식별" 및 "소프트웨어 자산 재고 관리" 등)와 대체로 일치하게 된다.

---

**TIP**

소프트웨어 자산관리와 소프트웨어 라이선스는 복잡한 종합 예술과 같다. 그들은 복잡성 때문에 때때로 분리되기도 하는바, 일부 조직은 소프트웨어 자산관리자와 소프트웨어 라이선스 관리자 모두를 두고 있다. SAM은 핵심 영역이 되는 비용절감과 소프트웨어의 준수 및 성공적 운영 관리 차원에서 비즈니스 성공의 결정적인 분야이다. 솔직히 말해서, 당신이 정상적으로 성공적인 프로세스와 조직 내에서 효과적으로 소프트웨어 자산을 관리하는 전담 팀 또는 SAM 전문가를 보유하고 있는 경우, 비용 절감은 가장 주목을 끌 수 있는 SAM 프로세스 성과 중 하나이다. 비즈니스는 자금이 최우선이므로, 당신이 최종 사용자에게 성공적인 SAM 프레임워크를 구현함에 있어 재정적 영향을 홍보할 수 있다면, 그것이 일반적으로 SAM 환경을 홍보하는 출발점이 될 것이다. 일단, 당신이 SAM의 중요성으로 최종 사용자를 인식시키고 비용을 절감하는 방법을 알고 있는 경우, 당신은 SAM 프로세스 구현을 위한 다음 단계로 이동할 수 있다.
— Published by David Foxen on Jan 22nd, 2014

---

**TIP**

"수 년간 소프트웨어 라이선스를 관리하기 위한 요구사항에 영향을 주는 많은 시장원리가 있었는바, 첫째 조직이 관리하기 위한 새로운 장치 유형과 플랫폼의 확산, 둘째 공유 서비스와 공개 클라우드 및 기타 가상화 인프라의 도입, 셋째 소프트웨어 및 서비스를 구매하는 IT 외면의 비즈니스 단위 등이다. 성숙한 SAM 업체는 소프트웨어에 대한 재정적 금액이 아니라 소프트웨어의 재정적 가치에 있어서 그들의 자원을 집중할 필요가 있음을 깨달아 왔고, 그것은 일반적으로 데이터센터 및 주요 핵심 벤더에 초점을 맞추는 결과를 초래하였다. 하드웨어 자산관리(HAM)의 업무와 소프트웨어 자산관리(SAM)의 그것 사이에는 항상 중복이 있어 왔다. 하드웨어를 양호하게 관리하지 않으면서 소프트웨어를 관리하는 것은 불가능하다. 그러므로 우리는 상호 의존성이 더욱 중요해 지고 있다는 것을 알게 되었다. 오늘날 대내외적으로 신뢰하고 믿을 만한 라이선스 준수 포지션을 유지하기 위해서는 더 이상 어떠한 소프트웨어가 설치되어 있는지를 인식하는 경우가 아니고, 소프트웨어가 사용되고 있는 환경을 인식할 필요가 있다는 것이 중요하다."
— Published by Hugh Skingley on Apr 30th, 2014

## IV. SAM 통제환경

### 1. 일반

SAM의 통제환경(4.2)의 목적은 다른 SAM 프로세스(4.3 - 4.7)에서 구축된 관리 시스템을 설정(확립)하고 유지하는데 있다. SAM 통제환경은 "SAM의 기업지배구조 프로세스", "SAM의 역할과 책임", "SAM 정책 및 프로세스와 절차", "SAM의 역량"의 4부분으로 구성되어 있다.

### 2. SAM 기업 지배구조 프로세스

(1) 목적 (2단계 및 4단계 적용)

SAM 기업지배구조 프로세스의 목적은 소프트웨어자산에 대한 관리책임이 경영진(이사회 또는 이와 동등한 기관)의 수준에서 인식되고 책임이 적정하게 이행이 되도록 적절한 구조(매커니즘)를 마련하는 것을 보장하기 위한 것이다.[144]

(2) 성과

SAM기업지배구조프로세스의 구현은 조직으로 하여금 다음을 입증할 수 있도록 한다.

- 본 표준의 목적에 따라 다음 사항을 다룬 명확한 기업의 설명서가 있다(2단계).
  — 가. 적용범위에 포함되는 법인 단체 또는 그 부문.
  조직의 범위를 정의하는데 있어서 고려해야 할 한가지 요소는 특정 조직의 범위를 기반으로 하는 기존의 소프트웨어 계약이 존재하는지 여부이다.
  — 나. 법인단체 또는 그 부문에 대한 전반적인 기업경영 책임을 가지고 있는 특정한 단체 또는 개인.
  이러한 특정 단체 또는 개인은 이후에 이사회 또는 이에 상응하는 기관으로 표기한다.

- 소프트웨어와 관련된 자산의 기업지배구조에 대한 책임은 공식적으로 이사회 또는 이에 상응하는 기관에 의해 인정되고 있다(2단계).

- 소프트웨어 및 관련자산의 사용에 관한 조직에 관련되는 기업지배 규제 또는 지침은 그것이 운용되는 모든 국가에서 식별되고 문서화 되며 최소한 1년에 한번 검토되고 있다(2단계).

---

[144] 이 과정은 IT 전반적인 기업지배구조의 일부로 간주될 수 있다(KS X ISO/IEC 38500 참조).

- 소프트웨어 및 관련자산에 관련된 위험요소의 평가와 경영진이 지시한 위험 감소 방안의 평가가 문서화 되고, 적어도 매년 갱신되어 이사회 또는 이에 상응하는 기관의 승인을 받아야 한다. 이러한 평가는 적어도 다음 사항을 대상으로 하고 있다(2단계).

  — 가. 규제 비준수의 위험
  여기에서 규제는 요원의 소프트웨어 사용관련 모니터링에 대한 프라이버시 보호의 요구, SAM의 기록에서 개인에 관한 것에 대한 데이터 보호의 요구, 제약 업계에서처럼 업계 고유의 요구사항 등을 예로 들 수 있다.

  — 나. 보안 요구사항 위반의 위험
  보안 요구사항 위반으로 인한 영향은 비즈니스 운영의 중단, 경쟁사에 의한 기밀정보의 오용 및 고객 개인 정보의 불충분한 보호로 인한 명성의 손상 등을 예로 들 수 있다.

  — 다. 라이선스 비준수의 위험
  — 라. 부적절한 SAM에서 발생할 수 있는 IT 인프라 문제로 인한 작업의 중단 위험
  — 마. 부적절한 SAM에서 발생할 수 있는 라이선스 취득 비용 및 다른 IT 유지비용의 과도한 지출에 따른 위험
  — 바. 소프트웨어와 관련자산에 대한 분산관리방식 대 집중관리방식에 따른 위험.
  SAM의 운영관리 방식을 분산시키는 것은 조직문화와 효율성 차원에서 매우 바람직할 수 있다. 그러나 이러한 방식은 비용을 절감하는데 불리하고 중앙집중식 관리방식에 비해 라이선스 비 준수와 같은 위험에 노출되기 쉽다. 예컨대, 분산운영이라도 라이선스를 준수하지 않는 것은 여전히 조직의 명성에 해를 끼치고, 전체 조직에 대한 법률문제를 일으킬 수 있다. 따라서 분산운영관리 환경이라 할지라도, 선별된 정보와 경영검토를 중앙집중적으로 하는 것이 위험을 최소화 하면서 분산운영관리 방식으로 SAM을 운영할 수 있는 신중한 방법이다.
  — 사. 법령 및 규제 준수 문화와 적용방식을 고려하여 작업이 다른 국가들과 관련될 위험

- SAM의 관리 목적은 이사회 또는 이에 상응하는 기관에 의해 승인되고, 적어도 매년 검토한다(4단계).

(3) 성과실현의 포인트와 준수사항[145]

요구사항 실현의 핵심은 경영진(이사회 또는 동등한 기관)이 SAM의 필요성을 제대로 인식하도록 하기 위한 것이다. 일반적으로 경영진은 스스로 SAM의 운용업무에 종사할 수 없기 때문에 SAM의 필요성을 제대로 이해하지 못하는 경우가 많다. 또한, SAM이 컴플라이언스에 관련하는 것은 이해하지만, 기타 다른 영향을 이해하지 못하는 경영진이 많은 것이 현실이다. 물론 준수를 목적으로 한 SAM의 실시는 필요하지만, 그 이외의 악성 소프트웨어가 원인으로 일어나는 업무의 중단이나 보안위험 등에 대해서도 경영진이 제대로 이해하는 것이 중요하다.

(4) 결론[146]

이 프로세스의 요구사항을 실현하기 위해, 먼저 SAM의 대상범위, 관리체제와 관리책임을 명확히 하는 것이 필요하다. SAM의 대상범위를 적절하고 효율적으로

---

[145] JIS X 0164-1에서 본 SAM 설명서 활용방법, JIPDEC, 2011.6
[146] 상동

관리하기 위한 체제로 선택하는 것이 중요하다. 특히 범위가 큰 경우 분산관리 체제를 선택할 수 있는 경우가 대부분 이지만, 분산 관리 체제를 선택한 경우 범위 전체를 총괄하는 부서가 조직전체의 정보를 파악할 수 있도록 관리단위로 관리범위와 책임을 명확히 하는 것이 필요하다. 관리체제의 구축 및 관리책임의 명확화에 이어 조직의 SAM 관리지침을 문서화하는 것이 필요하다. 기업지배구조 규제 지침은 조직의 SAM 정책을 정리한 문서이며, 조직 외부에 대해서도 공표할 것을 상정한 것이다. 이 문서는 적용범위, 위험평가, 관리자의 책임범위 등을 문서화 한 것이다. 관리지침은 조직으로서의 SAM의 대응 방향을 결정하는 문서이며, 이를 위해 조직의 최상층에 있는 경영진의 승인을 얻을 필요가 있다. 설정된 지침은 적어도 년 1회 업데이트 되며 이사회 또는 이와 동등한 기관에 의해 승인되는 것이 요구된다.

### 3. SAM 역할과 책임

(1) 목적 (2단계 적용)

SAM 역할과 책임 프로세스의 목적은 소프트웨어 및 관련자산에 대한 역할과 책임이 명확하게 정의되고 유지되며, 잠재적으로 영향을 받는 모든 요원들이 이해하고 있는지를 확인하는데 있다. 이러한 역할과 책임은 특히 규제 또는 기업지배구조의 요구사항에 관련된 모든 것을 포함한다.

(2) 성과

SAM 역할과 책임 프로세스의 구현은 조직으로 하여금 다음을 입증할 수 있도록 한다.

- SAM 관리 책임자의 역할, 즉 전체 조직을 위한 소프트웨어 및 관련자산에 대한 기업지배 책임이 이사회 또는 이와 상응하는 기관에 의해 명확하게 정의되고 승인된다. 할당된 책임은 조직전체에 대해 다음의 사항을 포함한다(2단계).
  — 가. SAM 관리목적 제시
  — 나. SAM 계획수립의 감독
  — 다. 승인된 SAM 계획을 실행하기 위한 자원확보
  — 라. 승인된 SAM 계획에 대한 결과 전달
  — 마. 모든 부문 SAM 관리책임자가 제대로 책임을 확인하고, 조직의 모든 부문이 SAM 관리책임자 또는 부문 SAM 관리책임자에 의해 충돌되는 모순 없이 관리되는 것을 보장한다.

- 소프트웨어와 관련자산의 기업지배구조에 대한 부문의 역할과 책임은 문서화 되고 지정된 개인에게 할당된다. 할당된 책임은 각 개인이 담당하고 있는 조직의 부문에서 다음을 포함한다(2단계).
  - 가. 승인된 SAM 계획을 실행하기 위한 자원확보
  - 나. 승인된 SAM 계획에 대한 결과 전달
  - 다. 필요한 정책, 프로세스 및 절차를 채택하고 구현
  - 라. 소프트웨어와 관련자산의 정확한 기록 유지
  - 마. 소프트웨어자산의 조달, 배포, 통제가 관리 및 기술측면에서 승인이 필요함을 확인
  - 바. 계약관리 및 공급업체 관계 그리고 내부고객 관계를 관리
  - 사. 필요성을 파악하고 개선점을 실행

위 표준은 조직 전체의 SAM 관리 책임자와 부문 SAM 관리 책임자의 임무와 책임을 구분한다. 왜냐하면 여러 거점(부문)을 갖춘 몇몇 조직은 관리역할에서 그러한 구분을 정하기 때문이다. 지점이 하나이거나 원격지 지점들이 소규모이고 중앙지점에서 직접 관리하고 있다면 위 두 가지 기능을 병합하게 된다. 책임은 그러한 책임의 성질과 수행해야 할 의무가 분명한 한, 특정한 지위 또는 직책에 따라 할당할 수 있다. 특히 임무의 구분에 실익이 없는 작은 조직에서는 실제로 여러 사람에게 책임을 할당할 필요가 없다고 할 것이다.

- SAM의 책임은 조직 전체 및 부문 정책이 전달되는 것과 같은 방식으로 SAM과 관련된 조직의 모든 부문에 전파된다(2단계).

(3) 성과실현의 포인트와 준수사항[147]

일반적으로 조직에서 SAM에 관한 역할이 제정되어 있지 않은 경우에도 보안 대책을 위한 책임 등 일정한 역할이 설정되어 있는 경우가 많다. 그런 경우 이미 설정되어 있는 관리체제를 활용할 수도 있다. 관리 책임자 또는 담당자로 임명되지 않은 직원에 대해서도 관리체제, 책임, 권한 등을 이해시키는 것이 중요하다. 관리라는 것은 책임자 및 담당자가 혼자랄 것 없이 모든 직원을 포함한 조직 전체에 대응하는 개념이다. 책임자 및 담당자는 관리조직의 관리를 원활하게 하기 위한 업무를 수행하는 역할을 하지만 모든 관리를 담당하는 것이 아니다. 특히 SAM 대상 자산(하드웨어, 도입소프트웨어, 라이선스, 라이선스 관련 부재)은 항목수가 많고, 변동이 복잡하기 때문에 직원을 포함한 조직 전체의 협력이 없이는 실현할 수 없다. 또한 적절한 SAM을 실현하기 위해 조직의 경영진은 책임자 및 담당자에게 필요한 권한을 부여하는 것이 필요하게 된다. SAM의 대상자산은 경영진을 포함한 조직 전체 직원이 사용하는 것이다. 따라서 책임자 및 담당자에게 적절한 권한을 부여하지 않는다면,

조사 및 감사를 수행할 수 없게 되어 결과적으로 관리 미비가 발생하게 될 것이다. 그런 상황이 되지 않도록 책임자 및 담당자에 대해서도 관리를 하기 위한 필요한 권한을 부여하는 것이 필요하다.

### (4) 결론[148]

SAM의 역할과 책임을 책정하기 위해서는 먼저 어떤 체제에서 SAM을 실행해 나아갈 것인지를 생각할 필요가 있다. 일반적인 SAM 관리체제로 《집중관리》와 《분산관리》 두 가지를 들 수 있다.[149] 어떤 관리체제를 채택 하느냐에 따라 책임자 및 담당자의 임명 범위 및 책임이 크게 바뀐다. 어느 쪽 관리 체제를 취할지는 조직의 재량으로 결정해도 문제 없지만, 조직의 규모와 기존의 관리체제 등으로 인해 최적의 체제로 변화하기 위하여 각 체제의 장·단점을 이해하는 것이 필요하다. 또한 조직이 설정한 체제, 역할, 책임은 모두 SAM에 관련된 부문에 전달되는 것이 요구된다. 또한 실제로 SAM을 실현하기 위해서는 SAM에 대한 이해와 보고, 연락 체제 등 위 요건 이외의 정보도 함께 전달하는 것이 필요하게 된다. 예컨대, 조직에 주지해야 할 정보가 정리되어 있기 때문에 그 요구사항뿐만 아니라 조직 내에서 SAM을 실현시키기 위해 필요한 정보를 효율적으로 전달할 수 있도록 하는 것이 바람직하다. 조직에 정보를 전달하는 방법은 조직의 게시판 등에 게재하고 검색하는 방법, 직원에게 직접 교육하는 방법 등 다양하다. 중요한 것은 전달내용을 이해시키는데 있다. 특히 SAM에 관한 교육은 조직에서 적절한 SAM을 실현하기 위해서 중요한 역할을 한다. 그러나 교육이라고 해도 SAM의 역할과 조직의 역할(경영진, 임원, 직원 등)에 따라 필요한 교육 내용은 다르다.

---

[147] JIS X 0164-1에서 본 SAM 설명서 활용방법, JIPDEC, 2011.6
[148] 상동
[149] SAM 을 어떻게 실시하고 있는지 파악을 하다 보면, 대체로 각 부서에서 자체적으로 실시하고 있다라고 하거나 SAM 총괄부서에서 집중관리 한다 라고 답변하는 경우가 있다. 이때 집중관리와 분산관리의 개념이 생기게 된다. 집중관리는 중앙에서 일괄적으로 관리하도록 하는 형태를 말하며, 분산관리는 부서마다 관리 단위를 나누어 각각 관리하는 형태라고 이해하면 된다. 이 관리 형태는 어느 쪽이 좋다라고 단정적으로 말할 수 없으며, 조직의 상황과 관리 내용에 따라 적절한 형태가 되어야 할 것이다. 그러나 기업지배구조(조직 전체 관리)라는 점을 감안하면 조직 차원에서 제대로 관리할 필요가 있다. 분산관리라는 정책을 통하여 각각 실시하는 것이 더 나을 수 있다고 생각할 도 있겠지만, 그러한 분산관리가 조직 전체를 위하여 보다 더 적합할 경우라야 설득력이 있다고 할 것이다. 따라서 전반적인 관점에서 관리 체제를 구축할 필요가 있다고 할 것이다.

&lt;그림 5-7&gt; 집중관리체제 예시

```
            ┌─────────────┐
            │ SAM 총괄 책임자 │ ─── 총괄관리부문(IT 부문)
            └─────────────┘      예, 정보시스템부 등
            ┌─────────────┐
            │ SAM 총괄 담당자 │
            └─────────────┘
           ┌──────┼──────┐
         이용자   이용자   이용자
```

출처: SAM 설명서-도입을 위한 기초-, JIPDEC발행, 2012.2

&lt;표 5-6&gt; 집중관리 및 분산관리 체제의 비교표

| 구분 | 집중관리체제 | 분산관리체제 |
|---|---|---|
| 장점 | • 정보 전달의 원활한 수행 가능<br>• 관리의 정확성 담보 | • 총괄 관리 담당자의 업무 부하 분산 가능 |
| 단점 | • 총괄 관리 담당자의 업무 부하 집중 | • 정보 전달에 시간 지체<br>• 관리의 부정확성 발생 가능 |
| 대응 조직 | Ex) 소규모 조직 | Ex) 대규모 조직 |

출처: SAM 설명서-도입을 위한 기초-, JIPDEC발행, 2012.2

&lt;표 5-7&gt; 책임자 또는 담당자의 역할

| 부문 | 직책 | 역할 | 예시 |
|---|---|---|---|
| 총괄<br>관리부문 | SAM 총괄 책임자 | 조직 전체의 관리 책임을 부담하는 책임자 | CIO, IT 자산을 관리하는 부서 장 |
| | SAM 총괄 담당자 | 조직 전체의 관리 업무를 수행하는 담당자 | IT 자산 관리부문의 소속 원 |
| 피 관리<br>부문 | 부문(부서) SAM 책임자 | 담당 부서의 관리를 부담하는 책임자 | 부문 장(부서책임자) |

출처: SAM 설명서-도입을 위한 기초-, JIPDEC발행, 2012.2

&lt;표 5-8&gt; 대상자 별 교육내용 구조

| 교육내용 | 교육 대상(○ 필수, △ 임의, - 대상 외) | | | |
|---|---|---|---|---|
| | 경영진 | 관리자 | SAM 운영 담당자 | 종업원 또는 파견사원 |
| 저작권이나 계약에 관한 준수 | ○ | ○ | ○ | ○ |
| 소프트웨어 관련된 사고와 그 대응에 관한 동향 | ○ | ○ | ○ | ○ |
| 소프트웨어 자산관리 업체 사례, 동향, 모범사례 | △ | △ | ○ | - |
| 소프트웨어 자산관리 방침 및 벌칙 | ○ | ○ | ○ | ○ |
| 자사의 소프트웨어 자산관리 상황(정책, 조직체제, 활동 내용 등) | ○ | ○ | ○ | △ |
| 소프트웨어 자산관리의 절차 | △ | ○ | ○ | ○ |

출처: SAM 설명서-도입을 위한 기초-, JIPDEC발행, 2012.2

### 4. SAM 정책, 프로세스 및 절차

(1) 목적 (2단계 적용)

SAM 정책, 프로세스 및 절차 프로세스의 목적은 SAM의 효과적인 계획 수립, 운영 및 통제를 보장할 수 있도록 조직이 명확한 정책, 프로세스 및 절차를 유지하는 지 확인하는 것이다.

(2) 성과

SAM을 위한 정책, 프로세스 및 절차를 실행하는 것은 조직으로 하여금 다음을 입증할 수 있도록 한다.

- 이용 가능하면서 완성된 세트, 즉 각 문서에 어떤 버전이 사용되고 있고 어떠한 문서가 어떤 유형의 소프트웨어와 관련 자산에 적용되는 지 여부를 항상 알려주기 위하여 SAM 정책, 프로세스 및 절차 그리고 SAM 연관된 관련문서를 작성, 검토, 승인, 발행, 통제하기 위한 구조적인 접근방법이 있다(2단계). 이는 조직이 채택하는 전반적인 접근 방식의 전형적인 일부에 불과할 뿐 SAM의 고유한 방법은 아니다.

- 본 표준에 필요한 정책, 프로세스 및 절차에 관한 문서는 본 표준 프로세스에 대한 분류에 의해 또는 그 분류와 상호 참조할 수 있도록 함께 구성한다(2단계).

- 최소한도 다음 사항을 다룬 정책이 수립, 승인, 공표 되고 있다(2단계).
  — 가. 소프트웨어와 관련자산의 기업지배구조에 대한 개인과 기업의 책임
  — 나. 기업의 소프트웨어 및 관련자산을 사적으로 이용하는 것을 제한
  — 다. 저작권 및 데이터 보호 등을 포함한 법률 및 규정의 준수 요구사항
  — 라. 모든 조달 요구사항(예: 기업 약정을 통한 이용 또는 신뢰할 수 있고 인증된 공급업체에서만 구매)
  — 마. 구입 여부에 상관없이 소프트웨어 사용 및 설치 승인에 대한 요구사항
  — 바. 이러한 정책을 위반한 경우 징계된다는 내용 공지

상기에서 정책은 특히 최종 사용자 등의 일반적인 요구사항을 다루는 것이다. 특정한 프로세스에 대한 관련 정책과 절차는 해당 프로세스 영역에서 취급하게 된다.

- 정책과 절차는 다음과 같은 방식으로 모든 직원에게 전달하고 있다(2단계). 첫째, 신규 요원이 처음 직무에 종사할 때 기존 요원이 적어도 1년에 한번 전달하고 있다. 둘째, 직무에 종사할 때 적어도 1년에 한번은 전달 받은 정보의 확인을 요원에게 요구한다. 끝으로, 요원이 항상 쉽게 접근할 수 있는 상태로 둔다. 문서의 양식 및 사용 매체는 어떠한 것이라도 상관없다. 문서는 요원의 기밀 요구사항을 포함한 통합 정책 설명서와 같이 다른 문서와 통합된 버전으로 발행할 수 있다.

### (3) 성과실현의 포인트와 준수사항[150]

SAM 정책, 프로세스 및 절차 단계의 개발에서 포인트는 책정 시 경영진을 끌어들이는 것이다. 조직에서 SAM을 구축할 경우, 조직의 정보 시스템 부문 및 경영 기획 부문 등 IT 자산관리 부문이 절차를 구축하는 경우가 대부분이다. 그러나 위에서 언급한 바와 같이, SAM은 IT 관리 부문뿐만 아니라 경영진을 포함한 조직 전체에서 실시하는 것이 요구된다. SAM 정책을 수립하는 단계에서 경영진을 끌어들이는 것이 이상적이지만, 적어도 책정한 정책, 프로세스 및 절차를 대상으로 경영진에 대한 승인을 얻어 조직 전체에서 실행되도록 하여 효력을 갖게 할 필요가 있다.

또 다른 포인트는 기존 정책, 프로세스 및 절차와 일관성을 가지고 가기 위한 것이다. SAM에 요구되는 정책, 프로세스와 절차가 모두 갖추어져 있는 조직이 그렇게 많지는 않다고 생각되지만, 어느 조직에서도 보안 및 IT 자산 관리에 관한 여하한 정책 및 프로세스 단계가 존재하는 경우는 많다. SAM의 실현을 위해 SAM 관련 규정 류를 처음부터 구축하려는 조직이 많은바, 그 경우 조직은 정책 및 규정 류 등을 꼼꼼히 확인하고 완전성을 확보하려고 노력하는 것이 중요하다.

### (4) 결론[151]

본 프로세스는 SAM에 상관없이 조직에서 정책과 프로세스를 개발하는데 있어 실시해야 할 수단 및 조직 내에 존재하는 유효한 규정 류를 판정하기 위한 수단의 존재가 요구된다고 할 것이다. SAM 정책, 프로세스와 절차를 실행하기 위해 시작해야 할 일은 조직에 존재하는 SAM 관련 규정을 확인하는 것이다. 전술한 바와 같이 조직에서 SAM 관리 규정 및 사용 규칙 등 SAM을 기준으로 정리된 규정이 존재하는 조직은 많지 않지만, 보안관련 IT 자산관리 규정에 SAM 관련 규정이 포함된 조직은 많다고 생각된다. SAM 정책, 프로세스와 절차를 수립한 결과는 규정 류에 정리해야 할 필요가 있다. 규정 류에는 SAM 정책, 프로세스와 절차가 빠짐없이 책정되는 것이 필요하지만, SAM의 경험이 부족한 관리자가 사전 지식 없이 갑자기

---

[150] JIS X 0164-1에서 본 SAM 설명서 활용방법, JIPDEC, 2011.6
[151] 상동
[152] 소프트웨어자산 관리규정 및 사용규칙을 정비하는 목적은 조직이 SAM의 효율적인 계획, 운영 및 통제를 확실히 실시하는데 있다고 할 것이다. 따라서 소프트웨어자산 관리규정 및 사용규칙이라는 명칭이 아니더라도 요구 사항을 충족시키는 조항이 정비되어 문서화되어 있으면 명칭에 특별히 구애 받지 않는다. 또한 SAM 관련 규정으로 가능한 것으로는 정보 보안 정책, 정보 보안 규정, 물품 조달 규정, 서비스 수준 관리 규정, 릴리스 관리, 배포 관리, 폐기 및 반품 규정 등을 들 수 있다.

책정하는 것은 곤란하다고 생각한다. 그 경우, BSA의 P-SAM[153] 및 C-SAM[154]에서 SAM 관리 규정 및 규칙 샘플이 공개되어 있으므로, 그 규정에 있는 양식 류를 활용하여 효율적으로 정비할 수 있다. 실제 활용방법은 샘플의 규정 류로 설정되어 있는 항목을 대상으로 조직 내에서 유사한 규정 류가 존재하는 지 여부를 확인함으로써, 그 조항을 유용하거나 참조 또는 새로 작성하는 것이 바람직하다.

이렇게 하면 SAM의 경험이 부족한 관리자들도 빠짐없이 정책 및 프로세스와 절차를 수립할 수 있게 된다. 결국 조직에서 수립한 정책 및 프로세스와 절차는 조직의 직원에게 유익하여 비로소 효력을 발휘할 수 있다. 예컨대, 유익한 방법으로는 조직의 게시판에 게시하는 방법에서부터 대면 교육을 실시하는 방법 등 다양하다. 또한 SAM에 관한 교육을 실시하는 것이 정해져 있으며, 소프트웨어 사용권에 관한 사항에 관한 교육의 실시도 마련되어 있다. 집합연수, e-Learning 등 교육 방법을 이용하는 경우에도 조직의 모든 요원에게 전달 내용이 이해되고 실행되는 것이 필요하다. 일반적으로 조직의 게시판 등에 SAM 정책 및 프로세스와 지침이 있어도 직원의 이해를 심화시키는 것은 어렵다. 왜냐하면, 게시판에 게재된 정보의 확인 및 이해는 직원에 의존하기 때문에 모든 직원이 확인하고 그 내용을 이해하기가 어렵기 때문이다. 따라서 실제로는 적어도 년 1회(새로운 직무에 종사하는 직원은 발령 시 1회) 종업원에게 SAM에 관한 교육을 실시하는 것이 필요하다. 그 교육은 SAM에 관한 정책, 프로세스 및 절차 등 조직이 책정한 것뿐만 아니라 저작권과 계약 준수 및 보안 등 SAM 관련 정보 교육도 포함해야 한다.

〈표 5-9〉 관리 규정의 주지를 위한 체크 포인트

| 항목 | 체크 포인트 |
| --- | --- |
| 1. 목적, 문제 인식의 공유 | 관리방침(정책), 관리규정, 관리지침서 구비 철저 |
| | 관리방침, 관리규정, 관리지침서의 목적의 명확화 |
| | 관리체제 확립(예컨대, 집중관리체제 또는 분산관리체제 등) |
| | 책임 및 역할의 명확화 |
| | 최고 경영자의 이해와 리더쉽 |
| | 컴플라이선스 준수 |
| 2. 보고, 연락 체제의 정비 | 관리방침, 관리규정, 관리지침서의 공개 및 전달 |
| | SAM 관리 책임자 및 부문 SAM 관리자 등과의 정례회의 개최 및 개선을 위한 정보교환 실시 |
| 3. SAM 관련 이해 및 교육훈련의 정기적 실시 | 포상 및 벌칙 규정의 책정 |
| | 내부감사의 정기적 실시 |
| | 부문 SAM 관리 책임자 및 관리 담당자의 역할과 책임의 명확화와 SAM에 대한 이해의 철저 |
| | 소프트웨어 이용자의 책임 및 SAM에 대한 이해의 철저 |
| | 부문 SAM 관리자 및 담당자에게 SAM 교육·연수 등의 정기적 실시 |
| | 전 요원의 저작권과 소프트웨어 이용상의 교육·연수 등의 정기적 실시 |

출처: SAM 설명서-도입을 위한 기초-, JIPDEC발행, 2012.2

**5. SAM 역량**

(1) 목적 (2단계 및 4단계 적용)

SAM 역량 프로세스의 목적은 SAM에 적절한 역량과 전문지식을 활용하고 적용할 수 있는 지 확인하는 것이다.

(2) 성과

SAM 역량 프로세스의 구현은 조직으로 하여금 다음 사항을 입증할 수 있도록 한다.

- 다음 사항에 대해 SAM 관리 책임을 맡고 있는 요원의 교육훈련과 인증에 대한 가용성 및 효율성을 포함하는 검토 내용이 문서화되고 적어도 1년에 한번 갱신된다(2단계).
    - 가. SAM 일반
    - 나. 사용하는 소프트웨어에 대한 소프트웨어 제조사로부터의 라이선스

- 소프트웨어 제조사에서 무엇이 《사용권계약증명서》가 되는지를 결정하기 위해 적어도 매년 한번은 검토를 시행하고 있다(4단계).

- SAM 관리 책임을 맡고 있는 담당자는 초기 교육과 매년 공식적인 평생 교육을 포함하여 SAM 및 이와 관련되는 라이선스 교육을 모두 받는다. 가능하면 개별 자격증 취득에 대해서도 권장한다(2단계).

- 사용권계약을 준수할 수 있도록 소프트웨어 제조사에 어떤 지침이 추가로 제공되고 있는 지를 확인하기 위한 검토를 적어도 매년 한번은 시행하고 있다(2단계).

(3) 성과실현의 포인트와 준수사항[155]

SAM 관련 자산은 수시로 도입과 폐기가 반복되므로 이에 따라 관리대상의 소프트웨어 및 라이선스 권한도 변경이 생긴다. 또한 제조업체에 따라 라이선스 정책과 사용 약관의 변경이 있는 경우도 있다. 따라서 적절한 SAM을 유지하기 위해서는 정기적으로 최신 정보를 수집하고 SAM의 책임 요원에 대한 교육을 통해 보고체계가 이루어 질 수 있도록 하는 것이 필요하다. 이러한 교육은 원칙적으로 실시하는 것만이 목적이 아니라, SAM의 책임 요원이 그 내용을 이해하고 실천할 수 있도록 하는 것이 필요하다. 따라서 SAM에 관한 교육을 실행하기 위해 어떤 방식으로 교육을 실시하는 것이 SAM 책임 요원으로 하여금 쉽게 이해할 수 있는지를 고려하여 효과적으로 실시할 수 있는 방법을 강구하는 것이 바람직하다.

---

[153] 공공기관을 위한 SAM: http://www.bsa.or.jp/psamportal/
[154] 일반기업 위한 SAM: http://www.bsa.or.jp/csamportal/
[155] JIS X 0164-1에서 본 SAM 설명서 활용방법, JIPDEC, 2011.6

(4) 결론[156]

소프트웨어 사용권에 관한 교육은 적절한 SAM을 위해 최소한으로 필요하지만 실제로 교육을 실행하기 위해 조직 내에서 정해져 있는 규정 및 규칙을 함께 확인하는 것이 바람직하다. 각 기업 및 단체는 SAM을 조직에 정착시키는데 있어서 필요한 교육 내용을 소개해야 한다. 소프트웨어 제조업체에는 "사용권계약 증명서"라는 것을 갖고 있는 바, 이것은 조직이 라이선스 보유를 증명하기 위해 요구되는 조건을 말하며, 합법적으로 구입한 라이선스도 그것을 증명하지 못하면 제조업체로부터 정당한 라이선스 권한이 있다고 인정받지 못한다. 특히, 패키지 및 사전 설치 제품은 부재(CD, 증서 등)가 존재하지 않게 되면 라이선스 보유를 증명할 수 없게 되므로 주의가 필요하다. 또한 SAM을 실현하기 위해 관리가 필요한 자산으로 라이선스 관련 부재라는 것이 있다. 라이선스 보유를 증명하기 위해서는 라이선스 관련 부재를 적절히 관리하는 것이 필수적이다. 증명해야 하는 부재는 같은 메이커의 제품이라도 소프트웨어 및 소프트웨어의 종류(볼륨 라이선스 및 패키지와 사전 설치 제품)에 따라 다르다. 사용 조건은 사용권 증서에 기재되어 있지만 알 수 없거나 이해할 수 없는 경우 소프트웨어 업체에 확인하는 것을 권장하며, 추가 지침(조건)에 대해서도 확인할 필요가 있다. 소프트웨어 업체가 정하는 라이선스 프로그램은 제조사의 사정에 따라 변경 될 수 있는바, 라이선스 프로그램을 제대로 이해함으로써 조달비용 절감에 이를 수 있기 때문에 확인은 필수적이라 할 것이다.

〈표 5-10〉 하드웨어

| 자산명 | 주요 대상 자산 | 관리목적 |
| --- | --- | --- |
| 하드웨어 | • 소프트웨어가 작동하는 장치<br>(예: PC, 서버, PDA 등) | 소프트웨어가 도입된 하드웨어를 명확하게 함 |
| | • 라이선스가 번들 된 제품<br>(예: PC, HDD, DVD 등의 드라이버) | 라이선스가 제공된 하드웨어를 명확하게 함 |

〈표 5-11〉 도입 소프트웨어

| 자산명 | 주요 대상 자산 | 관리목적 |
| --- | --- | --- |
| 도입<br>소프트웨어 | 하드웨어에 도입된<br>실행 가능한 소프트웨어<br>(예: OS, 어플리케이션, 유틸리티) | 하드웨어에 도입된 소프트웨어를 명확하게 함 |

〈표 5-12〉 라이선스

| 자산명 | 주요 대상 자산 | 관리목적 |
| --- | --- | --- |
| 라이선스 | 외부에서 구입한 소프트웨어 라이선스<br>(예, 패키지, 볼륨 등) | 조직에서 보유한 라이선스 수를 명확하게 함 |

〈표 5-13〉 라이선스 관련 부재

| 자산명 | 주요 대상 자산 | 관리목적 |
| --- | --- | --- |
| 라이선스<br>관련 부재 | 사용 허가 조건을 충족하는 데<br>필요한 부재(예: 도입용 DVD 라이선스<br>증서, 데이터가 저장된 DVD 패키지 등) | 이용 허락 조건을 위반하지 않거나 적정하게<br>소프트웨어가 도입되는 환경을 유지하기 위함 |

[156] JIS X 0164-1에서 본 SAM 설명서 활용방법, JIPDEC, 2011.6

## V. SAM 계획 및 도입프로세스

### 1. 일반

SAM 계획 및 도입 프로세스의 목적은 SAM의 관리 목적이 효과적이고 효율적인 성취를 보장하는 데 있다. 이 영역의 프로세스는 일반적으로 ISO/IEC 9001 «Plan-Do-Check-Act»과정과 일치한다. SAM 계획 및 도입 프로세스는 SAM 계획 수립, SAM 구현, SAM 모니터링 및 검토, SAM의 지속적 개선으로 구성된다.

### 2. SAM 계획 수립

(1) 목적 (2단계 및 4단계 적용)

SAM 계획 수립 프로세스의 목적은 SAM 목적의 효과적이고 효율적인 달성을 위한 적절한 준비와 계획을 확인하기 위한 것이다.

(2) 성과

SAM계획수립 프로세스의 구현은 조직으로 하여금 다음을 입증할 수 있도록 한다.

- SAM에 대한 관리목표를 개발하여 이사회 또는 이에 상응하는 기관에 의한 승인을 받고 적어도 1년에 한번 갱신한다(4단계).

- SAM을 구현하고 실행하기 위한 계획이 수립되고 문서화 되며, 최소한도 1년에 한번 갱신된다(2단계). 그 계획은 다음을 포함한다. 또한 프로세스가 비효율적이지 않고 오류가 없으며 쉽게 따라 할 수 있도록 보장하기 위해 적절한 수준의 자동화가 도입되어야 한다.
    — 가. 어떤 종류의 소프트웨어가 포함되는지를 설명하는 명확한 범위 지침서(모호하지 않는 소프트웨어자산 범위), 즉 소프트웨어와 관련자산의 범위는 최종 갱신된 SAM 계획에 대한 재고의 완성도를 실제수치와 계획수치를 통해 퍼센트로 나타낼 수 있다. 본 표준에 의해 요구되는 최소한도를 초과하는 자산의 범위가 있으면 그것을 포함한 관련자산의 범위, 그리고 다른 조직 또는 시스템과의 인터페이스 또는 그 요구사항을 포함한다.
    — 나. 범위 내 자산(대상자산)에 어떤 정책, 프로세스 및 절차가 요구되는지에 대한 명확한 설명서
    — 다. 프로세스를 지원하기 위해 적절하게 감사하고 관리하며, SAM 등의 자동화를 개선하는 방법에 대한 명확한 설명서
    — 라. 정해진 관리 목표를 달성하는 데 따르는 위험과 문제점을 식별, 평가, 관리하기 위한 접근 방법의 설명서
    — 마. 관리보고서 작성 준비와 검증 및 준수활동의 성과 등 정기적인 활동을 위한 계획 수립과 책임
    — 바. SAM 계획을 구현하는데 필요한 예산 등 자원의 특정
    — 사. 자산관리 기록의 정확성에 대한 목표 달성지표 등 SAM 계획을 기준으로 한 성취도를 측정하기 위한 성과지표

- 계획은 회사의 이사회 또는 이에 상응하는 기관에 의해 승인된다(2단계).

### (3) 성과실현의 포인트와 준수사항[157]

본 프로세스에서는 적절한 SAM을 실현하기 위한 준비 및 계획이 요구되고 있지만 이를 실행하기 위해 필요한 절차와 실현 가능성을 고려하는 것이 필요하다. SAM이 제대로 이루어지지 않아 준수사항에 저촉되는 위험이 발생하는 경우, 가능한 한 위험을 최소화하는 것이 요구된다. 특히 경영진에서 SAM의 실행을 지시한 경우, 경영진은 실제 관리를 하지 않기 때문에 매우 높은 수준의 관리를 요구하는 경우가 많다. 그러나 보안과 마찬가지로 상당한 관리를 하려고 해도 위험을 배제할 수는 없다. 또한 일정 수준으로 관리를 수행하면 상위 수준에 도달하기까지는 상당한 부담이 요구된다. 준비 및 계획 단계에서 무리한 계획을 입안한 경우 실현하기 위해 많은 자원과 과중한 부하가 요구되는 경우가 많다. 물론 높은 수준의 관리를 목표로 해야 하는 것은 필수적 이지만, SAM이 실시되지 않았던 조직에게 순식간에 100점의 관리를 요구하는 것은 현실적이지 않다. 우선은 최소한의 합격선을 목표로 하고, 이후에 관리수준을 향상 시켜 나가는 것이 바람직하다. 또한 적절한 계획을 실시하기 위해서는 계획을 세울 때 현상파악을 실시하는 것이 요구된다. 그때 계획을 담당하고 승인하는 실무자가 조직의 정확한 상태를 파악하고 있지 않으면 현실과 괴리된 계획을 세우게 되는 위험이 발생하기 때문에 주의가 필요하다.

### (4) 결론[158]

SAM의 계획입안 시 가장 먼저 시작해야 할 것은 현상 파악이다. 계획수립의 대상으로서 SAM 자산의 범위와 관리 프로세스, 감사 및 개선 접근방식과 이를 실현하기 위해 필요한 자원을 들 수 있다. SAM 도입 계획을 수립하려면 첫째 현상 파악, 둘째 체제 및 정책 설정, 셋째 도입 계획의 수립이라는 조치를 취할 필요가 있다. SAM을 실현하려고 하는 조직은 반드시 하드웨어, 소프트웨어, 라이선스 등 SAM 관련 자산을 보유하고 있음과 동시에 사용하고 있을 것이다. 또한 SAM을 상정해서 정책을 세우거나 또는 시스템을 구축하고 있지는 않아도 SAM 관련 관리 프로세스 체제가 존재하는 조직도 적지는 않다. 따라서 먼저 조직에서 어떤 SAM 관련 자산을 보유하고 어떤 프로세스가 존재하는지 확인할 필요가 있다고 할 것이다. 현황 파악이 완료되면 현재 수행되고 있는 관리에 잠재적 위험 분석을 실시한다. 위험 분석을 실시함으로써 우선적으로 관리해야 할 자산과 해결해야 할 문제점을 선정하기

---

[157] JIS X 0164-1에서 본 SAM 설명서 활용방법, JIPDEC, 2011.6
[158] 상동

위한 조건을 밝혀내는 것이 가능하게 된다. 위험 분석이 완료되면, 관리 범위와 조직 및 자산을 선정할 수 있다. 전술한 바와 같이 한 순간에 모든 조직과 자산을 관리 대상 범위로 정하는 것이 아니라, 위험 분석 결과를 토대로 우선적으로 관리해야 할 자산과 조직을 선정한다. 관리 범위를 설정한 후 관리 프로세스를 개선하여 프로세스 실행을 위해 어떤 자원이 필요한지 확인한다. 여기서 리소스는 예산과 인원을 포함한다. 일반적으로 자원을 확보하기 위해서는 경영진의 승인이 필요하기 때문에 책정한 SAM의 도입 계획은 경영진의 승인을 얻을 필요가 있다.

〈표 5-14〉 SAM 도입 계획

| 절차 | 내용 |
| --- | --- |
| 현황파악[159] | • 보유 또는 이용되고 있는 소프트웨어 자산의 개요<br>• 소프트웨어 자산 현황, 관리 상황 (SAM 성숙도 평가 등을 포함)<br>• SW 수명주기 및 SAM에 관한 업무 프로세스의 개요<br>• SAM 관련 비용<br>• 소프트웨어 자산과 관련된 위험 |
| 체제 및 정책 수립[160] | • 현재의 구성과 이용 정책, 구매 정책 등 검토<br>• 범위 결정<br>• 도입하는 SAM의 구조 검토(조직의 상황에 맞는 솔루션)<br>• SAM 도입 방침의 책정 |
| 도입 계획 결정 | • 작업내용의 도출<br>• 도입 프로젝트 체제 결정<br>• 작업 일정 만들기<br>• 도입 비용 검토 |

출처: SAM 설명서 -도입을 위한 기초-, JIPDEC발행, 2012.2

[159] SAM을 도입함에 있어 처음 실시해야 할 것은 현실의 상태를 파악하는 것이다. 즉, 소프트웨어가 어느 부서에서, 어떠한 업무를 위해, 어떤 환경에서 이용되고 있는지에 대한 정책 검토가 필요하다.

[160] 현황 파악 후, 어떠한 SAM을 도입할 것인지, 어느 범위에서 실시할 것인지, 어떻게 대처해 나아갈 것인지 등에 대한 도입 정책을 검토하게 된다. 여기서 정책은 조직이 어떻게 SAM에 임하는 것이 효율적인가 하는 관점에서 중요한 것이며, SAM을 제대로 실현하기 위해 정책 수립 단계에서 경영자의 참여가 기대된다. 구체적으로는 SAM에 대한 경영자의 이해를 얻는 것과 동시에 SAM 정책에 경영자의 아이디어를 이끌어 내는 것이 중요하다. 책정한 SAM 정책에 대한 경영자의 승인을 얻고 경영자 스스로가 적극적으로 추진하는 것이 바람직하다.

## 3. SAM 구현

(1) 목적 (4단계 적용)

SAM 구현 프로세스의 목적은 SAM의 전체 목적 및 SAM 계획을 확실하게 달성하는데 있다.

(2) 성과

SAM 구현(도입) 프로세스의 구현은 조직으로 하여금 다음을 입증할 수 있도록 한다.

- 부문 SAM 관리책임자의 정보를 포함하여 연중 SAM 계획에 미치는 영향, 문제점 및 위험에 대한 정보를 수집하기 위한 구조(매커니즘)가 정비되어 있다(4단계).

- SAM 관리책임자는 이사회 또는 이에 상응하는 기관에 보고하기 위해 SAM 계획을 기준으로 한 전반적인 진행상황에 대해 상세 정기 상황보고서(분기당 최소 1회)를 작성한다(4단계).

- 밝혀진 불일치에 대해 추적조사를 신속하게 실시하고 문서화한다(4단계).

(3) 성과실현의 포인트와 준수사항[161]

조직에서 처음 SAM을 구현(도입)하는 경우, 당초 책정한 구현 계획대로 구현이 진행되지 않는 경우가 있다. 관리부서가 총괄적으로 조직관리를 하는 경우에는 발생하는 제반 문제를 파악할 수 있지만, 분산관리의 경우에는 문제를 정확하게 파악하는 것이 어려울 수도 있다. 왜냐하면 분산관리의 경우 실제 관리부서 관리책임자 및 담당자에게 위임하여 해당 조직의 관리책임을 맡기게 되므로, 총괄 관리책임자는 부서 관리 책임자의 보고에 의지하지 않을 수 없기 때문이다. 문제가 발생했을 때, 총괄 관리책임자가 문제를 적시에 파악할 수 있는 연락 체제를 구축하는 것이 필요하다. 따라서 연락 체제를 구축하는 것과 동시에 SAM 책임자가 제대로 보고하려는 의식을 가지고 있어야 하고, 아울러 정기적으로 교육을 실시하는 것이 필요하다. 또한 문제의 발생을 감지하기 위한 감사 체제를 정비하고, 문제를 스스로 발견할 수 있는 체제를 정비하는 것도 중요하다.

---

[161] JIS X 0164-1에서 본 SAM 설명서 활용방법, JIPDEC, 2011.6

(4) 결론[162]

SAM 계획을 안정적으로 수행하기 위해서는, SAM 계획에 영향을 미치는 변경(조직 보유 자산의 대폭적인 교체, 사용하는 소프트웨어의 라이선스 의 변경 등)과 구축한 SAM 계획을 실행한 경우에 발생할 문제 위험을 제대로 파악하는 것이 요구된다.[163] 이러한 정보를 수집하기 위해서는 SAM 계획에 영향을 미치는 변경이나 문제 위험을 수집하는 규칙을 제정하고, SAM 책임자에게 책정한 규칙에 대한 교육을 실시하는 것이 필요하다. SAM 책임자에 대한 교육을 실시할 때, 보고 규칙과 동시에 어떤 사건이 발생했을 경우에 보고할 것인지를 명확하게 한다. 동일한 사건에서도 판단하는 사람은 문제점과 위험 여부의 판단이 달라질 수 있다. 특히 SAM 계획에 영향을 미치는 문제로 정의되고 있는 상태에서는 어떤 사건이 발생할 경우에 보고 해야 할지 판단할 수 없다. 어떤 사건을 보고해야 하는지 전달할 경우, 사건이나 관리하는 소프트웨어의 라이선스 제도가 변경된 경우 등 구체적인 사례를 바탕으로 소개하는 것이 바람직하다. 또한 수립된 SAM 계획이 안정적으로 실행되는 것을 확인하기 위해 SAM의 총괄 관리 책임자가 SAM 계획을 기준으로 진행 보고서를 작성하고 경영진에 보고해야 한다. 보고서는 SAM 계획에서 예정되어 있는 이벤트가 확실하게 되어 있는지 뿐만 아니라 정기적으로 실시하는 자산의 조사 및 감사에 문제점이 발견되지는 않았는지, 기타 비정기적으로 발생하는 SAM 계획에 영향을 미치는 문제점도 함께 보고하는 것이 바람직하다. SAM 계획에 영향을 미치는 문제점이 발견된 경우에는 신속히 조사하여 문제점에 대한 규명 및 대응이 필요하며, 조사 결과는 문서화하고 경영진에 보고하는 것이 필요하다.

### 4. SAM 모니터링 및 평가 (검토)

(1) 목적 (2단계 및 4단계 적용)

SAM 모니터링 및 평가(검토) 프로세스의 목적은 SAM 구현을 통한 관리목적의 달성을 확인하는데 있다.

(2) 성과

SAM 모니터링 및 평가(검토) 프로세스의 구현은 조직으로 하여금 다음을 입증할 수 있도록 한다.

---

[162] JIS X 0164-1에서 본 SAM 설명서 활용방법, JIPDEC, 2011.6
[163] SAM의 도입 방침 등을 검토함에 있어 소프트웨어에 관련된 위와 같은 관점에서 상황을 파악하는 것 외에도 소프트웨어 자산과 관련된 위험을 분석 평가하는 것이 중요하다.

- 공식적인 평가가 다음과 같은 목적으로 적어도 1년에 한번 실시된다(4단계).
  - 가. SAM 관리목적 및 SAM 계획이 달성되고 있는지 평가
  - 나. SAM 계획 및 SAM 관련 서비스 수준 합의서에 규정된 모든 수행측정 지표에 대한 결과의 요약 (SAM 요구사항을 충족할 수 있는 서비스 수준의 합의서는 SAM 그 이상을 포괄하는 것이다.)
  - 다. SAM 프로세스의 적합성 검증 결과에 대한 소견
  - 라. 상기의 기준에 따른 다음의 결론
    ① SAM과 연관 있는 경영진에 의해 승인된 정책이 본 표준의 목적을 위해 규정된 조직 전체 범위에 걸쳐 효과적으로 전파되는지 여부
    ② 경영진에 의해 승인된 SAM과 연관 있는 프로세스 및 절차가 본 표준의 목적을 위해 규정된 조직 전체 범위에 걸쳐 효과적으로 구현되는지 여부
  - 마. 위의 결과로 조치해야 할 필요가 있는 확인된 위반사항과 작업의 요약
  - 바. 소프트웨어 및 관련자산에 대한 서비스제공을 통한 개선 기회의 특정
  - 사. 정책, 프로세스 및 절차의 지속적인 적절성, 완전성과 정확성에 대해 검토할 필요가 있는지 여부의 고려

- SAM 관리책임자는 공식적으로 보고서를 승인하고, 그 결과로 취하게 될 의사결정과 행동을 문서화하며, 이사회 또는 이에 상응하는 기관에 배포하고 있다(4단계).

- 비용대비 효과가 최대가 되도록 소프트웨어 및 관련자산이 제대로 배포되고 있는지에 대해 정기적인 검토(최소한 1년에 1회)를 하여 가능한 한 개선을 위한 권고가 이루어진다(2단계 및 4단계). 특히, 이 과정은 라이선스 최적화라 할 수 있다. 이 라이선스가 최대한 효과적이라는 것을 확인하는 것이다. 자산의 가치기준은 최적화의 기준으로 기록 및 사용될 것이다. 가치기준은 소프트웨어의 가치를 기록하기 위해 조직에서 선택한 비용이다. 또한 그것은 조직이 지속적으로 라이선스의 가치 최적화를 모니터링 할 수 있도록 시간이 지남에 따라 변화를 측정하는 것을 말한다. 또한, 이 성과의 주된 범위는 제4단계에 있고, 개선을 위한 즉각적인 기회 확인은 제2단계에 있다고 할 것이다.

(3) 성과실현의 포인트와 준수사항[164]

SAM뿐만 아니라 감사 및 평가를 수행하려면 관리를 실시하는 책임 및 담당은 다른 부서의 직원이 맡아서 실시하는 것이 바람직하다. 감사 부서가 있는 조직도 많지만, 감사 부서가 SAM에 대한 지식을 가지고 있지 않은 것이 현실이라고 생각한다. 또한 SAM의 지식이라는 관점에서 생각하면 관리 부문이 가장 적합하지만, 관리 부문과 감사 부문이 동일한 경우 자체 감사가 되어 객관적으로 감사할 수 없기 때문에 바람직하지 않다고 할 것이다.

(4) 결론[165]

SAM의 감사 및 평가의 목적은 구축한 SAM 계획을 실행하는 것을 보장하기 위한 것이다. 이 프로세스에서 감사 및 평가의 주요 특징은 다음과 같다.

- SAM의 관리 목표 및 계획이 달성 되었는가
- SAM 계획 및 SAM에 대한 서비스 수준에서 규정한 실시 계획 지표에 관한 결과를 요약하고 있는가
- 책정된 SAM 정책이 관리 조직에 효과적으로 주지되고 있는가
- SAM의 실행에 영향을 미치는 문제점 및 개선점을 보고하고 있는가

상기와 같이 감사 및 평가 실시 전에 항목을 책정하는 것이 아니라 SAM 계획을 수립하는 시점에 평가 내용(항목)을 책정하는 것이 필요하다. 감사 및 평가 내용을 책정함에 있어 SAM의 경험이 부족한 담당자의 경우 실시 계획 지표설정을 구체적으로 어떻게 설정해야 할지 상정하는 것이 곤란할 수 있다. 일반적으로 감사 및 평가는 목표로 삼아야 하는 관리 상태와 현재의 관리 상태를 비교하여 차이가 발생하는 부분을 추출하는 것이 일반적이다. 그러나 SAM의 경험이 부족한 담당자의 경우, 이상적인 관리 상태를 가정하는 것이 어렵기 때문에, 감사 및 평가 포인트를 상정하는 것이 어려울 것이다. 구체적인 감사 포인트 추출방법은 상기 "(2)성과" 부분을 참고하기 바란다. 감사 및 평가 결과는 총괄 SAM 관리책임자가 보고서를 작성하여 이사회에 보고하는 것이 요구된다.

〈표 5-15〉 SAM 감사 계획 수립

| SAM 감사 개요 | 감사 목적 | 감사대상 부서 |
|---|---|---|
| 라이선스 준수<br>(법적 위험 감소) | • 라이선스 위반을 일으키지 않기 위한 정책과 통제를 위한 절차가 제대로 정비되어 있는지 확인<br>• 라이선스 위반이 일어나지 않도록 통제가 적절하게 운영되고 있는지 확인<br>• 라이선스 위반이 발생하지 않음을 확인 | 정보시스템부<br>연구개발부<br>경영지원부 |
| TCO 절감<br>(구입 비용) | • 비용을 고려한 SW 구매 정책 및 절차가 제대로 정비되어 있는지 확인<br>• SW 구매 절차가 제대로 운영되고 있는지 확인 | 정보시스템부<br>조달부서<br>재무회계 부서 |
| TCO 절감<br>(관리 비용) | • 업무와 절차, 신청서 등 단순화 및 일반화할 수 있는 요소에 대해 그 타당성과 효과에 대해 확인<br>• 운영 및 관리 등 표준화 및 통일화할 수 있는 요소에 대해 그 타당성과 효과에 대한 확인<br>• 업무 또는 정보 등 일원화 및 집중화할 수 있는 요소에 대해 그 타당성과 효과에 대한 확인 | 정보시스템부<br>경영지원부<br>재무회계 부서 |

출처: SAM 설명서-도입을 위한 기초-, JIPDEC발행, 2012.2

164 JIS X 0164-1에서 본 SAM 설명서 활용방법, JIPDEC, 2011.6
165 상동
166 ISO/IEC 19770-1 에서 대상으로 하고 있는 소프트웨어는 실행 소프트웨어(OS, 어플리케이션 프로그램, 유틸리티 프로그램 등)와 비 실행 소프트웨어(글꼴, 이미지, 사전, 템플릿 등)를 모두 포함하고 있다.

〈표 5-16〉 SAM 감사 절차 예

| 요구사항 | 감사절차 | |
|---|---|---|
| | 정비상황 | 운용상황 |
| 무단 사용에 대한 교육을 실시하고 있는가? | 1. 소프트웨어 라이선스의 무단 사용에 대해 교육을 실시하는 취지가 관리 규정에 규정되어 있는지 확인한다.<br><br>2. 소프트웨어 라이선스의 무단 사용에 대한 교육 절차가 규정되어 있는지 확인한다. | 1. 소프트웨어 라이선스의 무단 사용에 대한 교육 계획이 수립되고 SAM의 책임자에 의해 승인되어 있는지 확인한다.<br><br>2. 소프트웨어 라이선스의 무단 사용에 대한 교육 수강 내역을 확인하고 교육 대상 전원이 수강하고 있는지 확인한다.<br><br>3. 소프트웨어 라이선스의 무단 사용에 대한 교육 수강 이력이 SAM의 책임자에 의해 승인을 받고 있는지 확인한다. |

출처: SAM 설명서-도입을 위한 기초-, JIPDEC발행, 2012.2

〈표 5-17〉 SAM 구현 시 대상 범위 및 접근방식 분류표

| 구분 | 대상 |
|---|---|
| 이용범위 | • 전체 부서<br>• 복수 부서<br>• 특정 부서 |
| 중요성 | • 수량<br>• 금액<br>• 품질<br>• 위험 |
| 이용형태 | • 복잡, 다양성(시스템개발부문 등)<br>• 단일, 획일성 |
| 구입형태 | • 라이선스계약에 의한 중앙 집중구매<br>• 부문별 개별 구매<br>• 하드웨어 번들(OEM 및 사전설치) 구매 |

출처: SAM 설명서-도입을 위한 기초-, JIPDEC발행, 2012.2

〈표 5-18〉 SAM 도입 시 대상 범위 및 접근방식 분류표

| 구분 | 범위 |
|---|---|
| 조직 | • 전체부문으로 할지<br>• 특정부문(예컨대, 관리부문, IT부문 등)으로 할지<br>• 지방 연구소, 공장, 작업현장을 포함 할지 |
| 소프트웨어[166] | • 실행 가능한 소프트웨어만으로 할지<br>• 비 실행 소프트웨어를 포함할지<br>• OS, 유틸리티, 미들웨어, 어플리케이션 등 모두를 대상으로 할지<br>• 유무상 소프트웨어를 모두 포함할지<br>• 자체 개발한 소프트웨어를 포함할지<br>• 직원 개인 소유의 소프트웨어를 어떻게 취급할지 |
| 하드웨어 | • 컴퓨터, 서버, 호스트 등 어떤 종류의 하드웨어를 대상으로 할지<br>• 대상으로 하는 플랫폼(MAC, Linux, Unix 등)도 포함할지<br>• 네트워크에 연결된 것만 대상으로 할지<br>• 기기 등에 포함되어 있는 제어용 컴퓨터, PDA 등 모바일 제품, 전용장비도 포함할지<br>• 개인 소유의 하드웨어 처리를 어떻게 할지 |
| 기타 관련 자산 | • 라이선스 계약 및 증서, 구입시 증빙서(계산서 등) 등 라이선스를 증명하는 것으로 어떤 것을 적용할지<br>• 설치 매체로 어느 것을 대상으로 할지(CD, DVD, FD, HD의 이미지 등)<br>• 구입시 패키지 제품으로 포장, 설명서 등을 대상으로 할지 |

출처: SAM 설명서-도입을 위한 기초-, JIPDEC발행, 2012.2

**5. SAM 지속적인 개선**

(1) 목적 (4단계 적용)

SAM 지속적인 개선 프로세스의 목적은 소프트웨어와 관련자산의 사용 및 SAM 프로세스 자체에서 개선기회를 식별하고, 그것이 타당하다고 판단되는 경우에 적절히 대처하는 것을 보장하는데 있다.

(2) 성과

SAM 지속적인 개선 프로세스의 구현은 조직으로 하여금 다음을 입증할 수 있도록 한다.

- 일년 내내 모든 출처로부터 발생하는 SAM에 제안된 개선안을 수집하고 기록하는 매커니즘이 있다(4단계).

- 개선이 필요한 제안에 대하여 정기적으로 평가하고 우선순위를 정하며, SAM 구현 및 개선 계획에 포함시키기 위해 승인을 받는다(4단계).

(3) 성과실현의 포인트와 준수사항[167]

SAM의 개선에 관한 정보는 두 가지 유형으로 분류할 수 있다. 첫째 조직 내부에서의 정보이다. 이는 SAM의 운용 중에 발생하는 사고와 사고 발생 전 문제를 파악하여 미연에 사고를 방지하는 것이다. SAM의 사고는 관리자로부터 수집이 요구된다. 조직에서 집중관리 할 경우 관리 담당자가 특정되어 있기 때문에 정보의 집중을 용이하게 할 수 있지만, 분산관리의 경우 관리자가 부서마다 존재하기 때문에 정보 수집이 곤란하게 된다. 실제로 관리를 하는 자로부터 정확한 정보를 수집하지 못하면 지속적인 개선을 할 수 없게 되기 때문에 항상 정보를 수집할 수 있는 체제를 정비하지 않으면 안 된다. 둘째, 소프트웨어 벤더 등 외부로부터의 정보이다. 이는 라이선스 체계의 변경 등 SAM에 적용하여 준수해야 할 요건의 변화를 가리킨다. 외부에서 정보를 수집하는데 있어 조직이 사용하는 각각의 모든 소프트웨어 벤더의 정보로부터 수집하는 것은 현실적이지 않다. 따라서 표준 소프트웨어 및 개별 이용 소프트웨어 등 조직에서 우선적으로 관리해야 할 소프트웨어 공급업체를 정보수집 대상으로 하는 것도 좋은 방안이다. 아울러 SAM 컨설팅 회사 등에서 정보를 수집하는 것도 또 다른 방안일 수 있다.

---

[167] JIS X 0164-1에서 본 SAM 설명서 활용방법, JIPDEC, 2011.6

(4) 결론[168]

SAM 개선안의 수집 및 실행은 PDCA 사이클의 Act(개선)에 해당한다. SAM은 1회 구축으로 종료되는 것이 아니라, 지속적으로 운영하는 것이 필요하다. 적절한 SAM을 유지하기 위해서는 PDCA 사이클을 돌릴 수 있어야 한다. 지속적인 개선을 위해는 SAM의 운용시 발생하는 사고 사례를 모으는 것이 요구된다. 왜냐하면 취합된 사고 사례의 재발을 방지하기 위해 개선방안을 마련할 필요가 있기 때문이다. 따라서 조직 내에서 발생한 SAM에 관한 사고는 조직 전체를 총괄하는 관리책임자에게 모아져 상시 파악하여 대비하는 것이 필요하다. 또한 총괄 관리책임자는 취합한 사고 사례를 분석하고 유사한 사고가 발생하지 않도록 사전 예방조치를 마련하는 것도 중요하다. 또한 조직 내에서 정보뿐만 아니라 소프트웨어 공급업체 등의 정보 수집도 함께 할 필요가 있다. 왜냐하면, 소프트웨어는 벤더가 정한 사용권 조건에 따라 사용하는 것이 의무화되어 있기 때문에, 최초의 사용권 조건이 바뀌었을 경우 이에 대응해야 하기 때문이다. 이렇게 취합된 SAM에 관한 개선안은 조직에 미치는 영향을 고려하여 어떻게 대응하는 것이 합리적이고 효율적인지에 대해 그 우선순위를 선정할 필요가 있다. 책정된 개선안은 실시되지 않으면 아무 의미가 없고 반드시 조직 내에서 실행되도록 통지 및 교육을 통해 조직에 보고하고 알려야 한다. 조직에 보고하고 알린 후에도 개선책이 조직 내에서 실행되고 있는지 확인하고, PDCA 사이클이 안정적으로 구동되도록 하는 것이 필요하다.

[168] JIS X 0164-1에서 본 SAM 설명서 활용방법, JIPDEC, 2011.6

> **TIP**
>
> "당신이 소프트웨어를 적절히 사용하고 관리함에 있어 고려해야 할 사항 및 이유를 설명하기 위해, IT 영역 외부(예, 기업 내 기타 비즈니스 자산 등)를 통해 또 다른 규칙을 살펴보는 것도 유용하다. 당신이 회사에서 회사 차량 전체를 관리하는 역할을 맡았다고 가정해 보자. 당신의 1순위 업무는 비즈니스로 소유하는 차량을 특정하고 그 차량의 자격을 온전히 증명하여 직원이 이용할 수 있도록 하는 것이 될 것이다. 즉, 리스기간 만기, 비용, 자동차세, 보험료, 직원 책임 조항 등을 관리하게 되는 것이다. 일단, 당신이 이러한 세부사항을 수집해 왔다면, 기본적인 정부 법규를 준수하고 있고, 차량이 적절하게 회사에 의해 관리되고 있는지 여부의 평가를 시작할 수 있을 것이다. 당신이 평가할 수 있는 이러한 기준 하에서, 비용 대비 양호한 가치를 얻고 있는지, 현재 차량에 대해 최상으로 활용하고 있는지, 직원이 다른 브랜드 또는 모델로 더 적합해 질 수 있는지 등을 검토할 수 있다. 무엇보다도 각 사업부문에서 새로운 차량을 요청하는 경우, 현재의 재고를 기준으로 검토할 수 있고, 제반 정보에 기반한 의사결정을 할 수 있다. 우리는 사용자가 행복하고 비용은 최소가 될 수 있도록 유지하기 위해 업무를 조정할 필요가 있다. 동일한 논리는 소프트웨어도 적용 될 수 있다." — Published by Martin Thompson on Jun 28th, 2011

## VI. SAM 재고 프로세스

**1. 일반**

SAM에 대한 재고 프로세스는 소프트웨어 및 관련자산을 전체적으로 관리함에 있어 대장과 기록을 작성 및 갱신하고 유지하는 것을 말한다. 그리고 다른 SAM 프로세스에서 소프트웨어 및 관련자산의 관리가 통일적임을 확인하는 데이터 관리 기능을 제공한다. SAM에 대한 재고 프로세스는 SAM에서 뿐만 아니라 구성관리에서 기초가 된다. 모든 IT 자산(소프트웨어 및 관련 자산뿐만 아니라) 및 이러한 모든 자산 사이의 관계를 대상으로 하는 한, 비 IT자산도 포함된다는 점에서 구성관리는 SAM의 적용범위를 넘는다고 할 것이다. IT 서비스관리를 포괄하는 프로그램(프로젝트)의 맥락에서는 SAM에 대한 재고프로세스는 구성관리의 일부로 간주될 수 있다. 재고 프로세스는 전체 SAM 프로세스의 적절한 작동을 위하여 또는 재고 프로세스에 의존하는 IT 서비스관리 프로세스를 위해 정기적으로 실행될 필요가 있다. 특히 국제표준의 다른 파트에 의해 규정된 것과 같이 표준화된 정보구조는 자동화를 포함하여 SAM에 대한 정보 프로세스를 용이하게 할 것이다. SAM의 재고 프로세스는, 첫째 소프트웨어자산의 식별, 둘째 소프트웨어자산의 재고관리, 셋째 소프트웨어자산 통제로 구성된다.

**2. 소프트웨어자산 식별**

(1) 목적 (1단계 및 4단계 적용)

소프트웨어자산 식별 프로세스의 목적은 자산의 필요한 분류를 선택하고 그룹화되어 있는지를 확인하는 것이다. 그리고 위 목적은 소프트웨어 및 관련자산의 효과적이고 효율적인 관리를 가능하도록 적절한 특성에 따라 정해진다.

(2) 성과

소프트웨어자산 식별 프로세스의 구현은 조직으로 하여금 다음을 입증할 수 있도록 한다.

- 관리해야 할 자산의 종류와 그와 관련된 정보는 공식적으로 다음의 점을 근거로 정의한다(4단계). 또한 데이터 유효성 검사 요구사항도 이 과정의 일부로 정의할 수 있으며, 이 정보는 정의 및 관리 소프트웨어 식별 태그에서 적절하게 추출할 수 있다(19770-2 참조).

─ 가. 전체 생명주기에서 관리가능하고 추적가능 하다는 것을 보장하기 위해 설정된 선택기준을 사용하여 관리해야 할 항목을 선택하고 그룹화하며 분류하고 특정한다. 특히 비즈니스와 안전중시 자산 및 고 위험 자산은 우선적으로 관리할 필요가 있고, 더 세부적인 수준으로 관리할 필요가 있다.

─ 나. 관리해야 할 항목은 다음과 같다.
　　① 소프트웨어 설치 및 실행이 가능한 모든 플랫폼
　　② 소프트웨어 최종 마스터 버전 및 배포용 사본
　　③ 소프트웨어 빌드 및 릴리스(마스터 버전 및 배포용 사본)
　　④ 설치된 모든 소프트웨어
　　⑤ 소프트웨어 버전
　　⑥ 범위 내에서 소프트웨어를 식별하는 방법. 국제표준의 다른 파트에 의해 규정(ISO/IEC 19770-2)된 것처럼 소프트웨어 식별 태그를 적절하게 정의하고 유지하여 적절한 정보를 선별할 수 있다.
　　⑦ 패치 및 업데이트
　　⑧ 기본 라이선스 및 유효한 정식 라이선스의 사용권 계약
　　⑨ 사용권 계약의 증빙서
　　⑩ 서면과 전자문서를 포함한 소프트웨어자산 계약서(계약조건을 포함)
　　⑪ 상기와 관련되는 물리적 또는 전자적 저장소
　　⑫ 라이선스 방식

─ 다. 소프트웨어는 소프트웨어 제조자 또는 개발자가 릴리스 한 구체적인 제품에 해당하는 파일과 박스제품에 의해 관리하는 것이 바람직하다.

─ 라. 모든 자산에 필요한 기본정보는 다음과 같다.
　　① 고유 아이디
　　② 명칭 및 설명
　　③ 위치
　　④ 관리담당자(또는 관리책임자)
　　⑤ 상태(예컨대, 테스트 및 생산상태, 개발 및 빌드 상태)
　　⑥ 종류(예컨대, 소프트웨어, 하드웨어, 부대설비)
　　⑦ 버전(해당되는 경우)

- 어떤 종류의 정보가 어디에 저장되었는지 분명한 보관시설과 재고장부가 존재한다. 그리고 여기에서 언급한 정보의 사본은 원본이 된 최종버전 소스의 기록까지 거슬러 올라갈 경우에만 허용될 수 있는 기술이다(1단계).[169]

(3) 성과실현의 포인트와 준수사항[170]

위에서도 언급했듯이, 이 프로세스의 포인트는 SAM의 대상을 식별하고 효율적으로 관리할 수 있도록 적절하게 분류하는 일이 필요하다. 다시 한번 주요 핵심 포인트를 나열하면 다음과 같다.

---

[169] 일반적으로 이러한 레지스터는 지정된 자산의 물리적인 수집물 또는 각 저장소와 인벤토리 내에 있는 자산목록을 말한다. 예컨대, SAM 자산의 정의된 유형, 정보관리 담당자 성명, 참조할 수 있는 저장소 및 인벤토리 위치 등을 말한다.
[170] JIS X 0164-1에서 본 SAM 설명서 활용방법, JIPDEC, 2011.6

- 무엇이 관리 대상인지를 구체적으로 정의할 것
- 효율적인 관리를 위해 대상자산을 그룹 유형으로 정의하고 분류 기준을 작성할 것
- 관리해야 할 항목이 식별 가능할 것
- 라이프 사이클 전반에 걸쳐 관리가 가능할 것
- 대상자산은 플랫폼으로부터 증서와 매체 등 관련된 모든 자산의 대상이 될 것
- 대상자산을 고유하게 식별 가능할 것
- 사본은 원본을 추적할 수 있을 것
- 소프트웨어 버전 및 빌드 등을 고려할 필요가 있을 것
- 대상자산의 상태도 관리할 필요가 있을 것

### (4) 결론[171]

- 대상자산의 분류

이 항목에서는 SAM을 효율적으로 실시하기 위해 대상자산에 대해 정의하고 종류를 결정하여 그룹화할 수 있도록 하는 것이 필요하다. 대 분류로는 소프트웨어, 플랫폼으로서의 하드웨어, 관련 자산으로의 계약서 및 증서, 설치매체 등 관련부재로 나눌 수 있다. 여기서 소프트웨어는 먼저 관리해야 할 대상으로서 논리적인 것(무형 자산)이라고 간주할 수 있으며, 해당 소프트웨어는 물리적 실체로서 하드웨어에 도입된 물리적으로 저장된 소프트웨어, 개발중인 소프트웨어, 릴리스 되기 전 설치 가능한 소프트웨어, 개발중인 소프트웨어(소스 프로그램 등) 등으로 파악할 수 있다. 한편, 소프트웨어 라이선스의 관점에서도 파악할 수 있는 소프트웨어 라이선스에 대한 물리적 실체는 라이선스 계약서, 라이선스 증서 등의 종이 또는 전자적인 것으로 존재한다. 또한 소프트웨어는 이름, 버전, 제조업체, 용도, 기능, 제조 업체의 제품번호 등 개별 소프트웨어에 관한 특정 정보를 가지고 다음과 같이 다양한 관점에서 분류할 수 있다.

― 가. 유상 또는 무상
― 나. 번들 제품, 정상제품, 평가 판
― 다. 클라이언트 소프트웨어, 서버 소프트웨어
― 라. OS, 미들웨어, 드라이버, 응용 프로그램, 템플릿, 패치, 콘텐츠
― 마. 기타

마찬가지로 하드웨어 관련부재에 있어서도 다양한 관점에서 분류할 수 있다. 이 항목에서는 어떻게 분류할 것인지를 수행하려면 SAM의 목적, 대상범위의 상황, 관리의 내용과 수준 등에 따라 분류할 항목 등이 어떤 분류에 해당하는지의 기준을 세워야 한다.

---

[171] JIS X 0164-1에서 본 SAM 설명서 활용방법, JIPDEC, 2011.6

- 관리항목

    관리항목은 대장의 항목으로 생각할 수 있지만, 그 내용은 SAM의 목적이나 실시 내용에 따라 결정된다. SAM의 대장은 SAM을 실시하기 위해 기본이 되는 것이며, 관리항목의 설정은 SAM의 효과에 큰 영향을 미칠 것이다. 대장의 항목을 검토하는 경우 다음과 같은 점에 유의할 필요가 있다.

    ― 가. 관리에 필요한 항목이 망라되어 있을 것
    여기에서 실시하려고 하는 SAM 관리가 현실적으로 실시 가능한가 하는 점에서 생각해 보는 것이 바람직하다. 예를 들어, 라이선스 준수라는 측면을 생각해 보았을 때, 사용하는 소프트웨어의 라이선스 계약의 사용조건에서 요구하는 것이 있는지, 있다면 그것을 확인하기 위해 무엇을 파악해야 하는지 라는 점을 검토하고 필요 항목을 설정하게 된다. 또한 필요 사항을 검토하려면 먼저 위와 같은 요구사항을 검토하여 항목을 조사하고, 이후 해당 항목을 정리, 분류, 표준화 등을 실시하여 항목을 결정하는 것이 효과적이다.

    ― 나. 관리 기록으로 대장의 신뢰성(타당성, 정확성, 포괄성, 적시성)을 담보하기 위한 항목도 포함되어 있을 것
    생성되는 대장은 신뢰할 수 있는 것이어야 한다. 따라서 기록을 체크 및 승인해야 하며, 재고 결과와의 연계성 및 감사 등을 실시해야 한다. 결국 기록을 확인하는데 필요한 관련 정보(증빙서류, 관련 거래장 등)와의 일치 작업 등을 포함한 추적 가능성이 확보되어 있을 필요가 있다. 해당 기록이 언제 무엇을 기반으로 작성된 기록이며, 또한 무엇을 체크할 수 있는지 등을 알 필요가 있다. 아울러 이 기록의 포괄성과 정확성을 체크 가능하게 하는 연번, 체크디지트(입력 오류 등을 탐지하기 위한 추가 수치), 총합 등의 정보도 생각할 수 있는 것 중에 하나이다. 뿐만 아니라 해당 검사(체크)의 승인 및 일치 등과 같은 검증작업의 내용도 기록하는 것이 바람직하다. 검증작업의 내용을 기록함에 따라 대장기록을 봄으로써 해당기록이 검사 승인 등을 득한 것으로 신뢰할 수 있는 것임을 알게 된다. 끝으로, 이러한 검증기록은 SAM의 감사를 하는데 있어서도 필수적으로 기록된다.

    ― 다. 이용 시 적시에 효율적으로 이용 가능하게 하는 같은 항목이 포함되어 있을 것
    관리항목은 SAM의 관리에 이용되기 위한 것이며, 이용하려고 할 때 적절하고 효율적으로 이용할 수 없으면 효과적인 SAM의 실시에 지장을 주게 된다. 이를 위해 다음과 같은 사항을 고려하는 것이 바람직하다.
    ① 검색 가능하게 하기 위한 핵심 항목
    ② 다양한 관점에서 분류 가능한 항목
    ③ 관련 항목을 일치시키는 조합 가능한 항목

- 대상자산 상태 관리

    대상자산을 제대로 관리하기 위해서는 다양한 상태를 파악 후 관리할 필요가 있다. 상태관리의 예로 "테스트상태 또는 생산상태, 개발상태 또는 빌드상태"가 거론되고 있다. 여기에서는 소프트웨어 생명주기의 관점에서 어떤 상태를 파악하여 관리하는 것을 상정하고 있다. 라이프 사이클과 상태의 예는 다음 표와 같다.

〈표 5-19〉 라이프 사이클과 상태의 예

| 라이프 사이클 | 상태의 예 |
|---|---|
| 개발단계(또는 주문단계) | 생산상태, 개발상태, 빌드상태 |
| 릴리스 단계 | 테스트 상태, 릴리스 이미지 상태, 릴리스 된 상태 |
| 사용단계 | 도입상태(사용가능, 사용불가〈장애 중, 테스트 중〉) |
| 폐기단계 | 폐기 또는 반환 예정 및 처리 상태 |

출처: SAM 설명서-도입을 위한 기초-, JIPDEC발행, 2012.2

상태관리로는 역시 SAM의 관리목적, SAM의 구현 내용에 따라 어떠한 상태를 파악해야 할 필요가 있는지를 검토할 것이다. 라이프사이클 이외의 관점으로는 다음과 같은 것이 고려되고 있다.

— 가. 보관상태
— 나. 복제상태(원본, 사본 등)
— 다. 설정상태

### 3. 소프트웨어자산 재고관리

(1) 목적 (1단계 및 4단계 적용)

소프트웨어자산 재고관리 프로세스의 목적은 소프트웨어 자산의 물리적 실체가 적정하게 저장 되었는지, 모든 자산과 구성항목의 특성에 대해 필요한 데이터가 정확하게 생명주기에 걸쳐 기록 되었는지를 확인하는데 있다.

(2) 성과

소프트웨어자산재고관리 프로세스의 구현은 조직으로 하여금 다음을 입증할 수 있도록 한다.

- 다음과 같은 접근통제를 포함한 재고 및 물리적 또는 전자적 보관장치의 관리와 유지를 포함한 정책 및 절차가 수립, 승인되며 발행된다(1단계).
  — 가. 허용되지 않은 접근, 변경 또는 손상으로부터 보호
  — 나. 재해복구 수단의 제공

- 재고로 다음의 것이 있다(1단계).
  — 가. 소프트웨어 자산의 설치 또는 실행이 가능한 모든 장치와 플랫폼
  — 나. 허가를 얻어 설치한 모든 소프트웨어는 설치한 모든 플랫폼에 따라 다음 사항을 보여준다.[172]
  첫째, 도입을 위해 개별적으로 사용허가 및 배포 승인 권한을 얻을 수 있는 패키지 또는 버전
  둘째, 소프트웨어 업데이트 및 패치 상황.
  — 다. 보유하고 있는 기본 라이선스와 유효한 정식 라이선스

  기본 라이선스와 정식 라이선스의 재고를 물리적으로 구별할 필요는 없다.
  그러나 그 둘 사이에 구별할 수 있는 요구사항은 있다.

- 재고에 해당하는 물리적, 전자적 저장 대상은 다음과 같다.
  — 가. 소프트웨어(최종 마스터 버전과 배포용 사본) -1단계
  — 나. 소프트웨어 빌드와 릴리스(원본 및 배포용 사본) -4단계
  — 다. 소프트웨어 자산에 대한 계약(문서 및 전자 버전 모두) -1단계
  — 라. 라이선스 계약의 증빙서 -1단계

---

[172] 설치(또는 사용) 승인 소프트웨어 인벤토리는 분명하게 소프트웨어가 설치될 권한이 무엇인지 결정하는 중요한 기준이다. 아울러 소프트웨어를 가지고 있을 플랫폼 또는 장치의 주어진 인스턴스의 사용 및 설치여부를 결정하는 중요한 기준이 된다.

- 소프트웨어 설치 기준 이외의 기준에 따른 사용현황을 측정하기 위해 재고 또는 명확하게 정의된 분석 및 측정방법이 존재한다(1단계). 이러한 요구사항은 사용하고자 하는 소프트웨어 라이선스 방식에 의존한다. 예컨대, 사용권한 방식은 조직의 특정 부서의 직원 수 또는 일정한 기준을 충족하는 PC 수, 서버자원에 접근하는 사용자 수 및 터미널 수, 프로세서의 수, 프로세서의 처리능력 등의 수치 기준을 포함할 것이다.

- 상기의 자원을 계속해서 안정적으로 이용 가능하게 하기 위한 조치를 취한다(4단계).

- 생성된 각 재고 보고서에는 해당 정체성과 목적 및 데이터 소스를 포함한 명확한 설명이 있다(4단계).

(3) 성과실현의 포인트와 준수사항[173]

SAM의 재고 관리로 요구되는 것은, 앞서 언급했듯이 소프트웨어 자산 및 관련 자산을 제대로 파악 관리하는 것이며, 물리적 실체관리 및 보관처의 관리와 대상자산에 대한 무단 액세스로부터 보호뿐만 아니라 그들을 포함한 소프트웨어의 지속적 이용 가능성을 유지하기 위한 것이다. 이를 위해 필요한 정보를 수집 및 기록하고 그 기록을 유지할 필요가 있다고 할 것이다. 이러한 관리를 실현하기 위해 다음과 같은 점에 유의하는 것이 바람직하다.

- 대상자산의 적절한 재고관리를 실시하기 위한 정책 및 절차가 수립되어 있는가
- 관리대상이 특정되고 파악할 수 있도록 되어 있는가
- 관리에 대한 무단 액세스로부터 자산을 보호하기 위한 액세스 제어(접근통제)방법이 실시되고 있는가
- 계속적으로 이용 가용성을 유지하기 위한 대책이 실시되고 있는가
- 설치 수 이외의 기준에 따른 사용권의 이용상황을 파악 가능하게 되어 있는가
- 필요한 정보가 망라된 관리대장을 작성하거나 갱신되어 유지되도록 하고 있는가
- 재고관리에서 작성되는 대장 및 보고서 등에는 보고목적, 대상식별, 데이터 소스 등의 정보가 명확하게 되어 있는가

(4) 결론[174]

이 프로세스와 관련이 있는 항목으로는 "SAM 정책 결정"과 "SAM 구축"이 있다. 여기에서 구체적으로 "SAM 시스템의 재고 관리 정책", "관리대상의 파악과 특성", "관리대장의 작성 및 업데이트"에 대하여 기재하고 있다. 이외에 액세스 제어 방법

---

[173] JIS X 0164-1에서 본 SAM 설명서 활용방법, JIPDEC, 2011.6
[174] 상동

의 실시, 지속적인 사양 가능성을 유지하기 위한 대책의 실시(재난복구 대책), 설치 수 이외의 기준에 따른 사용권의 이용현황 파악, 재고 관리에 작성되는 대장 및 보고서는 추가로 설명하면 다음과 같다.

- 액세스 제어방법의 실시(접근통제)
  소프트웨어의 물리적 또는 전자적인 재고관리에서는 허용되지 않은 접근으로 인한 잘못된 재고를 추출하고, 부정이용·변조·파괴·삭제 등이 발생하지 않도록 적절한 액세스 제어방법을 실시하고 있어야 한다. 액세스를 적절히 제어함으로써 정확한 상황 파악과 변경관리, 무단 사용 방지, 가용성 확보 등이 가능해진다. 구체적으로는 정보 보안 관리의 일환으로 실시되는 것이라고 생각되지만 적어도 다음과 같은 점이 필요하다.

  — 가. 대상이 되는 각 재고에 대한 적절한 권한이 부여되어 있을 것
  — 나. 상기 부여된 권한 수행의 접근이 제한되어 있을 것

- 이를 수행하기 위해 권한부여의 상황관리 즉, 액세스 상황관리 등이 실시되어야 한다. 액세스 상황관리로는 무단 액세스를 발견할 수 있는 대책, 예컨대 액세스 로그 기록의 취득 및 체크 등이 있다.

- 지속적인 가용성을 유지하기 위한 대책의 실시(재난 복구대책)
  소프트웨어의 지속적인 가용성을 유지하기 위해서는 다양한 관점에서의 대책이 필요한 것으로 생각된다. 예를 들어, 재해 등으로 하드웨어가 파괴된 경우나 장애 등에 의해 소프트웨어가 손상 및 삭제된 경우에는 소프트웨어를 사용할 수 없는 상황이 되는데, 이용 가능성을 확보하기 위해서는 재해 및 장애를 회피, 방지, 경감하도록 하는 대책을 수립하여야 하며, 문제 발생시 신속히 복구할 수 있도록 하는 것이 필요하다. 가용성에 영향을 줄 수 있는 사항(위험)으로는 다음과 같은 경우를 생각할 수 있다.

  — 가. 재해 또는 장애
  재해 또는 장애로 인해 소프트웨어를 사용할 수 없게 되는 경우
  — 나. 부정 액세스
  무단 액세스로 소프트웨어가 조작·파괴·삭제 되는 경우
  — 다. 라이선스관리 미비
  소프트웨어 라이선스가 만료 등 적절한 업데이트 작업을 하지 않음에 따라 사용할 수 없게 되는 경우
  — 라. 재고관리 미비
  도입하고자 할 때 필요한 소프트웨어를 적시에 찾지 못했기 때문에 도입까지 시간을 요한다.

- 위와 같은 문제가 발생하지 않도록 관리 방법을 검토하고 대책을 강구해 두어야 한다. 대책을 검토함에 있어서는 이용 가능성의 관점에서 위험분석과 위험에 대한 대책을 함께 검토한다.

- 설치수가 아닌 다른 기준에 따른 사용권의 이용현황 파악

소프트웨어 라이선스의 사용조건은 여러 가지가 있다. 설치를 표준으로 하고 있는 것이 대부분 이지만, 설치에 기초하지 않고 다른 기준에 의해 정해지는 것도 있다. 기본적으로 소프트웨어 재고관리로서 상태와 소재는 관리가 필요한 사항이 되지만, 설치를 기준으로 하지 않는 경우에는 더 필요한 것이 무엇인지를 확인하고 필요한 정보를 파악할 수 있도록 관리해 두어야 한다. 예를 들면, 특정부서의 요원 수, 서버에의 액세스 이용자 수, 프로세서의 수 등을 열거할 수 있다. 어떤 정보를 파악해야 하는지는 사용하는 소프트웨어의 사용조건을 확인하고 해당 조건에 따라 검토해 두는 것이 바람직하다.

- 재고관리에서 작성되는 대장 및 보고서
  재고관리에 있어서는 각종 대장이나 보고서가 작성되게 되지만, 각종 대장 및 보고서에는 그 이용 목적이 무엇이고 어떤 정보가 대상이 되는지, 그 정보는 무엇에 따라 기록 되고 누가 언제 만들었는지 또한 각 대장 및 보고서 사이의 관계 등에 대해서도 명확하게 정의 되어 있을 필요가 있다. 아울러 해당 대장과 보고서 작성 절차 등도 개발되어 있어야 한다.

〈표 5-20〉 하드웨어 조사 (위)   〈표 5-21〉 하드웨어 대장 항목 (아래)

| 항목 | 내용 |
|---|---|
| 작업 수행 시 주의할 점 | • SAM 도구 등을 이용하여 하드웨어 정보를 검색하는 경우에도 정확한 정보 파악을 위해 현장 재고조사를 병행할 것<br>• 관리하는 H/W를 명확하게 한 후 작업을 실시할 것 |
| 성과물 | • 조직이 보유하고 있는 H/W 목록(H/W 대장) |

| 관리항목 | 항목내용 |
|---|---|
| 하드웨어 관리 번호 | • 해당 H/W에 부착된 고유 관리번호 및 바코드 포함 |
| 기기 종류 | • 데스크톱, 노트북, 프린터, 서버, 스캐너 등 |
| 제조업체 명 | • 해당 하드웨어 제조업체 이름 |
| 제품 번호 | • 제조업체 고유의 모델 번호 등 |
| 시리얼 번호 | • 벤더가 수리 시 요구하는 번호(중복되지 않는다고 말하기 어렵고, 관리 번호라고 할 수 없다) |
| 이용자 | • 해당 하드웨어의 이용자 |
| 사용부문 | • 이용자가 소속된 부서 |
| 관리자 | • 하드웨어 관리 담당자 |
| 관리부문 | • 관리자가 소속된 부서(사용 부서와 동일할 수 있다) |
| 설치장소 | • 해당 하드웨어가 주로 사용되는 위치 |
| 스펙 | • CPU, 메모리, HDD 용량 등 |
| 이전 이용자 | • 현재 이용자 이전에 해당 하드웨어를 사용하고 있던 이용자(이력) |
| 이전 관리자 | • 현재 관리자 이전에 해당 하드웨어를 관리하고 있던 관리자(이력) |

출처: SAM 설명서-도입을 위한 기초-, JIPDEC발행, 2012.2

〈표 5-22〉 자체 또는 외부인력에 따른 관리대상 자산 조사방법의 장단점

| 조사방법 | 상세방법 | 장점과 단점 |
|---|---|---|
| 자체 인력을 통한 조직의 자원 조사 | 예컨대, 정보시스템부 등 해당 관리부서의 인원만으로 조사 실시 | 〈장점〉<br>전문 인력에 의한 정확한 조사<br>〈단점〉<br>특정부서 및 인력에 업무 부하 집중 |
| | 장비이용자를 통한 조사 실시 | 〈장점〉<br>작업 부하 분산 가능<br>〈단점〉<br>조사 작업 인원이 많아지기 때문에 취득 정보의 정확성 유지 곤란 |
| 외부 위탁업체를 이용한 자원 조사 | IT 기기의 현장 조사를 서비스로 제공하는 기업에 조사를 위탁 실시 | 〈장점〉<br>조직의 작업 부하 감소<br>〈단점〉<br>위탁 비용 발생 및 보안 문제 |
| 조직 내 인력 및 외부 위탁업체에서 작업을 분담하여 자원 조사 | 작업 거점이나 대상 기기에 따라 조직 자체 인력과 외부 위탁업체와 공동으로 조사 실시 | 〈장점〉<br>작업 부하 및 비용 관련 최적화 실현<br>〈단점〉<br>작업 분담하여 작업 결과에 대한 책임이 모호해질 가능성 |

출처: SAM 설명서-도입을 위한 기초-, JIPDEC발행, 2012.2

〈표 5-23〉 인력 및 도구에 따른 관리대상 자산 조사방법의 장단점

| 조사방법 | 조사에 적합한 자산 | 장점과 단점 |
|---|---|---|
| 인력에 의한 조사 | • 하드웨어 소재 파악<br>• 라이선스 파악 | 〈장점〉<br>기기의 환경, 가동 상황에 관계없이 조사 가능<br>〈단점〉<br>작업 부하가 크다 |
| SAM 도구에 의한 조사 | • 하드웨어 스펙 파악<br>• 도입 소프트웨어 파악 | 〈장점〉<br>작업 부하가 낮다<br>〈단점〉<br>기기의 환경, 가동 상황에 따라 조사할 수 없는 경우 발생 |

출처: SAM 설명서-도입을 위한 기초-, JIPDEC발행, 2012.2

### 4. 소프트웨어자산 통제

(1) 목적 (4단계 적용)

소프트웨어자산 통제(관리) 프로세스의 목적은 소프트웨어자산과 소프트웨어 및 관련자산의 변경관리에 대한 통제 매커니즘을 제공하는데 있다. 그러한 프로세스에서 상황 및 승인에 대한 변경기록을 유지하는 것이 필요하다.

(2) 성과

소프트웨어자산 통제 프로세스의 구현은 조직으로 하여금 다음을 입증할 수 있도록 한다.

- 감사추적이 상황, 장소, 관리자 임무 및 버전을 포함한 소프트웨어 및 관련자산에 대한 변경 내용에 대하여 지속적으로 유지된다(4단계).

- 소프트웨어 버전, 설치 이미지와 빌드 및 릴리스에 대한 개발과 관리 및 유지보수를 위한 정책과 절차가 개발되고 승인되며 발행된다(4단계).

- 실제 배포에 대한 후속검사에 사용할 수 있는 방식으로 실제환경에 맞게 소프트웨어 출시(릴리스) 전 적절한 기준을 요구할 정책과 절차가 수립되고 승인되며 발행된다(4단계).

(3) 성과실현의 포인트와 준수사항[175]

이 항목을 실현하기 위한 포인트로 먼저 SAM을 실시하기 위한 재고관리의 구조가 제공되는 것이 필요하다. 재고관리 구조는 대상 자산의 변경 관리를 가능하도록 하여 감사 추적에 따른 변경내용을 작성하고 유지하도록 한다. 또한 대상 자산으로는 소프트웨어의 다양한 상태를 관리할 필요가 있는데, 여기에는 소프트웨어 버전 및 설치 이미지와 빌드 등이 포함된다. 아울러 출시 후에 바람직한 상태를 파악할 수 있도록 출시 이전에 출시 후의 상태를 관리할 수 있게 할 필요가 있다.

(4) 결론[176]

이 항목과 관련된 것으로 SAM의 구조에 관해서는 "SAM 정책 결정"과 "SAM 구축"부분에서 언급하고 있다. 다음에서는 업무 프로세스에 포함된 SAM의 구조검토와 변경관리 및 감사추적에 대해서 설명하기로 한다.

- 업무 프로세스에 포함된 SAM의 구조 검토

  조직에서의 소프트웨어 이용이라는 점을 감안하면, 소프트웨어를 이용할 때와 이용이 끝난 때 등 그 생명주기에 따라 다양한 업무 프로세스와 관련이 있는 것을 알 수 있다. 예를 들어, 소프트웨어의 이용을 위해서는 어떤 소프트웨어를 이용할 지 등과 같은 소프트웨어 이용 방침 및 이용 전략의 검토와 예산 수립, 구매 절차 이행과 구입 및 이용신청 등이 필요하게 된다. 또한 이용 중에도 소프트웨어 보안 업데이트와 업그레이드, 장애대응 등의 업무가 발생할 수 있다. 위와 같은 SAM의 관리대상에 관계되는 사건 중에는 SAM으로 관리해야 할 사항과 연관된

---

[175] JIS X 0164-1에서 본 SAM 설명서 활용방법, JIPDEC, 2011.6

사건이 있다. SAM의 구조로서는 이러한 관리 필요 사건이 발생했을 경우에 그것을 식별하고 기록 관리할 수 있게 해야만 한다. SAM을 수행하는 과정에서 SAM의 각종 대장 및 보고서 작성과 이용이 이루어 지게 되지만, SAM 관련 업무에서 SAM으로 관리해야만 하는 일이 발생했을 경우에 해당 사실을 파악하고 SAM에 필요한 정보를 취득하여 확실히 대장 등에 기록해야 한다. SAM을 실현하기 위한 시스템을 구축하는 경우에는 해당 자산에 관련된 다양한 업무 프로세스를 파악 분석하고, 어떤 점에서 어떻게 정보를 검색하고 어떻게 대장 등에 기록하여 나가는가 하는 점을 검토할 필요가 있다. 효과적인 SAM을 실현하기 위해 SAM 정책과 구조를 바탕으로 어떻게 업무 프로세스와 연계하여 프로세스에 SAM의 요소를 통합할 지가 매우 중요하다.

- 변경관리 및 감사추적

적절한 변경관리를 위해 대상자산에 대한 SAM의 관리항목에 대한 모든 변경사항을 식별하여 기록할 필요가 있다. 또한 이러한 변경은 추적성 및 감사 가능성이라는 측면에서 언제, 누가, 무엇을 기준으로 변경 했는지 알 수 있도록 기록되는 것이 바람직하다. 이 기록 중에는 승인 등의 흔적도 포함된다. 또한 이 기록은 신뢰성을 담보하기 위해 적절하게 보호할 필요도 있다. 변경 기록은 신청서와 전표로 작성되는 경우, 또는 증표 등으로 대체되는 경우, 경우에 따라서는 시스템에서 로그 등으로 확인 되는 경우도 있다. 적어도 SAM의 관리 항목과 관련하여 발생한 사건과 관련하여 어떠한 기록이라도 존재해야 한다.

---

[176] JIS X 0164-1에서 본 SAM 설명서 활용방법, JIPDEC, 2011.6

# VII. SAM 검증 및 준수 프로세스

### 1. 일반

SAM 검증 및 준수 프로세스의 목적은 사용권계약의 권리를 포함하여 SAM 정책, 프로세스 및 절차에 대한 모든 위반사항을 발견하고 관리하는데 있다. SAM 검증 및 준수 프로세스는 조직의 중요한 기능이다. 이 기능은 조직 자체적으로 실시하는 자체감사(자체 평가 프로세스)를 이르는 것이며, 유사성이 있다 할 지라도 외부업체(제조사)에 의해 시행되는 감사와 다르다. 전체적인 SAM 프로세스의 적절한 기능에 대해 그리고 그 기능에 의존하는 IT서비스 관리 프로세스에 대해 정기적으로 실시할 필요가 있다. SAM 검증 및 준수 프로세스에는, 첫째 소프트웨어자산 기록 검증, 둘째 소프트웨어 사용권 계약 준수, 셋째 소프트웨어자산 보안 준수, 넷째 SAM의 적합성 검증으로 구성된다.

### 2. 소프트웨어자산 기록 검증

(1) 목적 (1단계, 2단계, 4단계 적용)

소프트웨어자산 기록 검증 프로세스의 목적은 기록하려고 한 기록사항을 정확하고 완전하게 반영하고, 반대로 기록한 것은 승인절차 없이는 변경하지 않는다는 것을 보장하는데 있다.

(2) 성과

소프트웨어자산기록검증프로세스의구현은조직으로하여금다음을입증할수있도록한다.

- 소프트웨어자산 기록 검증 프로세스에 대해 다음과 같은 절차가 수립되고, 승인되며 발행되어 있다.(1단계).

— 가. 범위가 정의되거나 변경될 때 마다, 조직 및 소프트웨어 범위는 비즈니스 요구사항에 부합하도록 보장하기 위해 계약 및 구매 내역의 제시를 통해 해당 범위의 유효성 검사를 한다. 예를 들면, 다른 소프트웨어 제조사가 범위에 포함되는 경우이거나 기업 합병 및 분할의 경우 또는 소프트웨어 제조업체 중 소프트웨어의 소유권이 변경된 경우를 들 수 있다.

— 나. 각 플랫폼에 설치되어 있는 것과 설치 승인이 부여된 것과의 조정이 적어도 분기에 1회 이루어진다. 조정 시 기존의 조정이 있은 뒤에 변경된 것과 현재 설치되어 있는 확인된 위반사항에 대한 보고도 한다. 일부 변경은 소프트웨어를 식별하는 업데이트 방식으로 설명될 수 있다.이전에 하나의 응용프로그램으로 보고된 제품이 현재 정상적인 제품으로 식별되는 경우, 즉 업데이트 된 서명파일 이다.

— 다. 확인된 위반사항의 보고를 포함하여 하드웨어 재고가 적어도 6개월에 1회 설치장소를 포함하여 검증된다.

— 라. 확인된 위반사항의 보고를 포함하여 소프트웨어 프로그램(최종 마스터 버전 및 배포용 사본)의 재고가 적어도 6개월에 1회 검증된다.

— 마. 확인된 위반사항의 보고를 포함하여 소프트웨어 빌드(원본 및 배포용 사본)의 재고가 적어도 6개월에 1회 검증된다.

— 바. 확인된 위반사항의 보고를 포함하여 라이선스 계약을 증명하는 문서의 물리적 보관물을 적어도 년 1회 (그 진위 포함) 검증한다.

— 사. 필요한 수만큼의 기본 라이선스가 존재하는지, 그리고 유효한 정식 라이선스 개수가 이중으로 계산 되지는 않았는지 여부를 보장하기 위해 유효한 정식 라이선스기준 및 기본 라이선스에서 유효한 정식 라이선스계산을 적어도 연 1회 검토한다.

— 아. 확인된 위반사항의 보고를 포함하여 소프트웨어자산 관련 계약문서의 물리적 보관물에 대해 그 완전성을 적어도 1년에 한번 검증한다.

— 자. 확인된 위반사항의 보고를 포함하여 보관된 계약서를 적어도 1년에 한번 검증한다.

— 차. 잘못된 청구 및 초과 비용 지불 여부를 확인하기 위하여 과거의 송장을 정기적으로 검토한다. 이것은 적합성 검증의 일부로 간주하지만, 적합성 검증에 필요한 것보다 광범위하고 일반적이라 할 것이다.

— 카. 위에 명시된 모순 또는 문제에 대한 후속 조치를 취하고 문서를 만든다. 새로운 검증이 연속단계에서 일어나는 것처럼, 새로운 후속조치도 이 단계에서 증명해야 한다.

(3) 성과실현의 포인트와 준수사항[177]

소프트웨어자산 기록 검증 프로세스에서의 요구 사항을 실현하기 위한 포인트는 먼저 소프트웨어 자산을 실행하는 대상 하드웨어 자산을 포괄적으로 파악하는 것이다. 조직에서 관리해야 할 하드웨어 자산을 완벽하게 파악하지 못하는 경우가 많다. 예를 들어, 네트워크에 연결되어 있는 가동 하드웨어만 파악하거나 또는 관리부서가 배포한 하드웨어만 파악하거나 또는 오프라인 된 하드웨어를 빼버리거나 또는 조직이 지급한 것 이외의 하드웨어를 재고조사 하지 않는 등 다양한 경우를 생각할 수 있다. 하드웨어 자산을 완벽하게 파악하지 않는 한 그 위에 실행되는 소프트웨어 자산의 검증도 완벽하지 않게 된다. 아울러 조직으로서 관리 범위를 결정하기 위해 대상 범위의 검증을 실시하고 관리정책 및 절차를 정해 그 절차에 따라 검증하는 방법도 취할 수 있다. 그러나 이 경우에도 모든 하드웨어를 파악하고처음으로 관리범위 또는 정책을 결정해야 하기 때문에 역시 먼저 하드웨어 자산을 포괄적이고 정확하게 파악하는 것이 중요하다고 할 것이다. 그런 다음 실행중인 소프트웨어 자산의 파악은 SAM 도구를 이용하는 것이 일반적이다. SAM 도구 이용에

[177] JIS X 0164-1에서 본 SAM 설명서 활용방법, JIPDEC, 2011.6

대한 포인트는 실행중인 소프트웨어 자산에 대한 표준 요구사항을 실현하기 위해 어떤 PC에 어떤 소프트웨어가 설치되어 있는지를 SAM 도구에 의해 정확하게 파악하는 것 외에 도구에서 얻을 수 없는 오프라인 PC 및 서버 컴퓨터에서 실행되는 소프트웨어에 대해서도 빠짐없이 파악해야 하는 것을 잊지 말아야 한다. 또한 실행중인 소프트웨어가 어떤 라이선스로 허가되어 이용되고 있는지를 매칭시킬 필요도 있다. 마지막으로, 라이선스 계약을 증명하는 실제 문서의 보관, 이른바 라이선스 증서 및 라이선스에서 이용할 수 있는 유효한 라이선스의 수를 보유 라이선스 목록으로 파악하여 실행 소프트웨어와 일치시켜 태그 지정 등을 할 수 있게 된다. 일반적으로 최초로 자산 파악을 실시하는 조직에 있어서는 상당한 시간과 비용, 노력이 소요되지만, 일단 정확히 자산을 파악하고 그 절차 등을 문서화하면 이후의 실사 시에는 시간과 비용을 크게 줄일 수 있게 될 것이다.

(4) 결론[178]

이 프로세스에서는 관리해야 할 대상을 식별하여 관리항목, 검증방법에 대해 먼저 틀을 정하는 것을 보여주고 있다. 또한 재고조사, 감사, 평가, 개선, 교육 등 일련의 단계를 PDCA 사이클로 연간 계획을 수립할 필요성이 있음을 보여주고 있다. 그러한 운용설계를 기반으로 감사의 포인트로서 정기적인 모니터링이 필요하다. 아울러 설계대로 운용되고 있는지, 개선점은 무엇인지, 효율성은 있는지에 대해 중요한 포인트로 인식해야 한다. 소프트웨어 자산 기록 검증은 조직이 올바른 SAM 관리 시스템을 운용하는데 있어서, 기준점이 되는 중요한 항목 중 하나이므로 망라성(포괄성), 정확성, 연속성이라는 관점에 주의하여 이 요구사항을 실현하는 것이 바람직하다.

### 3. 소프트웨어 라이선스(사용권계약) 준수

(1) 목적 (1단계 적용)

소프트웨어 사용권 계약 준수 프로세스의 목적은 조직에 있는 개인 사용자가 보유하고 있지만 조직에서 사용하는 소프트웨어 및 관련자산과 관련된 모든 지적재산권에 대하여 조직이 적정하게 라이선스를 취득하는 한편, 계약조건에 따라 사용하는 것을 확실하게 하는데 있다.

---

[178] JIS X 0164-1에서 본 SAM 설명서 활용방법, JIPDEC, 2011.6

(2) 성과

소프트웨어 라이선스 준수 프로세스의 구현은 조직이 다음을 입증할 수 있도록 한다.

- 소프트웨어 사용권 계약준수 프로세스에 의해 다음과 같이 절차가 개발되고 승인되며, 발행된다(1단계).
  — 가. 사용권 계약조건에 따라 라이선스 요구사항이 결정됨을 감안하여 사용하는 소프트웨어에 대한 필요 라이선스와 보유하고 있는 유효한 정식 라이선스를 일치시키는 조정을 적어도 분기에 1회 실시한다.[179]
  — 나. 조정에서 판정된 불일치는 정확하게 기록하고 분석하여 근본원인을 규명한다.
  — 다. 후속조치의 우선순위가 정해지고 실행 된다.

(3) 성과실현의 포인트와 준수사항[180]

이 프로세스의 실현을 위한 작업은 SAM의 검증 및 준수 프로세스에서 실시하는 각 하드웨어에 어떤 소프트웨어가 설치되어 있는 지와 해당 소프트웨어의 설치 사용권이 제대로 부여 받은 것인지 여부를 조회하는 것과 거의 같은 내용이다. 다만, 이 항목에서는 설치 기반 소프트웨어를 SAM 도구 등으로 파악하고, 이에 해당하는 유효 라이선스를 확인하거나 대조하는 것이 아니므로 설치 횟수는 파악할 수 없다. 즉 SAM 도구 등으로는 파악할 수 없는 것(예를 들어, 서버 장치에 대한 액세스 권한을 가지고 있는지 등)에 대해 확실히 사용권 계약 조건대로 사용을 준수하고 있는지 여부의 검증을 수행하는 것을 의미한다.

(4) 결론[181]

라이선스 조사의 절차는 아래의 그림(라이선스 조사 절차)과 같이 우선관리항목을 설정하고 도입된 소프트웨어에서 보유 라이선스가 얼마나 필요한지 산출하여 조직이 계약하고 있는 볼륨 라이선스의 수 및 기타 패키지 또는 사전 설치로 보유하고 있는 라이선스를 조사한다. 또한 기업에서 사용을 허락하지 않은 무단 소프트웨어가 있는 경우에는 그 이용자에게 무단 소프트웨어에 대한 사용 라이선스를 보유하고 있는지 여부를 확인한다. 모든 데이터 수집이 끝나면 관리대장에 도입 소프트웨어, 보유 라이선스, 하드웨어, 라이선스 관련 부재에 각각 연결하고 최종적으로 라이선스의 과부족을 명확하게 해 나간다.

---

[179] 조정은 특히 설치된 소프트웨어 사본의 수가 아닌, 서버접근 권한에 기초해서 결정되어야 하는 사용권의 사용조건을 포함한다. 조정의 분기별 주기는 어디에 얼마나 라이선스가 필요한지 계산하기 위하여 필요한 라이선스와 재고, 실제 설치된 라이선스부터 그 수량을 측정하여 1차적으로 분석하고 계산하는 과정이다. 계약조건은 새롭게 적용할 조치 또는 라이선스 모델이 있거나, 적용범위가 변경되거나, 제조업체가 라이선스 조항의 특정부분을 변경하거나 할 때 3개월 이내에 심층검사를 통해 검토한다.

[180] JIS X 0164-1에서 본 SAM 설명서 활용방법, JIPDEC, 2011.6

[181] 상동

〈그림 5-9〉 라이선스 조사 절차

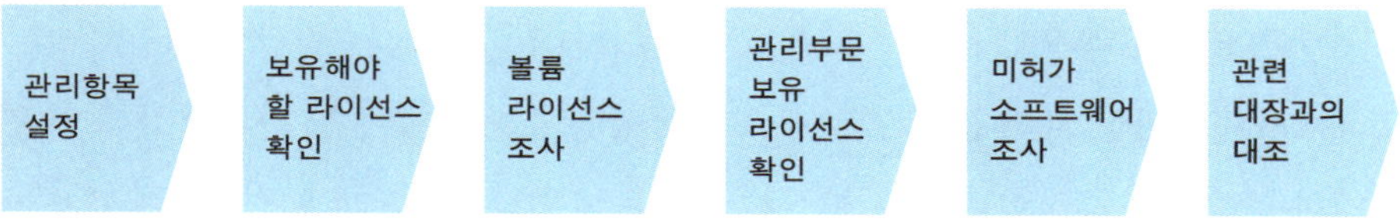

| 관리항목 설정 | 보유해야 할 라이선스 확인 | 볼륨 라이선스 조사 | 관리부문 보유 라이선스 확인 | 미허가 소프트웨어 조사 | 관련 대장과의 대조 |

출처: SAM 설명서-도입을 위한 기초-, JIPDEC발행, 2012.2

기본적으로 초과 및 부족 수량이 발생한 경우 이를 시정할 필요성이 발생한다. 라이선스가 남아 있는 경우에는 조직의 IT 자산의 신규 도입 시 활용하는 것 등을 생각할 수 있지만, 라이선스가 부족한 경우는 단순히 시정 구매하는 것뿐만 아니라, 소프트웨어 벤더 및 저작권사에게 적절한 시정 방법을 상담하는 것도 필요할 수 있다. 사용자는 소프트웨어의 종류를 "표준 소프트웨어", "개별 도입 소프트웨어", "무단 소프트웨어"로 분류하도록 한다. 라이선스 시정 방법으로 "표준 소프트웨어"는 관리 부서가 일괄적으로 부족 라이선스를 구입하고, "개별 도입 소프트웨어"는 해당 소프트웨어를 사용하는 도입 부서가 각각 구입하는 방법이 있다. 여기에서 주의할 점은 반드시 이러한 방법으로 실시해야 한다는 것이 아니라, 조직에 따라 관리 및 구입하는 방식은 다양할 수 있으며 조직의 규모 등에 따라 최적의 방법을 선택하는 것이 바람직하다. 물론 사용권 위반 상태로 되어 있는 것을 방치하는 것도 문제이지만, 저작권상의 문제가 있는 경우에 증거인멸의 우려가 있는 소프트웨어의 언인스톨(삭제) 행위를 실시하면 원칙적으로 문제가 될 수 있다. 현재 해당 소프트웨어를 이용하고 있는 여부에 관계없이 이미 도입된 소프트웨어 라이선스가 증명할 수 없는 경우는 시정의 대상이 된다. 또한, 일반적으로 조직이 보유하고 있는 라이선스를 재고조사 하다 보면 현재는 전혀 이용하지 않고 있는 오래된 패키지 라이선스 등이 많이 발견되는 경우가 많다. 이것은 조직에서 SAM의 중요한 절차 중 하나인 "폐기"주기가 누락되어 있기 때문에 발생하는 것으로, 불필요해진 소프트웨어 및 라이선스를 폐기하지 않으면 관리항목이 증가할 뿐만 아니라 도입 소프트웨어 및 보유 라이선스를 일치시키는 작업도 복잡하게 되어 버린다. 자산의 가시화에 의해 분명히 불필요한 라이선스가 발견된 경우에는 현재 규정과 방침에 따라 폐기할 필요가 있다. 이 프로세스의 중요한 포인트는 기업에서 사용하는 모든 소프트웨어가 적절한 허가를 얻어 제대로 사용되고 있는 상태가 되도록 신속히 파악하고, 불필요한 소프트웨어에 대해서도 일단 도입되어 버린 것은 적절한 시정 조치를 해야 한다는 것이다. 결국 낭비 없이 최적의 소프트웨어를 이용할 수 있는 운영체제를 이루도록 하는 것과 적정한 상태임을 제3자에게 언제든지 입증할 수 있도록 하는 것이 중요하다고 할 것이다.

## 4. 소프트웨어자산 보안 준수

### (1) 목적 (3단계 적용)

소프트웨어자산 보안 준수 프로세스의 목적은 소프트웨어 및 관련자산의 사용에 대한 보안요구 사항의 준수를 확실하게 하는데 있다. 즉 조직에서 정한 정보보안 전체의 요구사항 중 소프트웨어자산 관련 부분을 SAM 관리 시스템으로 운영 관리하고 보안 준수하도록 해야 한다.

### (2) 성과

소프트웨어 보안준수 프로세스의 구현은 조직으로 하여금 다음을 입증할 수 있도록 한다.

- 보안정책 위반사항을 발견하기 위해 적어도 매년 1회 검토를 실시한다. 여기서 검증은 소프트웨어 최종 마스터 버전 및 배포용 사본에 대한 접근 통제와 사용자 또는 사용자그룹을 지정하여 설치 및 사용 권한을 확인한다(3단계).
- 이러한 검토를 통해 확인된 불일치 사항에 대해 후속조치를 하고 이를 문서화한다(3단계).

### (3) 성과실현의 포인트와 준수사항[182]

이 항목은 조직의 소프트웨어자산 관리 및 정보 보안을 대상으로 고려한 것으로서, 조직 전체의 정보 보안의 준수라고 파악하면 매우 광범위하고 심오한 요구사항이라고 생각할 수도 있겠지만, 여기에서는 어디까지나 조직에서의 소프트웨어 이용에 대해 조직이 준수해야 할 보안사항을 위반하지 않고, 확실하게 보안 준수 사항을 충족하면서 소프트웨어를 이용하도록 검토하는 것이다.

### (4) 결론[183]

KS X ISO/IEC 19770-1에서 소프트웨어자산 보안 준수라는 항목은 특히 KS X ISO/IEC 27000(정보 보안) 및 KS X ISO/IEC 20000(IT 서비스 관리)과 관련이 깊고, 실제 운영에서도 SAM 및 정보 보안 또는 SAM 및 IT 서비스 관리 내용을 함께 고려하는 것이 바람직하다. 또한 SAM 및 ISMS(정보 보안), ITSMS (IT 서비스 관리)의 세가지 영역을 통하여 각각의 PDCA(Plan, Do, Check, Act)라이프 사이클을 비교할 수 있으며 각각의 차이점을 검토할 수 있다. 여기에서 알 수 있는 것은 IT 거버넌스(관리)를 실현하기 위해서는 ISMS, ITSMS 및 SAM의 모든 것이 필요하고, 각각의 관리 시스템이 상호 보완함으로써 IT 거버넌스의 목표를 달성할 수 있다는 것이다.

---

[182] JIS X 0164-1에서 본 SAM 설명서 활용방법, JIPDEC, 2011.6
[183] 상동

<그림 5-11> IT 거버넌스 이미지

출처: JIS-X 0164-1 SAM 사용자환용법(JIPDEC발행)

**5. SAM 적합성 검증**

(1) 목적 (1~4단계 적용)

SAM 적합성 검증 프로세스의 목적은 요청된 정책 및 절차의 준수를 포함하여 본 표준의 요구사항을 지속적으로 준수하는 것을 확실하게 하는데 있다. 이것은 본 표준에서 정의된 가장 중요한 과정의 영역 중에 하나이다. 요구사항에 대해 수행된 검사의 증거를 유지하는 것이 효과적으로 자기검증 하는 것이다. 각 단계에서 별도로 정의하고 있지만, 각각은 이전 단계의 지속적인 수행에 의존한다. 실제적인 측면에서 상위 단계를 위해 인증활동을 실시하는 조직은 이전단계의 감시 책임자에 의해 일반적인 검토요청을 받게 될 것이다. 그리고 이 감시 책임자는 역시 상위 단계를 검토할 것이다. 적합성 검증을 준수하여 원하는 단계에서 다른 모든 성과(결과)의 자기검증을 확인하여 평가한다.

(2) 성과

SAM 적합성 검증 프로세스의 구현은 조직으로 하여금 다음을 입증할 수 있도록 한다.

- 본 표준의 관련단계 준수를 검증하기 위한 정책 및 절차가 수립되고 승인되어 발행되며, 적어도 샘플단위로 매년 본 표준에 규정된 모든 요구사항을 기준으로 하는 검증을 확실히 실시한다. 여기에서는 다른 SAM 프로세스를 위해 조직에서 실시한 절차가 본 표준에 규정된 요구사항을 충족하는지에 대한 검증을 포함해야 한다(1~4단계 적용).

- 다음의 것을 입증하는 문서가 있다. 첫째, 위 항목의 검증 절차가 실행되고 있다. 둘째, 확인된 모든 위반사항의 원인이 완전히 규명될 때까지 적절한 후속조치를 취하고 있다(1~4단계 적용).

(3) 성과실현의 포인트와 준수사항[184]

SAM의 적합성 검증을 실시하는 것은 조직에서 적절한 SAM 운영관리 체제를 취하고 있는지를 검증하는 중요한 항목이다. 이 표준에서 요구하는 것은 해당 항목만 충족하는 프로세스 검증이 아닌 다른 SAM 프로세스 역시 포함하고 있으며, 해당 규격 전체의 준수를 검증하기 위한 정책 및 절차가 수립되고 승인되며 문서화하여 매년 검증을 실시할 필요가 있다는 것이다. 조직은 이미 제정된 정책이나 규정이 형해화(形骸化) 되어 정해진 대로 절차를 밟고 있지 않거나 불일치 및 부적합이 발견되었을 경우에도 임기응변적인 대응으로 원인 규명과 적절한 보완 조치가 실시되지 않은 경우도 많다. 그러나 분명한 것은 이전 책정된 순서가 현재 상황에 맞지 않은 경우도 있으므로, 그 경우에는 적절한 절차를 가지고 순서를 개정 및 개선하는 것도 필요하다. 그것은 SAM 프로세스에 국한된 것이 아니라 일반적으로 중요한 포인트라고 할 것이다. 또한 발견된 불일치 또는 위반 사항에 대해 단순히 수정만 할 것이 아니라, 왜 그런 상황이 발생했는지, 근본 원인은 무엇이었는지 라는 것을 규명하여 재발 방지의 관점에서 바라볼 필요가 있다. 아울러 다른 유사한 프로세스에서의 위험에 대해 사전 검사로 이어진다는 점에서, 그리고 지속적으로 적합성을 유지해야 할 필요가 있다는 점에서 매우 중요한 포인트라고 할 것이다.

(4) 결론[185]

SAM 적합성 검증은 조직이 수립한 정책·규정·절차 및 체제를 통한 문제점의 추출 및 분석과 관련이 있다. 이 항목에서는 SAM에 요구되는 요구사항을 명확히 하기 위해 설명하고 있다. 구체적으로는 업무 프로세스를 파악하여 모든 관리 대상 조직 및 자산 정보가 집중되는 것을 전제로 각각 SAM에 요구되는 요구사항을 충족하는지 확인할 필요 있다. 요구사항은 필요 요구사항과 권장 요구사항으로 나누어 정의하고 있는바, 필요 요구사항은 소프트웨어 벤더가 정한 라이선스 계약 조건 등을, 권장 요구사항은 KS X ISO/IEC 19770-1 및 소프트웨어자산 관리 기준 등을 들 수 있다. 그러나 표준의 요건을 충족시키는 요구에 대응하기 위해서는 KS X ISO/IEC19770-1에 정한 것을 필요 요구사항으로 할 필요가 있음은 물론이다. SAM에 요구되는 필요한 요구사항이 명확하게 되면, 목표로 하는 관리상태(바람직한 상태)를 설정한다. 그런 다음 현재의 SAM 프로세스를 평가한 결과(성과), 목표와의 괴리 또는 불일치로 인한 위반 상태에 있는 것을 확인하고 마지막에 발견된 문제점을 파악하여 원인 규명을 통한 해결방법을 수립하도록 한다. 앞서 언급했듯이 이러한 절차는 SAM 프로세스 고유의 것이 아니라, 일반적인 문제 파악·분석·개선 절차이며, SAM이 관리 시스템으로 운용될 근거로도 활용될 수 있다.

〈그림 5-12〉 적합성 검증을 위한 문제점의 추출 단계

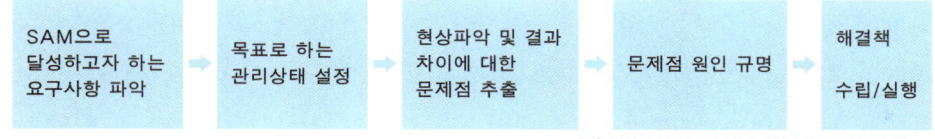

출처: JIS-X 0164-1 SAM 사용자활용법(JIPDEC발행)

184 JIS X 0164-1에서 본 SAM 설명서 활용방법, JIPDEC, 2011.6
185 상동

---

**TIP**

"소프트웨어 관리 프로세스에서 10가지 누수 요인이 있다. 사용자 관점에서, 첫째 네트워크 상에서 최종 사용자는 적절한 라이선스 없이 스스로 소프트웨어를 설치한다. 둘째 최종 사용자는 스스로 합법적인 소프트웨어를 구매하지만 구매 부서에 구매 및 라이선스 정보 또는 라이선스 조건의 위반사항을 전달하지 않는다. 셋재 최종 사용자는 합법적인 소프트웨어를 구매하지만, 공인된 볼륨라이선스 판매처가 아닌 잘못 된 채널을 통해서 이루어진다. 다음으로 IT부문의 누수 요인을 살펴보면, 첫째 IT부문은 라이선스 사용권한을 확인하지 않고 소프트웨어를 설치하거나 기존 소프트웨어를 재 배포한다. 둘째 IT부문은 소프트웨어를 설치하고 라이선스 사용권한을 확인하지만, 올바르지 않게 라이선스를 부여한다. 셋째 IT부문은 가상화 환경에서 부정확하게 설치한다. 넷째 라이선스 약정에 있는 물리적 카피의 추적을 불가능하게 한다. 끝으로, 공급자 차원에서 누수 요인을 보면, 첫째 하드웨어 공급자가 부적절한 OEM 소프트웨어로 하드웨어에 탑재한다. 둘째 소프트웨어 공급자가 당신에게 위조 소프트웨어를 판매한다. 셋째 벤더 또는 리셀러로부터 소프트웨어를 잘못 구매하거나 또는 그들이 당신의 구매이력을 추적하지 못한다."

— Published by Martin Thompson on Apr 23rd, 2009

# VIII. SAM 운영관리 프로세스 및 인터페이스

**1. 일반**

SAM 운영관리 프로세스 및 인터페이스의 목적은 SAM 전체의 목적과 혜택을 달성하기 위해 필수적인 운영관리 기능을 수행하는데 있다. SAM을 실천하는 조직에 커다란 혜택을 가져다 주기 위해서는 높은 수준의 실천이야말로 가장 중요하다고 할 것인바, 높은 수준의 SAM에 대해 정의하고 그 달성을 권장하고 있다. SAM 운영관리 프로세스 및 인터페이스에는 SAM의 관계 및 계약관리, SAM 재무관리, SAM 서비스 수준관리, SAM 보안관리로 구성된다. 각각의 항목에 대해 언뜻 보면, SAM 과는 별로 관계가 없다고 생각할 수도 있을지 모르지만, 조직이 관리수준 및 관리 효율성 향상, 그리고 관리 상태의 정확성을 요구한다면 실제로 밀접하게 SAM과 관련이 있게 운영해 오고 있다고 말할 수 있다. 또한 이 프로세스에 나와 있는 항목은 SAM에서 보면 외부 프로세스와 관계되기도 한다.

**2. SAM 관계 및 계약관리**

(1) 목적 (2~4단계 적용)

SAM 관계 및 계약관리 프로세스의 목적은 내부와 외부 등 다른 조직과의 관계를 관리하는데 있고, 완벽하고 우수한 SAM 서비스의 제공을 보장하며, 소프트웨어 및 관련자산과 서비스에 대한 모든 계약을 관리하는데 있다. 서비스 수준은 일반적으로 관계관리를 지원하도록 정의하므로, SAM에 대한 관계 및 계약관리는 SAM에 대한 서비스 수준 관리와 밀접하게 연동하는 것이 일반적이다.

(2) 성과

SAM 관계 및 계약관리 프로세스의 구현은 조직으로 하여금 다음을 입증할 수 있도록 한다.

- 소프트웨어 및 관련자산과 서비스를 제공하는 공급업체와의 관계를 관리하기 위하여 다음과 같은 정책 및 절차가 수립되고 승인되어 발행된다(3단계).

　— 가. 각 공급업체 관리에 대해 전반적으로 명확한 책임을 부여 받은 담당자의 공급업체 관리를 위한 책임의 정의

　— 나. 소프트웨어 및 관련자산의 공급에 관한 입찰 안내서 책정; 이 프로세스가 서비스 수준관리, 보안관리, 릴리스 및 변경관리 등 SAM 요구사항의 검토를 포함하고 있는 지를 확인한다.

— 다. 문서화된 결론 및 강구해야 할 대책에 관한 결정사항에 일치하는 공급자의 수행능력과 성적 그리고 문제점에 관하여 적어도 6개월에 한번 공식적인 검토 문서 필요

- 고객(이용자) 측의 관계를 관리하기 위해 다음과 같은 정책 및 절차가 수립되고 승인되어 발행된다(4단계).

  — 가. 소프트웨어 및 관련자산 그리고 서비스와 관련하여 고객 측과의 관계를 관리하기 위한 책임의 정의

  — 나. 고객 및 비즈니스 전체의 현재와 미래에 대한 소프트웨어 요구사항에 대하여 적어도 1년에 한번 정식 검토

  — 다. 문서화된 결론 및 강구해야 할 대책에 관한 결정사항에 일치하는 서비스 제공자의 수행능력, 고객만족, 성적 그리고 문제점에 관하여 적어도 1년에 한번 공식적인 검토 문서 필요

- 계약을 관리하기 위하여 다음과 같은 정책 및 절차가 수립되고 승인되어 발행된다.

  — 가. 계약이 서명되면 계약 세부 사항은 실행중인 계약관리시스템에 확실하게 기록된다(3단계).[186]

  — 나. 서명된 계약문서의 사본은 문서관리시스템에 저장된 사본과 함께 안전하게 보관 한다(3단계).[187]

  — 다. 문서화된 결론 및 강구해야 할 대책에 관한 결정사항에 일치하는 자산과 서비스에 관한 모든 소프트웨어 계약에 관하여 계약만료 이전 시점에서 적어도 6개월에 한번 공식적인 검토 문서가 필요하다(2~3단계).[188]

(3) 성과실현의 포인트와 준수사항[189]

여기에서는 다음의 3가지 관점에서 계약관리의 실현을 요구하고 그 성과를 달성하고자 한다.

- 소프트웨어 및 관련 자산 서비스를 제공하는 공급업체와의 관계

  소프트웨어 벤더와의 관계와 그를 통한 계약 관리는 조직 전체를 커버하는 중요한 포인트가 된다. 따라서 조직 전체의 관리 책임자의 지정과 그 책임 범위의 명확화는 반드시 필요하다. 즉, 조직 전체를 커버해 나가려면 조직 전체에서 사용할 수 있는 소프트웨어와 서비스의 파악이 필요하다. 부분적으로 담당하는 (부문)담당자를 지정하는 경우, 그 책임 범위와 책임 범위에 대한 정의가 필요하며, 그 정의 내용에 각각의 절차가 책정되어 있는 것도 중요하다. 절차가 수립되어 있지 않으면 각 부서에서 완전히 다른 관리방법이 채택될 위험이 존재하고 결과적으로 조직 전체를 균일하게 커버할 수 없는 상황이 발생할 가능성이 높아진다. 또한 조직의 총괄 관리자는 부서 담당자로부터 정보를 수집하여 조직 전체를 관리할 수 있는 상태로 만드는 것이 필요하다.

---

[186] 계약관리 시스템은 계약관리 및 제어를 가능하게 하는 자체 개발 매뉴얼이거나 전자 시스템일 수도 있다.

[187] 제3자의 소프트웨어가 설치될 때, 전자적으로 계약조건을 수락하게 하는 것도 포함한다.

[188] 이 성과의 주요 범위는 제3단계에 있다. 제2단계에는 특히 사용하지 않는 소프트웨어 유지보수 및 수정된 구매계약을 위한 기회를 포함한 즉각적인 개선의 기회를 확인함에 있어서 범위가 제한되어 있다.

소프트웨어 공급자와의 계약관리 중에서 계약이 대상으로 하고 있는 생명주기의 관리와 그 서비스 수준관리도 중요하다. 예를 들어, 라이선스 기간으로 계약된 경우 그 기간을 관리해야 최소한 계약이 종료되기 전에 갱신에 대하여 검토할 수 있기 때문이다. 이것은 그러한 기간 계약의 내용에 포함되는 권리가 계약 종료 시 소멸 함으로써, 현재의 이용 상황에 영향을 주기 때문이다. 또한 계약 종료 시에는 그 상태가 변경 됨으로써 계약이 종결된 상태라는 것을 인지할 필요가 있다. 계약이 갱신되지 않은 경우에는 계약 위반이 될 수 있다. 계약 갱신에 시간이 걸릴 수 있다면, 그것을 예측하여 계약 갱신 준비를 사전에 추진할 필요가 있다. 이것은 소위 준수에 영향을 미치는 부분에서 SAM의 기본적인 부분을 구성하는 요소가 된다. 따라서 계약기간의 종료 전에 결정할 필요가 있다. 아울러 기본적인 계약 준수 이외에, SAM이 제공하는 혜택 부분에 대해 잠재적으로 계약 종료 전에 계약을 갱신한 경우와 계약 종료 후 재계약을 할 경우 계약 조건이 변경됨으로써 계약 종료 전 계약 갱신이 유리한 조건이 되는 경우도 생각할 수 있다. 계약이 만료되기 전에 갱신 검토가 필요한 것은 당연한 일이지만, 이처럼 유리한 조건이 있으면 또 다른 생명주기 관리 및 서비스 수준관리를 이용하는 것이 바람직하다. 또한 유지보수계약과 같은 계약도 소프트웨어 라이선스에 영향을 줄 수 있다. 특히 유지보수계약에 최신 버전의 라이선스가 부여되는 내용이 포함된 경우 최신 버전을 관리할 필요가 있다.[190] 유지보수계약에 의해 부여된 라이선스는 구매 등의 SAM 이외의 프로세스 관리에서 누락되는 경우가 많아 관리자의 관리에서 빠뜨리는 경향이 있다. 따라서 SAM에서 제대로 관리하거나 SAM 이외의 관리 프로세스와 관련된 경우에는 각각 관련된 프로세스에 피드백 하는 과정이 필요하게 된다. 예를 들어, 사용자 등록이 현장의 이용자로 되어 있는 경우, 그러한 업그레이드 제품 배포 및 통지는 해당 담당자에게 직접 전달되는 경우가 많다. 결과적으로 관리자에게 피드백 하는 구조가 없거나 관리자가 확인하는 방법이 없으면, 관리 대상에서 누락될 가능성이 높다고 할 것이다. 이러한 모든 사항에 대해 정기적인 평가 실시가 요구되고 있으며, 적어도 6개월에 한 번은 공식적인 검토 보고서의 작성이 필요하다. 소프트웨어 공급 업체와의 계약관리에 있어, 해당 공급 업체에서 제공하는 소프트웨어 및 서비스 수준을 관리하는 것도 중요하다. 예컨대, 24시간 논스톱 가동이 요구되는 소프트웨어의 도입을 생각한다면, 논스톱을 지원하는 기능을 가진 소프트웨어의 채택과 그것을 지원하는 구조를 가진 소프트웨어 공급 업체가 반드시 필요하다. 또한 업무용(상업용) 소프트웨어의 이용이 요구되는 경우, 일반 개인용(가정용) 소프트웨어를 이용하고 있다면 거래처와의 신뢰관계에 악영향을 끼칠 수 있다. 또한 소프트웨어 이용에 익숙하지 않은 사람들이 교육도 받지 않고, 갑자기 전문가용 소프트웨어를 이용하려고 하는 경우 문제가 발생할 수 있다. 소프트웨어 벤더가 제공하는 콘텐츠가 어느 정도 소프트웨어 이용에 익숙한 사람을 상대로 만들어진 경우도 있기 때문에 제대로 이용할 수 없는 경우도 생각할 수 있다. 이러한 다양한 불일치를 피하기 위해서라도 스스로 조직의 상황을 이해하고 그러한 조직의 요구 사항들을 충족하는지 여부를 파악하는 것이 필요하다. 결국 조달 시 입찰

---

[189] JIS X 0164-1에서 본 SAM 설명서 활용방법, JIPDEC, 2011.6

명세서를 작성하고 명세서에 따른 소프트웨어 및 관련 자산의 조달을 조직의 상황에 맞게 도입하여 이용 가능한 시스템을 구현할 필요가 있다. 조달의 관점에서도 제대로 된 설명이 있는 것이 높은 수준의 관계관리를 증명하게 된다.

- 계약내용과 조직 내에서 고객(이용자)과의 관계

소프트웨어 및 서비스 공급 업체와의 계약이 어떤 이용자에게 어떤 영향이 있는지와 관리책임의 범위를 정의해 둘 필요가 있다. 예컨대, 계약하고 있는 라이선스가 그룹 기업에서 사용할 수 없는데도 불구하고, 그룹 기업의 직원이 사용하는 경우 계약 위반이 된다. 또한 근무하는 방식이 다양하므로 조직 내에 파견직원 또는 위탁 근로자가 있을지도 모른다. 그러한 조직 내 파견 및 위탁 근로자가 이용할 수 있는 소프트웨어 및 관련 자산이 적법한 라이선스 상태인지 여부를 관리할 필요도 있다. 특히 대기업에서 여러 라이선스를 보유하고 있는 경우, 각 라이선스를 사용할 수 있는 범위가 다를 수 있고 각 라이선스 단위(또는 라이선스 유형마다)에서 소프트웨어 이용자와 소프트웨어 공급업체와의 계약 관계를 파악하여 제대로 운용할 필요가 있다. 만약 그러한 관리가 수행하기 어려운 환경에 있는 경우에는 가능한 한 균일하게 관리할 수 있는 계약을 준비하여 관리를 용이하게 하는 노력이 필요하다. 또한 요즘 기업에서는 그룹 기업의 통폐합 등 구조조정이 이루어 지는 경우가 많이 있다. 그러한 경우 재편되는 상태에 따라 제대로 라이선스를 할당할 수 있는 관리 상태에 있는지가 중요한 과제라고 할 것이다. 일반적인 생각으로 관리수준이 유지되지 않는 경우에는 추가 비용을 들여서라도, 소위 SAM의 핵심 요소를 구성하는 컴플라이언스 문제가 발생하지 않도록 여유롭게 조달(구매)을 할지도 모르지만, SAM을 높은 수준에서 실시함으로써 적절한 비용으로 그러한 개편에 대비하는 것이 제대로 된 SAM의 구현이라 할 것이다.

결국, 이용자의 속성에 따라 소속 조직, 이른바 근로조건(예: 파견, 용역업체, 아르바이트, 인턴 등) 별로 관리할 필요가 있다. 이러한 부분은 인사시스템 등과 어떤 관련을 갖게 하여 실현할 수 있으므로, SAM과 SAM 외부 프로세스를 연결하고 관리하는 것은 중요한 과제가 된다. 이 점에 관해서 좀 더 관련성을 설명하고자 한다. 예컨대, 보안 측면에서 이용자의 프로필과 관련하여 관리직 이상에서만 액세스가 허용되는 경우, 정규 직원 모두에게 액세스가 허용되는 경우, 아르바이트 등에는 액세스가 허용되지 않는 경우 등 액세스에 필요한 소프트웨어 및 소프트웨어 구성 요소를 관리하여 접근을 통제(계정 ID 관리 포함)하는 경우도 있다. 또한 소프트웨어 및 자산 관리에 있어서 매우 중요한 타이밍은 각 이용자가 처음으로 설치 및 액세스하거나 사용하는 시점이라는 것이다. 아울러 파견직 근로자가 정규 직원이 되는 경우 등 직원의 승진 및 이동 등 시점에서도 그러한 인사적인 이동사항이 발생하는 시기이므로 어떤 소프트웨어 및 관련 자산이 필요한지, 또한 이용을 허락할 것인지 등을 관리하는 것이 중요한 관리 항목이 된다. 이러한 관리는 규정 류를 포함하여 문서화하고, 적어도 1년에 한번 검토할 필요가 있다.

---

190  패키지 형 소프트웨어는 해당 버전의 수정사항 등이 차기 버전으로 수정되어 새로운 버전으로 출시되는 형태가 되어 있는 경우가 많기 때문에 유지 보수계약과 같은 계약에 신규 버전의 제공 등이 포함되는 경향이 있다.

- 계약관리를 위한 정책 및 절차와 모든 승인 및 발행

계약 관리 시스템은 전자적인 시스템의 경우도 있고, 수작업으로 실시하도록 규정된 시스템의 경우도 생각할 수 있다. 중요한 포인트는 계약이 발효한 시점에서 계약 내용의 세부사항이 이러한 관리 시스템에 확실하게 기록되어야 한다는 것이다. 또한 계약서 사본이 그러한 관리 시스템에 확실히 저장되는 것이 필요하다. 소프트웨어의 특성을 고려할 때, 특히 패키지 소프트웨어의 경우에는 설치 시에 계약이 성립하기 때문에 조직의 소프트웨어 사용자가 어떠한 사용권 계약을 하고 있는지를 파악하기 위해서는 어떤 소프트웨어를 사용하고 있고, 그 계약 내용은 무엇인지를 파악하는 것이 필요하다. 그리고 적어도 6개월마다 조직이 체결한 계약(설치 시 발생하는 계약 포함)에 대해 검토할 필요가 있다. 또한 계약기간의 설정이 있는 경우에는 계약이 만료되기 전에 일반 정기 검토와는 별도로 검토하고 평가해야 하기 때문에 계약 관리의 구조 중에서도 기간에 대한 관리 기능도 포함되어 있을 필요가 있다

(4) 결론[191]

SAM의 관계 및 계약 관리에 대해서는 SAM 전반에 걸친 프로세스의 이해를 깊게 할 필요가 있다. 이것은 계약 내용이 SAM 전반에 걸쳐 영향을 미치고 있기 때문이다. ITSMS 프로세스에는 SAM의 기여 가능성이 있다. 이것을 통해 SAM이 다른 경영 시스템과 관계가 있다는 것을 이해할 필요가 있다. 또한 SAM의 PDCA 사이클에서 이러한 일련의 흐름은 개요로서 파악해 두면 이해하기 쉽고, 이미 추진하는 관리 시스템이 있는 경우에는 참조할 수 있다. SAM에서도 조달 명세서는 필요하고, 조달 프로세스가 비용 최적화에 영향을 주고 있음을 이해할 수 있다. 이것은 SAM의 도입 계획과 SAM 구축과도 관계가 있다.

### 3. SAM 재무관리

(1) 목적(2단계 및 3단계 적용)

SAM 재무관리 프로세스의 목적은 소프트웨어 및 관련자산에 대한 예산 편성 및 회계처리에 있고, 재무제표, 세금계획, 소유자산 총비용과 투자수익 등 계산을 위해 관련 재무정보가 즉시 활용될 수 있도록 보장하는 데 있다.[192]

---

[191] JIS X 0164-1에서 본 SAM 설명서 활용방법, JIPDEC, 2011.6

(2) 성과

SAM 재무관리 프로세스의 구현은 조직으로 하여금 다음을 입증할 수 있도록 한다.

- 소프트웨어 및 관련자산의 관리와 관련된 재무정보의 정의를 해당 관계자들 사이에서 합의된 자산의 종류별로 문서화 한다(3단계).[193]

- 공식적 예산은 소프트웨어자산(내부 또는 외부) 취득 및 관련 지원과 인프라 비용을 위해서 반영된다(3단계).

- 소프트웨어자산과 관련 지원 및 인프라 비용의 실제 지출이 예산을 기준으로 회계처리 된다(3단계).

- 소프트웨어자산 가치(취득원가 및 감가상각 된 비용을 포함)에 대해 명확하게 문서화된 재무정보를 즉시 얻을 수 있다(3단계).

- 문서화된 결론 및 강구해야 할 대책에 관한 결정과 함께 예산을 기준으로 한 실제 지출의 공식 문서 후기가 적어도 분기에 한 번 진행되며 문서화 하고 있다(3단계).

- 라이선스 비용의 운영에 따른 비용 대 수익 분석 구성 결과와 개선 권고사항의 결과를 통하여 라이선스 최적화를 수행한다.[194]

(3) 성과실현의 포인트와 준수사항[195]

SAM 재무관리에서는 조직이 다음의 4가지 항목에 대해 입증할 것을 요구하고 있다.

---

[192] 예를 들어, 소프트웨어 및 관련 자산에 대한 정보를 수집하는 경우, 필요한 정보에 따른 재무정보를 즉시 확인할 필요가 있다고 할 것이다. 반대의 관점에서 세무작업을 할 때에도 그 작업이 올바른지 여부를 판단할 때 소프트웨어 및 관련 자산에 대한 상황을 확인할 수 있는 상태의 실현이 필요하다고 생각되는 항목이 있다. SAM 재무관리는 과금업무(사용료 납부)를 대상으로 하고, 실제로 많은 기업이 소프트웨어 및 관련자산과 관련서비스에 대한 과금업무에 연관이 있다. 그러나 과금업무는 선택적 활동이므로 본 표준에서는 취급하지 않는다. 과금업무를 하는 경우는 그 실시 구조를 완전히 정의하고 모든 당사자가 이해하는 것이 바람직하다.

[193] 소프트웨어 및 관련자산과 연관된 비용의 재정적인 분류는 SAM 재무관리의 중요한 부분이다. 재무관리에서 이용되는 자산의 종류는 SAM의 자산의 종류와 상위한 경우에는 SAM의 자산종류에 맞추고, 재무관리의 자산의 종류를 SAM의 자산의 종류와 대응시키는 것이 좋다. 자산의 종류에 대한 데이터 요구사항은 공식적으로 제4단계에서 정의하고 있다. 이들은 1~3단계에 걸쳐 발전될 것이다(소프트웨어자산식별 참조).

[194] 예컨대, 모든 사용자에 대해 고비용이 소요되는 직원 디렉토리 유틸리티와 같은 가치가 낮은 비즈니스 응용프로그램은 동일한 비즈니스 목적을 달성할 수 있는 저비용 접근방안을 통하여 교체할 수 있다. 이 성과는 주로 제3단계에서 얻는다. 개선하기 위한 즉각적인 기회를 확인하고 문서화하는 작업은 제한적으로 제2단계에서 한다. 단계 평가는 이러한 방식으로 이루어진다.

[195] JIS X 0164-1에서 본 SAM 설명서 활용방법, JIPDEC, 2011.6

- 소프트웨어 및 관련자산에 대한 재무정보의 정의와 종류별 관리(문서화)

    소프트웨어 및 관련 자산의 관리에 대한 재무정보의 정의가 정해지고, 관계자가 결정되어 결정된 내용이 문서화된 상태에서 그 내용을 자산의 종류별로 문서화되어 있음을 입증할 필요가 있다. 주의 사항으로는 재무관리에 이용하는 자산의 종류 및 분류가 SAM의 종류 및 분류와 상위한 경우, 재무관리에 이용하고 있는 종류 및 분류를 SAM에 맞추거나 재무관리 자산의 종류 및 분류를 SAM 자산의 종류 및 분류와 일치시키는 것이 바람직하다. 이것은 이들 항목이 연결되어 있지 않을 경우 재무 데이터와 SAM의 데이터간에 상호 참조가 곤란하여 효율성이 저하되거나, 경우에 따라서는 알아볼 수 없게 되고, 쌍방의 관리 정보의 신뢰성을 입증할 수 없게 되어 효율성을 저하시키기 때문이다. 좀 더 구체적인 예를 들어 설명하자면, 소프트웨어 및 관련 자산을 모두 소프트웨어라는 항목에서 비용 처리만 했다고 한다면 특정 소프트웨어 및 관련 자산의 취득 이력으로서 재무 정보는 사실상 존재하지 않게 되어 버리는 경우를 생각할 수 있다. 재무정보가 SAM을 지원하는 측면이 있고, 또한 SAM이 재무정보를 지원하는 측면을 이해하고 관리하는 것이 중요한 포인트라고 할 것이다.

    또한 SAM의 기본적 부분에 상당하는 법령 준수 면을 보면, 예를 들어 조직에서 라이선스를 초과하는 소프트웨어의 이용이 있는 경우, 이것은 부채에 해당하나 실제로 재무관리 정보에 포함되지 않게 되므로 재무관리 정보의 정확성이 유지되지 않는다. 부정이용 소프트웨어는 이용이 확정된 시점에서 조직의 부채로 간주되며, 만일 그것을 제거해도 채무 자체는 남게 된다. 따라서 소프트웨어 공급 업체와 협의한 후 그 채무의 대처방법을 결정하지 않으면, 그것은 보이지 않는 채무로 남아 장래 불측의 부담을 안게 될 위험에 직면하게 된다.

- 소프트웨어 등의 취득 및 각종 인프라 구축 예산 배정과 집행

    소프트웨어 자산의 취득과 관련된 지원(예, 도입지원 비용 등도 포함) 시스템 및 인프라 관리비용에 대한 정규 예산이 배정될 필요가 있다. 예를 들어, 내년도 예산 항목에 소프트웨어 관련 예산 항목 없이 임기응변적으로 추가 편성하거나 또는 남은 예산으로 소프트웨어의 도입을 하고자 하는 상태는 적절히 관리되고 있는 상태라고 말할 수 없다. 따라서 적절히 관리되고 있는 성과로서 정규 예산 배정 항목에 소프트웨어 및 관련 자산 항목이 필요하다. 소프트웨어 자산 및 관련 비용의 지출은 정식규정에 할당된 예산을 기준으로 지급되며 계상된다. 반면 소프트웨어의 비용이 항상 정규 책정 예산 항목 외로 취급되어, 정규 책정 예산의 나머지가 생겼을 때에만 소프트웨어가 도입되는 환경은 적절히 관리되고 있는 상태라고 말할 수 없다. 그렇다고, 미리 책정된 예산과 지출되는 비용이 반드시 일치할 필요는 없다. 그러나 예산 계획 단계에서 소프트웨어 및 관련 자산 또는 인프라 및 관리 비용과 지원 비용이 예산에 통합되어 참고할 수 있는 상태로 되는 것이 바람직하다. 예컨대, 소프트웨어 및 관련 자산에 대한 비용지급청구가 발생한 경우에는 그 예산 책정 단계에서 예산 관리 번호 등을 통해 예산액과 비교해 보는 것을 생각할 볼 수 있다. 소프트웨어 및 관련 자산 예산 책정과 집행 상황은 하드웨어의 취득에 따른 예산 책정 및 집행과도 깊은 관련성이 있다. 예를 들어, 새로운 OS를 설치하거나 소프트웨어를 업데이트할 때 요구되는 하드웨어 사양을 고려했을 때, 하드웨어의 업데이트도 동시에 필요할지도 모른다. 원래 SAM이 높은 수준을 목표로 하고 있는 경우에는 하드웨어의 정보도 확실하게 파악해야 할

것이므로, 업데이트 소프트웨어에 따라 갱신해야 할 하드웨어도 파악할 수 있을 것이다. 또한 그 반대로 하드웨어 갱신에서 OS의 업데이트가 요구되는 경우에는 해당 하드웨어에 탑재하는 소프트웨어의 업데이트 계획도 즉시 파악할 수 있다고 생각된다. IT 자산 전반의 예산 계상 및 집행관리의 효율적 운영 또는 합리적인 의사 결정의 실현을 위해 SAM은 없어서는 안될 존재가 된다. IT 관련 예산의 가시화를 도모하고 효율적인 조직 운영에 SAM이 큰 효과를 미치게 되는 것이다.

- 소프트웨어 및 관련 자산의 재무정보 관리 (원가 등)

재무 관리 정보는 소프트웨어 및 관련 자산의 자산 가치의 정보를 명확하고 쉽게 참조할 수 있는 상태가 바람직하다. 이러한 소프트웨어의 자산 가치는 취득 가격(원가)이거나 감가상각후의 원가이기도 하다. 이것은 예컨대, 소프트웨어를 새롭게 버전업 하거나 또는 폐기하거나 아니면 그대로 유지하고자 하는 계획을 세울 때 현재 보유하고 있는 소프트웨어의 가치를 파악하여 앞으로 발생할 비용 등을 비교 및 참조할 수 있는 상태를 제공할 수 있게 된다. 이러한 상태에서는 이전 버전은 삭제하고 신규 버전을 새롭게 취득하는 것이 유리한지, 업그레이드로 새 버전을 취득하는 것이 유리한지 등 구입 검토의 판단 자료로써 하나의 추천 정보가 될 것이다. 또한 계획 및 관리 프로세스 수행 시 언제든지 금융정보를 참조하면서 계획을 수립하거나 검토하는 것이 가능하다.

- 관리에 의한 결론 및 대책의 문서화

미리 책정된 예산을 기준으로 실제 지출 상황을 파악하는 것이 필요하다. 이렇게 파악된 정보에서 필요한 대책의 결론이 문서화되면 관계자는 언제든지 서류로 확인할 수 있는 상태가 된다. 또한 정해진 결론에 대한 대책도 문서화되어 있으면 언제든지 현황과 예산을 비교하면서 진행을 파악할 수 있는 상태가 된다. 이들은 적어도 분기에 한번 실시하는 것이 요구되고 있다.

(4) 결론

SAM 관련 비용 파악은 SAM의 도입에 있어서 소프트웨어의 종류와 수량만이 아니라, 소프트웨어에 관련하여 무엇에 얼마의 비용이 소요되는지(SAM의 TCO)라는 점을 파악하는 것은 비용 절감을 위해 또는 SAM 정책 및 범위를 검토하는 데 유용하다. 소프트웨어 관련 비용으로는 소프트웨어 취득(획득) 비용, 라이선스 취득(획득) 비용, 개발비, 취득(획득)과 관련된 간접비용, 소프트웨어 운영 비용, 업그레이드 및 유지보수 비용, 소프트웨어 지원 비용 등이 있다. 또한 ITSMS 프로세스에 대한 SAM의 협업 가능성에 대해 참고하면 좋을 것이다. 그러나 SAM 재무 관리에 대해서는 외부 프로세스와 관계되기 때문에, 근본적으로는 SAM 사용자의 관점과는 다른 관점에서 고려할 필요가 있다. 이것은 기존 회계적인 관리 요구와 소프트웨어 및 관련 자산 관리의 필요성이 혼동되어 해석되고 있다고 할 것이다. 회계적으로 관리할 필요가 없다고 하여 완전히 재무정보에 영향을 주는 것이 없다는 것이 아니라, 소프트웨어 및 관련 자산의 특성으로는 보이지 않는 곳에서 재무적으로 영향이 되는 요인을 만들어 낼 위험이 있다. 회계에 관한 규정만으로 판단하는 것이 아니라 SAM이 미치는 영향을 신중하게 판단하여 관리하는 것이 필요하다.

**4. SAM 서비스 수준관리**

(1) 목적(3단계 적용)

SAM 서비스 수준관리 프로세스의 목적은 SAM관련 서비스 수준을 정의하고 기록하며 관리하는데 있다.

(2) 성과

SAM서비스 수준관리 프로세스의 구현은 조직으로 하여금 다음을 입증할 수 있도록 한다.

- SAM 범위 내에서 실시되는 서비스에 대해 서비스 수준계약 및 지원계약이 다음과 같이 책정되고 승인된다(3단계).
  - 가. 소프트웨어의 취득, 설치, 이동 및 소프트웨어자산과 관련된 자산의 변경에 관한 서비스에 대하여 해당 서비스 수준의 목표와 작업부하의 특성을 고려하여 관계부서간에 합의한다.
  - 나. SAM과 관련하여 고객과 사용자의 의무와 책임은 서비스 수준합의에 따라 정의되거나 참고가 된다. SAM에 대한 요구사항을 다루는 서비스 수준 합의서는 SAM보다 광범위한 것이 될 수 있다.

- SAM 목표를 기준으로 했을 때 실제 작업부하 및 서비스 수준은 정기적(분기당 최소 1회)으로 보고하고, 부적합에 대한 이유를 문서화한다(3단계).

- SAM 서비스 수준에 대한 성능을 검토하기 위하여 관계부서에서 정기적(분기당 최소 1회) 검토를 통해 취해야 할 대책에 대한 결정을 문서화한다(3단계).

(3) 성과실현의 포인트와 준수사항[197]

SAM 서비스 수준관리에 대한 다음 항목을 중요한 포인트로 요구하고 있다.

- SAM의 범위 내에서 서비스 수준 합의서와 지원 합의서의 책정
  서비스 수준 및 지원 합의서의 책정에 즈음하여 다음과 같은 항목에 대한 합의가 필요하다. 소프트웨어의 취득, 설치, 이동, 소프트웨어 및 관련 자산의 변경과 관련하여 관계 부서간에 서비스 수준 목표에 대해 작업 부하의 특성을 고려하여 합의해 둘 필요가 있다. 예를 들어, 소프트웨어의 취득은 조달 부문이 수행할지, 현장의 이용자 측에서 취득할 것인지, 그리고 취득된 소프트웨어 및 관련 자산을 실제로 설치할 때 누가 그 작업을 부담 할지 등의 일을 정해 둘 필요가

---

[196] JIS X 0164-1에서 본 SAM 설명서 활용방법, JIPDEC, 2011.6
[197] 상동

있다. 소프트웨어 및 관련 자산의 종류에 따라 관리부서에서 집중관리 방식으로 설치를 집중적으로 실시하는 것이 효율적인 경우도 있고, 부서 단위 및 개인 단위로 설치가 필요한 경우도 예상된다. 여기에서의 포인트는 설치 상태를 모니터링 하거나 책임 범위를 규정하는 것인지도 모른다. 설치는 부서마다 작업을 하더라도, 실제의 감시작업과 측정작업은 IT 부서가 담당하는 것이 효율적이라고 생각할 수 있다. 또한 소프트웨어와 관련 자산의 공급업체 및 대리점 측에서 설치 및 배포에 관해서 제공하는 서비스가 있을지도 모른다. 이러한 서비스가 편리할지도 모른다. 이러한 서비스를 이용하는 경우에는 특히 그 서비스의 범위에 대해 합의를 해 둘 필요가 있다.

특히 소프트웨어 및 관련 자산 관리에 대한 소프트웨어 검색 및 배포(설치)관리 업무를 위탁하는 것만으로 라이선스 관리를 하고 있다고 생각하겠지만, 소프트웨어 및 관련 자산의 관리가 제대로 되지 않는 경우가 많다고 할 것이다. SAM 전체를 이해한다면, 이 점은 이해할 수 있을 것이라고 생각한다. 검색 및 설치 관리까지 되어 있는 경우에는 그것이 SAM 전체에서 어디에 위치하고 있으며 어디까지 제공되는 서비스인지, 또한 어느 범위까지 관리할 수 있다고 말할 수 있는지에 대해 생각해 보아야 한다. 아울러 부족한 부분을 보완하는 형식으로 관리하는 방법도 있다고 생각된다. 또한 SAM을 구성하는 중요한 요소로서 설치 상황을 파악하는 것도 중요하지만, 누가 어느 정도의 범위로 파악을 할지도 중요하다. 또한 그 파악의 수준에 대해 관계자간 합의가 되어 있지 않으면 이해의 차이로 관리 공백이 발생할 수도 있다. 예컨대, 특정 소프트웨어에 대해 정보 시스템 부문은 현장관리 대상임에도 불구하고, 현장에서는 정보 시스템 부서가 관리하고 있다고 해석하고 있는 경우 등을 들 수 있다. 결국 관계자간 각각 서비스 수준의 합의를 하고 있는 상태가 필요하다.

- 설정한 목표에 대한 실제 작업 부하관련 서비스 수준의 정기적인 보고 및 부적합 부분의 문서화
SAM 과정에서 설정된 서비스 수준과 지원 합의서에 각각의 실제 상황이 어떻게 되어 있는지 정기적인 검토가 요구되고 있다. 이들은 최소한 분기별로 1회는 보고하고, 부적합이 있는 경우에는 그 이유도 문서화하는 것이 바람직하다. 이것은 부적합 부분의 개선을 고려할 때, 문서화되어 있지 않으면 객관적으로 논의하는 것이 어려울 수 있기 때문이다.

- 정기적 검토의 실시와 결론 및 대책의 문서화
SAM 서비스 수준에 대해 서비스 수준 목표와 지원 합의간 정기적 실태 비교가 이루어지고, 부적합한 것이 문서화되어야 하며 전체를 검토하는 것이 바람직하다. 관련 부서(경우에 따라서는 외부 업체가 포함될 수 있을지도 모르지만)와 연관된 모든 사람이 검토하고 결과에 따라 각각의 결론을 정해 강구할 대책이 있는 경우에는 결정 사항이 문서화되어 책임자가 확인할 수 있는 상태를 만드는 것이 필요하다. 이 검토가 적어도 분기에 한 번씩은 필요하다.

(4) 결론[198]

실제로 서비스 수준에 대한 문서화, 작업 부하 확인, 문서화에 따른 성능 검토와 대책 등은 SAM 전반에 걸쳐 영향을 미치므로 그 전반을 이해할 필요가 있다. 또한 SAM 서비스 수준 관리의 실시는 SAM에 정의된 항목보다 광범위하게 영향을 줄 수 있다. SAM의 외부에 의한 프로세스 예로는 계약 관리 프로세스, 재무 관리 프로세스, IT 서비스 관리 프로세스, 보안 관리 프로세스 등과 같은 것을 들 수 있다. 구체적으로 무엇에 영향을 미치는지는 구축된 SAM 프로세스에 따라 달라 지므로 SAM 전반에 걸쳐 자신의 조직의 경우에는 어떠한 고려사항이 필요한지 검토해야 한다. 구체적인 예를 들면, 설치 작업을 외부 업체에 위탁하고 있는 경우에 이 위탁 업체를 변경하도록 계약을 수정한다면, 기존 서비스 업체가 실시하고 있던 작업과 신규 서비스 업체가 수행하려고 하는 작업간에 동일한 작업의 범위 여하를 확실히 파악해 두지 않으면 작업 공백의 위험이 있다. 이러한 검토와 더불어 SAM에서 요구되는 서비스 수준을 제공할 수 있는지, 서비스의 범위에 누락은 없는지 등을 검토하여 충분한 대책이 이루어지고 있는 상태가 반드시 필요하다.

### 5. SAM의 보안관리

(1) 목적 (4단계 적용)

SAM 보안관리 프로세스의 목적은 모든 SAM 활동에서 정보보안을 효율적으로 관리하고 SAM 관련 승인에 대한 요구사항을 지원하는데 있다. KS X ISO/IEC 27001에서는 정보보안 관리에 대한 지침을 제공한다. KS X ISO/IEC 27001 인증을 획득한 조직은 일반적으로 이 표준의 보안 요구사항을 만족시킬 것이다.

(2) 성과

SAM 보안관리 프로세스의 구현은 조직으로 하여금 다음을 입증할 수 있도록 한다.

- 소프트웨어, 소프트웨어 빌드 및 릴리스의 물리적 또는 전자적 저장소를 포함하여 모든 SAM 자원에 대한 보안과 접근제한에 관한 공식적인 정책을 수립하고 승인한다(4단계).[199]
- SAM 정책의 승인에 대한 요구사항을 수행하기 위하여 물리적 및 논리적인 접근통제를 특정한다 (4단계).
- 이러한 특정된 접근통제가 실시되고 있다는 증빙 문서가 있다(4단계).

(3) 성과실현의 포인트와 준수사항[200]

---

[198] JIS X 0164-1에서 본 SAM 설명서 활용방법, JIPDEC, 2011.6

- 소프트웨어 및 관련 자산에 대한 액세스 제한 정책의 수립

    소프트웨어 및 관련 자산에 대한 액세스 제한과 보안 정책이 수립되고 문서화된다. 또한 공식적인 문서화를 위해 해당 문서가 조직에서 승인된 상태에 있도록 한다. 특히 여기에서는 소프트웨어 및 관련 자산에 대한 소프트웨어 빌드 및 릴리스에 대해 설명하고 있다. 예를 들어, 설치매체가 서버에 접속된 경우, 해당 미디어에 대한 액세스 제한에 대한 공식적인 정책을 책정하지 않으면 어떤 규정에 따라 액세스 제한이 규정되어 있는지 논리적으로 설명할 수 없다. 액세스 제한 여부에 관계없이 또한 액세스 로그 기록의 취득 유무에 관계없이, 나중에 검토할 때 기준이 되는 상태를 확인하기 위해서는 정책의 수립은 필수적이다.

- 물리적 및 논리적 액세스 제어의 특정

    실제 보안 장치를 하거나 액세스 제어의 실시는 미리 정해진 정책에 따라 이루어지는 것이 필요하다. 예컨대, 액세스 제어 정책에 의하면 보관창고에 설치매체 및 CD 또는 DVD를 보관하도록 되어 있어도, 실제로 창고관리에 따른 정책(키 관리, 보관창고의 제공 등)이 준비되어 있지 않으면 아무런 의미가 없다. 정책과 실제 환경을 일치시켜 둘 필요가 있다.

- 액세스 제어가 실시되고 있는 증거문서

    위의 보안 관리항목을 명쾌하게 설명하여 정책을 수립하고 정책에 따라 액세스를 제한할 뿐만 아니라 그들을 문서화하여 검토 및 확인 가능한 상태를 유지하여야 한다. 예를 들어, 설치 미디어를 보관하는 장소에 대한 출입 규정과 관련하여 출입을 위한 프로세스가 준비되어 있지 않다면, 결국 열쇠가 없는 것과 같은 상태에 있다고 할 것이다. 사실 관리상황을 검토할 때, 열쇠가 걸려있지 않은 상태가 발견되면 왜 당시에 열쇠가 걸려 있지 않았는지에 대해 설명할 수 없게 될 것이다. 또한 서버를 활용할 때에 있어 해당 액세스 제한 및 그 접근 로그 기록은 다른 중요한 참조 정보가 될 것으로 생각된다.

(4) 결론[201]

SAM의 보안 관리는 소프트웨어 릴리스 관리 프로세스와 관련이 있다. 새로운 소프트웨어를 릴리스 할 때, SAM 관리 책임 부서가 출시하기 전에 테스트를 하는 것이 바람직하다. 테스트를 하지 않으면 정보 보안 사고와 호환성 문제가 발생할 가능성이 있다. 패치 및 바이러스 백신 소프트웨어의 업데이트 모듈도 마찬가지로 취급할 필요가 있다. 또한 소프트웨어 도입 부분에서도 일련의 과정이 소개되어 있고, 규정 준수를 위한 계획과 각 관리 시스템의 비교 및 상호 관계의 정보 등도 전체 상황을 파악하는 데 도움이 될 수 있다. 보안 관리에 관한 검토를 하는 경우, 소프트웨어 자산에 관한 위험을 파악하여 이해하는 것도 중요하다고 생각한다. 결국, SAM의 보안 관리 또는 SAM 외부 관리와의 관련성이라는 관점에서 SAM 전반에 걸친 이해를 필요로 한다. 높은 수준의 SAM을 도입하려다 보면, 다른 경영 시스템의 비효율성과 문제점 등을 발견할 수 있을지도 모른다.

---

[199] 전체 적합성으로 진전시키기 위해서는 문서와 재고를 포함하여 모든 SAM 자원에 접근할 권리 이상의 더 적극적인 관리를 요구한다(제3단계에서의 요구사항인 통제는 정기적 검증에 의해 충족될 것이다. 소프트웨어자산 보안준수 성과를 참조).

[200] JIS X 0164-1에서 본 SAM 설명서 활용방법, JIPDEC, 2011.6

[201] 상동

〈표 5-24〉 위험 분석 평가 절차

| 절차 | 내용 |
|---|---|
| ① 위험 도출 | 소프트웨어 자산관리 관련 어떤 위험이 있는지를 파악한다. |
| ② 위험 평가 | 위험 도출 조사 결과에 따라 중요성 및 영향 등 위험평가를 실시한다. |
| ③ 위험의 전반적인 관점에서의 레벨 조정 | 위험 평가의 결과는 실시 방법에 따라 차이가 발생하므로 필요에 따라 전반적인 관점에서 레벨을 조정할 필요가 있다. |
| ④ 우선 순위 검토 | 평가 결과에 따라 지원 우선 순위를 결정한다. |
| ⑤ 위험 대응 전략 결정 | 평가 결과 등에 따라 대응 방침을 결정한다. 또한 허용 위험 범위도 정해둘 필요가 있다. |

출처: SAM 설명서-도입을 위한 기초-, JIPDEC발행, 2012.2

〈표 5-25〉 위험 실시 방법

| 구분 | 내용 |
|---|---|
| 조사 대상 | 어떤 소프트웨어에 대한 것인지 |
| 조사 기간 | 일정 등 수립 |
| 조사 대상자 | 부서 담당자 |
| 조사 방법 | 설문조사 및 조사표, 인터뷰 등 |
| 조사 항목 | 위험의 내용, 발생 요인, 영향, 발생 가능성, 현재의 대응책 등 |

출처: SAM 설명서-도입을 위한 기초-, JIPDEC발행, 2012.2

〈표 5-26〉 위험 조사표 예시

| 소프트웨어와 관련된 위험조사 시트 ||||||||
|---|---|---|---|---|---|---|---|
| 실시일 | 2013.10.1 |||||||
| 조사 부서 | 정보시스템부 |||||||
| 조사 담당자 | 홍길동 |||||||
| 대상 SW | 위험의 분류 | 위험의 내용 | 발생 요인 | 평가에 대한 코멘트 | 영향도 | 발생 가능성 | 위험 평가 |
| 전체 | 법적 위험 | 소프트웨어 제조 업체에서 손해 배상 청구 가능성 | 불법 복제 | 이용자 수가 많기 때문에 영향은 크다. 상황이 제대로 파악되지 않고 있으므로 발생 가능성은 보통이다. | 대(3) | 중(2) | 6 |
| | | | | | | | |

〈산출근거〉
영향도: 대, 중, 소
발생가능성: 대, 중, 소
위험 평가: 영향도(대 3, 중 2, 소 1) * 발생가능성(대 3, 중 2, 소 1)

출처: SAM 설명서-도입을 위한 기초-, JIPDEC발행, 2012.2

# IX. SAM 라이프 사이클 프로세스 인터페이스

### 1. 일반

SAM에 대한 라이프사이클(생명주기) 프로세스 인터페이스는 SAM과 관련해서는 KS X ISO/IEC 12207의 생명주기 프로세스 및 KS X ISO/IEC 20000 표준 군의 프로세스와 거의 일치하고 있다. 본 표준은 이러한 라이프 사이클 프로세스에 대한 SAM 요구사항을 규정하고 있다. SAM에 대한 라이프 사이클 프로세스 인터페이스는 변경관리 프로세스, 획득 프로세스, 소프트웨어 개발 프로세스, 소프트웨어 릴리스 관리 프로세스, 소프트웨어 배포 프로세스, 사건 및 사고관리 프로세스, 문제관리 프로세스, 폐기 프로세스로 구성된다.

### 2. 변경관리 프로세스

(1) 목적 (4단계 적용)

소프트웨어 및 관련자산에 대한 변경관리 프로세스의 목적은 SAM에 영향을 주는 모든 변경내용이 통제된 방법으로 평가되고 승인되며 실시되어 검토가 이루어지고, 모든 기록유지 요구사항을 충족시키는데 있다.[202]

(2) 성과

SAM 변경관리 프로세스의 구현은 조직으로 하여금 다음을 입증할 수 있도록 한다.

- 다음과 같은 공식적인 변경관리 프로세스가 있다(4단계).

    — 가. 소프트웨어 및 관련자산이나 서비스 또는 SAM 프로세스에 영향을 미치는 모든 변경 요청은 특정되고 기록된다.

    — 나. 소프트웨어 및 관련자산이나 서비스 또는 SAM 프로세스에 영향을 미치는 모든 변경 요청은 미칠 영향에 대해 평가하고 우선순위를 정해 담당 관리자가 승인한다.

    — 다. 승인된 변경 요청을 수행하는 프로세스는 승인된 경우에만 실시한다.

    — 라. 소프트웨어 및 관련자산 그리고 서비스 또는 SAM 프로세스에 영향을 미치는 모든 변경은 기록된다.

    — 마. 이러한 변화의 성공여부는 문서화되고 정기적으로 검토된다.

---

[202] 소프트웨어 및 관련자산에 대한 변경관리 프로세스는 소프트웨어 및 관련자산에 대한 변경내용을 기본관리 매커니즘으로 제공하는 소프트웨어 자산관리 프로세스와 밀접하게 관련이 있다. 또한 변경 관리 프로세스를 충분히 검토하는 것은 소프트웨어 자산관리 전반을 검토하는 내용에 있어 중요한 요소임을 제시하고 있다. 이것은 전혀 새로운 소프트웨어를 도입하는 경우를 제외하고는, 어느 정도 소프트웨어가 조직에 도입된 후에 올바른 관리의 필요성이 있다고 생각되기 때문에 현재의 상태 변경 프로세스의 충분한 검토가 소프트웨어 자산관리 전반의 검토에 있어 중요하다고 할 것이다.

(3) 성과실현의 포인트와 준수사항[203]

이 표준의 실현 포인트는 관리 대상이 눈에 보이지 않는 것임을 충분히 이해할 필요가 있다. 즉, 변경 자체가 눈에 보이지 않는 다는 것을 의미한다고 할 것이다. 아울러 관리 대상물이 자동 처리 기능을 보유하고 있는 경우라도 관리를 기술적으로 이해하는 것이 필요할 수 있다.

(4) 결론[204]

변경 관리 프로세스에 대한 이해를 위해서는 SAM 프로세스 전반의 이해가 필요하다. 이 항목에서는 획득(취득), 도입, 이동, 폐기·반환 및 라이프 사이클에 따른 프로세스가 소개되고 있다. 이러한 프로세스 전반에서 소프트웨어 및 관련 자산에 적용되는 "변경"에 대한 전체 그림을 통해 이해하는 것이 실제로 어떻게 관리 프로세스를 구축하면 좋을지를 쉽게 알 수 있을 것이라고 생각한다. 예를 들어, 표면화하기 어려운 소프트웨어의 변경 사항으로 OS 패치 등을 들 수 있다. 이러한 패치가 생성되는 이유가 특정되고 기록되어 관리자가 승인한 경우에만 실시되는 환경이 필요하다. 또한 이러한 변경 관리를 규정하고 있는 규정 류나 프로세스도 변경이 기록되고 관리되는 것이 바람직하고, 이러한 변경이 성공했는지 여부에 대해 평가를 실시하고 그 평가도 기록되어 있어야 한다. 이러한 전체 프로세스가 정기적으로 검토되고 있는 상태 등이 하나의 사례로서 참고자료가 될 것이다.

### 3. 취득(획득) 프로세스

(1) 목적 (3단계 적용)

소프트웨어 및 관련자산에 대한 취득 프로세스의 목적은 소프트웨어 및 관련자산을 통제된 방법으로 취득하고 적정하게 기록하고 있는지 확인하는데 있다.

(2) 성과

취득 프로세스의 구현은 조직으로 하여금 다음을 입증할 수 있도록 한다.

- 기준에서 일탈하는 것을 명확히 하기 위해 소프트웨어 서비스 제공에 관한 표준구조 (아키텍처)를 정의한다(3단계).

- 표준 소프트웨어 구성을 정의하고, 그것을 표준의 위반여부에 대한 기준으로 삼는다(3단계).

---

[203] JIS X 0164-1에서 본 SAM 설명서 활용방법, JIPDEC, 2011.6
[204] 상동

- 소프트웨어자산 및 관련자산의 취득 요청 및 주문에 대한 다음과 같은 정책 및 절차를 수립하고 적정하게 허용하고 발행한다(3단계).

    - 가. 요구사항의 규정 방법
    - 나. 필요한 관리 및 기술적 승인
    - 다. 사용 가능한 경우 기존 라이선스 계약의 권리를 이용하거나 재 배포.[205]
    - 라. 보고 및 대금 지불 전 소프트웨어를 배포할 경우, 취득 후 요구사항을 기록

- 소프트웨어 및 관련자산과 연관된 영수증 처리 기능에 대해 다음과 같은 정책 및 절차가 수립되고, 승인되어 발행된다(3단계).

    - 가. 주문서, 라이선스 관리 목적을 위한 사본의 보관을 포함한 청구서의 처리
    - 나. 구입한 모든 라이선스의 유효한 사용계약 증빙서를 접수하고 안전한 보관을 확인[206]
    - 다. 내용의 검증 및 내용에 대한 기록유지 및 안전유지에 대한 요구사항을 포함한 수용매체 (물리적 매체와 전자적 사본) 처리

### (3) 성과실현의 포인트와 준수사항[207]

- 표준 아키텍처의 정의

    조직에서 사용하고 있는 소프트웨어 및 관련 자산은 다양하게 존재한다. 이 모두 동일한 수준으로 관리하는 것은 현실적이지 않다고 생각된다. 그러므로 먼저 조직의 표준 소프트웨어 및 관련 자산을 결정하는 것이 필요하다. 표준 소프트웨어 및 관련 자산이 결정되면 그 표준 소프트웨어 및 관련 자산에 대한 취득 정책 및 절차 등을 결정할 수 있게 된다. 표준 소프트웨어 및 관련 자산의 결정은 동시에 비 표준 소프트웨어 및 관련 자산을 식별할 수 있게 된다.

- 비 표준 아키텍처의 정의

    비 표준 소프트웨어 및 관련 자산을 정의하여 프로세스를 결정하는 것도 필요하다. 비 표준으로 정의된 것을 표준과 동일한 프로세스를 통해 구축하는 것은 어려운 일 이다. 그러나 그 중에도 관리 우선 순위가 높은 것이 있을 수 있으므로 어느 정도 분류하여 나누는 것도 바람직하다고 생각한다. 우선 순위 및 분류의 구분 등에 대해서는 전체를 파악한 가운데 관리자에 의해 판단하면 보다 적절한 취득 프로세스를 실현할 수 있다고 본다.

- 소프트웨어 및 관련 자산의 취득 요청에 대한 정책 및 절차 수립(승인 및 발행 포함)

---

[205] 배포가 가능한 라이선스가 존재한다면, 조직은 확인을 위해 최상의 방법을 선택할 것이다. 이것은 조직이 소프트웨어자산관리를 도입하는 방법에 따라 다양할 수 있다. 예컨대, 소프트웨어가 설치 승인을 받았지만, 아직 설치되지 않을 수 있다. 한 번 이상 라이선스를 사용하려는 위험을 방지하기 위하여, 권한부여 및 진행중인 배포작업은 라이선스를 재 배포 하기 전에 확인해야 할 것이다.

[206] 여기에서 라이선스 증서의 진위를 확인할 필요가 있다. 다시 말하면, 그것이 위조된 것이 아니라는 것을 확인하는 것이다. 특별히 라이선스 증서를 관련 소프트웨어 제조업체로부터 직접 수령하지 않았을 때 확인한다.

[207] JIS X 0164-1에서 본 SAM 설명서 활용방법, JIPDEC, 2011.6

다음과 같은 점에 대해 정책 및 절차가 책정되어 승인을 얻어 문서 및 정보로서 발행되는 상태를 요구하고 있다.

— 가. 요구사항의 규정방법
— 나. 필요한 관리 및 기술적 승인
— 다. 현재 보유한 라이선스 재 배포 및 재 사용
— 라. 미래 구매가 필요한 케이스의 기록(특정 경우 필요)

요구사항 규정방법은 예를 들어, 소프트웨어 및 관련 자산을 조달할 때 어떤 항목을 조달 명세서에 기재해야 하는지에 대한 기본적인 정책과 절차를 정해 두는 것으로서 소프트웨어 및 관련 자산 또는 서비스 등의 공급업체는 조직의 요구에 따른 내용으로 조달할 수 있게 된다. 물론 이러한 요구사항의 정의는 관리자의 승인이 필요하다. 그리고 기술적 관리자의 승인도 필요하다. 주의할 점은, 예를 들어 같은 소프트웨어 벤더의 동일한 소프트웨어도 제공되는 라이선스 프로그램에 의해서 사용 조건이 다를 수 있으므로 그러한 내용도 정의되어 있을 필요가 있는 경우가 있다. 또한 판매점에 따라 공인 판매회사로 판매할 수 있는 라이선스 프로그램에 제약이 있을 수 있다. 요구사항을 최대한 명확히 할 수 있는 상태가 바람직하다.

조달 시에는 소위 잉여가 되고 있는 소프트웨어 및 관련 자산에 대해 확인도 필요하다. 이 경우 주의해야 할 것은 라이선스 중복 이용(Over use)을 발생시키지 않도록, 관계 조직 전체에서 라이선스의 중복 이용(Over use)이 일어나는지 확인이 필요하다. 이것은 언제든지 라이선스 사용 현황을 파악할 수 있는 상태가 아닌 경우는 그 실현이 어렵다 할 것이다. 많이 존재하는 오해로서, 취득 기록만으로 나중에 사용 요구(needs)와 대조해 취득 계획을 실행하는 경우에는 SAM 의 기본 부분을 구성하는 규정 준수도 충족할 수 없고, 하물며 충분한 관리가 실현되고 있다고 말할 수 없다. 또한 앞으로는 구매가 필요한 경우에 대해서도 기록하도록 요구하고 있다. 그럼 장래 구입해야 할 필요가 있는 경우로서 생각할 수 있는 경우를 들어 보자. 예컨대, 소프트웨어 공급업체와 라이선스 프로그램과 같은 사용허락 계약을 체결하는 경우, 매월 또는 3개월 마다 또는 반년마다 사용할 수량을 확인하여 증가한 수량을 후불 같은 형식으로 구입할 수 있는 프로그램이 존재하고 있다. 이 경우 그 기간에 최대 금액을 특정해야 하는 경우가 발생하기도 한다. 예컨대, 매월마다의 수량 보고를 통한 지불 형식의 경우, 중순에서의 사용 수량이 해당 월의 최대치로 월말보다 수량이 많은 경우에는 그 해당 기간의 최대치이며, 중순에 있어서의 수량을 바탕으로 지불 금액을 확인할 필요가 있다. 또한 계약에 근거하지 않는 부정 이용(Over use 등)에서도 동일한 가능성이 있다. 많은 소프트웨어 및 관련 자산은 그 이용이 확정된 시점에서 지불의 필요성을 보증하는 요소가 있으며, 기본적으로 최대치로 다루어질 항목으로 되어 있다. 이러한 부정 이용에 대해서는 SAM을 실행함으로써 방지할 수 있다고 믿고 있지만, 그러한 생각은 신중을 기해야 할 것이다.

- 소프트웨어 및 관련 자산의 수령 정책 및 규정과 절차의 수립 (승인 및 발행 포함)
SAM은 소프트웨어 및 관련 자산 또는 서비스의 수령에 관해서도 정의해 둘 필요가 있다. 이것은 소프트웨어 및 관련 자산 등이 가지는 특성(보이지 않는 것 등)을 고려하여 정의할 필요가 있다. 이러한 정의를 통하여, 송장 및 선적 서류의 관리를 통해 주문서와 연결 짓는 것이 가능하게 되고, 라이선스 증서 및 라이선스 계약 등 계약 서류가 보관 및 기록됨으로써 올바른 상태가 유지된다고 할 것이다. 그리고 이러한 기록이 정품임을 확인할 수 있는 상태가 된다고 할 것이다. 이해를 돕기 위해 예를 들면, 명품 가방은 가짜가 존재하는 것처럼 소프트웨어 및 관련 자산에도 가짜와 악성 물건이 존재하기 때문에 정규 제품의 것으로 확인이 끝난 상태를 요구하고 있다. 특히 소프트웨어 공급 업체에서 직접 소프트웨어 및 관련 자산을 받지 못한 경우에는 주의가 필요하다고 할 것이다. 합법적인 확인을 위해서는 물리적 미디어(예: 설치에 사용할 CD 또는 DVD 등)나 전자적인 사본을 보관해 두는 것으로서 정품 여부 확인도 가능하게 된다.

(4) 결론[208]

취득이란 SAM 라이프 사이클 과정 중에서 조직이 사업을 영위함에 필요한 소프트웨어 및 관련자산을 조직 외부에서 구입하거나 자체 개발하여 제공하는 것을 의미한다. 한편 취득과 비슷한 의미로 조달이라는 용어가 있는바, 이는 정부 및 공공기관 등에서 필요한 물품 및 용역을 제공 받고자 할 때 사용하는 말이다. 제대로 제어된 방법으로서 소프트웨어 취득을 위한 프로세스 구축을 위해서는 "취득"이외에도 SAM의 전체 그림을 파악하는 것이 바람직하다. 예를 들면, 소프트웨어 및 관련 자산의 도입 계획에 대해서도 이해하고 있어야 하며, 특히 현황 파악을 실시하지 않으면 현실에 맞는 표준 소프트웨어를 정의할 수 없다. 여기서 중요한 핵심은 SAM이 불충분하게 운영되고 있는 조직에 의해 관리되는 데이터는 실제 현장 상황과의 괴리가 크고, 관리자가 올바른 판단을 할 수 있는 정보가 되지 못한다는 것이다. 이러한 소프트웨어 자산과 관련된 위험에 대한 사항을 파악하려면 SAM 전반을 이해하고 있어야 한다. 또한 현황 파악 시 효율적인 조사의 실현을 위해 SAM 도구 활용을 생각해 보아야 한다.

〈표 5-27〉 위험 조사표 예시

| 단계 | 업무내용 |
| --- | --- |
| 1. 기획 | 1.1 조달 계획서의 작성<br>(필요에 따라 정보 제공 요청〈RFI: Request for Information〉를 수행)<br>1.2 조달 계획의 결정 및 공표 |
| 2. 입찰 | 2.1 조달 명세서 초안 작성<br>2.2 의견 소집<br>2.3 조달 사양 결정<br>2.4 입찰 공고<br>2.5 제안 요청(RFP: Request for Proposal)<br>2.6 제안 접수 |
| 3. 계약 | 3.1 심사<br>3.2 낙찰자 결정<br>3.3 낙찰자 공고<br>3.4 계약 |
| 4. 납품 (실 작업) | |
| 5. 검수 | |

출처: SAM 설명서-도입을 위한 기초-, JIPDEC발행, 2012.2

[208] JIS X 0164-1에서 본 SAM 설명서 활용방법, JIPDEC, 2011.6

**4. 소프트웨어 개발 프로세스**

(1) 목적 (4단계 적용)

소프트웨어 및 관련자산에 대한 소프트웨어 개발 프로세스의 목적은 소프트웨어 및 관련자산이 SAM 요구사항을 고려하여 개발되고 있는지를 확인하는데 있다.[209] 이것은 SAM 전체에 적용되는 소프트웨어 및 관련자산이 외부에서 조달한 것과 조직에서 개발한 것(개발을 외부에 위탁한 것 포함)이 포함되어 있으므로 본 요구사항을 충족할 필요가 있다.

(2) 성과

소프트웨어개발 프로세스의 구현은 조직으로 하여금 다음을 입증할 수 있도록 한다.

- 다음 사항을 고려하고 있는 것을 보장하기 위해 소프트웨어 개발의 공식적인 프로세스가 있다(4단계).
    — 가. 표준 구조(아키텍처) 및 표준 구성
    — 나. 라이선스(사용권계약) 제약조건 및 종속성
- 소프트웨어 제품이 실제 환경에 도입되기 전에 소프트웨어자산 관리하에 놓이게 하는 것을 보장하는 소프트웨어 개발을 위한 공식적인 프로세스가 있다(4단계).

(3) 성과실현의 포인트와 준수사항[210]

이 항목의 포인트는 소프트웨어 개발 프로세스는 소프트웨어 공급 업체 외에는 관련이 없다라고 단정하지 않는 것이 중요하다. 사용자 측면에서도 소프트웨어를 개발하는 경우는 가능하고 또한 시판되고 있는 소프트웨어에 자동 처리 프로그램을 추가하고 독특한 기능을 추가하거나 하는 플러그인(plug-in)과 애드 온(add-on) 소프트웨어의 개발도 생각할 수 있다. 예를 들어, 시판되는 소프트웨어를 커스터마이징(시스템을 사용자 기호에 맞게 함)하는 경우에는 해당 소프트웨어의 사용허가

---

[209] 본 표준은 소스코드나 다른 구성요소의 개발 및 유지보수를 의미하는 소프트웨어 개발에는 적용하지 않는다. 다만, 이러한 개발환경과 변환이 소프트웨어를 구성하고, 생산 빌드 내지 릴리즈를 제어하는 등의 활동에 용이하게 사용되는 모든 소프트웨어에는 적용할 수 있다는 것이다. 순수한 개발범위 내에서 소스 소프트웨어로 간주 됨으로써 제외되거나, 사용할 수 있는 소프트웨어 이므로 포함되는 기준은 공식적인 범위 설명서 부분으로 정의될 수 있다. 기타 소프트웨어를 개발하기 위해 사용하는 소프트웨어는 사용할 수 있는 소프트웨어로 간주된다. 다시 말하면, 소프트웨어 개발자에 의해 사용되는 소프트웨어는 그 자체로 관리(통제)되어야 한다.

[210] JIS X 0164-1에서 본 SAM 설명서 활용방법, JIPDEC, 2011.6

내용을 확인하는 것이 필요하며, 커스터마이징을 신중하게 평가할 필요가 있다. 일반적으로 시판되고 있는 소프트웨어(외부에서 조달하는 소프트웨어)는 소프트웨어 자체를 커스터마이징 하는 것이 허용되지 않는다. 따라서 플러그인 또는 애드온(add-on) 소프트웨어를 개발함에 있어 라이선스 내용을 확인하는 것이 중요한 포인트라고 할 것이다. 실제로 개발하고 이용할 수 있는 상태의 경우, SAM에 대한 고려 없이 개발하여 배포해 버리면 관리할 수 없게 되므로 실제로 취득, 배포, 도입, 관리, 이동, 폐기 등 관리 프로세스 전반을 달성할 수 있도록 배려하는 것이 바람직하다. 개발 시 SAM 요구사항을 고려하면 다음 항목의 실현을 예상할 수 있다.

- 표준 구조 (아키텍처 또는 소프트웨어) 및 표준 구성
  개발하는 소프트웨어 및 관련 자산에서도 표준 구조(사양)를 정의할 수 있다. 표준 구조는 예컨대, 개발 언어가 정해져 있고, 이용환경(예를 들어 OS)이 정해져 있으며, 개발된 소프트웨어가 이용되는 경우 추적 방법이 정해져 있고, 이용 수(이용 PC의 특정 등)를 쉽게 파악할 수 있는 구조가 마련되어 있는 것 등을 생각할 수 있다. 또한 표준 구성을 정의할 수 있다. 표준 구성은 예컨대, 여러 소프트웨어가 서로 관계하여 하나의 기능을 제공하는 경우에 어떤 소프트웨어가 필요한 것인지, 그 구성요소가 정의 되어 있다는 것이다.

- 외부 조달 소프트웨어와 커스터마이징 소프트웨어와의 관계 설명
  외부에서 조달한 소프트웨어와 사용자측에서 개발한 소프트웨어가 어떠한 관계를 가지고 작동하는 경우, 외부에서 조달한 소프트웨어 사용권 계약에 저촉되지 않는다면 사용자측에서 개발한 소프트웨어가 외부에서 조달한 소프트웨어에 대해 어떻게 작동하는지 그 관련성을 파악할 수 있게 되므로 외부에 설명할 수 있는 상태가 된다.

- 개발 프로세스 구축
  개발된 소프트웨어가 SAM 전반에 걸쳐 올바르게 관리되는 상태가 개발 프로세스가 제대로 구축된 상태라고 할 것이다. 예컨대, 자사에서 정의된 개발 프로세스에 따라 개발된 소프트웨어의 경우에는 자사에서 정의된 표준 SAM 프로세스에서 이용현황 파악이 용이하게 되어 있다.

(4) 결론

SAM은 기본적으로 외부에서 조달된 소프트웨어 및 관련 자산에 초점이 맞춰져 있다고 할 것이다. 그러나 SAM 전체의 이해를 통해 자체적으로 개발한 소프트웨어에 대해서도 동등한 관리를 실시할 수 있도록 배려하여 소프트웨어 개발에 임하는 것이 중요하며, 이를 통해 조직의 관리 효율 향상에 공헌하고 있다는 것을 이해할 필요가 있다.

---

211　JIS X 0164-1에서 본 SAM 설명서 활용방법, JIPDEC, 2011.6

### 5. 소프트웨어 릴리스 관리 프로세스

(1) 목적 (4단계 적용)

소프트웨어 및 관련자산에 대한 소프트웨어 릴리스 관리 프로세스의 목적은 릴리스(출시)가 SAM 요구사항을 지원하는 방식으로 계획되고 실행되도록 보장하는 데 있다.[212]

(2) 성과

소프트웨어 릴리스 관리 프로세스의 구현은 조직으로 하여금 다음을 입증할 수 있도록 한다.

- 다음과 같은 릴리스 관리의 공식적인 프로세스가 있다(4단계).
  — 가. 릴리스 이전(시험판)의 패치를 포함하여 모든 릴리스 방안을 구축하고 테스트하기 위해 제어된 수용 환경에서 사용된다.[213]
- 보안 패치 릴리스의 빈도를 포함하여 릴리스의 빈도와 종류에 대해 미리 계획되어 있고 기업(관리자 측)과 고객(이용자 측) 사이에 합의된 상태이다.
- 예정된 릴리스 일자와 배포물(결과물)은 관련 변경요청 및 문제를 참조하여 기록되고, 사고 관리에 전달된다.
- 소프트웨어 및 관련자산의 출시는 담당 관리자(책임자)가 승인한다.[214]
- 릴리스의 성공여부를 기록하고, 정기적으로 검토한다.

(3) 성과실현의 포인트와 준수사항[215]

위에서 개괄적으로 언급했듯이, 릴리스 관리 프로세스가 도입되고 실현되기 위해서는 릴리스 전부터 출시된 이후를 포함하여 모든 릴리스를 테스트 하기 위한 환경 준비가 필요하고, 릴리스의 빈도와 그 종류에 대해 미리 계획하고 있어야 한다. 계획된 릴리스 일정 또한 그 내용이 기록되어야 하며, 관련 변경 요청 및 문제점 등도

---

[212] 소프트웨어 릴리스 관리 프로세스는 소프트웨어 및 관련자산의 계획 및 실제 릴리스를 대상으로 한다. 소프트웨어 릴리스 관리 프로세스는 변경관리 프로세스와 밀접하게 관련이 있고, 위 릴리스 관리 프로세스는 절차적으로 연동된다.

[213] 즉, 릴리스 전부터 출시된 이후를 포함하여 모든 릴리스를 테스트하기 위한 환경이 준비되어 있다라는 의미이다. 본 표준에서는 빌드와 테스트에 대한 자세한 요구사항을 규정하지는 않는다. 예를 들면, 제조자 패치를 필요로 하는 모든 빌드가 구축되어 독립적으로 테스트 받도록 이 표준은 요구하지 않지만, 조직은 이 표준에서 무엇을 요구하고 있는지에 관계없이 독립적으로 이를 요구할 수 있다. 그렇더라도 배포 전에 어떠한 방식으로든 변경하거나 패치를 시험할 것으로 기대하는 것이 일반적이다.

[214] 예컨대, 승인된 사실을 확인할 수 있는 상태도 포함된다.

[215] JIS X 0164-1에서 본 SAM 설명서 활용방법, JIPDEC, 2011.6

기록 후 보관되어야 한다. 아울러 사건 및 사고 관리에도 각종 정보가 전달되어야 하며, 소프트웨어 및 관련 자산의 자료는 담당 관리자가 승인할 수 있는 시스템이 구축(승인된 사실을 확인할 수 있는 상태도 포함)되어야 하고, 릴리스 결과의 성공 여부가 기록되어 정기적으로 검토할 수 있는 상황이 이루어져야 한다.

(4) 결론[216]

소프트웨어 릴리스 관리 프로세스에서는 패치와 바이러스 백신에서 수행되는 업데이트 모듈도 마찬가지로 취급할 필요가 있다. 예컨대, 조직 전체에 릴리스해 보면 조직의 환경에서는 잘 작동하지 않을 수 있으므로 인해, 복구에 상당한 노력이 소요되므로 미리 테스트하고 평가하고 출시하는 것이 바람직하다. 또한 릴리스 관리 프로세스를 도입할 때 조직이 보유하는 하드웨어를 파악하고, 이미 도입된(또는 예정된) 소프트웨어를 파악하여, 라이선스 과부족에 영향을 최소화 하는 등 이러한 SAM 전반의 프로세스와 밀접히 관련된 것을 이해한 후, 소프트웨어 릴리스 관리 프로세스에 임하는 것이 바람직할 것이다.

### 6. 소프트웨어 배포 프로세스

(1) 목적 (3단계 적용)

소프트웨어 배포 프로세스의 목적은 SAM 요구사항을 지원하도록 하여 소프트웨어 배포 및 재 배포가 실시되는 것을 확인하는데 있다.

(2) 성과

소프트웨어 배포 프로세스의 구현은 조직으로 하여금 다음을 입증할 수 있도록 한다.

• 다음과 같은 소프트웨어 배포 및 설치에 대한 정책과 절차를 수립하고 승인하여 발행한다(3단계).

— 가. 소프트웨어 및 관련자산의 배포 여부를 담당 책임자가 승인한다.

— 나. 배포가 성공하지 않으면, 제대로 된 배포를 위해 다시 이전 상태로 되돌리는 개선절차 및 방법이 있다.

— 다. 배포되는 소프트웨어에 과도한 접근 및 설치 후를 포함한 보안 요구사항이 준수되고 있다.

— 라. 소프트웨어 및 관련자산 상태의 변경이 정확하고 적절하게 기록되어 있는지, 또한 변경을 기록하고 있는지 등 감사 검증도 동시에 관리 담당자의 주지를 바탕으로 변경 기록되어 있다. 각각에 발생하는 변경에 대한 감사추적 요구사항은 없다.[217]

---

[216] JIS X 0164-1에서 본 SAM 설명서 활용방법, JIPDEC, 2011.6

── 마. 배포된 것이 배포허가를 받은 것과 같은 것인지, 위반사항이 어떠한 차이를 자세히 설명하고 있는지, 자산이 허가된 범위 내에서 배포되는 것을 검증할 수 없는 경우가 있는지 등을 확인하는 문서화된 통제시스템이 있다.[218]

── 바. 배포의 성공여부를 기록하고 정기적으로 검토한다.

### (3) 성과실현의 포인트와 준수사항[219]

위에서 개괄적으로 언급했지만, 이하에서는 세부적으로 내용을 살펴보기로 한다.

- 담당 관리자가 배포 승인

  소프트웨어를 배포하고 사용자의 PC에 설치할 때, 가능한 한 업무에 지장이 없도록 진행하고 싶을 것이다. 그러기 위해서는 효율적인 방법의 수립이 요구 되고, 배포 및 실시 시기 등에 대해서도 적절한 타이밍을 선택할 필요가 있다. 예컨대, 조직에서 표준으로 사용되는 소프트웨어 및 관련 자산은 종류마다 편차가 나오지 않도록 배려할 필요도 있다. 이러한 것 모두를 배려한 후에 실시하는 것이 요구 되고, 관리자가 확인하고 승인하는 프로세스가 필요하다.

- 원상복구 절차 및 개선 방법의 수립

  소프트웨어 및 관련 자산을 배포하고 설치한 상태를 만들 때는 제반 문제점도 상정해 둘 필요가 있다. 따라서 문제가 있을 경우 원래 상태로 되돌릴 방법을 확인하여 설정해 두는 것이 바람직하다. 또는 예견되는 문제 등이 있으면 그 개선방법을 사전에 확인하여 그 대응 방법을 확립하면, 배포 및 설치 후의 문제 해결에 걸리는 수고로움을 줄이거나 문제가 발생했을 때의 악영향을 최소화 할 수 있다.

- 배포 설치 후 액세스 제한

  예컨대, 소프트웨어를 배포할 때 서버에 설치 미디어를 올린 상태로 만들고 이용자에게 접근시켜 설치하는 경우에는 사용현황을 추적할 수 있으며 아울러 사용을 제한할 수 있는 구조가 된다. 이로 인해 무허가 이용자를 추적할 수 있고, 무허가 이용자가 액세스하여 설치하지 못하도록 제한할 수 있다. 또한 설치 후 소프트웨어에 대해서도 무허가 이용자가 네트워크를 통해 이용하지 못하도록 제한 시스템을 설정하는 것이 바람직하다. 아울러 네트워크에서 공유되는

---

[217] 모든 배포단계를 기록하는데 이용되는 각 허용상태를 정의하는 것과, 그 후 모든 상태 변경이 있을 때 감사추적이 있는지 확인하는 것은 필수적이다. 일반적인 상태변경은 조달 허가(일반허가; 지정된 그룹 또는 개인에 대한 허가), 릴리스 허가(빌드의 일부분), 배포 또는 삭제 허가(일반 또는 지정된 그룹 및 개인) 그리고 실제적인 배포, 설치, 제거와 연관이 있을 수 있다.

[218] 허가사항은 일반적으로 시간이 지나면서 변경된다. 허가에 따른 배포의 검토는 허가사항이 변경될 때마다, 명시적이든 묵시적이든, 조직의 범위의 변경이 있을 때와 같이 권장된다. 위반사항 보고서 사본을 설치 허가된 소프트웨어 인벤토리 소유자에게 보내는 것을 권장한다.

[219] JIS X 0164-1에서 본 SAM 설명서 활용방법, JIPDEC, 2011.6

PC에 소프트웨어 및 관련 자산을 설치한 경우 다른 사용자가 네트워크를 통해 액세스하여 소프트웨어와 관련 자산을 이용하는 것이 기술적으로 가능하기 때문에, 그러한 사고가 일어나지 않도록 제한할 수 있거나 추적할 수 있는 상태가 실현되도록 해야 하며, 서비스로 제공되는 경우에는 서비스에 액세스할 수 있는 관리 및 보안 시스템의 존재가 필요하다.

- 감사 추적 및 변경 기록

소프트웨어 및 관련 자산 상태의 변경이 정확하고 적절하게 기록되어 있는지, 또한 변화를 기록하고 있는 감사 추적도 동시에 관리 담당자의 주지를 바탕으로 변경 기록되어 있는지 확인해야 한다. 소프트웨어 및 관련 자산을 배포할 때, 해당 배포되는 내용을 이해할 수 있는 상태가 바람직하므로 소프트웨어 및 관련 자산의 내용 변경도 정확하고 적절하게 기록된 상태가 되어야 한다. 또한 변경 사항을 기록하는 감사 추적도 동시에 변경 기록으로 남게 되므로, 그 기록에 누가 관리 책임자인지 기록되기 때문에 해당 변경 사항이 적절히 관리자에게 전달되게 된다. 아울러 기록 및 관리 담당자가 변경된 경우에도 그 정보를 기록하여 적절한 관리 상태가 되도록 유지해야 한다.

- 배포 설치된 소프트웨어의 동일성 확보

배포 설치된 소프트웨어 및 관련 자산이 원래 배포 및 설치 승인을 받은 것과 동일하다는 것을 확인할 수 있는 방안을 준비해야 한다. 최초 배포한 것이 의도한 것과 다른 경우도 상정할 수 있으므로 배포한 것 및 배포를 계획 한 것과 비교할 수 있는 상태가 될 수 있도록 해야 한다.

- 기록 및 정기적 검토

배포 및 설치의 성공과 실패를 기록하여 정기적으로 검토한다. 즉, 배포한 결과에 대한 성과물을 기록하고 정기적으로 검토하는 상태가 이 항목에서 실현되어야 할 부분이다.

(4) 결론[220]

SAM 전체에서 배포 프로세스가 어떻게 영향을 미치는지를 검토하는 경우에는 SAM 전반을 파악한 후에 검토하는 것이 바람직하다. 예컨대, 라이프 사이클 프로세스에 설명된 내용을 파악하는 것 만으로도 소프트웨어 배포 프로세스를 검토할 때 참고 정보가 된다. 또한 소프트웨어 자산과 관련된 위험의 파악에 대해서도 알아두는 것이 도움이 된다. 실제로 소프트웨어 배포 프로세스는 IT 기술 부문의 업무 프로세스와의 관련성이 주요 이슈로 파악되고 있으므로, SAM의 외부 프로세스로서 기술적인 프로세스 관리와 긴밀하게 협력하여 실시하는 것이 바람직하다고 할 것이다. 아울러 IT 자산관리 중에서도 하드웨어 관리를 고려한 경우, 하드웨어 관리에만

[220] JIS X 0164-1에서 본 SAM 설명서 활용방법, JIPDEC, 2011.6

주의하고 있으면 단말장치(PC)의 파악이 누락될 가능성이 발생한다. 그러나 단말 클라이언트 PC의 보안 패치도 고려하여 네트워크에 대한 액세스 권한을 제어할 수 있는 환경을 만들면, 관리자 측이 파악하지 못한 PC가 네트워크에 접속할 수 없도록 하는 환경을 만들 수 있을지도 모른다. 따라서 소프트웨어 배포 관리 및 액세스 권한 관리 등 여러 관리요소를 결합하여 관리함으로써 관리수준이 향상될 수 있다. 관리의 효율화 요소가 이러한 복합적인 관리 조합에 열쇠가 된다고 생각한다.

### 7. 사건 사고관리 프로세스

(1) 목적 (4단계 적용)

소프트웨어 및 관련자산에 대한 사건 사고관리 프로세스의 목적은 소프트웨어 및 관련자산을 지속적으로 운영하면서 일어나는 사건·사고를 모니터링하고 그 사건·사고에 적절히 대응하는 것을 보장하는데 있다.

(2) 성과

사건 사고관리 프로세스의 구현은 조직으로 하여금 다음을 입증할 수 있도록 한다.

- 다음과 같은 사건 사고관리의 공식적인 프로세스가 있다(4단계).
  — 가. 소프트웨어 및 관련자산 또는 SAM 프로세스에 영향을 미치는 모든 사건 사고를 기록하고 이를 해결하기 위해 우선 순위에 따라 분류한다.
  — 나. 모든 사건 사고는 해결을 위한 우선순위에 따라 해결하고, 그 해결책을 문서화한다.

(3) 성과실현의 포인트와 준수사항[221]

사건 및 사고 관리 프로세스를 고려할 때, 규정 및 절차를 정해 하나의 프로세스로 정의하는 것이 필요하다. 정의된 프로세스에 따라 사건 및 사고가 기록될 필요가 있다. 또한 그러한 기록으로 우선 순위를 평가하는 상태도 실현할 수 있다. 이것은 발생하는 사건 및 사고 모두에 대해 동일하게 대응하기 어려운 것으로 간주되기 때문에, 사건 및 사고를 기록하여 평가를 실시함으로써 우선 순위에 따라 대응할 수 있는 상태가 되도록 하려는 것이다. 결국 사건 및 사고에 따른 대응의 결과와 해결책 등은 문서로 기록되는 것이 바람직하다. SAM 도구의 도입을 통해 감시 방법의 확립만을 실현하려는 경향이 있지만, 도구에서 포착할 수 있는 범위 이외의 감시방법의

---
[221] JIS X 0164-1에서 본 SAM 설명서 활용방법, JIPDEC, 2011.6

확립도 필요하고, 또한 큰 조직에서 관리효율을 향상시키기 위해서는 관리 도구에 맞지 않는 PC를 배치하지 않는 방안이 있으면 효율화에 공헌할 수 있다. 도구를 도입한 경우에도 도구의 작동 확인 및 도구의 특성 파악은 반드시 이루어질 필요가 있으며, 도구로 파악한 정보의 이용 방법의 확립 및 도구로 포착하지 못한 범위의 정보와의 통합기술 확립이 요구된다. 이들 정보는 모니터링한 정보 중 하나에 지나지 않기 때문에, 해당 정보를 평가하여 우선 순위를 결정하고 해결될 때까지의 대응이 필요하고, 그러한 대응 방법 및 그 기록을 문서화하는 것이 바람직하다.

(4) 결론[222]

사건 및 사고 관리 프로세스에서 중요한 위치를 차지하는 준수 문제에 관한 시정과 관련하여 라이선스 과부족 이슈를 들 수 있다. 또한 이는 문제의 추출 및 분석의 흐름과도 관련이 있다. 그러나, 사건 및 사고 관리 프로세스는 궁극적으로 SAM 프로세스 전반에 걸쳐 발생하고 영향을 주게 되므로, SAM 전반을 통해 이해하는 것이 바람직하다.

### 8. 문제관리 프로세스

(1) 목적(4단계 적용)

소프트웨어 및 관련자산에 대한 문제관리 프로세스의 목적은 사건·사고 원인을 사전에 예방적으로 식별 및 분석하고 또한 근본적인 문제의 해결을 통하여 소프트웨어자산을 최신 상태로 유지하고 운영에 적합하도록 하는 것을 보장하는데 있다.

(2) 성과

문제관리 프로세스의 구현은 조직으로 하여금 다음을 입증할 수 있도록 한다.
- 문제를 관리함에 있어 다음과 같은 공식적인 절차가 있다(4단계).

  — 가. 소프트웨어 및 관련자산 그리고 서비스 또는 SAM 프로세스에 영향을 미치는 모든 사건·사고를 기록하고 그 영향 정도에 따라 분류한다.

  — 나. 우선순위가 높고 반복되는 사건·사고의 근본원인을 분석하여 우선적으로 해결책을 마련한다.

  — 다. 근본원인을 문서화하고 사건·사고관리에 전달한다.

  — 라. 문제 해결을 위한 우선순위에 따라 해결하고, 그 해결책을 문서화하고, 사건·사고관리에 전달한다.

---

[222] JIS X 0164-1에서 본 SAM 설명서 활용방법, JIPDEC, 2011.6

(3) 성과실현의 포인트와 준수사항[223]

이 프로세스는 앞서 설명한 사건 및 사고 관리 프로세스와 밀접한 관계가 있다. 사건 및 사고관리 프로세스가 제대로 실현되지 않으면 사전 예방적 관점에서의 문제 관리 프로세스의 실현은 어렵다고 생각한다. 따라서 먼저 소프트웨어 및 관련 자산, 경우에 따라서는 누리고 있는 서비스 및 SAM 프로세스에 대한 사건 및 사고가 기록되어야 한다. 이 경우 직접 소프트웨어 및 관련 자산에 관한 사건 및 사고만을 기록하는 것이 아니라 그들이 영향을 미치는 범위까지 기록하는 것이 필요하다. 이러한 기록은 우선 순위를 판단할 수 있는 정보의 취득을 가능하게 한다. 아울러 반복적으로 발생하는 사건 및 사고에 대해서는 근본적인 해결책을 탐구할 수 있다. 근본적인 문제점은 제대로 기록하여 이어지는 문제 발생을 억제하는 사전 예방책을 통해 해결할 수 있다. 따라서 우선 순위에 따라 문제를 해결하고 솔루션이 문서화가 되어 관리자에게 제대로 전해지는 과정을 통해 이 항목을 실현할 수 있다.

(4) 결론[224]

문제 관리 프로세스를 고려할 때, 라이선스 대장 및 관련 부재대장과 관리항목 등의 설정 등을 통해 과부족을 시정하는 시스템이 존재하는 것은 이해할 수 있다. 또한 문제점의 추출 및 분석, 요구사항 등을 살펴보면 이해의 폭을 넓힐 수 있다고 본다. 단, 사전 예방적으로 대처하기 위해서는 역시 SAM 프로세스 전반에 걸쳐 이해를 하지 않으면 충분한 대응을 하는 것은 곤란하다. 따라서, SAM 전반을 이해 한 후 다시 사전 예방적인 관리 프로세스를 검토하는 것이 바람직하다.

### 9. 폐기 프로세스

(1) 목적 (3단계 적용)

소프트웨어 및 관련자산에 대한 폐기 프로세스의 목적은 회사 정책과 기록유지 요구사항에 맞게 적절한 부서에 관련자산의 재사용을 포함하여 사용 소프트웨어와 관련자산을 제거하는데 있다. 사용허가를 받지 않은 소프트웨어를 제거하는 것은 일반적으로 라이선스가 부족한 문제를 해결할 수 없다. 왜냐하면 라이선스 취득 의무가 이미 소프트웨어의 사용시점에서 발생하였기 때문이다. 그래서 설치하거나 처음사용에 대한 통제를 제대로 해야 한다.

---

[223] JIS X 0164-1에서 본 SAM 설명서 활용방법, JIPDEC, 2011.6

### (2) 성과

폐기 프로세스의 구현은 조직으로 하여금 다음을 입증할 수 있도록 한다.

- 소프트웨어 또는 소프트웨어를 설치한 하드웨어를 안정적으로 제거하기 위해 다음과 같은 정책 및 절차를 수립하고 승인하여 발행한다(3단계).

    — 가. 소프트웨어 배포 사본은 소프트웨어 라이선스 및 데이터 기밀성에 미치는 영향을 고려한 후 관리자에 의해 명시적으로 허가하는 경우를 제외하고는 폐기하는 하드웨어에서 제거된다.[225]

    — 나. 재 배포할 수 있는 라이선스(사용허락권)와 기타 자산을 재 배포하기 위해 특정한다.

    — 다. 타인에게 양도하는 자산(당사자가 누구며 관련이 있든 없든, 그리고 양도가 유상이든 아니든)은 기밀성, 라이선스 조건 또는 기타 계약상의 요구사항을 감안하여 적정하게 양도한다.

    — 라. 재 배포할 수 없는 라이선스 및 기타 자산을 적절히 처리한다.

    — 마. 상기 변경사항을 반영하도록 기록이 업데이트 되어 변경사항에 대한 감사추적을 유지한다.

### (3) 성과실현의 포인트와 준수사항[226]

폐기 프로세스를 설명하기 전에 폐기 프로세스의 주의 사항으로서, 일반적으로 PC에 설치하여 사용하는 형식의 소프트웨어의 경우(소위, 데스크 탑 소프트웨어라는 표현이 이해하기 쉬울지도 모른다)에는 설치되어 있는 상태를 사용하고 있다고 파악할 수 있다. 설치되어 있지만 이용하지 않는 상태는 기본적으로 흔하지 않기 때문에 주의가 필요하다. 그런 점에서 폐기 프로세스 실현의 성과로서 철거하는 하드웨어에서 배포되고 있는 소프트웨어 사본의 삭제가 포함되어 있다. 폐기 프로세스의 실현은 소프트웨어 및 관련 자산의 제거에 대한 정책 및 절차 수립, 또한 그 승인과 정보 또는 문서의 발행을 요구하고 있다. 앞서 개괄적으로 설명했지만, 다음에서 자세히 성과실현의 포인트를 소개하기로 한다.

- 철거하는 하드웨어에서 소프트웨어 제거

    철거하는 하드웨어에서 배포된 소프트웨어 및 관련 자산의 제거가 확실히 실시되어야 하며, 이를 확인할 수 있어야 한다. 예컨대, 소프트웨어의 이용현황 관리를 Windows의 프로그램 추가 또는 제거 항목에서 관리할 경우, 하드웨어 철거 시 해당 프로그램이 올바르게 제거되어 있는지 확인이 필요하므로, 그러한 절차를 수립하고 승인된 문서로서 발행하고 통지하는 것이 바람직하다.

---

[224] JIS X 0164-1에서 본 SAM 설명서 활용방법, JIPDEC, 2011.6

[225] 이 요구사항의 목적을 위해, 폐기는 잠재적으로 조직 외부로 이동시켜 다른 사람이 사용할 수 있는 하드웨어로 구성된다. 이 요구사항의 목적을 위해, 배포되는 소프트웨어는 하드웨어에 종속되는 소프트웨어를 포함하지 않는다. 즉 OEM 소프트웨어는 재 배포할 수 없다.

[226] JIS X 0164-1에서 본 SAM 설명서 활용방법, JIPDEC, 2011.6

- 삭제된 소프트웨어의 재 배포 문제

  삭제된 소프트웨어 및 관련 자산에 대해 재 배포할 수 있는지 확인한다. 소프트웨어 자산(특히, 라이선스) 및 관련 자산을 다른 컴퓨터에 다시 배포 및 설치할 수 있는지 여부를 폐기 단계에서 식별할 수 있다. 이 때 유의하지 않으면 안 되는 것은 삭제된 소프트웨어 및 관련 자산을 제대로 파악하는 것이 중요하다. 구체적으로 파악해 둔 소프트웨어 및 관련 자산에 대한 라이선스의 내용은 관리해야 할 항목 등을 참조하면 이해하기 쉽다.

- 삭제된 소프트웨어 양도

  폐기되는 소프트웨어 및 관련 자산을 양도하는 경우에는 기밀을 유지하고 사용 조건을 확인해야 한다. 또한 소프트웨어 라이선스 이외에도 체결한 계약이 있는 경우, 그러한 조건에서도 부합하는지를 확인한 후 양도할 필요가 있다. 여기서 양도라는 말에도 주의가 필요한바, 양도에는 관련 회사인지 아니면 관련이 없는 회사인지에 대한 양도 문제를 확인해 보아야 하지만, 비용이 발생하는 경우나 발생하지 않는 경우 등도 생각해 볼 수 있다. 또한 해당 라이선스의 양도가 인정되고 있는지 제대로 확인하고 관리하는 것이 중요하다. 논란의 여지는 있지만, 저작권사 차원에서는 소프트웨어 및 관련 자산은 사용허락이라는 개념으로 파악되고 있기 때문에 양도할 수 없는 성격을 가지고 있다고 보고 있다. 최근 사용자측의 요구와 제반 사정으로 인하여 양도에 관한 조건에도 변화가 보이기 시작했지만, 향후 클라우드의 개념인 SaaS 등이 대두되는 경우에는 원래와 같은 엄격한 상태로 돌아갈 가능성도 생각할 수 있다. 어쨌든, 양도 여부 및 그 범위 등은 계약서를 확인해야 한다. 예컨대, 기업간 합병이나 분할 같은 경우에도 회사법 등으로 자산의 양도가 가능함과는 별도로, 소프트웨어 및 라이선스 양도와 관련해서는 계약서에 기재되어 있는 내용에 따라 판단할 필요가 있으므로 주의가 필요하다.

- 자산의 적절한 처분

  재 배포가 불가능한 소프트웨어 및 관련 자산의 경우 적정한 처분이 요구된다. 소프트웨어 자산(특히, 라이선스) 및 관련 자산을 재 배포 할 수 없는 경우에는 재 배포 하지 않고 적절하게 폐기하고 그것을 기록해야 한다.

- 변경 기록과 감사 추적의 유지

  폐기에 관한 기록은 폐기가 실행될 때마다 항상 업데이트 되어 변경 사항이 반영되어 있는 것이다. 그리고 그 기록을 바탕으로 감사를 실시해서, 폐기 등에 관한 내역을 확인할 수 있는 상태로 유지는 것이다.

(4) 결론[227]

사전 설치 소프트웨어는 해당 하드웨어에 이외에서는 사용할 수 없는 경우가 많다는 것을 인식할 필요가 있다. 따라서 소프트웨어의 설치 매체가 남아 있다고 하여 다른 하드웨어에 설치하여 사용하게 되면 라이선스 위반의 문제가 발생할 위험이 있다.

또한 소프트웨어를 업그레이드 할 때 그 업그레이드 이전의 라이선스 취급에 대해서도 정의할 필요가 있다. 경우에 따라서는 업그레이드 이전 및 업그레이드 대상과 함께 하나의 완전한 라이선스로 묶인 경우도 생각할 수 있다. 또한 업그레이드할 라이선스 자체가 비활성화되어 있는 경우도 있다. 라이선스에 따라 올바르게 관리(폐기)함으로써 미래의 부정 사용을 미연에 방지하는 효과를 기대할 수 있다. 폐기 과정에서 재 배포가 가능하게 정의된 소프트웨어 및 관련 자산은 재차 배포과정으로 전환될 가능성이 있기 때문에, 폐기할 때는 배포 프로세스를 이해하면 폐기 프로세스에 대한 이해에도 도움이 될 것으로 본다.

[227] JIS X 0164-1에서 본 SAM 설명서 활용방법, JIPDEC, 2011.6

## TIP

"당신의 SAM 프로그램으로 사전 예방을 한다는 것은 최선의 방법이다. 물론, 당신에게는 적절한 반응을 필요로 하는 도전 또는 그러한 상황이 벌어질 수 있지만, 설령 그렇더라도 SAM 팀은 그러한 사건에 적절히 대처할 것이다. 사전예방을 한다는 생각은 SAM 자산 내에서 가장 높은 위험에 완벽히 대처하고 있다는 것이며, 어떠한 상황에서도 준비되어 있다는 것을 말한다. 사전예방적 SAM은 성숙한 SAM 프로세스의 구현을 포함하며, 당신 조직을 위해 가동 중에 있는 적절한 도구의 확보와 SAM에 대한 분명한 역할 및 책임을 구성하는 것이다. 당신이 SAM 프로그램에 의해 일시적으로 반응하는 것은 소프트웨어, 라이선스, 정책 또는 프로세스에 대해 충분히 제어하지 못하기 때문에 위험하다. 이것은 비 준수, 비 표준화 소프트웨어로 이어지고, 제대로 된 프로세스가 없게 되며, 잘못된 출처로부터 소프트웨어를 조달하게 될 수 있다. 감사와 관련하여, 일시적으로 반응할 수 있는 SAM 프로그램을 보유하면서 감사 공문이 도착한 경우, 많은 자원이 소프트웨어 감사에 효과적으로 대처하기 위해서는 여러 부문에서 엄청난 격변을 초래하게 된다. 그러므로 일시적으로 반응하는 SAM 프로그램을 가진 조직은 감사자를 두려워하는 반면, 성숙한 사전예방적 SAM 자산을 갖춘 조직은 굉장히 자신감이 있어서, 감사자가 조직으로 들어 오는 것에 상당한 불만이 있기는 하지만 언제라도 대응할 수 있는 상태에 있는 것이 사실이다." — Published by David Foxen on Mar 27th, 2015

제6장

# 소프트웨어 자산관리(SAM) 도입 설명서

제6장

# 소프트웨어 자산관리 (SAM) 도입 설명서

## I. SAM의 목적

SAM(Software asset management)에 관한 국제표준 "ISO/IEC 19770-1"에 따르면 SAM의 목적은 IT 서비스 관리 전체의 유효한 지원으로 정의하고 있다. 이 "지원" 중에는 《위험 관리의 촉진》, 《비용 관리의 촉진》, 《경쟁 우위의 확보》라는 항목으로 구성되어 있다. 즉, 이들은 SAM이 재정과 각종 법령 등의 준수 등 "제도적 측면"과 업무의 효율성 및 정보보안관리 등 "관리 측면"의 상태를 제대로 설명할 수 있는 능력을 가지고 있어야 한다는 것이다. 이를 국가 및 지방자치단체 또는 공공기관[228]등의 관점에서 해석하면 SAM은 고객주민에 대한 서비스를 보다 쉽게 제공하기 위한 시스템으로 이해할 필요가 있다. 또한 IT 서비스 품질 향상과 비용 등을 개선하는데 도움이 될 수 있음을 시사하는 것이다.[229] 또한 소프트웨어 자산관리의 직접적인 목적은 보다 쉽고 효율적인 소프트웨어 관리체계를 확립하고 그에 따라 소프트웨어 관련 비용의 절감 및 시스템의 안정적 운영과 효율적인 업무 프로세스를 완성하여 소프트웨어 저작권자의 권리보호 및 소프트웨어 공정이용 문화 정착을 통하여 소프트웨어 산업발전을 도모하는 데 있다.[230]

---

[228] 공공기관의 소프트웨어 관리에 관한 규정(대통령훈령 제296호, 2012.6.14)은 그 적용을 받는 공공기관을 규정하고 있다. 첫째, 정부조직법 제2조에 따른 중앙행정기관 및 그 소속기관, 둘째, 감사원, 대통령실, 국무총리실, 방송통신위원회, 국가과학기술위원회, 원자력안전위원회, 셋째, 국민권익위원회, 공정거래위원회, 금융위원회, 넷째, 공공기관의 운영에 관한 법률 제4조 1항에 따라 공공기관으로 지정받은 기관, 다섯째, 공공기관의 운영에 관한 법률 제4조 1항 제1호부터 제5호까지의 어느 하나에 해당하는 기관을 규정하고 있다. 그러나 지방자치단체나 그 소속기관은 여기서 말하는 공공기관에 해당되지 않는다. 다만, 위 훈령에 따르면 문화체육관광부장관은 지방자치단체, 그 소속기관, 지방 공기업법에 따른 지방직영기업, 지방공사 및 지방공단의 소프트웨어의 관리에 관한 실태 점검을 위한 점검용 소프트웨어를 제공할 수 있으며, 지방자치단체 등에 적법한 소프트웨어 이용 및 저작권 관련 법령 등에 관한 교육에 필요한 자료 및 강사 등을 지원할 수 있다고 규정하고 있다.
[229] 지방공공단체의 소프트웨어자산관리 도입 가이드, JIPDEC, 2013.4
[230] 2013 소프트웨어 관리 가이드, 한국저작권위원회, 2013.2.15

## II. SAM의 필요성

소프트웨어 관리는 전반적인 IT 관리 전략의 한 부분으로 조직을 효과적으로 통제하기 위해 필요한 핵심 과제이다. 잘못된 이해에 기초한 소프트웨어 사용은 상당히 큰 법률적 위험을 초래하므로 효율적인 관리가 필요하다.[231] 또한 효과적인 소프트웨어 관리를 통하여 초과된 라이선스에 대한 재배치 및 부족수량에 대한 현실적 대처를 통하여 비용을 절감하고 법률적 위험을 해소할 수 있음과 동시에 경영효율성과 대외적인 신뢰도 제고를 모색할 수 있다.

SAM 운영이 가능한 조건이 되려면, 첫째 SAM 정책 및 체제가 정해져 있어야 하며, 둘째 SAM 관련 규정 류가 책정되어 있어야 하고, 셋째 SAM 관련 규정 류의 원칙적 운용과 마지막으로 SAM 상황을 대내외에 보여줄 수 있어야 한다는 것이다.[232] 또한 왜 SAM이 필요한지 이러한 조건을 충족하지 않는 경우에는 어떠한 위험이 존재하는지에 대해 살펴보기로 하자.[233]

〈표 6-1〉 SAM에 임하는 이유[234]

| 순위 | SAM에 임하는 이유 | 비율 |
|---|---|---|
| 1위 | License Compliance (라이선스 준수) | 약 27% |
| 2위 | Ongoing Software Cost-efficiency (소프트웨어 운용 비용의 최적화) | 약 16% |
| 3위 | Meeting IT Governance Requirements (IT 기업지배 요구사항에 대한 대응) | 약 12% |
| 4위 | Better IT Management Overall (IT 매니지먼트의 개선) | 약 10% |

출처: ISO/SC7 Market Needs Study, May 2008

---

[231] 2013 소프트웨어 관리 가이드, 한국저작권위원회, 2013.2.15
[232] 상동
[233] 상동
[234] ISO/SC7 Market needs study, May 2008

**1. 재정적 관점**

SAM이 제대로 도입되지 않은 상태에서는 불법복제의 존재 여부를 파악하는 것 자체가 곤란해 진다. 관리가 허술한 소프트웨어 패키지와 CD, 라이선스 증서 등을 보여줄 수 없는 경우도 불법복제로 간주될 수 있음에 유의하기 바란다. 이들에 의해 조직 내에서 불법복제가 발생하는 경우, 소프트웨어 제조 업체의 지적이나 내부 고발 등으로 눈으로는 보이지 않는 부채(위험, 손실)가 표출될 수 있음을 주의해야 한다. 또한 문제의 해결에 있어서는 부정하게 사용하고 있던 소프트웨어는 그 대금 이외에 손해배상금 등을 지불하게 되는 경우도 있으며, 공공기관의 경우에는 주민의 비판에 노출되는 것을 피할 수 없게 되는 경우도 있다. 비록 여기까지는 이르지 않는다 하더라도, 국가 및 공공기관 등 공공단체가 공공 비용으로 조달한 소프트웨어가 관리 소홀로 손·망실 등의 상황이 벌어져서는 아니 될 것이다.

**2. 라이선스 준수의 관점**

소프트웨어는 저작권으로 보호된 지적재산권으로써 저작권자(소프트웨어의 경우, 일반적으로는 소프트웨어 업체가 권리를 보유하고 있다)의 허락한 범위 내에서 소프트웨어를 이용할 수 있다. 이 조건을 넘어 소프트웨어를 사용하는 행위는 불법이 된다. SAM이 제대로 도입되지 않은 상태에서 소프트웨어의 적정하고 공정한 이용을 컨트롤하는 것은 어렵기 때문에 불법 복제 등의 불법행위가 조직 내에서 쉽게 발생할 수 있다. 이 경우 손해배상청구 등으로 인한 재정적 위험이 있다고 언급했듯이, 불법행위를 최고경영자가 시종일관 방치하면 대표이사 자신에게도 책임이 미칠 우려도 있다. 저작권법은 우리나를 비롯해서 세계적인 추세가 형사 처벌을 강화하고 있으며 민사적으로도 징벌적 손해배상 판결이 많아 지고 있는 상황이다. 또한 국가 또는 지방자치단체 등 공적 기관이 위법행위를 하고 있는 것이 발각되면 법적 처벌뿐만 아니라, 주민의 불신을 부추기는 것이 되어 국가 및 자치단체 등의 운영에 큰 지장을 초래할 우려가 있다. 각 조직의 책임자인 대표이사 또는 기관장은 스스로가 적극적으로 SAM의 중요성과 필요성을 인식하고 적절한 도입을 추진할 책임이 있다.[235] 아울러 국가 또는 지방자치단체, 공공기관 등이 물품이나 용역을 조달할 때 거래처를 입찰 또는 수의계약에 의해 선정하는 과정에서 해당 거래처의 라이선스 준수의무도 있다는 것을 잊어서는 안 된다. 소프트웨어를 무단 복제하여 비용을 억제한 조직과의 거래는 부정경쟁방지의 관점에서 부당한 거래에 가담했다고 파악되는 경우도 있기 때문이다.

### 3. 업무효율 및 비용 관점

국가 및 지방자치단체, 공공기관 등은 행정업무와 관련하여 다양한 소프트웨어를 이용하고 있다. 그러나 부서별로 다른 소프트웨어(상이한 소프트웨어의 종류 및 버전)를 이용하므로 자료 및 정보 교환 시, 데이터의 호환성 문제 등으로 추가적인 업무 프로세스를 마련함으로써 업무 효율성을 떨어뜨리는 경우도 적지 않다. 또한 파악하지 못한 하드웨어의 존재는 인식하지 않는 소프트웨어의 이용에도 관계하여, 보안사고 및 그에 따른 운영 비용의 증가 등으로 이어질 수 있다. 아울러 후술하는 정보 보안 위험에도 관계하므로 인해 사용하는 소프트웨어를 파악하고 있지 않으면 이미 지원이 만료되어 바이러스의 침입 창구가 될 수도 있으며, 취약한 소프트웨어를 계속 사용하고 있다면 악성 프리웨어를 사용하는 일도 일어날 수 있다. 이것들이 주민 서비스의 품질 저하로 이어질 수 있다는 것을 위험으로 인식해야 한다. 따라서 소프트웨어를 도입하는데 있어 업무 효율을 향상시키기 위하여 데이터 연계 및 재사용을 고려한 계획적인 조달을 실시하고 이용 실태를 파악하는 것이 중요한 시책이 될 것이다.

### 4. 정보보안의 관점

자신의 조직이 IT 환경에서 보안을 유지하려고 한다면, 정보 유출로 이어질 수 있는 소프트웨어의 이용은 최대한 배제해야 할 것이다. 정보 유출이라고 하면 파일 공유 소프트웨어가 연상되는 것 외에 최근에는 보안에 구멍이 뚫려 방치되거나 바이러스 또는 악성 코드(예, 트로이 목마 등)가 유포됨으로써 조직의 기밀 정보가 유출되는 사건이 끊이지 않는다. 국가 및 지방자치단체 등은 많은 정보 보안 관리의 일환으로 금지소프트웨어 규정 및 바이러스 백신소프트웨어의 도입, 보안패치 작업등을 이미 실시하고 있다고 생각된다. 그러나 그 운용의 실효성이 확보되기 위해서는 조직의 어디에서 누가 어떤 하드웨어를 이용하고 있으며, 이용되는 PC에 어떤

---

[235] SAM에 임하려고 하는 경우, 조직에서 사용하고 있는 소프트웨어의 종류가 많음에 당황하여 "가능한 한 일부 유료 소프트웨어만 관리하면 된다"고 생각하는 조직이 지금까지 많았다. 불행 하게도 SAM 컨설팅 회사 중에서도 그 같은 대책을 고객에게 조언하는 곳이 적지 않은 실정이다. 이것은 라이선스 준수를 제대로 이해하지 못했기 때문이다. 이러한 의견은 "소프트웨어 및 라이선스를 관리하기가 귀찮으면 프리웨어 또는 오픈소스를 이용하면 편해진다"라는 생각과 같은 뜻이다. 그러나 프리웨어와 오픈소스라고 해서 소프트웨어 및 라이선스를 관리하지 않아도 좋다고 하는 것은 잘못된 생각이다.

소프트웨어가 도입되어 있는지를 적시에 적절하게 파악하는 것이 필요하지만, 이것이 실현 가능하게 조치하고 있는 국가 및 공공기관, 지방자치단체 등은 그리 많지 않은 실정일 것이라고 생각된다. 소프트웨어의 잘못된 관리로 인한 정보 보안 사고의 발생으로 실 손해는 물론, 주민의 신뢰를 해치는 일이 있어서는 아니 될 것이다. 이상 SAM은 위에서 언급한 위험에 대한 효과적인 해결수단이 될 뿐만 아니라, 국가 및 공공기관, 지방자치단체 등에 있어서 빠뜨릴 수 없는 도구로서 인식되고 있다고 할 것이다. 또한 SAM은 조직 목표를 달성하는 데 있어서 IT 거버넌스에 요구되는 조직 및 관리 프로세스를 체계적으로 제공하는 열쇠가 될 수 있으며, 투명성이 유지된 공정하고 공평한 경쟁사회를 촉진할 것이다.

---

**TIP**

"최고경영진은 SAM에 관한 필요성 또는 궁극적인 결과에 관한 모든 사실을 파악하지 못하기 때문에 예산과 프로젝트는 반영되지 않게 된다. 문제는 프로젝트도 필요성의 부족도 아니고, 그것은 최고경영진이 이해하는 언어로 전달을 하지 못하는 발표자에게 있다. 바쁜 CIO(정보총괄책임자), CTO(기술총괄책임자) 및 CFO(재무총괄책임자)는 비용절감을 찾고자 하지 않는다. 최고경영진은 그 프로젝트가 인식된 문제의 해결과 단기 및 장기 ROI(투자자본수익률) 달성의 실패를 해결할 수 있는 방안을 듣고자 하는 것이다. 최고경영진의 지원을 얻기 위해 절대적으로 필요한 3가지가 있는바, 첫째 최고경영진에 직면하게 되는 비즈니스 당면 과제를 이해하고 숙제를 해결하며, 둘째 이러한 비즈니스 당면 과제를 해결하기 위해 경영진과 함께 작업하기 바라고, 셋째 장 단기 비용분석과 기타 ROI(투자자본수익률)를 최고경영진에게 보여주기 바란다."

― Published by Martin Thompson on Mar 2nd, 2009

## III. SAM 도입계획

SAM 도입계획이란 어떤 SAM을 도입하여 조직에 접목할 것인가를 수립하는 단계이다.[236] SAM의 도입계획을 수립하여 실제로 SAM의 구축을 실시함에 있어서는 구축비용의 예산작업을 사전에 실시해야 한다. 도입계획의 수립에 있어 SAM의 비용을 고려할 때, 시스템 조달의 RFI(제안 요청서) 실시 등으로 가능한 한 자세한 비용을 파악하여 예산 요청 시 근거로 활용하는 것이 바람직하다. SAM의 도입 계획 수립 시 다음의 세 단계를 밟는 것이 필요하다.

**1. 현황파악**

우선 조직의 IT 자산이 현재 어떤 상태에 있는지, 또한 그 관리 상황과 라이프 사이클과 관련된 업무 프로세스, IT 자산과 관련된 위험 등의 현상 파악을 하고 SAM의 체제 및 정책을 검토하는 데 필요한 정보를 파악한다. 조직의 규모에 따라 다르지만 통상 2개월 정도가 소요된다.

(1) 보유 또는 이용하고 있는 IT자산 상태 파악

SAM의 대상이 되는 IT 자산으로 하드웨어, 소프트웨어, 보유라이선스 등의 상태를 파악한다. SAM의 대상으로 하는 조직의 범위에 대해서는 "체제 및 정책 결정"에서 검토하도록 한다. 비록 추후에 범위를 확실히 정한다 하더라도 이 단계에서는 SAM의 대상이 될 수 있는 것은 모두 포함하는 것이 바람직하다.

- 하드웨어 수량 파악
  PC 및 서버 등에 소프트웨어가 도입되어 있거나 도입될 수 있는 하드웨어의 근사치를 파악한다. 하드웨어를 관리 또는 사용하는 소속 별로 대략적으로 수량을 파악하되, 큰 부서 단위로 파악하더라도 충분하다. 또한 SAM 시스템의 IT자산 정보를 수집하는 방법에 영향을 주기 때문에 LAN에 연결되어 있는지 여부에 대해서도 파악해두면 좋다. 자세한 정보는 "대상자산의 파악"에서 검토하기 때문에 이 단계에서는 정밀한 조사가 필요하지 않다. 프린터와 같은 주변기기에

---

[236] SAM에 종사하는 것은 결과적으로 조직에서 필요한 라이선스를 필요한 만큼 사용하고 있는지 정확히 알 수 있게 된다는 것이다. 그러기 위해서는 조직이 사용하는 소프트웨어는 무엇이며, 또한 이를 이용하기 위해서는 어떤 라이선스가 필요한지, 아울러 그 라이선스는 얼마나 보유하고 있는지를 파악할 필요가 있다. 조직에서 이용하고 있는 소프트웨어를 파악하는 것은 조직에서 사용하는 모든 컴퓨터를 파악하는 것과 연결된다. 이렇게 하면 컴퓨터, 이용 소프트웨어, 보유 라이선스의 세가지 자산을 망라적이고 정확하게 파악하여 관리하게 될 것이고, 그 결과 위의 혜택을 누릴 수 있게 될 것이다.

대해서는 파악해 두는 것도 상관 없지만, PC 및 서버와 비교할 때 우선순위가 낮기 때문에 파악이 어렵다면 생략해도 좋다. 조달 형태(임대, 구매 등)와 OS 종류(Windows 계열, Linux 등)도 파악할 수 있으면 유용한 정보가 되지만, 많은 노력을 요하는 것 같으면 생략할 수도 있다. 작업 방법은 만약 정보총괄부서에서 일괄 조달하는 PC가 있으면, 우선은 그 정보를 정리한 다음 각 소속에서 개별적으로 조달하고 있는 것을 서면 등으로 조회하여 챙기는 방법을 생각해도 된다.

〈표 6-2〉 하드웨어의 대략적 수량 파악의 예

| 부서 | | 일괄조달 PC | | 개별조달 PC | |
|---|---|---|---|---|---|
| | | LAN 접속 | LAN 비 접속 | LAN 접속 | LAN 비 접속 |
| 본사 | 경영기획 팀 | 60 | 10 | 20 | 5 |
| | 영업 팀 | 1,500 | 50 | 60 | 20 |
| | 개발 팀 | 400 | 30 | 20 | 10 |
| | 생산 팀 | 200 | 10 | 60 | 10 |
| | 기타 | … | … | … | … |
| | 소계 | 2,160 | 100 | 160 | 45 |
| 지점 | | 200 | 5 | 60 | 10 |
| 지방 연구소 | | 320 | 6 | 10 | 5 |
| 기타 | | … | … | … | … |
| 합계 | | 2,680 | 111 | 230 | 60 |

- 도입 소프트웨어 수량 파악

하드웨어에 도입된 소프트웨어의 근사치를 파악한다. 인벤토리 도구를 사용할 경우 자세한 정보를 수집할 수도 있지만, 그렇지 않은 경우에는 전반적인 상황을 알 수 있을 정도의 파악이면 충분하다. 또한 파악의 대상도 조직에서 많이 사용하고 있다고 생각되는 주요 소프트웨어로 하고, 드라이버, 유틸리티 등은 제외해 두는 것이 현실적일 것이다. 작업방법은 먼저 정보총괄부서가 파악하고 있는 표준구성 PC 소프트웨어 목록을 작성한다. 또한 후술하는 "IT자산 관리 상황의 파악"시 얻은 데이터에서 각 소속에서 직접 도입하고 있는 소프트웨어를 대략적으로 추정할 수 있다.

〈표 6-3〉 도입 소프트웨어의 대략적 수량 파악 예

〈일괄 조달 PC의 표준 구성〉

| No | 제조사 | 소프트웨어 명 | SW종류 | 라이선스 종류 | 인스톨 근사치 |
|---|---|---|---|---|---|
| 1 | Microsoft | Windows Professional 7 | 제품 | 사전설치 | 2,600 |
| 2 | Microsoft | Office Standard 2007 | 제품 | 볼륨 | 2,600 |
| 3 | 한글과컴퓨터 | 한컴오피스 2010 SE | 제품 | 볼륨 | 2,600 |
| 4 | 안철수연구소 | V3ZIP 2.0 | 제품 | 볼륨 | 2,600 |
| 5 | Adobe | Acrobat X Pro | 제품 | 볼륨 | 2,600 |
| 6 | Mozilla | Thunderbird | 프리웨어 | 볼륨 | 2,600 |
| … | … | … | … | … | … |

〈개별 조달 PC의 표준 구성〉

| No | 제조사 | 소프트웨어 명 | SW종류 | 라이선스 종류 | 인스톨 근사치 |
|---|---|---|---|---|---|
| 1 | Autodesk | AutoCAD 2012 | 제품 | 패키지 | 200 |
| 2 | 한글과컴퓨터 | 한글 2010 SE | 제품 | 패키지 | 150 |
| 3 | Adobe | Photoshop CS6 | 제품 | 패키지 | 30 |
| 4 | 오카자키 히로유키 | HO_Cad 2.70 | 프리웨어 | - | 45 |
| … | … | … | … | … | … |

- 보유 라이선스 수량 파악

  보유 라이선스 근사치를 파악한다. 그러나 여기에서 라이선스를 증명하는 것이 목적이 아니기 때문에 도입 소프트웨어에 대해 라이선스를 조사할 필요는 없다. 따라서 정보총괄부서가 일괄 조달한 소프트웨어와 클라이언트 액세스 라이선스(이하 "CAL"이라 함)의 볼륨 라이선스 중에서 증명할 수 있는 대상을 중심으로 그 대략적인 파악을 하면 좋다. 작업 방법은 정보총괄부서에서 관리하는 라이선스 관련 부자재 및 계약서류 등의 문서에서 라이선스를 확인한다. 또한 후술하는 "IT자산 관리 상황 파악"시 얻은 데이터에서 각 소속에서 직접 조달하는 라이선스 근사치를 추정할 수 있다. 아울러 조직 전체의 라이선스 수의 조사를 진행하지 않더라도 나중에 실시하는 "대상자산 파악"에 대비해 라이선스 관련 부재의 정리를 통해 유효한 데이터를 얻을 수 있을 것으로 생각된다.

(2) IT 자산관리 상황파악

조직의 담당자는 관련 문서 및 해당 부서 직원 면담 등을 통해 IT 자산관리, 즉 소프트웨어 자산 현황 및 관리 상황을 파악한다.

- IT 자산 관리와 관련 문서 수집

    먼저 IT 자산에 대해 정해진 기존의 규정 등의 문서를 수집 한다. 국가 및 지방자치단체 등 공공단체의 경우, 일반적으로 다음과 같은 문서가 존재할 것이다. 향후 SAM에 관련된 규정 류를 정비할 때 SAM 표준 및 관리기준 등에 비추어 기존 문서와의 격차를 확인하고 기존의 문서를 통합하고 일부 개정하는 작업을 수행할 수 있다. SAM에 관련된 규정 류의 정비와 관련해서는 "관리규정 및 절차의 책정"에서 설명하고 있다. 공공단체의 경우, 기존의 규정(예컨대, 장비등록 및 조달에 관한 규정)이 다른 소속 관할 이거나 법에 따라 제정되는 등 그 통합과 개정이 쉽지 않은 경우도 적지 않다. 따라서 SAM에 관련된 규정 류를 개발하는 경우, SAM 단일 문서에서 완결하는 형태가 아니라 다음과 같은 기존의 규정을 살리는 방식으로 그것들을 참조하는 형태로 검토할 수 있다.

    ― 가. 정보 보안 정책
    ― 나. 컴퓨터, 소프트웨어 사용 기준 및 네트워크 관리 규정
    ― 다. 정보 시스템 지침(업무시스템 표준화 기준 등)
    ― 라. 재무규칙

- IT자산 관리 실태 파악을 위한 표본조사

    조직 전체의 몇몇 부서를 표본으로 하여 IT 자산관리 실태를 파악한다. 이 단계는 매우 중요하며 생략해서는 아니 된다. 왜냐하면 지금까지 SAM을 실시하지 않은 경우에는 정보총괄부서에서 생각하는 상황과 실제 관리 상황간에 괴리가 있을 수 있기 때문이다. 또한 실태를 파악해야 비로소 SAM 구축에 있어 실태에 입각한 정책을 세울 수 있다고 생각되기 때문이다. 아울러 관리 실태 파악은 관리담당자와의 인터뷰 및 일치 작업으로 구분 된다. 표본조사 시 대상 부서를 채택함에 있어 사무부문, 연구부문, 영업부문, 각 지점 등 업무 성격이 크게 다른 부문을 선정하는 것이 효과적일 수 있다.

    ― 가. 인터뷰 시 확인할 사항
        ① 조직이 보유한 IT 자산의 실질적인 관리 담당자
        ② 조직이 보유한 IT 자산의 보관 장소 및 관리의무에 대한 인식 여부
        ③ 조직이 보유하지 않은 IT 자산의 실질적인 관리 담당자
        ④ 조직이 보유하지 않은 IT 자산의 보관 장소 및 관리의무에 대한 인식 여부

    ― 나. 일치 작업
    일치 조사에서는 실제로 도입한 소프트웨어를 각각에 해당되는 라이선스 보유 증명서(라이선스 증서 및 부재)와 일치 작업을 시키는 절차로서, 일치 되지 못했던 부분이 발생하면 그것이 부족분이 된다. 표본조사를 통해 실제로 발견된 라이선스의 부족 수에서 조직 전체의 라이선스 부족 수를 추정하면 적절한 관리체제 구축 및 SAM 시스템의 필요성에 대한 경영진의 동의를 얻기가 쉽다고 할 것이다.

(3) IT 자산의 라이프 사이클 및 SAM 관련 업무 프로세스의 파악

IT 자산의 취득에서 폐기에 이르기까지의 라이프 사이클에서 각 부서간 상이한 업무 프로세스와의 관계를 조사하고 SAM의 구축을 위해 협력을 얻어야 할 필요성이 있는 부서와 그 부서로부터 입수한 정보 등을 파악 한다. 이를 통해 체제 및 도입 방침의 검토 단계와 SAM 구축 단계 등에서 다른 부서에 협력 요청을 원활하게 진행할 수 있으며 필요한 경우 기존의 업무 프로세스 개선 등을 수행할 것으로 기대된다. 예컨대, 인사 이동으로 말미암아 IT 자산의 이용자 변경이나 각 소속에 배포하는 컴퓨터 등이 증감하는 등의 사건이 발생할 수 있다. 이런 경우 국가 및 공공단체의 경우에는 일반적으로 매년 인사이동으로 상당수 직원이 재배치 되므로 그 변경 대상이 많게 된다. 따라서 인사 부서와의 연계는 필수적이라 할 것이다.

(4) SAM 관련 비용 파악

현 시점에서 IT 자산 취득이나 유지보수 등에 관련되는 비용을 파악한다. 국가 및 공공단체의 경우, 일반적으로 각 소속이 IT 자산을 조달하기 위한 예산 권한을 가지고 있기 때문에 각각의 업무 사정에 따라 언제든지 IT 자산을 조달할 수 있다. 그 조달 방법도 다양하여 단독으로 구매하는 것도 있고 시스템 개발로 조달되는 것도 있다. 또한 조달 절차도 일반 경쟁입찰 방식에서 수의계약의 방식까지 다양하다. 따라서 여기에서는 조직 전체의 IT자산 비용을 모두 파악하려고 하면 방대한 작업이 될 것이므로 정보총괄부서가 일괄 조달한 PC나 볼륨 라이선스 등으로 조달한 비용 정도만으로 파악하는 것이 바람직하다.

(5) 소프트웨어 자산과 관련된 위험 파악

조직에서 적절한 SAM을 구축하기 위해서는 현재의 하드웨어와 소프트웨어 및 라이선스의 이용 상황 등으로부터 발생할 수 있는 위험을 인식하고 그들이 조직에 미치는 손해의 크기와 발생 빈도(확률)등을 검토하고 필요에 따라 효과적인 대응책을 수립하는 것이 중요하다. 이것을 위험평가(risk assessment)라 한다. KS X ISO/IEC 19770-1에서 위험요소로는 첫째 라이선스 비 준수 위험, 둘째 잘못된 소프트웨어 자산관리로 인한 IT 인프라의 문제로 인한 운영 장애 위험, 셋째 잘못된 소프트웨어 자산관리로 인한 라이선스와 IT 및 IT지원 비용의 과도한 지출 위험, 넷째 소프트웨어 및 관련 자산에 대한 분산관리 방식과 집중관리 방식에 따른 위험 등이 있다.

이외에도 위험을 조사하고 분석함에 있어서 어떤 요인에서 발생하는지, 어디에서 발생하는지 등 다양한 관점에서 파악하는 것이 바람직하다. 결국 위험의 발생 요인과 영향 등을 분석 평가하여 위험에 대해 어떤 대응을 하면 좋을지를 검토할 수 있게 된다. 아울러 소프트웨어 이용 중단이라는 관점에서 소프트웨어에 관한 장애 나 버그에 의한 시스템 다운이나 개발자의 개발의 지속성 여부(재무건전성, 기술성 등) 평가도 반드시 검토 되어야 할 항목이라고 생각한다. 위험에 따른 영향을 검토함에 있어 국가 및 공공단체는 보다 더 주의해야 할 부분이 있다. 예컨대, 라이선스 준수내용은 공공기관으로서 보다 강하게 요청을 받고 있으며, 손해배상 및 과도한 비용 부담 등으로 말미암아 재정 악화가 예상될 수 있으며, 공적 조직으로서 사회적 신용실추 등 부정적인 반응이 있을 수 있다. 그러한 상황을 감안하여 적절한 대응방침을 수립해 나아갈 필요가 있을 것이다. SAM은 도입을 검토하고 있는 조직에서 현실적으로 운용 가능한 구조로 하는 것이 중요하다. 현실적 운용을 생각하지 않고 시스템을 구축하면 운영을 하면서 실패를 깨닫게 될 수도 있다. 국가 및 공공단체 등의 경우는 한번 만든 구조를 다른 시스템으로 바꾸는 것이 어려운 것이 현실이기 때문에 도입 전에 제대로 된 운용을 생각하고 현실적인 관리 수준과 범위를 정하는 것이 포인트이다. 따라서 위험 분석은 필수적이다.

**2. 체제(방식) 및 정책 결정**

조직의 현황파악이 완료되면 어떤 SAM을 도입할지를 검토하고 결정한다.

(1) 관리 체제 (방식)

- 집중관리와 분산관리

SAM의 관리 체제를 검토할 때 우선 거론되는 것이 집중관리 및 분산관리 중 어떤 것을 선택할 것인가를 정하는 것이다. 집중관리 방식은 SAM 총괄 책임자와 담당자로 하여금 조직 전체의 구성원(이용자)에 대한 IT 자산관리를 맡기는 방식이다. 또한 분산관리 방식은 SAM 총괄 책임자와 담당자는 각 부서에 SAM 책임자를 배정하여 그 소속 구성원에 대한 IT 자산관리를 맡기고 최종 각 부서의 정보를 취합하는 방식이다. 우리나라의 공공단체 등의 경우 IT 자산 도입 예산을 각 부서별로 확보하고 있다면 집중관리 방식보다는 분산관리 방식을 채택하는 것이 현실적일 수 있을 것이다. 아울러 정보보안 정책에 정해진 관리체제 등 기존의 체제가 있으면 그것을 준용하여 SAM의 도입을 원활히 진행하는 것도 기대할 수 있다.

- 관리책임자 및 관리부서

    위에서 선택한 관리방식에 따라 SAM을 담당하는 관리 책임자 및 관리 부서를 결정한다. 또한 정보 보안 정책에 규정된 기존 역할(정보보안 관리책임자 등)을 활용할 수도 있다.

- 조달절차 및 창구의 일원화

    SAM을 고려할 때, 구매 정보의 일원화 및 볼륨 할인과 유휴자산의 재사용 등 비용 절감을 목적으로 한 IT 자산의 조달 절차와 창구 단일화가 이슈로 다루어지는 경우가 많다. 국가 및 공공단체의 경우, 부서에 따라 업무가 다양하여 필요한 IT 자산이 다르고 또한 각각 예산 권한을 가지고 있기 때문에 모든 IT 자산의 조달 창구를 단일화하는 것은 어렵다. 그러나 최근에는 정보총괄부서에서 컴퓨터를 대량 조달하거나 표준으로 사용하는 소프트웨어에 대한 볼륨라이선스를 조달하는 등 업무 시스템의 도입지침을 정하고 각 소속부서에 비용절감에 대한 조언을 하는 등 다양한 노력을 하는 조직이 적지 않아 보인다. 이러한 노력 외에도 SAM의 워크플로우를 통해 각 소속부서에서 독자적으로 조달하는 IT 자산에 대해서도 정보총괄부서에 조달 이전 확인절차를 거쳐 대상자산을 조달 시점에서 파악하기 위한 시스템 구축이 가능할 수도 있다. 그러나 실제로 그렇게 운영하면 정보 총괄 부서와 각 소속부서 양측에 상당한 업무량이 발생할 것으로 예상되므로 실시하였을 경우의 효과와 업무부담을 비교하여 검토해야 할 필요가 있다.

- 관련 부서와의 연계

    현황 파악을 통해 밝혀낸 제반 정보를 통하여 SAM 총괄 부서와 이와 관련된 각 부서와의 연계 방법을 검토한다. 그러나 관련 부서와 공동으로 업무를 수행하거나 일반적인 규정을 마련하는 수준의 제휴는 실현이 어려울 수 있으므로, 관련 부서로부터 필요한 데이터를 받을 수 있는 시스템을 구축하는 정도로 하면 될 것이다. 관련 부서와의 연계를 긴밀히 하기 위해서는 담당자 간의 상호작용뿐만 아니라 정보 보안 정책에 따라 설치되는 위원회 등을 활용하여 하향식 정보 전달방법으로 진행하면 효과적일 수 있다.

(2) 범위의 결정

파악한 IT 자산에 대한 현재 상황과 대응해야 할 위험 등에 따라 SAM에 대한 범위(scope)를 검토한다. 검토가 필요한 것은 먼저 SAM의 대상이 되는 조직의 범위와 IT 자산(하드웨어, 소프트웨어)의 범위이다. 결국 모든 관련 조직과 자산을 대상으로 해야 하지만, 위험의 크기 이외에 운용부하, 실현가능성, 비용합리성 등을 고려하여 SAM 도입의 출발점을 결정할 수 밖에 없다. 또한 실제로 SAM의 구축 및 운영을 진행하게 되면 최초 결정한 범위를 변경하는 것이 바람직한 경우도 있다. 이러한 경우 결정한 범위를 변경하면 조직으로서 본래 불필요한 인적·금전적 비용이 발생할 수 있다. 따라서 범위 결정시에는 향후 필요에 따라 변경될 수 있음을 추가로 덧붙여 놓는 것도 중요하다.

- 조직의 범위

  SAM을 통해 관리 대상으로 할 조직범위를 결정한다. KS X ISO/IEC 19770-1은 대상으로 하는 조직 범위를 구체화 하지 않고, 조직 전체에 SAM을 실시하는 전제로 설명하고 있다.

- 하드웨어의 범위

  SAM의 관리대상인 하드웨어의 범위를 결정한다. 여기에서는 대상으로 하는 하드웨어 범위뿐만 아니라 대상으로 하는 하드웨어 중에서 관리수준이 낮은 하드웨어에 대해서도 결정하는 것이 바람직하다. 또한 KS X ISO/IEC 19770-1에 따라 소프트웨어가 도입될 수 있는 PC나 서버 등은 기본적으로 모두 대상이 되어야 한다. 다만, 범용 소프트웨어가 도입될 수 없는 장치 즉, 프린터, 라우터, 스캐너 등의 주변기기는 하드웨어로 간주하지 않는 것이 좋다. 그러나 PC 및 서버 등 내부에 연결한 측정기기 또는 설비를 제어하는 용도로 사용되는 하드웨어에 대해서는 도입된 소프트웨어에 특수한 것이 많아 관리대장 등록에 걸리는 부하가 높은 반면, 한번 등록하면 하드웨어를 폐기할 때까지 도입된 소프트웨어의 변동이 없고 비교적 위험이 낮다.

- 소프트웨어의 범위

  SAM의 관리대상인 소프트웨어의 범위를 결정한다. 준수위험과 보안상 우려에서 원칙적으로 무료 소프트웨어를 포함하여 KS X ISO/IEC 19770-1에 따라 모든 소프트웨어를 대상으로 해야 하나, 위험평가 결과 등을 바탕으로 주로 관리수준 설정이라는 관점에서 다음과 같은 것을 검토한다.

  ― 가. 실행 소프트웨어(OS, 유틸리티, 미들웨어, 응용프로그램 등) 포함 여부
  ― 나. 비 실행 소프트웨어(글꼴, 그래픽, 음성 또는 비디오 정보, 템플릿, 사전, 문서, 데이터 등) 포함 여부
  ― 다. 무료 소프트웨어 및 라이선스 포함 여부
  ― 라. 외주 개발 소프트웨어 포함 여부
  ― 마. 개인 소유의 소프트웨어 포함 여부
  ― 바. 드라이버, 보안 패치 포함 여부[237]
  ― 사. 사전 설치되어 있는 업무상 불필요한 소프트웨어 포함 여부

- 기타 관련 자산의 범위

  SAM의 관리대상으로 하는 관련 자산을 결정한다. 특히, 라이선스의 증명부재의 자세한 사항은 소프트웨어 제조업체 마다 인정하는 것이 다르기 때문에 자체 판단으로 결정할 것이 아니라 라이선스 계약을 확인하거나 소프트웨어 제조업체에 문의하는 것이 바람직하다. IT 자산의 범위는 이 단계에서 완전하게 결정하는 것은 곤란할 수 있다. SAM을 구축해 나가는 가운데 SAM 시스템의 기술적인 제약과 운용 부하의 경감 등의 관점에서 관리수준 설정 등을 적당하게 재검토 해 나갈 것이므로 이 시점에서는 잠정적으로 결정하는 것이 바람직하다. 기타 관련 자산의 범위에서는 주로 다음과 같은 것을 검토한다.

---

[237] 일반적으로 프리웨어, 드라이버, 유틸리티, 보안패치는 관리대상 이지만, 그 관리 수준을 낮게 변경하거나 일부 관리 대장의 등록을 면제하는 것이 적절하다.

― 가. 구입시 라이선스 증빙(예컨대, 라이선스 계약서 및 증서 등)의 대상을 어느 것으로 할지
― 나. 인스톨 매체로 무엇을 대상으로 할지(CD, DVD, FD, HD의 이미지 등)
― 다. 배포용 원본 또는 사본, 빌드 등을 대상으로 할지
― 라. 패키지 제품의 경우 패키지 및 설명서 등을 대상으로 할지

(3) SAM 도입 방침의 책정

현황파악과 체제 및 정책이 결정된 후 SAM의 도입 방침을 책정한다. 작성된 SAM의 도입 방침 안은 조직에서 공식 도입 방침으로서 향후 구축해야 하는 SAM의 최고 책임자까지 포함하여 승인을 받는다. 또한 협력이 필요한 부서의 확인도 함께 승인을 받는 것이 바람직하다. 이때 실제로 SAM 구축을 진행하고 있는 단계에서 정책의 일정 부분을 검토할 필요성도 나올 가능성이 있으므로 이점도 설명하는 것이 필요하다.

**3. 도입계획의 책정**

SAM의 도입 방침이 수립된 후 도입을 위한 기본계획(작업 일정)을 검토한다.

(1) 작업 항목 도출

도입 작업으로서 우선 수행할 작업 항목을 도출해 낸다. 이 시점에서 작업 항목은 대략적인 것이라도 상관 없다. 작업 항목의 도출은 일반적으로 도입하려고 하는 SAM과 현상과의 차이(gap) 분석과 일반적인 구축절차와 비교하는 것으로 실시되는 경우가 많다.

- SAM의 이해
  ― 가. 규격(ISO/IEC 19770-1, 소프트웨어자산관리 기준 등)의 이해
  ― 나. 이 책을 비롯한 SAM 관련 참고자료의 이해
  ― 다. 도입 프로젝트 체제 구축을 위한 연수

- 시스템의 도입
  ― 가. 기존 도입 레퍼런스를 통한 SAM 시스템 정보 수집
  ― 나. 조달 방식(일반구매, 입찰 등) 검토
  ― 다. 사양의 책정
  ― 라. 조달
  ― 마. 테스트 및 검증
  ― 바. 이행 및 운용

- 규정 류(규정, 지침, 설명서 등) 정비
  - 가. 인터넷에 공개된 규정 류 수집
  - 나. 기존 도입 레퍼런스를 통한 규정 및 매뉴얼 입수
  - 다. 조직에 맞는 규정 류의 책정
  - 라. 규정 류에 관한 성숙도 자체 검사 또는 컨설턴트의 체크
  - 마. 규정 류의 승인 및 주지

- 대상 자산의 파악
  - 가. 하드웨어 조사, 도입 소프트웨어 및 라이선스 조사 등
  - 나. 교육
  - 다. 경영진 연수, 전 직원 연수

- 감사
  - 가. 내부 감사
  - 나. 외부 감사

(2) 도입 프로젝트 체제 결정

작업 항목 도출과 함께 도입을 위한 프로젝트 체제를 검토해 둔다. SAM의 도입 프로젝트 체제는 미래에 SAM을 운용하게 되는 책임자 및 담당자로 구성되는 것이 일반적이다. 그러나 도입할 경우 실제 운용 시와는 달리 시스템의 도입, 규정 류 정비, 대상자산의 파악 등 실시해야 할 작업량도 많고, 조직 전체에 걸쳐 실시되므로 SAM 담당자만으로 도입 프로젝트 체제를 구성하면 결과적으로 무리가 생길 가능성이 높다. 도입 프로젝트 체제를 검토할 때, 일반적으로 다음과 같은 점을 고려하는 것이 바람직하다.

- 프로젝트 책임자
  조직의 장 등 해당 프로젝트를 조직에서 추진해 나갈 수 있는 위치에 있는 사람과 함께 추진하는 것이 바람직하다.

- 사무국의 설치
  SAM 요원 또는 SAM 담당 부서가 사무국을 담당하는 것이 바람직하다. 또한 프로젝트의 규모에 따라 다르지만 연락 담당자를 두는 것도 필요하다.

- 프로젝트 멤버
  관련 부서의 책임자, 담당자를 포함하는 것이 바람직하다.

- 위원회, 워킹 그룹(WG) 등의 설치
  프로젝트를 추진함에 있어 프로젝트에 참여하는 의사결정과 승인, 상황보고 및 확인 등을 실시 위원회에서 전담하고 이와 별도로 개별작업은 워킹 그룹(WG)에서 추진하는 것이 바람직하다.

(3) 작업일정 수립

도입 프로젝트의 작업 항목과 프로젝트 체제가 정해지면 도입을 위한 계획, 즉 작업일정을 수립해야 한다. 작업일정 수립 검토 시 적어도 "SAM 시스템" 및 "SAM의 구축"에 대해 개괄적으로 이해를 하는 것이 필요하다. 스케줄 일정은 전체 프로젝트의 마스터 일정과 개별 작업에 대한 세부 스케줄 일정을 모두 만들어 두는 것이 바람직하다. 세부 스케줄 일정은 상황에 따라 변경을 수반하는 경우가 많기 때문에 임기응변으로 대응하는 것이 바람직하다. 일반적으로 일정의 작성에 있어서는 다음과 같은 점에 유의하는 것이 좋다.

- 누가, 언제, 무엇을 실시하고 어떻게 결과물로 만들 것인지
- 작업의 분류와 단계 분류
- 실시 상황에 대한 체크 포인트 설정(위원회 개최, 외부감사 계획 등 포함)
- 운용의 시도(테스트 실행과 확인, SAM PDCA 사이클 운영)
- 단계적으로 도입하는 경우 그 진행방식

특히 국가 및 공공단체 등의 경우 당초 예산 편성시기에 SAM 시스템의 필요성과 예상비용을 재정 당국에 설명할 수 있도록 준비하는 것이 필요하고, 운영 절차는 SAM 시스템에 의존하기 때문에 규정 류의 개발 단계에서 SAM 시스템을 이용한 운영 로드맵이 확정되지 않으면 지침서(절차도)를 만들 수 없으며, 또한 관리 자산의 파악 단계에서 SAM 시스템 관리 항목이나 대장 전환 형식이 확정되지 않으면 전환에 시간이 걸리거나 추가 조사가 필요한 경우가 발생한다. 아울러 각 소속부서와의 협력이 필요한 작업의 스케줄 일정은 지연시간을 감안하여 작성하는 것이 좋다. 통상 SAM 사무국에서 여유를 가지고 스케줄을 수립해도 실제로 작업을 시작하면 기한에 늦는 부서가 나오기 마련이다. 결국 이런 현상이 조금씩 쌓이게 되면 전체 작업 완료 일정이 지연되게 된다. 구체적으로 12월말에 SAM운용 개시를 목표로 하여 작업을 진행하면 실제 운용 개시는 이듬해 3월초로 예정하는 것이 현명하다고 할 것이다.

(4) 도입비용 검토

작업 항목이 정해진 단계에서 SAM 도입 비용을 추정한다. SAM 시스템을 도입하는 경우에는 RFI(request for information)를 실시하여 시스템 조달 비용의 추정을

파악한 후, 예산 요청 절차를 밟는 것이 바람직하다. 또한 RFI 실시 시에는 관리할 IT 자산의 규모와 필요한 기능 요구 사항 등을 제시하여 복수로부터 답변을 받는 것이 바람직하다. RFI를 실시하여 입수한 견적 내용에는 하드웨어 및 CAL 등의 비용이 빠져 있지는 않는지 확인한다. 아울러 기존 레퍼런스를 통해 유용한 정보를 획득할 수 있다면 문의 후 참고하면 좋을 것이다. 도입 비용의 견적은 도입 후 투자 비용 대비 효과를 검토하기 위해서도 필요하지만, 하드웨어 및 라이선스의 총 조달 비용을 감소시키는 이점이 있다. SAM 도입에 따른 예산 요청 시 재정 당국에 도입의 필요성을 설명할 때, 비용지출에 따른 혜택의 제시가 필요할 것으로 예상된다. 그러나 눈에 보이는 형태의 비용절감 효과의 설명은 어렵기 때문에 잠재적 위험(저작권 위반으로 인한 직접적인 금전적 손해, 중복 투자 및 관리 부실로 인한 비용 발생, 주민의 신뢰 저하, 재무관리 소홀 등)을 중심으로 보도사례 등을 섞어 설명하고 SAM의 필요성을 이해시켜 줄 필요가 있다. 그러나 실제로 SAM의 운용을 시작해서 적어도 몇 달 동안은 명확하게 비용지출에 따른 혜택이 나오지 않는다고 보는 것이 일반적이다. 또한 SAM의 필요성은 이해하지만 SAM 시스템 도입의 필요성은 이해하지 못할지도 모른다. 이 경우 SAM 시스템 없이 모든 것을 수작업으로 할 경우 조직 전체의 소요 시간을 설명하고 인건비로 환산한 금액과 시스템의 조달 비용을 비교하여 시스템의 조달 비용이 보다 더 낮다는 것을 이해시킬 필요가 있다. 아울러 수작업으로 운용하면 대장의 정확성이 매우 낮아지는 점과 수치화가 어렵다는 것을 설명에 추가할 수 있다.

---

### TIP

"SAM 도구만으로 원하는 것을 모두 얻을 수 없다. 그것은 사실이다. 망치가 실질적으로 사용하는 사람이 없으면 무의미한 도구인 것처럼 사람 없이는 쓸모가 없고, 전기톱은 그 사용을 이해하지 못하는 사람의 손에 있게 되는 경우, 극히 위험하다. SAM 도구는 효과적으로 운용하기 위해 숙련된 사람과 프로세스 및 조직의 자산을 필요로 한다. 운영중인 기존의 SAM, ITAM 또는 조달 프로세스를 가지고 있지 않은 경우, 당신이 도구를 통해 프로세스를 구축함으로써 보다 쉽게 새로운 SAM 도구의 통합을 이룰 수 있다고 하는 것에 논쟁이 있을 수 있다. 도구를 갖고 있다는 것은 중요하며, 그것이 없으면 현실적으로 당신이 SAM 프로그램을 성공적으로 운영할 수 없을 것이다. 그러나 단순히 도구를 얻는 것은 이야기의 결론이 아니다. 도구가 활용되고 제대로 관리되는 것을 확인하는 것이 굉장히 중요하다. 많은 조직은 SAM 도구를 보유함으로써 그들은 성공적으로 "SAM을 실행하고 있다"라고 생각하지만, 우리는 이것이 그리 단순한 경우가 아니라는 것을 안다. 도구를 보유하고 있다는 것이 전지전능한 것은 아니다."

— Published by David Foxen on May 7th, 2015

## IV. SAM 시스템 (또는 툴)

### 1. SAM 시스템

소프트웨어자산관리 시스템(SAM 도구)은 소프트웨어자산관리를 실시함에 있어서 업무를 효율화하는데 사용되는 도구로서, 예컨대 IT 자산관리 도구 및 운영관리 도구 등을 들 수 있다. 현재 우리나라에서는 여러 SAM 개발 업체들이 다양한 SAM 도구를 시중에 제공하고 있지만, 그것들 모두 KS X ISO/IEC 19970-1에의 SAM의 제반 요구 사항을 완전하게 충족하고 있다고 볼 수는 없다. 따라서 단순히 SAM 도구로 불리고 있는 것을 도입 하는 것만으로는 적절하고 원활하게 SAM을 운용할 수 있다고 단정하기 곤란하다. 국가 및 공공단체, 기업체 등이 적절하게 SAM을 도입하려고 한다면, 첫째 하드웨어 및 소프트웨어의 IT 자산 정보 수집 기능, 둘째 대상 자산을 관리하는 대장 작성 기능, 셋째 수집한 IT 자산정보와 관리대장[238]과의 연계 기능을 갖추고 있는 시스템을 우선적으로 고려해야 한다.

일본의 자산관리도구는 1990년대 중반부터 주로 하드웨어(클라이언트 서버) 제품을 중심으로 관리하는 것부터 시작하였으며, 자산 관리 도구를 크게 나누면 PC를 중심으로 정보를 수집하여 자산 정보를 관리하는 PC자산 관리 차원에서의 시스템 도구 및 서버관리의 관점에서 출발한 통합 운영관리 도구의 두 계열로 나누고 있다. 초기에 출시된 PC자산관리 시스템도구는 인벤토리 정보를 수집하고 PC 자산 관리만을 목적으로 개발된 것이 많았는바, PC 자산관리 시스템도구가 시장에서 인정받기 시작한 이유는 2000년대 들어 등장한 보안 기능에 주목했기 때문으로 보고 있다. 현재는 로그 모니터링을 중심으로 한 보안 측면이 강한 것이 사실이나, PC 원격지원 및 패치 배포 등 다양한 기능이 개발 진행되고 있고, 또한 목적에 따라 기능의 우열이 있지만 도구로서는 각 사의 제품이 거의 동등한 기능이 구현되고 있다고 보고 있다. 통합 운용관리 도구는 작업관리·네트워크관리·서버관리·사고관리·문제관리·변경관리 등 IT시스템 운영관리를 위한 각 도구를 통합하여 시스템을 중앙 집중식으로 관리 및 모니터링 하는 도구인바, 어쨌든 소프트웨어자산관리 인식이 높을수록 SAM의 기능 강화도 커다란 이슈 중 하나가 되고 있다고 할 것이다. 구체적으로는 복잡한 라이선스관리를 어떻게 자산관리도구에서 효율적으로 수행할 것인가의 문제로서,

---

[238] IT 자산정보와 관리대장의 차이는 기계적으로 수집한 실체(IT 자산 정보)로서의 정보와 승인과 갱신을 통한 관리 정보(관리 대장)라고 할 것이다.

최근 몇 년간 움직임은 특히 PC자산관리시스템 도구에서 라이선스 관리를 제대로 할 수 있도록 대장 기능을 정비하고, 라이선스를 적절하게 관리하고 쉽게 할당하는 기능, 소프트웨어 제품 이름을 정의하는 소프트웨어 사전(library) 탑재 기능 등을 강화하는 등 많은 툴 벤더가 적극적으로 SAM에 대한 대응을 진행하고 있는 상황이라고 한다. 사실 각 사 마다 천차만별적인 라이선스정보를 어떻게 관리하고 설치 소프트웨어의 정보와 어떻게 대조하는가 라는 점이 중요 하지만, 실제 자산관리도구 만으로는 해결할 수 없으며 최종적으로 전문적인 지식을 가지고 있는 전문가의 판단이 필요하게 된다. 이 점에 대한 해결책으로는 KS X ISO/IEC 19770-2 (소프트웨어 식별태그)에 기대가 모아지고 있지만 사용자가 태그의 혜택을 받기에는 아직 시간이 더 필요할 것으로 보인다. 또한 PC자산관리시스템 도구와 통합 운용관리 도구도 향후 클라우드화가 진행될 경우 가상화 서버관리 및 소형 클라이언트 컴퓨터 관리를 어떻게 할 것인지에 대해 자산관리 도구로써 아직 몇 가지 과제를 안고 있다고 할 것이다.

### 2. SAM 시스템의 기본적 기능

KS X ISO/IEC 19770-1에서 요구하는 사항을 만족하기 위해서는 위에서 언급한 바와 같이, 세가지 기본적 기능이 필수적이라고 할 것인바, 이하에서는 자세히 필요성에 대해 언급하기로 한다.

⑴ IT 자산 정보 (H/W 및 S/W) 수집 기능 (인벤토리 기능)[239]

적절한 SAM을 실현하기 위해서는 먼저 하드웨어에 도입되어 있는 소프트웨어의 정보를 정확하게 파악할 필요가 있다. 그러기 위해서는 대상조직에 존재하는 하드웨어를 빠짐없이 파악하는 것이 전제가 되어야 한다. 국가 및 공공단체 등의 경우, 부서에서 독자적으로 조달하고 있는 하드웨어와 위탁 결과물로 납품된 시스템 및 국가 등으로부터 대여 받은 단말기 등 다양한 종류의 IT 자산이 존재 하므로, IT 기술이 서로 다른 직원이 수작업으로 이를 정확하게 파악하기에는 어려움이 따른다. 이들을 정확하게 파악 하려면 도구를 사용하여 IT 자산 정보(인벤토리 정보)를 수집하는 것이 현실적이다.

⑵ IT 자산 정보 대장 관리 기능 (데이터베이스 기능)

또한 라이선스 컴플라이언스를 대외적으로 설명하려면 보유하고 있는 것을 자산 별(하드웨어, 도입소프트웨어, 라이선스 등)로 일람표(관리 대장)에 정리하고 이를 갱신하고 관리 해야 한다. 국가 및 공공단체 등의 경우, 하드웨어뿐만 아니라 라이선스도 다양하며 IT 기술도 직원에 따라 다르기 때문에 시스템이 체계적이고 효율적으로 운영될 수 있는 구조가 필요하다. 즉, 수집한 인벤토리 정보를 데이터베이스에 저장하고, 수집한 정보에서 소프트웨어 대장을 생성한다. 또한 조달한 라이선스 정보를 중앙 집중화하고 어떤 소프트웨어 라이선스를 얼마나 가지고 있는지 보유수량과 보유현황을 관리한다.

(3) 수집한 IT 자산 정보와 관리 대장과의 연계 기능 (라이선스 관리 및 조합 기능)

관리 대장과 수집한 IT 자산 정보가 일치하는지 정기적으로 점검할 필요가 있다. 그러나 많은 수의 조합검사를 수동으로 수행하는 것은 현실적이지 않다. 따라서 관리 대장과 IT 자산 정보와 연계시키는 구조가 필요하다. 여기에서 설치된 소프트웨어의 수와 보유하고 있는 라이선스를 비교하여 라이선스 과부족 상황을 파악한다.

**3. SAM 시스템에 대한 오해**

(1) IT 자산 정보 관리대장에 대한 오해

많이 나타나는 오해로서 SAM 도구에서 수집한 IT 자산 정보(소프트웨어, 하드웨어)가 있으면, 관리대장은 필요하지 않다라고 생각하는 경향이 있다는 것이다. 즉, 조직에서 제대로 관리되고 있다는 가정하에 SAM 도구에서 수집한 IT 자산 정보는 하드웨어와 도입 소프트웨어에서의 현재 상황인 동시에 그것이 관리대장이라고 생각한다는 것이다. 이렇게 하면 관리대장 갱신 작업이 발생하지 않기 때문에 운용비용이 줄어 들게 될 것이다. 또한 이 개념을 기반으로 SAM 도구를 개발하고자 하는 툴 벤더들도 존재할 것이다. 그러나 이러한 생각은 다음의 두 가지 이유로 적절하지 않다고 할 것이다.

• 수집 정보와 실제 정보와의 불일치 발생

수집된 IT 자산 정보 데이터가 조직에서 올바른 관리 프로세스를 거친 결과물과 일치 하는지 보장할 수 없다. 하드웨어, 도입소프트웨어, 라이선스 보유 및 이용 상황 등을 조직에서 어떻게 관리하고 승인하고 있는지, 또한 그것을 관리하기 위해 수집된 IT 자산 정보와는 별도로 관리대장을 가질 필요는 없는지를 검토해야 한다. 이것을 재고 관리에 비유해 보자. 재고 창고 관리 담당자는 현재 보관상황을 대장에 기록하고 재고의 입출고에 따라 대장을 업데이트하고 있다고 가정하자. 여기에 IC 태그를 도입하면 자동으로 보관 수량을 파악할 수 있다. 그러나 자동보관 수량을 파악할 수 있다고 해서 대장관리를 멈추게 되면 자동으로 파악된 수가 정확한 수량

인지 확인하는 수단이 없어져 버린다. 현재 보관 수량이 실수로 예정수량과 다른 수가 출고되지 않았는지, 분실이나 도난은 없는지, 자동적으로 파악하는 것과는 별도로 관리대장을 가지고서 양자를 비교해야 할 필요성이 있다는 것이다.

- 운영체제 등의 상이로 인한 포괄성 확보 곤란

  인벤토리 도구로 수집한 IT 자산 정보만으로는 조직 전체의 하드웨어를 포괄적으로 확보할 수 없다는 것이다. SAM에서는 라이선스 컴플라이언스 또는 보안상으로도 해당 조직의 하드웨어를 빠짐없이 파악하는 것이 필요하지만, 인벤토리 도구에서 수집한 정보만으로 하드웨어를 망라하는 것은 거의 불가능하다. 그 이유는 국가 및 공공단체, 대기업 등과 같이 대규모 조직의 경우 다양한 운영체제 등이 존재한다. 예컨대, 사무직 컴퓨터의 운영프로그램이 Windows OS인 경우가 많지만, 연구기관에서 사용하는 계측기에 포함된 하드웨어 OS는 아직도 Windows NT인 경우가 있고 또한 교육기관에서는 Macintosh를 사용하고 있거나, 서버 OS가 Linux 및 Solaris인 경우 등 다양한 OS가 존재할 가능성이 있다. 이 모든 것을 포괄(망라)하고 있는 인벤토리 도구는 그다지 많지 않다. 설사 모든 OS를 망라하고 있다고 해도 독립적으로 실행하는 PC 또는 강연을 위해 외부로 반출된 컴퓨터 및 전용 네트워크에서 실행되는 컴퓨터 등에 대한 정보 수집을 어떻게 할 것인가도 문제이다. 아울러 예비기기 또는 보관중인 컴퓨터 등 실행하지 않는 하드웨어의 문제도 있다. 수 천대 규모의 컴퓨터를 관리 하고 있는 경우, 그 중에는 도구의 문제로 IT 자산 정보를 면밀하게 수집할 수 없는 하드웨어가 일부 나오거나 이용자가 인벤토리 수집 도구(SAM)의 도입을 잊고 있는 경우도 발생하게 된다. 결국 SAM 도구를 이용한 IT 자산정보의 수집과 별도로 관리대장을 통한 안전장치 강구가 필요하다고 할 것이다.

(2) SAM 시스템 및 운영에 관한 오해

장차 "SAM 시스템"을 도입 하고자 하는 조직에서는 SAM 시스템을 도입하면 SAM 시스템이 알아서 모든 것을 해줄 것이라고 생각하는 사람도 있을지도 모른다. SAM 시스템을 도입하여 소프트웨어자산관리를 함에 있어서 운용의 부하를 줄이는 것은 기대할 수 있지만, SAM 시스템이 모든 것을 해결해 줄 수는 없다. 관리대장 갱신 작업은 반드시 발생할 것이고, 또한 SAM 시스템을 적절히 효과적으로 운영하기 위해서는 조직 전체에서 목표를 공유하고 체제를 정비하며 이후에도 교육·재고조사·감사 등의 여러 가지 후속 작업이 병행되어야 할 것이다. 이러한 일련의 프로

---

[239] 이는 소프트웨어자산관리 도구의 기본 기능이다. 수집방법은 PC에 상주하는 에이전트를 설치하고 네트워크를 통해 데이터를 수집하는 방법이 일반적이다. 자동 전송할 수 없는 경우, 사용자가 도구를 이용하여 전송데이터를 전자메일로 보내면 외부 저장매체에서 수집하는 등의 옵션도 준비되어 있다. 또한 인터넷을 통해 전송을 지원하는 도구도 존재하고 있다. 단, 도구에 의해 수집되는 정보는 다르기 때문에 도입 시에는 필요한 정보가 정확하게 수집할 수 있는지를 상세하게 확인하는 것이 요구된다. 수집대상으로는 서버와 PC가 기본이며, 인벤토리 정보 수집의 타이밍은 PC를 부팅할 때 또는 예약 설정으로 데이터를 업데이트할 수 있다.

세스를 지키지 않고 SAM 시스템을 도입한다면 본래의 취지에 맞게 시스템을 운영할 수 없고 SAM 구축에 실패할 가능성이 높다. 이와는 반대로 "SAM 시스템"을 도입하지 않고 수작업으로 하면 비용을 들이지 않고 SAM을 운용할 수 있다라고 생각하는 분도 계실지도 모른다. 결론적으로 수작업만으로는 한계가 있다고 할 것이다. 예컨대, IT자산(PC) 100대 이상을 가지고 있는 조직에서 적절한 대장관리를 수작업으로 실시하려고 하면 엄청난 비용(시간 및 인건비 등)이 발생한다.

소프트웨어 갱신 등의 관리대장을 업데이트 하는 빈도는 그다지 많지 않다고 생각될 지도 모르지만, PC의 교체나 프린터 업데이트, 추가 도입 소프트웨어의 구매 및 교체 등이 반복적으로 발생하면 많은 업데이트 작업량이 발생할 것이다. 비용만의 문제가 아니라 많은 업데이트 작업을 수작업으로 관리대장에 반영함으로써 지속적인 오류가 쌓여 정확성이 없어지는 문제도 있다. 관리대장의 정확성이 확보되지 않으면 라이선스 컴플라이언스 및 보안등의 위험을 피해갈 수 없게 될 것이다.

(3) 사례

일본의 어떤 지방공공단체(A현)의 사례를 들어 설명하기로 한다.

- 실태

  A현 관리 팀은 소프트웨어자산관리를 위해 당초 관리부문에서 정한 엑셀 양식에 따라 각 소속 부서에서 대장을 작성하도록 요청했다. 자산의 보유 현황을 파악하기 위해 각 부서에 2주 이내에 최신 대장을 제출하도록 통보했는데, 좀처럼 취합되지 않았고 궁극적으로 모든 소속 대장을 입수하는데 2개월이 넘게 걸렸다.

- 문제점 및 도입경위

  대장의 업데이트는 각 부서별로 담당자를 지정하여 운영하도록 요청 하였지만, 기존 업무 이외에 대장 관리까지 할 수 있는 여력이 있는 부서는 많지 않았다. 자산의 갱신 빈도가 예상외로 높아 작업의 부하가 높았던 것이 커다란 원인이었다. 또한 제출 받은 라이선스 대장을 기준으로 라이선스 별로 집계하려고 하면 부서마다 소프트웨어 이름이 제 각각일 뿐만 아니라 집계하는 것만으로도 엄청난 노력이 필요했다. 물론 주요 소프트웨어에 대해서는 사전에 소프트웨어 이름 목록을 배포하고 이름의 통합성을 도모하려고 하였지만, 취합해 보면 목록작성 원칙을 따르지 않을 뿐만 아니라 잘못된 소프트웨어 이름과 저작권사명의 누락 등이 발생했다. 또한 정보총괄부서에 이미 도입하고 있던 IT 자산관리 도구를 통해 하드웨어에 도입되어 있는 소프트웨어 이름을 수집하고 이를 소속 별로 리스트화하여 배포를 요청하고, 육안으로 대장과 비교하여 실수가 없는지를 검증 해달라고 했지만, IT 자산관리 도구에서 수집된 많은 소프트웨어 이름을 대장과 비교하는 것은 일반직원들이 쉽게 할 수 있는 것이 아니라서 많은 문의를 거친 결과 최종 완료 시까지 3개월 정도 소요되었다.

- 교훈

이상의 경험과 목표로는 적정한 관리 수준에 도달하지 않는다는 평가에 따라, 엑셀로 대장을 관리함에 있어서는 무리가 있다고 판단하고 SAM 시스템을 도입하게 되었다. 현재는 SAM 시스템을 도입하여 각 소속 담당자가 대장을 갱신하는 것이 아니라 자산의 상태를 변경하려고 하는 직원 스스로가 대장을 갱신하기 위해 SAM 시스템 운영 부서에 신청하는 구조를 마련하여 현업 부서 담당자에게 집중된 부하를 상당히 줄일 수 있었다. 또한 SAM 시스템으로 말미암아 소프트웨어 이름의 통일성을 확보할 수 있었고, 라이선스 별 집계도 적시에 할 수 있게 되었으며, 관리대장과 IT 자산 정보를 연계시켜 매일 자동으로 비교하고 실체와의 괴리가 발생하더라도 즉시 파악할 수 있게 되었다. SAM 시스템을 통해 관리대장의 변경기록을 데이터로 살펴보면, 매월 5~10 %의 업데이트가 발생하고 있다. 하드웨어에는 몇 개에서 수십 개의 소프트웨어가 도입되었을 뿐만 아니라 동일한 라이선스가 존재할 수 있기 때문에 만일 1,000대의 하드웨어가 존재하는 조직에서 평균 1대당 10건의 소프트웨어와 라이선스가 존재한다고 가정하면, 1개월 당 $1,000 \times (1+10+10) \times 5 \sim 10\% = 1,050 \sim 2010$ 개의 업데이트 작업이 발생하는 셈이 된다. 업데이트 작업을 각 소속으로 분담하여 실시하고 있었던 경우에도 이 정도의 업데이트 상황을 시스템 없이 정확하게 수행한다는 것은 굉장히 어렵다고 할 것이다. 시스템 없이 SAM을 운용한다는 것은 관리부문뿐만 아니라 조직 전체에 상당한 부담을 강요하게 된다. 앞으로 SAM을 구축하고자 하는 국가 및 공공단체 등에 있어서는 이러한 경험을 교훈 삼아 수작업의 어려움과 시스템 도입의 필요성을 인식하기를 바란다. 다만, 시장의 "SAM 시스템" 정보를 수집할 경우 많은 기능이 있다고 해서 우수하다고는 할 수 없는 것에 주의해야 한다. SAM의 운용에 필요한 기능이 있는지가 포인트이며 운용상 필요하지 않은 기능은 아무런 소용이 없다. 반대로 절대로 필요한 기능이 포함되지 않은 경우에는 어떤 이유로든 구현되지 않을 가능성이 있다. 두 경우 모두 기능의 유무에 대해 KS X ISO/IEC 19770-1의 관점에서 설명이 가능한 SAM 시스템을 선택하기 바란다.

**4. SAM 시스템의 포인트**

(1) IT 자산정보 수집 기능

- 수집방법

SAM의 대상으로 하는 하드웨어의 범위가 넓을수록 운용의 정밀도가 높아지므로 운용 부하를 낮추기 위하여 다음에서 언급한 자동수집 및 수동수집이 모두 구현되는 것이 바람직하다.

─ 가. 자동수집

네트워크에 연결된 하드웨어의 IT 자산 정보를 자동으로 정기적으로 수집하는 기능을 말한다. 자동수집은 에이전트 유형과 에이전트 없는 유형이 있다. 전자는 관리대상 하드웨어에 정보수집 프로그램을 설치하는 방식이며, 후자는 정보수집 서버가 장비 관리 프로토콜 등을 이용하여 네트워크상에 존재하는 관리대상 하드웨어에 문의하는 방식을 일컫는다. 일반적으로 조직이 SAM 시스템을 도입함에 있어 네트워크에 대량의 PC가 연결된 경우에는 에이전트 유형을 선택하는 것이 바람직하다고 볼 수 있다. 국가 및 공공단체 등의 경우도 마찬가지로 에이전트 유형이 적합하다고 생각된다. 이유는 에이전트 유형은 설문조사 기능을 통해 수작업으로 필요한 관리항목을 입력할 수 있기 때문이다. 하드웨어에서 수집한 IT 자산 정보를 관리 대장에 연계시키기 위해서는 어떤 키(일반적으로 하드웨어 관리번호)값이 필요하고 설문조사 기능이 있으면 이를 입력할 수 있다. 하드웨어 관리번호가 아닌, 예를 들면 컴퓨터 이름과 MAC 주소, 기계 일련번호를 키로 사용하면 키에 대한 중복이나 변경에 대응하기 어렵게 될 수 있다. 또한 네트워크상에 존재하는 장비를 모니터링 함에 있어 장기간 검출할 수 없게 되었을 때, 경고기능이 있으면 에이전트 배포 누락이나 분실 또는 무단 폐기 여부를 검색할 수 있고, IT 자산 정보와는 별도로 관리대장을 가지고 적절하게 재고조사를 하고 있으면 그만큼 문제가 되지 않을 수 있다.

— 나. 수동수집

SAM 시스템의 IT 자산 정보 수집 기능에는 수동수집 유형의 인벤토리 도구를 실행하여 수집하는 기능이 필수적이다. 즉, USB 메모리 등의 외부 저장 매체에 인벤토리 용 프로그램을 저장한 후, IT 자산 정보를 수집할 하드웨어에 연결하여 프로그램을 실행하고 외부저장 매체에 IT 자산 정보를 저장하는 방식이다. 자동수집 유형의 에이전트가 지원하지 않는 OS를 탑재한 하드웨어와 네트워크에 연결되어 있지 않은 하드웨어 및 세무회계 등 폐쇄된 네트워크에 연결되어 있는 하드웨어의 경우 유용하다. 국가 및 공공단체 등이 보유하고 있는 하드웨어 중 일부는 인벤토리 도구의 설치로 문제가 조금이라도 발생하지 않아야 하는 장비도 있기 때문에, 인스톨이 필요 없으며 기타 관리 권한이 없는 사용자가 실행해도 필요한 IT 자산 정보를 수집할 수 있는 도구가 바람직할 수 있다.

- 수집 가능한 OS[240]

관리대상 하드웨어는 자동수집 또는 수동수집에 관계없이 인벤토리 도구에 의해 포괄적으로 파악할 수 있는 것이 이상적이지만 어디까지의 범위를 도구로 수집할 것인지는 비용 대비 효과에 따라 생각해야 한다. 앞서 언급했듯이, 국가 및 공공단체 등은 다양한 OS가 사용되고 있다. 조직 내에서 거의 사용되지 않는 OS까지 대응할 수 있는 SAM 시스템을 요구하면 입찰 시 경쟁성이 저해되고 조달비용이 과다해 질 수 있기 때문에 툴 도입과 활용에 있어서 다양한 접근이 필요하다고 할 것이다.

- 수집정보

인벤토리 수집 도구는 Windows OS에서 "프로그램 추가/삭제", "레지스트리"에 나열된 소프트웨어 이름과 일치하는 소프트웨어에 목록을 정확하게 수집할 수 있는 것이 중요한 포인트 중 하나이다. 또한 설문조사 기능을 통해 수동으로 입력한 관리항목을 수집하는 것이 바람직하다. 앞서 언급했듯이, 수집한 IT자산정보 관리대장을 연계시키기 위해서는 어떤 키(일반적으로 하드웨어 관리 번호)가 필요한데, 이는 설문조사 기능이 있으면 이를 입력할 수 있기 때문이다.

이외에 컴퓨터 이름 및 고정 IP 환경에서의 IP 주소를 수집할 경우 재고조사 시 하드웨어를 식별하는 보조적인 단서가 된다. 또한 하드웨어 제조사 및 모델 정보는 사전 설치 소프트웨어를 식별할 수 있기 때문에 수집하는 것이 좋다.

- 수집빈도
자동수집 방식에 의한 인벤토리 수집 도구의 설정은 수시로 혹은 정기적으로 IT 자산 정보를 수집할 수 있어야 한다. OS 부팅 시 또는 로그온 시에만 IT자산 정보를 수집하고 OS를 종료하지 않는 한 다시 수집하지 않는 도구도 있다. 그러나 최근에는 Windows OS를 종료하지 않고 대기모드 또는 최대 절전모드에서 사용하는 경우도 많고, 또한 서버처럼 장기간 중단되지 않는 하드웨어가 있는바, 언제라도 이용 상황을 조사할 필요가 있기 때문에 1일 1회 정도 IT 자산 정보를 수집할 수 있어야 한다.

- IT 자산 정보의 표시
관리대장뿐만 아니라 IT 자산 정보도 SAM 시스템상에서 열람 가능한 것이 바람직하다. 수집한 IT 자산정보 및 관리대장과의 연계를 통해 IT 자산정보 및 관리대장과의 괴리를 파악할 수 있게 되는데, 이때 IT 자산 정보를 화면상에서 확인할 수 없는 경우 해당 하드웨어를 직접 확인하고 괴리의 원인을 파악하지 않으면 안 된다. 또한 분산관리 체제로는 관리 단위가 제한적이기 때문에 그 범위내의 IT 자산 정보를 이용자가 열람할 때 애로사항이 있을 수 있다. 이 경우 일정한 범위 내에서 조직 전체의 IT 자산정보를 이용자에게 열람을 허용함으로써 업무상 불필요한 소프트웨어를 설치하는 것을 억제하는 효과를 기대할 수 있다.

- 미터링 (metering)
인벤토리 수집 도구에는 이용자 별 소프트웨어 사용 현황(이용횟수, 사용시간 등)을 감시하는 미터링(계량)이라고 불리는 기능을 가진 것이 있어 사용되지 않는 소프트웨어를 감지할 수 있기 때문에 쓸데없는 라이선스 구매 억제에도 효과적이다. 그러나 국가 및 공공단체 등에서 많이 채용하는 분산관리 체제로는 검출 결과의 피드백이 운영상에 있어서 부담이 될 수 있다. 또한 인벤토리 도구가 이 기능을 가지고 있지 않더라도, 예컨대 재고 조사 시 사용하지 않는 소프트웨어를 자진신고 해달라고 하는 방식도 생각해 볼 수 있다. 이 기능의 필요성은 비용 대비 효과에 따라 결정하는 것이 바람직하다.

[240] 인벤토리 수집 도구에 대응하는 OS는 우선 현재 지원기간중인 Windows 계열 클라이언트 OS는 거의 필수적 이다. 지원기간이 종료된 Windows OS도 조직에서 독립 실행 형 등으로 이용되고 있는 것이 있다. 또한 64bit 버전과 서버용 Windows OS도 이용되는 경우가 많다. 이러한 것들이 간과할 수 없을 만큼의 대수로 존재하는 경우에는 이 OS에 대응할 만한 인벤토리 수집 도구를 선정해야 한다. 또한 도구로 수집하지 않으면 관리대장의 등록 및 대조작업은 수작업으로 수행하게 된다. 최초 등록은 물론, 도입하는 소프트웨어의 인스톨과 제거에 대한 관리대장의 갱신작업이 발생한다. 또한 실태와 관리대장 상황의 일치 여부는 매년 몇 차례의 재고조사 및 내부감사를 통해서 검사 받게 된다. 도구가 대응할 수 있는 컴퓨터 대수가 늘어날수록 이러한 부하도 증가하기 때문에 인벤토리 도구의 선정 및 검토 시에는 충분한 고려가 필요하다.

- 변화에 대한 대응

    관리대상 자산을 파악해 보면, 경험칙상 당초 예상하고 있던 하드웨어 보유수의 1.2배 정도의 하드웨어가 발견되는 것으로 알려져 있다. 또한 SAM을 운용하고 있는 동안 관리대상 하드웨어 수는 증감한다. 아울러 하드웨어 업데이트 시에는 일시적으로 오래된 하드웨어와 새로운 하드웨어가 조직에 동시에 존재하는 사태가 일어날 수 있다는 것도 상기해야 한다. 인벤토리 수집 도구의 사용 가능한 라이선스 수(CAL 포함) 및 서버 스펙은 이들을 고려하여 설정되어야 한다. 또한 각 부서 및 각 소속에서 하드웨어가 조달될 가능성이 있기 때문에 새로운 OS에 대한 대응에 신속한 제품을 선택하는 것도 중요하다.

### (2) 관리 대장 기능

- 관리에 필요한 대장

    KS X ISO/IEC 19770-1은 하드웨어, 도입 소프트웨어 및 라이선스 관리를 요구하고 있지만, 구체적인 대장의 구성까지 제시하고 있지는 않다. 그러나 기본적으로는 하드웨어, 도입 소프트웨어, 라이선스 각각에 대응하는 대장(하드웨어 대장, 도입 소프트웨어 대장, 라이선스 대장)이 필요하다. 도입 소프트웨어 및 라이선스를 하나의 대장으로 함께 관리할 경우, 볼륨 라이선스와 여러 소프트웨어를 정리한 스위트 제품의 관리에 무리가 생길 수 있다. SAM 시스템에서는 이러한 대장 외에 라이선스 관련 부자재를 관리하는 대장(라이선스 관련 부재 대장)을 구현하는 것도 있다. 이것은 라이선스에 따른 부재에도 개별 라이선스 관련 부재(CD, 증서, 패키지 박스 등)에 대해 보관장소 또는 CD키 등을 등록 관리하기 위한 것이다. 라이선스 관련 부재 대장이 구현되어 있는 경우 이들을 개별적으로 관리할 수 있지만, 다른 한편으로 개별적으로 관리하는 수고도 동시에 발생한다는 것을 인식해야 한다. 다만, 라이선스 관련 부재 대장이 구현되어 있지 않은 경우는 반드시 개별적으로 관리해야 할 필요성은 없으므로 라이선스 대장에 라이선스 관련 부자재나 보관장소 등의 항목을 마련함과 동시에 동일한 라이선스에 관한 라이선스 관련 부재는 보관장소를 나누지 않고 관리하는 것도 바람직하다.

- 관리대장의 관리 항목

    조직이 보유한 IT 자산의 종류와 관리 목적에 따라 필요하고 충분한 관리항목이 있는지가 중요하다. 따라서 각 각의 도구업체가 제공하는 SAM 시스템을 이용하는 경우, 관리 항목의 유무에 대해 KS X ISO/IEC 19770-1의 관점에서 설명할 수 있는지 확인하는 것이 바람직하다.

- 소프트웨어 또는 라이선스 목록의 체계화

    도입 소프트웨어 대장, 라이선스 대장에 소프트웨어 정보를 직접 입력한 경우 표기의 오류 및 다양성 등으로 말미암아 동일한 소프트웨어도 다른 것으로 분류되어 집계가 곤란해지는 경우도 있다. 따라서 SAM 시스템에서 소프트웨어 또는 라이선스의 목록을 동일하게 유지하고 도입 소프트웨어 대장과 라이선스 대장의 등록 및 갱신 시 이 목록에서 선택하는 방식이 구현되는 것이 바람직하다. 또한 운용과정에서 목록에 나와 있지 않은 라이선스와 소프트웨어를 입력하는 경우가 있으므로 목록을 업데이트하는 것이 필요하다.

- 소프트웨어 사전

  제품에 따라 "소프트웨어 사전"이라는 수만 가지의 소프트웨어 이름과 종류 등을 판별할 수 있는 목록을 제공하는 것도 있다. 시스템의 운용 전후를 불문하고 조직 내에 존재하는 소프트웨어를 판별할 필요가 있기 때문에 이러한 소프트웨어 사전의 이용은 유용하다. 현재 인벤토리로 수집되는 정보의 형식은 표준화되어 있지 않기 때문에 라이선스가 일치할 수 있도록 설치 상황을 파악하려면 어떤 형태로든 명칭이 필요하다. KS X ISO/IEC 19770-2(소프트웨어 식별 태그), 19770-3(소프트웨어 사용권한〈자격〉태그)에 의거, 많은 소프트웨어 벤더들이 이에 대응한 소프트웨어를 제공하게 되면, 이 문제(소프트웨어 식별과 라이선스 일치 작업)는 해소될 것으로 예상하고는 있지만 실용화할 수 있을 때까지는 아직도 상당한 시간이 걸릴 전망이다. 결국 이 문제가 해결되기 까지는 소프트웨어 사전을 활용할 수 밖에 없다.

- 표준 및 개별 도입 소프트웨어(라이선스)

  조직에서 일반적으로 사용하는 소프트웨어(표준 소프트웨어)는 개별적으로 신청하지 않고도 도입할 수 있도록 하고, 조직에서 일반적으로 사용하지 않는 소프트웨어(개별 도입 소프트웨어)는 이용자가 해당 부서 차원에서 개별적으로 신청을 하여 도입을 하는 구조가 바람직하다.

- 분산관리

  분산관리 체제에 SAM 시스템을 적용할 경우, 부서 또는 소속 사용자의 관리대장 열람 및 갱신을 부서 내 또는 소속 내의 대상자산에 한정하며 그 범위에서 관리자를 선정할 수 있어야 한다. 또한 분산관리 되는 정보를 일원적으로 파악할 수 있는 구조가 필요하다. 국가 및 공공단체 등은 분산관리 체제를 채택하고 있는 경우에도 부서 또는 소속 전반에 걸쳐 라이선스를 사용할 수 있다. 예컨대, 정보총괄부서에서 특정 라이선스를 대량 조달하거나 소속간에 볼륨 라이선스 사용권의 일부를 서로 교환하는 경우가 있다. 이러한 경우에도 운용상 제약 없이 도구로 대응할 수 있는 것이 바람직하다.

- 인사이동 관리

  국가 및 공공단체 등에서는 조직 개편 및 인사 이동이 정기적으로 발생한다는 가정하에서 SAM 시스템이 설계되어 있을 필요가 있다. 조직의 폐지 및 신설, 통합, 분할 시 각 관리대장을 제대로 전환할 수 있어야 하며, 인사 이동 시 하드웨어 사용자의 변경이나 하드웨어의 이동 및 사전 설치 소프트웨어의 이동이 용이해야 한다.

- 화면의 시인성 및 사용자 지정 (커스터마이징)

  도구의 유용성은 업무 효율성에도 영향을 주기 때문에 각 관리대장이 화면에 보기 쉽게 배치되어 관리하기 쉬운 사용자 인터페이스인 것이 바람직하다. 이러한 제품이라면 판단도 쉬울 것이기 때문이다. 또한 필요한 관리 항목이 망라되어 있는 SAM 시스템을 선정하거나 그렇지 않으면 항목을 임의로 추가할 수 있거나 모든 정보를 입력할 수 있는 란이 있는 시스템을 채택하는 것도 바람직하다.

- 검색 및 정렬, CSV 파일 생성

  검색 및 정렬 조건은 다양하게 구성할 수 있는 것이 바람직하다. 조직에 존재하는 하드웨어, 도입 소프트웨어, 라이선스는 방대할 수 있기 때문에 관리항목을 개별적으로 검색 및 정렬할 수 있는 시스템이 필요하다. 또한 각 관리대장의 모든 데이터를 CSV 파일 등으로 생성할 수 있어야 하며, 모든 데이터뿐만 아니라 검색과 정렬된 데이터도 그 상태에서 생성 후 내보내면 더욱 좋다. 아울러 내보낸 CSV 파일과 동일한 형식으로 CSV 파일을 만들고 가져와서 일괄적으로 관리대장을 갱신할 수 있는 것이 바람직하다. SAM 시스템을 최초로 운용 개시할 때 대량의 데이터를 일괄적으로 등록할 경우가 있기 때문이다.

- 워크 플로우 (Workflow)

  SAM 시스템에서는 각종 신청 절차가 가능하며, 신청 및 관리 대장의 업데이트가 함께 이루어지는 것이 바람직하다. 각종 신청절차를 이메일을 통한 첨부 파일 형식으로 신청 하고, 관리대장 업데이트는 SAM 시스템에서 수행하는 등 신청 및 관리대장의 업데이트가 이분화 되어 있으면 이중의 시간이 소요된다. 신청 시 입력된 데이터가 관리대장에 반영되면 관리 담당자의 부담이 대폭 감소하게 될 것이다.

- 변화에 대한 대응

  시스템의 이용자수는 SAM 시스템 운영 과정에서 증감한다. 따라서 이용자수에 대응하는 라이선스가 필요한 SAM 시스템을 채용하는 경우, 이용자수의 향후 증감을 고려하여 조달하는 사용권(CAL 포함)을 결정할 필요가 있다. 또한 대부분 SAM 시스템으로 판매되는 제품은 KS X ISO/IEC 19770-1 요구사항에 완전 적합하게 구현된 제품이라고 보기에는 아직 부족함이 있고, 시스템 도입 후 제품으로서의 기타 상세한 사용 편의성이 개선되어 가는 수도 있으므로 유지보수 및 무상 업그레이드가 가능한 제품을 선호하는 것이 비용을 절감할 수 있는 포인트이다.

(3) 수집한 IT 자산정보 및 관리 대장과의 연계기능

- IT 자산정보 및 관리 대장의 비교와 경고 메시지 보내기

  수시 또는 정기적으로 수집한 IT 자산정보 및 관리대장의 내용을 분석하고, SAM 활용상 문제가 발생된 경우 이거나 또는 문제로 발전할 가능성이 있는 경우(예를 들어, 관리 대장에 없는 소프트웨어가 IT 자산정보로 나오는 경우 등)에 경고 메시지를 보낼 수 있는 기능이 구현되어 있다면 운영을 개선하는데 용이해 진다. KS X ISO/IEC 19770-1에서는 실제로 설치되어 있는 소프트웨어와 관리대장에 도입되어 있는 것으로 확인된 소프트웨어와의 대조작업을 적어도 분기에 1회 실시할 것을 요구하고 있지만, 분기에 1회 이를 수작업으로 시행하려고 하면 방대한 작업이 될 것이다. 또한 실제로 설치되어 있는 소프트웨어는 Windows OS의 경우 "프로그램 추가/삭제" 및 "레지스트리"에서 확인하게 되는데 여기에 나열된 소프트웨어 명칭은 도입 소프트웨어 대장의 소프트웨어 이름과 반드시 일치하지 않을 수 있다. 따라서 IT 기술이 그다지 높지 않은 직원에게 대조 작업을 맡기는 것은 무리가 될 수 있다. 따라서 SAM을 운용해 나가는 데 있어서는 SAM 시스템에 해당 기능이 구현되어 있는 것이 바람직하다.

- 경고 메시지 전달의 온·오프 전환

  경고 메시지에는 다양한 것이 있는바, 각 메시지에 경고를 전달하거나 전달하지 않을 수 있도록 전환해야 한다. 시스템 도입 초기에는 경고 메시지를 송출하지 않고도 단계적으로 관리상태를 개선해 나갈 수 있기 때문이다.

# V. SAM의 구축

### 1. 개요

이 장에서는 SAM 도입 계획에 따라 SAM을 구축하는 방법을 설명하기로 한다. 일반적으로 조직에서의 SAM 구축 단계는 SAM 시스템의 도입, 대상자산의 파악, 관리규정 및 절차 수립의 3단계로 구분할 수 있는바, 이하에서 차례로 살펴보기로 한다.

〈그림 6-1〉 SAM 구축 프로세스

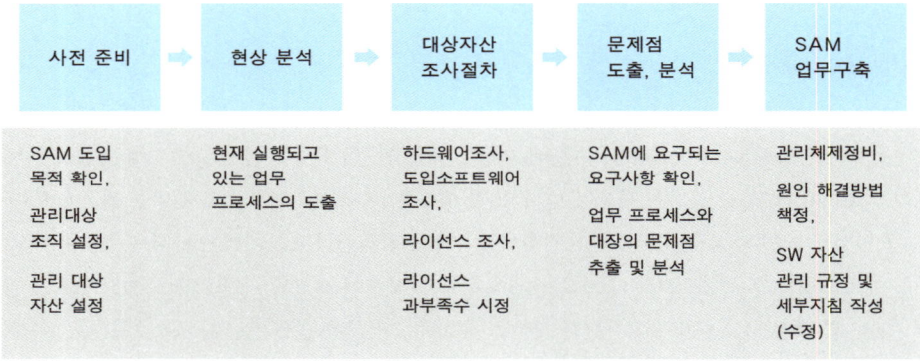

출처: SAM 설명서-도입을 위한 기초-, JIPDEC발행, 2012.2

### 2. SAM 시스템 도입

(1) 조달 방식

국가 및 공공단체 등의 경우 SAM 시스템을 도입하기 위해서는 일정한 방법(입찰 또는 공모 형 제안방식 등)에 따라 조달 절차를 밟아야 할 것이다. 전자의 경우 조달 비용을 절감할 수 있는 장점이 있음에 반해, 업체의 능력과 제품의 성능을 측정하는 방법이 부족하여 제대로 된 시스템이 납품되기 부족한 경우가 발생할 수 있다. 후자의 경우 가격뿐만 아니라 업체의 기술 및 실적과 제품의 성능을 종합적으로 평가하여 업체를 선택할 수 있는 이점이 있지만, 심사를 위한 시간과 인력이 필요하고 제안서나 데모 만으로는 조직에 맞는 SAM 운용의 중요한 포인트를 확인하지 못하는 경우도 발생할 수 있다. 이를 해결 하기 위해 심사 시 업체의 제안이 SAM 운용에 있어 세부적인 포인트까지 정확하게 짚고 있는지 확인할 필요가 있다.

이 책을 발행하는 현시점에서는 아직 SAM이 ISMS(Information Security Management System) 나 ITSMS(IT Service Management System)만큼 사회 전반적으로 보급되지도 않았고, 또한 KS X ISO/IEC 19770-1 규격 요건에 맞는 요구사항을 충족하는 SAM 시스템도 부족한 것이 현실이다. 아울러 SAM 지식이 부족한 업체들이 조달 사양만을 보고 솔루션을 개발하는 경우가 없지 않다고 할 것이다. 또한 사용자인 국가나 공공단체 및 기업체들도 SAM 시스템을 구축하려는 의지가 조금은 부족하고 아예 SAM 지식이 적은 단체도 있는 것 같다. 이런 경우 국가 및 공공단체, 기업체 등이 입찰을 통한 낙찰 베이스로 시스템을 구축하기 시작하면 SAM의 지식이 없기 때문에 업체만을 믿고 구축을 맡길 수 밖에 없다. 결국 개발자와 업체의 SAM 담당자간에 다양한 이슈를 가지고 협의를 하여 많은 것을 검토한 후 시스템을 도입했어야 함에도 불구하고 이를 이행하지 않음으로써 규격에 맞는 시스템으로 운영하지 못함으로써 여러 가지 문제가 발견될 수도 있다. 이렇게 되면 추가 보수가 필요하거나, 비용 및 인력이 지원되어야 할 경우도 발생할 수 있다. SAM 시스템 만으로 SAM을 운용할 수는 없지만, SAM 시스템은 SAM 운용의 필수 요소임에는 틀림없다. SAM의 지식이 없는 업체의 낙찰을 방지하기 위해 입찰 참가 신청 단계에서 SAM의 지식을 자격요건으로 하거나 실적을 측정하는 것도 생각해 볼 일이다. 비록 SAM의 지식이 없는 업체가 낙찰되더라도 KS X ISO/IEC 19770-1에서 요구하는 사항들을 온전히 구현하고 유지되어야 한다.

(2) SAM 시스템 사양의 책정

SAM 시스템의 조달에 있어서 반드시 필요한 세가지 기능(IT 자산정보수집기능, 관리대장기능, 수집한 IT자산정보 및 관리대장과의 연계기능)이 있는바, 이는 "SAM 시스템의 포인트"에서 상세히 설명한 바 있다.

### 3. 대상자산의 파악

SAM을 구축하는데 있어서 대상자산을 정확하게 파악하는 작업은 대단히 중요하다고 할 것이다. 지금까지 SAM을 도입하여 운영하지 않았던 기관의 담당자는 이 작업에 대한 작업량을 상상하는 것만으로도 SAM의 도입을 중단할 지도 모른다. 그러나 SAM을 운용하지 않게 되면, 궁극적으로 국가 및 공공단체 등이 고려하고 있어야 할 위험요소를 잠재적으로 계속 갖고 있게 될 뿐만 아니라, 내부고발 문제와 소프트웨어 업체에서의 조사의뢰 및 정보 보안 사고 등으로 이러한 이슈(대상자산 파악)는 표면화될 수 밖에 없을 것이다. SAM 담당자는 대상자산 파악이 결코 쉽지 않은 문제임을 인식해야 하며, 그렇다고 지나치려고 해서도 아니 될 것이며 정면으로 대처해야 할 것이다. 또한 이 절차는 확실히 힘든 작업이지만 이 책을 통한 적절한 활용을 통하여 어느 정도 노력을 절감할 수 있으므로 참고하기 바란다. 대상자산의 조사는 하드웨어 조사를 시작으로 도입 소프트웨어 조사, 라이선스 조사, 라이선스 과부족 조사 등의 순서로 진행되는 것이 효율적이라고 할 것이다. 다만, 위 조사 절차와 별도로 조사 단계에 공통되는 사항이 있는바, 이것부터 살펴보기로 하자.

(1) 조사를 위한 공통사항

- 상세한 작업단계 설정을 통한 작업 편차를 없앤다.
- 작성자 자신이 이해하는 작업 설명서가 아니라 작업을 실제로 하는 사람이 이해할 수 있는 작업 설명서를 작성함으로써 작업 편차를 줄일 수 있다.
- 작업 목적과 내용에 대한 사전 교육은 이메일이 아니라 대면을 통해 이해시킬 필요가 있다.
- 조사 기간을 최장 2주일로 정한 후, 1주일 경과 후 진행사항을 체크함으로써 작업실시 시간의 누수를 방지할 수 있다.
- 작업기간 동안의 각종 질문 및 답변에 대해서는 전체가 공유할 수 있도록 하여 반복적인 프로세스가 발생하지 않도록 한다.
- 인벤토리에서 취득한 데이터는 반드시 검토하는 것이 바람직하다.

결론적으로 작업을 하는 사람이 이해할 수 있는 상세한 작업 매뉴얼을 만드는 것이 바람직하지만, 처음부터 완벽하게 만드는 것은 매우 어렵다. 따라서 작성된 작업 설명서를 사무국에 있는 다른 직원에게 전달하고 사무국에서 선행 작업을 해보고 이해하기 어려운 점이나 작업에 문제가 없는지를 살펴보는 것이 효율적일 수 있다. 일정상 여유가 있다면 다른 부서에서도 선행하여 실시하면 더욱 좋을 것이다. 또한 각 소속 부서에서는 본연의 정상적인 업무도 있기 때문에 조사기한을 맞추는 것이 어려울 수 있다. 사무국에서 각 소속 부서에 직접 조사 의뢰를 하여 각 소속 부서가 사무국에 직접 조사 결과를 보고하도록 하는 것 보다, 사무국에서 각 부서의 담당자를 지정하여 조사의뢰를 요구하고 각 부서의 담당자가 소속 부서의 조사결과를 정리하고 사무국에 보고하는 시스템으로 만드는 것이 보다 더 원활한 조사결과를 도출할 수 있다. 아울러 도중에 각 부서에 진행 관리표를 배부하고 전체 부서별 진척률을 공개하는 것도 좋은 방법이 될 수 있다. 즉, 부서의 각 소속보고 상황을 부서 내 파일 서버에 두고 부서 내에서도 어느 부서가 지연되고 있는지를 한눈에 파악할 수 있도록 하는 것이 필요하다. 결국 제출이 지연되고 있는 부서의 소속이 공개됨으로써 제출을 독려할 수 있는 계기가 될 것으로 보인다. 또한 국가 및 공공단체, 기업체 등은 SAM 시스템을 어느 단계에서 도입할 지가 대상자산 파악 및 작업 부하에 있어 영향을 받게 된다. 일반적으로 하드웨어 조사항목, 도입 소프트웨어 조사항목, 라이선스 조사항목 설정에 있어서는 SAM 시스템 운용 개시 이후에 조사하면 SAM 시스템 관리 항목에 따라 실시하게 되므로 조사결과를 요약하는 번거로움과 조사결과를 SAM 시스템으로 전환하는 번거로움, 끝으로 마이그레이션(전환)한 조사결과를 각 소속에 확인하는 번거로움을 줄일 수 있다. 다만, 이러한 관리항목을 모두 충족한다고 되는 것은 아니고, 조직이 보유한 IT자산의 종류와 관리 목적에 따라 필요 충분한 관리항목을 설정하는 것이 중요하다. 관리항목이 늘어날수록 작업에 대한 부하가 상승하기 때문에 관리항목을 조사해야 한다. 또한 사용 가능한 SAM 시스템을 조사하고 항목을 어느 정도 갖추어 놓으면 나중에 작업의 부하가 약간은 줄어들 것이다.

일본의 지방공공단체인 B현의 경우, 당초 SAM 시스템 없이 SAM 운용을 하고 있음으로 인해 SAM 시스템으로의 전환을 고려하지 않은 테이블 형식으로 대상 자산을 파악하고 있었다. 추후 SAM 시스템으로 전환함에 있어 기존 대장을 SAM 시스템으로 가져오기 형식으로 변환하는데 있어서 필요한 항목이 부족하거나 소프트웨어 이름을 코드로 대체하지 않으면 안되거나, 기계적으로 처리할 수 없는 작업이 발생하거나 수작업을 들여 변환작업을 실시하지 않을 수밖에 없는 경우가 발생하였다. 처음에는 정직원 6명과 임시직원 4명으로 하고 있었지만, 결국 사무국과 직원 전원이 마이그레이션(전환) 작업을 실시해야만 했다.

(2) 하드웨어 조사

〈그림 6-2〉 하드웨어 조사 절차

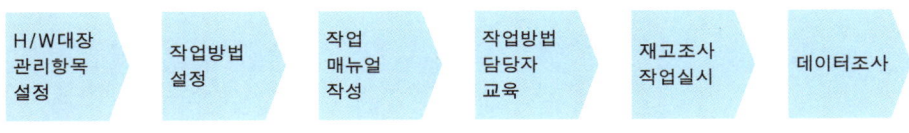

출처: SAM 설명서-도입을 위한 기초-, JIPDEC발행, 2012.2

하드웨어를 대장에 기재할 때, 하드웨어를 고유하게 식별하기 위해 어떠한 단서가 필요하다. 일반적으로 하드웨어 관리번호는 일련번호를 새롭게 설정하고 하드웨어 표면에 봉인을 첨부하는 경우가 많다. 내부감사 및 재고조사를 고려한 경우, 하드웨어를 식별하는 번호 스티커가 해당 하드웨어에 부착되어 있지 않으면 OS를 시작(부팅)하지 않고는 하드웨어를 식별하기 곤란하게 되어 운용에 지장을 초래하기 마련이다. 봉인에 인쇄하는 하드웨어 관리번호는 숫자로만 하고 소속과 도입연도 등 의미를 갖게 하지 않는 것이 좋다. 소속과 도입연도 등 추가적인 정보를 포함하면 만들 때 불필요한 수고가 발생할 수 있고, 추가적인 정보의 변경으로 인하여 봉인을 수정 변경 후 다시 부착하고 싶은 생각이 들것이므로 부수적인 작업이 필요하게 될 것이다. 따라서 추가적인 정보는 SAM 시스템의 하드웨어 대장에서 관리하는 것이 적당하다. 또한 SAM 시스템에서는 하드웨어 관리번호 자릿수 등의 제약이 있을 수 있다. SAM 시스템 도입 전에 하드웨어 관리번호를 결정하는 경우 사용 가능한 SAM 시스템의 하드웨어 관리번호에 대한 제한을 확인하는 것이 바람직하고, 또한 하드웨어에 대응하는 어떤 번호(예, 비품번호 등)가 이미 있음으로 인해 그것을 이용하려면 다음 사항을 확인해야 한다.

- 그 번호가 사무용 PC 인지 또는 서버인지, 대여 PC 인지 또는 개인 PC 인지 등 SAM의 대상으로 하는 모든 하드웨어를 망라하고 있는지에 대한 인식
- 어떠한 요인으로도 도중에 변경될 수 없는 고유성을 담보할 수 있는지
- 하드웨어가 하드웨어 대장에 등록되는 시점에 인식 되었는지

또한 하드웨어 관리번호, 예컨대 컴퓨터 이름과 MAC 주소, 컴퓨터 시리얼번호 등을 채용하면 스티커를 부착하는 번거로움을 줄일 것이라고 생각할 수도 있겠지만, 이들을 채용하면 아래 표와 같은 문제가 발생할 수도 있기 때문에 주의를 요한다.

〈표 6-4〉 하드웨어 적용 정보 별 문제점

| 하드웨어 적용 정보 | 발생하는 문제점 |
|---|---|
| IP 주소, 컴퓨터 이름 | 고정 IP가 아닌 이상 수시로 변경이 가능 |
| MAC 주소 | 하드웨어 수리를 의뢰 시 메인보드가 교체됨과 동시에 MAC 주소도 바뀌게 된다. 네트워크 기능이 없는 하드웨어도 SAM의 대상이지만, 그런 장치는 원래 MAC 주소가 없다. 반대로 이용 형태에 따라 네트워크 카드(LAN 카드)를 여러 장 있는 하드웨어도 있는바, 그러한 경우 MAC 주소를 고유하게 결정할 수 없다. |
| 컴퓨터 시리얼번호 | 벤더가 수리 시 요구하는 번호로써 원칙적으로 중복되지 않는다고 말하기 어려운 것이며, 관리번호로 하는 것이 부적절하다. |

출처: SAM 설명서-도입을 위한 기초-, JIPDEC발행, 2012.2

- 하드웨어 관리번호 스티커 만들기

  결정된 하드웨어 관리번호를 스티커에 인쇄한다. SAM 총괄 사무국이 프린터로 인쇄해도 좋고, 인쇄업체 등에 의뢰해도 좋다. 그러나 스티커 만들기를 각 소속부서에 맡기는 것은 바람직하지 않다. 맡기게 되면 완성도가 떨어지게 되고, 그 스티커가 정규 규격에 따라 발급된 것인지 언뜻 알 수 없기 때문이다. 스티커 만들기는 사무국에서 집중적으로 하는 것이 바람직하다. 많은 하드웨어를 집중 관리하는 경우, 재고조사 시 번거로움을 줄이기 위해 하드웨어 관리번호를 스티커에 바코드 형식으로 인쇄할 수도 있다. 분산관리를 사용하는 경우에는 각 소속 별 관리대수는 그리 많지 않기 때문에 바코드를 조달할지 여부에 대하여 비용 대비 효과측면을 고려하여 바코드 채용 유무를 검토하는 것이 바람직하다.

- 하드웨어 관리번호 스티커 배포

  SAM 총괄 사무국에서는 제작된 하드웨어 관리번호 스티커를 각 소속 관리자에게 송부한다. 이와 별도로 사무국에서는 송부한 하드웨어 관리번호를 소속 별로 편성하여 기록해 두는 것이 필요하다. 송부하려는 스티커의 매수는 필요 예상 매수보다 조금 더 추가하는 것이 좋다. 자칫 예상되는 매수보다 많은 하드웨어가 발견되면 재 배포가 발생할 수도 있기 때문이다. 많이 배포하면 사용되지 않는 번호가 나오는데, 어차피 하드웨어 폐기 또는 조달 등으로 조직 소속내의 번호의 연속성은 의미가 없게 되므로 걱정할 필요는 없다.

- 하드웨어 관리번호 스티커 부착과 잔량 스티커 회수

  각 소속 부서에서는 하드웨어 관리번호 스티커를 "체제 및 방침 결정"에 따라, 관리대상으로 정해진 하드웨어에 부착한다. 이때 빠짐없이 부착 실시하는 것이 중요하며, 남은 스티커는 사무국이 회수한다.

- 하드웨어 관리번호 및 기타 관리항목 파악

  여기서의 궁극적인 목표는 하드웨어 관리번호 및 스티커 번호와 기타 조사 항목 등을 SAM 시스템의 하드웨어 관리대장에 올리는 것이다.

  ― 가. SAM 시스템 운용개시 이후 조치사항

  첫 번째 방안으로, SAM 총괄 사무국에서는 각 소속부서에 자동수집 또는 수동수집 인벤토리 도구를 설치하거나 실행 해달라고 요청하고 IT 자산 정보를 수집한다. 수집한 IT 자산 정보를 바탕으로 사무국에서 일괄적으로 하드웨어 대장에 수록한다. 이때 하드웨어 관리번호는 임시 번호로 등록한 후, 각 소속부서에는 실제로 부착되어 있는 하드웨어 관리번호로 업데이트 해달라고 요청함과 동시에, 다른 필요한 항목도 입력을 요청하는 것이 바람직하다. IT 자산 정보가 없는 하드웨어는 하드웨어 대장에 신규 등록을 요청해야 한다. 두 번째 방안으로, SAM 총괄 사무국에서는 각 소속부서에 자동수집 또는 수동수집 인벤토리 도구를 설치하거나 실행 해달라고 요청하고 IT 자산 정보를 수집한다. 수집한 IT 자산정보를 각 소속 별로 테이블 데이터로 작성하여 각 소속에 배포한다. 각 소속이 하드웨어 관리번호 및 기타 필요한 항목을 테이블에 입력하고 사무국에 반납하도록 한다. 사무국에서 각 소속으로부터 받은 표 데이터를 하드웨어 대장으로 가져온다.

— 나. SAM 시스템 운용개시 이전 조치사항

첫 번째 방안으로, SAM 총괄 사무국은 기존에 존재하는 하드웨어 목록(인벤토리 도구의 데이터와 과거의 조회 데이터 등)에 하드웨어 관리번호 및 기타 필요한 항목을 기입할 수 있는 란을 추가로 마련하고 각 소속 부서별로 나누어 배포한다. 각 소속 부서에서는 테이블을 채워(미기재 하드웨어가 있다면 이것도 추가하여 기록) 사무국에 반납하고, 사무국에서는 반환된 데이터가 맞는지 확인한다. SAM 시스템 도입 후 사무국에서는 받은 표 데이터를 하드웨어 대장에 가져올 수 있는 형태로 정돈하여 불러오도록 한다. 두 번째 방안으로, SAM 총괄 사무국에서 신규로 하드웨어 관리번호 및 기타 필요한 사항을 입력하는 테이블 형식을 만들고 각 소속 부서에 배포한다. 각 소속 부서는 테이블을 채워 사무국에 반납한다. 사무국에서는 반환된 데이터가 맞는지 확인한다. SAM 시스템 도입 후, 사무국에서 받은 표 데이터를 하드웨어 대장에 가져올 수 있는 형태로 정돈하여 가져올 수 있도록 한다.

(3) 도입 소프트웨어 조사

〈그림 6-3〉 도입 소프트웨어 조사 절차

출처: SAM 설명서-도입을 위한 기초-, JIPDEC발행, 2012.2

- 도입 소프트웨어 파악

여기서의 목적은 정보의 분석 및 표준 또는 개별 도입 소프트웨어의 분류 및 선정에 있어서 도입 소프트웨어의 실태를 파악하는데 있다. 또한 도입 소프트웨어를 SAM 시스템의 소프트웨어 대장에 옮기는 작업은 "라이선스 조사" 단계에서 실시한다.

— 가. SAM 시스템 운용개시 이후 조치사항

SAM 시스템이 도입된 자동수집 또는 수동수집 인벤토리 도구(SAM 시스템)를 통해 IT 자산 정보를 수집하고 있기 때문에 이 데이터를 이용하면 된다.

— 나. SAM 시스템 운용개시 이전 조치사항

첫째, 어떠한 소프트웨어 목록 수집 툴을 이용하고 있다면 그것에 의해 IT 자산정보를 수집하도록 하고, 둘째, 별도의 인벤토리 수집 툴이 없는 경우 프리웨어 인벤토리 도구[241]를 이용하여 IT 자산 정보를 수집하도록 한다. 다만, 이 경우 수집된 IT 자산정보의 집계작업 등은 별도의 옵션이 필요하거나 또 다른 작업이 필요할 수 있다. 끝으로, 도입 소프트웨어 이름을 수작업으로 테이블 양식에 기입하여 수집한다. 이 경우 소속 부서에는 기입 작업에 부담을 강하게 받을 뿐만 아니라 수집한 데이터에 소프트웨어 이름의 혼동과 오기가 생길 우려가 있다. 또한 집계함에 있어 사무국이 소속 부서에 오기라 생각되는 부분을 확인하고 소프트웨어 이름을 통일하여 수정해야 하는 등 엄청난 노력을 요하는 작업이 발생하게 된다는 점에 유의해야 한다.

---

[241] 한국저작권위원회(Inspector)에서 클라이언트 배포용이 있으므로 참조하기 바란다.

〈표 6-5〉 도입 소프트웨어 대장의 관리항목

| 관리항목 | 항목내용 |
| --- | --- |
| S/W 관리번호 | • 해당 소프트웨어를 데이터에 고유하게 인식하는 번호 |
| H/W 관리번호 | • 해당 하드웨어를 데이터에 고유하게 인식하는 번호 |
| 도입 명칭 | • 프로그램 추가 제거에 표시되는 프로그램 이름 |
| 공급업체 명 | • 해당 소프트웨어 공급 업체 이름(라이선스 대장과 동일) |
| 소프트웨어 명 | • 해당 프로그램 이름(라이선스 대장과 동일) |
| 에디션 | • 예를 들어, 마이크로 소프트 Office 즉, Standard 또는 Professional (라이선스 대장과 동일) |
| 버전 | • 예를 들어, 마이크로 소프트 Office 즉, 2003 또는 2007(라이선스 대장과 동일) |
| 종별 | • 제품버전, 프리웨어, 쉐어웨어, 드라이버 등 소프트웨어를 사용하기 위해 필요한 라이선스 유형을 판별하는 것 |
| 라이선스 관리번호 | • 라이선스를 고유하게 인식하는 번호(라이선스 대장과 동일) |
| 매체 관리번호 | • 도입하기 위한 매체를 고유하게 인식하는 번호 |
| 도입 원본 | • 도입할 때의 이용한 매체 및 이미지 정보 |
| 도입 일 | • 해당 PC에 도입된 날 |

출처: SAM 설명서-도입을 위한 기초-, JIPDEC발행, 2012.2

- 도입 소프트웨어 정보 분석

    SAM 시스템에서 소프트웨어 사전이 제공되어 있거나 별도로 소프트웨어 사전에 의한 분석을 위탁하는 경우에는 도입 소프트웨어 정보에 "소프트웨어 벤더 이름"이나 "소프트웨어 종류"를 추가할 수 있는바, 소프트웨어 배경을 파악하는 것도 참고가 된다. 그러나 "소프트웨어 종류"는 조직에서 어떻게 정의하는지, 그리고 SAM 시스템에 따라 분류 및 사고방식이 약간 다르므로 반드시 그대로 사용할 수 있는 것은 아님에 주의하기 바란다.

- 표준 및 개별 도입 소프트웨어 선정

    조직은 표준 소프트웨어(조직에서 표준으로 사용하는 소프트웨어) 및 개별 도입 소프트웨어(부서 업무 특성상 개별적으로 신청을 하고 도입이 허용되는 소프트웨어) 등 우선 관리해야 할 소프트웨어를 선정하여 파악한 후, 그 이외의 소프트웨어(인증 받지 않은 소프트웨어)로 확대해 나아갈 필요가 있다. 그러나 국가 및 공공단체 등의 경우, 상당히 작은 조직 이외에는 분산관리 체제하에서 SAM 시스템을 이용하는 것을 가정하게 된다. 이 경우 개별 도입 소프트웨어의 선정은 각 소속 부서에서 대장에 연결하는 시점에 이뤄질 것이며, 미 허가 소프트웨어는 표준 소프트웨어도 개별 도입 소프트웨어도 아닌 것이 될 것이다. 즉, 여기에서는 조직에서 일반적으로 사용할 것 같은 소프트웨어를 표준 소프트웨어로 리스트 업 해두면 좋다.

〈표 6-6〉 사용 조건 및 사용 수 집계방법

| 사용허가 조건 | 설명 |
|---|---|
| 클라이언트 라이선스 | • PC 등의 하드웨어 1대에 1라이선스 할당 |
| 서버 라이선스 | • 서버 1대에 대해 1라이선스 할당<br>(클라이언트 라이선스와 개념은 동일) |
| 사용자 라이선스 | • 소프트웨어를 이용하는 이용자 1명에 대해 1개의 라이선스 할당 |
| CPU 라이선스 | • 소프트웨어가 도입된 하드웨어에 탑재된 물리적 CPU수 1개에 대해 1라이선스 할당 |
| 클라이언트<br>액세스 라이선스 (장치) | • 서버에 액세스하는 1대의 장치에 대해 1라이선스 할당 |
| 클라이언트<br>액세스 라이선스 (사용자) | • 서버에 액세스하는 사용자 1명에 대해 1라이선스 할당 |
| 종합 라이선스 | 계약 대상 조직 전체에서 보유한 PC 대수 및 종업원 수의 파악이 필요<br>(※ 공급 업체와의 계약 조건에 따라 파악해야 할 요건이 바뀐다) |

출처: SAM 설명서-도입을 위한 기초-, JIPDEC발행, 2012.2

〈표 6-7〉 표준 및 개별 도입 소프트웨어 선정

| 소프트웨어 종류 | 내용 |
|---|---|
| 표준 소프트웨어 | • 조직에서 표준으로 사용하는 소프트웨어 (일반적으로 SAM의 총괄 관리 부서에서 일괄 관리되는 것)<br>예: MS Office, 한글, Adobe Reader, 압축 및 보안 소프트웨어 등 |
| 개별 도입 소프트웨어 | • 조직에서 표준으로 사용하지 않지만, 이용자가 개별적으로 신청을 하고 도입이 허용되는 소프트웨어(일반적으로 부서별로 설정되고 관리되는 것)<br>예: 설계 및 그래픽 소프트웨어 등 |
| 미 허가 소프트웨어 | • 조직으로부터 도입 허가를 받지 않은 소프트웨어<br>예: 조직원 임의 설치 소프트웨어, 주로 불법소프트웨어 |
| 금지 소프트웨어 | • 조직으로서 도입을 금지하는 소프트웨어<br>예: 음란, 게임, 도박관련 소프트웨어 등 |
| 패치, HOTFIX 류 | • OS 나 브라우저 등의 수정 소프트웨어 |

출처: SAM 설명서-도입을 위한 기초-, JIPDEC발행, 2012.2

(4) 라이선스 조사

〈그림 6-4〉 라이선스 조사 절차

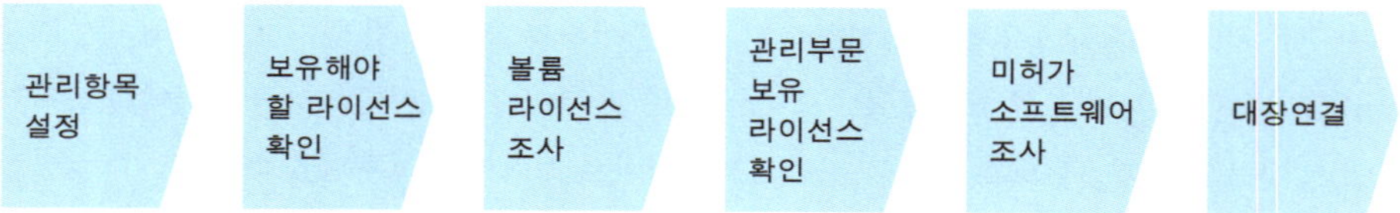

관리항목 설정 → 보유해야 할 라이선스 확인 → 볼륨 라이선스 조사 → 관리부문 보유 라이선스 확인 → 미허가 소프트웨어 조사 → 대장연결

출처: SAM 설명서-도입을 위한 기초-, JIPDEC발행, 2012.2

- 라이선스 관리번호 및 매체 관리번호 결정

라이선스를 라이선스 대장에 기재할 때, 또는 라이선스 관련 부재를 라이선스 관련 부재 대장에 기재할 때, 이를 고유하게 식별하기 위해 어떤 단서가 필요하다. 일반적으로 각 라이선스 관리번호, 매체 관리번호는 일련번호를 새롭게 설정하고 라이선스 상자와 봉투 표면, 부재마다 스티커로 붙여 넣게 된다. SAM 시스템은 등록할 라이선스 관리번호 및 매체 관리번호에 대한 자릿수 제한 등의 제약이 있을 수 있다. 또한 라이선스 관련 부재 대장이 없거나 매체 관리 번호가 필요 없는 SAM 시스템도 있다. SAM 시스템 도입 전에 이러한 번호를 결정할 필요가 있는 경우 사용 가능한 SAM 시스템을 조사하고 관리번호 유무나 제약조건을 확인하는 것이 바람직하다. 일본의 지방공공단체 C현에서는 라이선스 관련 부재 대장을 작성하지 않기 때문에 매체 관리번호 스티커는 존재하지 않고, 라이선스 관리번호만 부착 또는 기재하고 있었다. 라이선스 관리 번호는 CD 및 라이선스 증서 등 부자재 각각으로 지정하지 않고 라이선스 상자와 부자재를 정리한 자루 표면에만 붙였다. 그런데 개별 매체 수만큼 스티커를 배포 및 부착하는 작업이 발생하지 않는다는 장점이 있는 반면, 부재가 혼재돼 버리면 어떤 라이선스의 부재인지 특정이 어려워 진다는 단점도 있었다. 따라서 부재가 혼재되는 일이 없도록 이용 시에는 부재 개별로 반출하지 않고 부재를 정리한 상자와 봉투 단위로 반출하는 것으로 정하고 있다.

〈표 6-8〉 라이선스 대장 항목

| 관리항목 | 항목내용 |
|---|---|
| 라이선스 관리번호 | • 라이선스를 고유하게 인식하는 번호 |
| 공급업체 | • 해당 소프트웨어 공급업체 |
| 소프트웨어 명 | • 해당 소프트웨어 명칭 |
| 에디션 | • 예를 들어, 마이크로 소프트 Office (즉, Standard 또는 Professional 등) |
| 버전 | • 예를 들어, 마이크로 소프트 Office (즉, 2003 또는 2007 등) |
| 언어 | • 라이선스 사용이 허가된 언어 |
| 구입 일 | • 언제 그 라이선스가 활성화 되었는 지를 파악 |
| 구입처 | • 구입 내역 증명 시 필요한 연락처 |
| 구입부문(부서) | • 구매 경위와 구매 내역을 확인하기 위해 필요 |
| 구입자 | • 상 동 |
| 라이선스 종류 | • 구입 종류가 패키지인지, 볼륨 라이선스인지 (볼륨 라이선스라면 어떤 종류인지) |
| 라이선스 형태 | • 정식 라이선스인지, 업그레이드 라이선스인지 |
| 사용허락 조건 | • 라이선스 단위. 예컨대, 클라이언트 라이선스인지, 사용자 라이선스인지, CPU 라이선스인지 등 |
| 사용허락 증명 | • 패키지 경우, 패키지 및 내용물 등 사용권을 증명하는 데 필요한 물품과 정보 |
| 라이선스 증명번호 | • 사용권을 증명하는 자료 |
| 수량 | • 사용허락(라이선스) 수량 |
| 관리부문 | • 해당 라이선스 관리 책임 부서 |
| 보관장소 | • 해당 라이선스의 보관 장소 |
| 원본 라이선스 관리번호 | • 해당 라이선스가 유효한 정식 라이선스가 아닌 경우, 해당 기본 라이선스(예컨대, 업그레이드 라이선스에 기반이 되는 정식 라이선스) |
| 기타 부대 조건 | • 서브스크립션(연간계약) 및 다운 그레이드 여부, 플랫폼(Windows/Mac) 등 |
| 갱신예정일 | • 기한부 라이선스 계약의 경우 갱신일 |

출처: SAM 설명서-도입을 위한 기초-, JIPDEC발행, 2012.2

<표 6-9> 라이선스 관련 부재대장의 항목

| 관리항목 | 항목내용 |
|---|---|
| 라이선스 관리번호 | • 라이선스를 고유하게 인식하는 번호 |
| 매체 관리번호 | • 도입하기 위한 매체를 고유하게 인식하는 번호 |
| CD 키 | • 소프트웨어를 도입할 때 입력해야 할 키 값 |
| 관리부문 | • 해당 라이선스 부속물의 관리 책임부서 |
| 보관장소 | • 해당 라이선스 부속물의 보관장소 |

출처: SAM 설명서-도입을 위한 기초-, JIPDEC발행, 2012.2

<그림 6-5> 라이선스 과·부족 수 산출표

| SW명 | 에디션 | 버전 | 종별 | 라이선스 수 | 설치 횟수 | 과부족수 | 조정 | 조정번호 | 최종 부족수 |
|---|---|---|---|---|---|---|---|---|---|
| Office | professional | 2007 | VL | 25 | 0 | 25 | -25 | 1 | 0 |
| | | | FPP | 5 | 0 | 5 | | | 5 |
| | | | PIPC | 0 | 24 | -24 | | | -24 |
| | | 2003 | VL | 0 | 25 | -25 | 25 | 1 | 0 |
| | | | PIPC | 0 | 7 | -7 | | | -7 |

라이선스 계약 종별 관리

VL: 볼륨 라이선스
FPP: 패키지
PIPC: 사전 설치

조정: 다운 그레이드와 동일한 버전의 라이선스 조정 실시

조정번호: 라이선스 과잉, 부족 상쇄를 실시한 관계를 나타내는 번호

라이선스 조건에 따라 과부족 수를 산출

예) FPP가 5개 남아 있지만, PIPC에는 적용할 수 없기 때문에 부족하다.

<표 6-10> 라이선스 과·부족 수 산출표

| 라이선스 상황 | 소프트웨어 종류 | 시정 방침 예 |
|---|---|---|
| 과잉 | 표준 소프트웨어 | • 관리 부문이 과잉 라이선스를 적절히 보관하여 신규 도입 시 재 이용 |
| | 개별 도입 소프트웨어 | |
| | 미 허가 소프트웨어 | |
| 부족 | 표준 소프트웨어 | • 관리부서가 부족 라이선스 구입 |
| | 개별 도입 소프트웨어 | • 소프트웨어를 도입하는 도입자 또는 도입자가 속한 부서가 라이선스 구매 |
| | 미 허가 소프트웨어 | • 프리웨어 경우 이용 허락 조건을 확인한 후 삭제<br>• 유상 제품 버전의 경우 도입자가 속한 부서가 라이선스를 구매한 후, 미 허가 소프트웨어를 제거 (라이선스 관리 부서가 관리)함이 원칙 |

출처: SAM 설명서-도입을 위한 기초-, JIPDEC발행, 2012.2

- 라이선스 관리번호 및 매체 관리번호 스티커 만들기

  결정된 라이선스 관리 번호, 매체 관리 번호를 스티커에 인쇄한다. SAM총괄사무국이 프린터로 인쇄 해도 좋고, 인쇄업체 등에 의뢰해도 좋다. 그러나 스티커 만들기를 각 소속부서에서 맡기는 것은 적절하지 않다. 그 이유는 스티커 제작을 각 소속부서에 맡기게 되면 완성도가 미흡하게 되고 그 스티커가 정규 절차에 따라 발급된 것인지 언뜻 알 수 없기 때문이다. 스티커 만들기는 사무국에서 집중적으로 하는 것이 바람직하다. 일본의 지방공공단체 D현에서는 당초 라이선스 관리번호 규칙이 없이, 각 소속부서에서 고유의 번호를 붙이고 있었지만, 도중에 지침을 개정하여 일정한 규칙에 따라 번호를 붙이기로 했다. 소속 직원이라면 누구나 만질 수 있는 하드웨어와 달리 라이선스 관련 부재는 항상 일정한 공간에 시건 장치를 통해 보관하고, 키 관리자는 라이선스 관리번호 발급자와 같도록 하였다. 이로 인해 임의로 부여한 라이선스 관리 번호가 라이선스 관련 부재에 붙여지는 일이 없었으며 운영상의 문제가 발생하지도 않았다.

- 라이선스 관리번호 및 매체 관리번호 스티커 배포

  SAM 총괄 사무국에서 각 소속부서 관리자에게 스티커를 송부한다. 사무국은 배포한 라이선스 관리번호 스티커, 매체 관리번호 스티커와 소속 편성상황을 기록해 둔다. 각 소속 부서는 라이선스 파악 시 이 스티커를 부착하고 최종적으로 남는 스티커는 사무국에서 회수한다. 송부하려는 스티커의 매수는 필요 예상 매수보다 조금 더 추가하는 것이 좋다. 자칫 예상되는 매수보다 많은 라이선스가 발견되면 재배포가 발생할 수도 있기 때문이다. 많이 배포하면 사용되지 않는 번호가 나오는데, 어차피 라이선스 폐기 또는 조달 등으로 조직 소속내의 번호의 연속성은 의미가 없게 되므로 걱정할 필요는 없다.

- 보유 라이선스 확인

  각 소속부서에서 보유하고 있는 라이선스 및 라이선스 관련 부재(미디어, 패키지, 사용허가서 등)의 저장 위치를 확인한다. 라이선스 증서 등이 소프트웨어 벤더 또는 공급처에 보관되어 있는 것을 발견한 경우에는 즉시 가져와야 한다.

- 라이선스 파악

  여기에서의 목적은 보유하고 있는 라이선스와 일치하는 라이선스 대장을 작성하고 소프트웨어 대장과의 일치 작업을 함으로써 결국 라이선스 과부족을 파악하는데 있다. 이하에서 그 절차를 예로 기재하고 있으므로 SAM을 도입하려는 조직에서 참고하기를 바란다.

---

**TIP**

"나는 자동화 할 수 있는 것이 무엇이고, 어떤 부분은 여전히 수작업이 필요한 지에 대해 많은 아이디어를 갖고 있다. 이것은 SAM을 구현함에 있어서 수십 차례의 시행착오를 통해 얻게 된 것이다. 나는 당신에게 자동화를 할 수 있는 업무 영역과 그렇지 않은 업무 영역에 대해 간략히 제시하고자 한다." — Published by David Foxen on Jun 18th, 2015

1. 자동화 업무영역
   1) 소프트웨어 순환 프로세스(설치 및 제거)
   2) 소프트웨어 배포 프로세스(패치 및 업데이트 포함)
   3) 라이선스 또는 소프트웨어 보고 프로세스
   4) 준수관리 프로세스
   5) 소프트웨어 요청 및 승인 프로세스

2. 수작업 업무영역
   1) 소프트웨어 라이선스 관리 프로세스
   2) 소프트웨어 라이선스 데이터 항목 관리 프로세스
   3) 자체감사 프로세스
   4) 계약 및 위험관리 프로세스

### 가. SAM 시스템 운용개시 이후 조치사항

각 소속 부서에서 가지고 있는 라이선스 관련 부자재(미디어, 패키지, 사용허가서 등)를 모두 나열하고, 라이선스 대장과 라이선스 관련 부재 대장에 등록한다. 이와 병행하여 소프트웨어를 도입하는 경우 소프트웨어 대장에 등록하고 라이선스 대장과의 일치를 도모한다. 라이선스 대장에 소프트웨어 등록이 없거나 일치 되지 않는 경우 라이선스 관련 부재를 찾아 보고 발견되면 등록하거나 라이선스 관련 부재가 없어도 무관한 소프트웨어(프리웨어)인지 확인을 거친 후 라이선스 대장에 등록한다. 최종적으로 일치 작업을 할 수 없는 것, 그리고 현재 보유하는 라이선스 관련 부자재가 라이선스 보유 조건을 충족하지 않는 것이 바로 라이선스 부족분이 될 것이다.

### 나. SAM 시스템 운용개시 이전 조치사항

SAM 총괄 사무국에서 라이선스 관리 번호, 매체 관리 번호 및 기타 필요한 사항을 입력하는 테이블 형식을 만들고 각 소속 부서에 배포하여 각 소속에서 가지고 있는 라이선스 관련 부자재(미디어, 패키지, 사용허가서 등)를 모두 나열하고 표를 채워서 사무국에 반납한다. 그리고 "도입 소프트웨어의 파악"에서 파악한 IT 자산 정보와 비교한다. 파악한 IT 자산 정보에 도입 소프트웨어가 있음에도 불구하고 라이선스 관리번호 등이 표에 기재되지 않은 경우 라이선스 관련 부자재를 찾아 보고 발견될 경우 테이블에 추가한다. 라이선스 관련 부자재가 없어도 무관한 소프트웨어(프리웨어 등)로 확인을 받게 되면 표에 추가할 수 있다. 결국 도입 소프트웨어가 있음에도 불구하고 표에 포함되지 않은 것(라이선스), 그리고 현재 보유하는 라이선스 관련 부재가 라이선스 보유 조건을 충족하지 않는 것이 라이선스 부족분이 된다.

### 다. 라이선스 과부족수의 시정

소프트웨어의 사용과 이에 따른 라이선스의 적절한 관리를 하지 않고 실태도 파악하지 않으면 라이선스 과부족이 발견될 가능성이 있다. 라이선스가 과도한 경우에 있어 표준 소프트웨어의 경우는 사무국이 관리하고, 별도로 도입한 소프트웨어의 경우에는 필요한 소속부서에서 관리하면서 필요에 따라 적절히 조치하면 된다. 한편, 라이선스 부족이 있으면 라이선스 부족분 해소를 목적으로 한 설치 소프트웨어의 삭제(제거)는 증거인멸죄가 적용될 우려가 있다. 또한 원칙적으로 불법 복제를 발견한 후 부족분을 구입했다고 하더라도 민형사상 법적 책임이 면제되는 것은 아님에 유의해야 한다. 자발적으로 SAM 시스템을 운용하고 있는 과정에서 부족한 라이선스를 발견했을 때에는 소프트웨어 제조업체에 문의한 후 적절히 대응할 필요가 있다. 소프트웨어 제조업체에 문의하면 자발적인 개선이되므로 대체로 라이선스 추가 구입으로 시정 완료로 간주하는 사례도 적지 않은 실정이다. 만일 과거의 침해에 대한 손해배상을 청구한 경우, 정품 소비자가격으로 산정하여 판결이 확정되었음을 참고해 주었으면 한다.[242] 또한 국가 및 공공단체 등의 경우, 예산에 따라 움직이고 있기 때문에 과부족 수량에 대한 시정조치에 대해 주요 소프트웨어 벤더들과 원만한 협의를 통하여 다음 연도 예산 집행 시까지 유예를 요청할 수도 있다.

---

[242] 2012나68493 손해배상(기) 및 대판 2013다38985 손해배상(기) 사건 참조

### 4. 관리규정 및 절차의 수립

라이선스 및 도입 소프트웨어의 상태에 결함이 없다 하더라도 조직에서 승인된 규칙(관리 규정 및 절차 등)에 따라 SAM이 운용되지 않으면 제대로 관리되고 있다라고 말할 수 없다. 여기서는 국가 및 공공단체 등이 관리규정 및 절차를 수립할 때 고려해야 할 사항을 주로 언급하기로 한다.

(1) 관리규정 등의 구성

관리 규정이란 이사회 또는 동등한 기관 등을 통하여 공식적으로 승인된 소프트웨어자산관리에 관한 가이드라인을 말한다. 이러한 관리 규정에 따라 조직은 소프트웨어의 적절한 사용과 관리를 통해 IT 거버넌스와 정보보안 및 조직에 대한 요구사항을 충족하여 소프트웨어를 적법하고 유효하게 사용함을 추진하는 것을 목적으로 하게 된다. 그런 다음 관리 규정에서 요구하는 사항의 구체적인 실시방법 등에 대해 상세한 관리절차를 제시하는 것이 관리 지침이 되는 것이다. 일반적으로 관리 규정이 SAM 단독으로 규정되는 것은 드물고, 통상 IT 거버넌스와 정보 보안 등의 다른 관리 규정과 함께 규정되는 경우가 많다. 이론적으로는 "관리 정책", "관리 규정", "세부 관리 지침(기준)" 이상의 3가지를 수립해야 하지만, 반드시 그렇게 할 필요는 없으며, 이미 SAM을 운용하고 있는 조직에서도 "관리 정책"과 "관리 규정"을 1개의 문서로 통합하여 활용하는 경우가 있다. 따라서 "관리 규정"에서는 SAM 적용 및 각 담당자의 역할과 책임 등 최소한을 기재하고, "관리 규정"에 명시된 세부 사항인 관리 프로세스는 "관리 지침"에 기재하는 것이 운영을 용이하게 할 수 있다. 운영을 개시하면 조달 및 재고 프로세스 등 일부 과정은 직원들에게 "관리 지침"보다 구체적인 설명이 필요하거나 주의 사항을 주지시켜야 할 필요가 있다. 따라서 "관리 지침"보다 하위 문서인 "조달 설명서" 또는 "재고 설명서" 등을 정하는 것도 하나의 방법이다.

(2) 관리규정 등의 책정

규정 류의 책정에 있어서는 다양한 경로를 통해서 입수할 수 있는바, 기존에 SAM 시스템을 구현하고 있는 조직의 관리 규정 등을 활용하는 것이 시행착오를 줄일 수 있는 가장 효율적인 방법이라고 생각된다. 또한 이 책 말미에도 각종 규정 류와 대장 양식 등을 게재하고 있으므로 참고해도 될 것이다. 그러나 외부 자료형태 및 기타 조직 관리 규정 등을 이용할 때는 반드시 자기 조직에서 운용할 수 있도록 수정 작업을 거칠 필요가 있다. 그 이유는, 첫째 각 조직의 IT자산 관리의 도입 및 운영 시스템의 취지와 이용하려는 SAM 시스템이 다르기 때문에 비록 기존 모범 조직의 규정 류라 할지라도 그대로 활용할 수 있는 것은 그다지 많지 않기 때문이다. 둘째 SAM 총괄 사무국이 기존의 것을 그대로 활용하면 자체 조직의 SAM 운영 프로세스 이해가 소홀한 채 기존 조직의 규정 류에 따라 운영을 시작하게 된다. 그 결과 사무국이 각 부서의 이용관련 문의에 적절히 대응할 수 없게 될 뿐만 아니라, 자기 조직에 맞지 않는 프로세스를 억지로 도입하게 되어 SAM의 운용 자체가 전혀 작동하지 않게 될 우려가 있기 때문이다.

(3) 관리규정 등에 관한 성숙도 검사

성숙도에 있어 일정한 수준을 목표로 설정하고 있다면, 책정한 규정 류가 제대로 관리 요건을 충족하고 있는지 확인할 필요가 있다. 규정 류를 통해 제반 프로세스가 운용된 후 문제점이 발견되면 별도로 개정의 필요성이 발생하기 때문이다. 성숙도는 KS X ISO/IEC 19770-1과 관련하여 다음의 9개 관리 목표를 중심으로 살펴볼 필요가 있다.

- 소프트웨어자산관리 정책 및 규정 류 정비
- 소프트웨어자산관리 체제의 정비
- 소프트웨어자산관리 역량의 확립
- 보유 라이선스 파악
- 도입 소프트웨어 파악
- 비용 효율성
- 정보보안 요구사항 준수
- 소프트웨어자산관리 운용 관리 프로세스
- 라이프사이클(생명주기) 프로세스 인터페이스

(4) 관리 규정 등의 승인

SAM 체제에서 책정한 관리규정 등은 조직의 공식 문서로서 경영진으로부터 승인을 받을 필요가 있다. 국가 및 공공 단체 등의 경우, 조직 내 정보보안 최고 책임자 또는 관련 본부장의 승인을 받을 필요가 있고, 일반 기업체의 경우에는 이사회에서의 승인을 추천한다. SAM 계획 수립 시 이에 따른 승인도 동시에 받는 것이 바람직하며, 승인을 위해 SAM 전문가를 통해 경영진에 대한 SAM 도입 필요성에 대한 이해를 도모하는 자리(강연 또는 교육 등)도 필요하다고 할 것이다.

(5) 관리규정 등의 주지

관리 규정 등의 문서가 정비되어 있다 하더라도 각 부서 조직원에게 주지되어 있지 않거나 운영되고 있지 않다면, 대외적으로 제대로 정비되어 있다고 설명할 수 없다. 내부 문서(공람, 회람 등)를 통하여 조직에 관련 규정 류를 주지시켜야 함은 물론, 필요하다면 이메일 등에 첨부파일로 공지하여 직원 누구든지 접근할 수 있도록 하고, 교육 및 내부 감사 등을 통하여 폭넓게 주지시킬 필요가 있다. 이러한 관리 규정에 대한 주지 절차는 궁극적으로 성공적인 SAM 시스템 도입과 운용에 있어서 필수 조건이 될 것이다.

---

**TIP**

"이론적으로, 저작권법 상에서의 모든 라이선스는 성스러운 것이며 동등한 가치로 취급되어야 한다. 나는 당신이 SAM에 대해 무한한 자금을 보유하지 않고 있으며, 제한적인 자원을 가지고 있다고 짐작하고 있다. 그래서 우리는 이것에 대해서 약간은 실용주의적이어야 하는바, 우선순위를 나열해야 한다. 당신의 업무는 당신의 사용자(고객)에게 가장 낮은 비용과 위험으로 최상의 IT 환경을 제공하는 것이다. 우수한 IT 보안 전문가는 당신에게 당신의 업무가 위험을 완화하는 것이지 위험을 제거하는 것이 아니라고 말 할 것이다. 또한 당신의 재산은 항상 일정한 유동적 흐름의 상태에 있을 것이다. 전반적으로 골대는 항상 움직일 수 있을 것이라고 가정하자. 때때로 당신은 SAM이 결코 끝날 것 같지 않다고 말할 수 있겠지만, 언젠가는 안정기에 접어 들어 관리를 용이하게 할 것이라는 것을 믿도록 하자. 조직에서 각 소프트웨어 마다 준수를 입증한다는 것은 실망만을 안겨 줄 수 있다. 위에서 언급했듯이 모든 소프트웨어 발행자는 동등하게 취급되어야 하는 것이 타당하지만, 우리는 무한한 SAM 자원과 예산을 가지고 있는 이상적인 세상에서 살고 있지 않다. 대형 업체를 선별하고 준수를 제공하는 것은 SAM 실행에 동기를 부여할 수 있도록 하며, 더 작은 벤더를 다루는데 있어서도 더 많은 투자를 정당화할 수 있도록 한다. 상위 벤더를 관리하는데 발생한 모든 프로세스의 향상, 통제 및 혜택은 본질적으로 다른 모든 벤더에게 긍정적인 혜택을 미치게 할 것이다."

— Published by Martin Thompson on Jan, 19th 2012

## VI. SAM 운용

**1. 개요**

이 장에서는 SAM 구축 후 실제로 SAM을 운용함에 있어 반드시 알아야 할 포인트에 대해 설명하기로 한다. SAM의 운영 단계에는 첫째 "SAM 계획 수립", 둘째 "SAM 계획에 따른 교육·재고조사·감사", 셋째 "SAM 계획 검토"의 3가지 단계로 크게 구성된다.

**2. SAM 계획의 책정**

SAM의 관리 상태를 목표로 설정한 수준으로 향상시키기 위해서는 "계획 Plan – 실행 Do – 평가 Check – 개선 Act"의 절차를 밟아야 한다. PDCA 사이클을 활용하여 지속적으로 개선해 나갈 필요가 있다. KS X ISO/IEC 19770-1에서는 이 "계획 Plan"을 "SAM 계획"이라 부르며, 적어도 년 1회 갱신을 요구하고 있으며, 다음의 사항을 포함시켜 계획을 책정하도록 요구하고 있다.

1. 어떤 소프트웨어가 포함되어 있는지를 기술한 선언서
2. 대상자산의 단계별 방침(정책) 프로세스 명세서
3. SAM의 관리, 감사, 개선을 위한 설명서
4. SAM 관리 목표 달성, 문제 및 위험식별, 평가 및 사후 관리 설명서
5. SAM에 대한 정기적인 활동의 계획과 책임
6. SAM 계획의 도입에 요구되는 예산을 포함한 자원의 특정
7. SAM 계획의 성취도를 추적 조사하는 성과지표

이상의 7가지를 토대로 최소한 실무적으로 교육[243]과 재고조사 그리고 감사계획 이상 3가지가 SAM 계획에 포함되어 있을 필요가 있다.

**3. 교육**

(1) 개요

소프트웨어 불법 사용에 대해서는 이용자에게 준수 교육을 실시함으로써 억제효과를 기대할 수 있다. 또한 이용자뿐만 아니라 SAM 절차를 수행하는 자에 대하여 절차를 준수하도록 지속적으로 교육을 실시해야 한다. 이를 소홀히 하면 SAM의

---

[243] SAM 책임자, 교육 실시자, 대상자, 교육내용, 실시일 또는 실시기간 등을 수립한다.

운용은 서서히 느슨해지기 시작할 것이다. KS X ISO/IEC 19770-1에서는 SAM 전반 및 라이선스 조건에 대한 교육훈련을 SAM의 책임을 받는 담당자에게 할 것을 요청하고 있다. 또한 KS X ISO/IEC 19770-1는 모든 직원에게 적어도 일년에 1회 SAM 정책 및 절차를 전달하는 것을 요구하고 있기 때문에 1년에 한번은 어떤 방법으로든 전 직원에게 교육을 실시하는 것이 바람직하다. 관리자뿐만 아니라 직원들도 SAM의 책임의 일부를 담당하고 있다면 그 직원에 대해여도 교육을 실시해야 할 것이다.

〈표 6-11〉 소프트웨어자산 관리 정책의 권장기재 항목

| 추천기재항목 | 보충설명 및 관련 규격 항목 |
|---|---|
| 1. 선언 | 본 관리 정책이 이사회 또는 이와 동등한 기관으로부터 승인된 소프트웨어 및 관련 자산의 선언서이다(4.2.2.2a, 4.2.2.2b). |
| 2. 적용범위 | (1) 본 관리 정책이 적용되는 조직 및 자산의 범위<br>(2) 본 적용범위가 정기적으로 매년 이사회 또는 이에 상응하는 기관에 의해 검토되어야 한다(4.2.2.2c). |
| 3. 위험 관리 | 소프트웨어 및 관련 자산을 관리하는 직원이 유의해야 할 위험에 대해 규정한다(4.2.2.2d). (예: 개인의 프라이버시 준수 등의 규정을 지키지 않을 위험) |
| 4. SW자산관리자의 역할과 책임 | (1) SAM 관리 책임자의 역할과 책임<br>(2) 부문 SAM 관리 책임자의 역할과 책임(4.2.3) |

출처: SAM 설명서-도입을 위한 기초-, JIPDEC발행, 2012.2

〈표 6-12〉 소프트웨어자산 관리 규정의 권장기재 항목

| 추천항목 | 보충 설명 및 관련 규격 항목 |
|---|---|
| 1. 문서규정 | (1) 문서가 해당 조직의 문서 관리 규정에 의한 발행<br>(2) KS X ISO/IEC 19770-1에서 규정된 SAM 관리 프로세스와 해당 조직의 SAM 업무와 관련(4.2.4.2a, 4.2.4.2b) |
| 2. SAM 지침 | 관리 정책에 대한 개인 및 기업의 책임(4.2.4.2c)<br>(예: 회사가 제공하는 소프트웨어 및 관련 자산을 사적으로 이용하는 것을 제한하는 등) |
| 3. 요원 교육 | (1) 새로운 요원은 처음 업무를 시작 할 때 그리고 기존의 요원은 최소 년 1회, SAM 관리 책임자가 제공하는 교육을 수강한다.<br>(2) 관리 정책 및 관리 규정은 요원이 항상 볼 수 있도록 공개한다(4.2.4.2d). |
| 4. 부문 SAM 관리 책임자에 대한 교육 | SAM의 책임 담당자는 아래와 같은 교육 훈련을 최소 년 1회 수강하고 또한 그 수강 증명서를 받아야 한다(4.2.5).<br>(1) SAM 및 이와 관련되는 라이선스에 대한 초보적인 교육 훈련과 연 1회의 공식적인 평생 교육을 모두 수강해야 한다.<br>(2) 사용 조건의 준수를 촉진하기 위해 소프트웨어 제조 업체에서 제품 라이선스에 대한 업데이트 정보를 최소 년 1회 확인해야 한다. |

출처: SAM 설명서-도입을 위한 기초-, JIPDEC발행, 2012.2

<표 6-13> 소프트웨어자산 관리 지침의 권장기재 항목

| 추천항목 | 보충 설명 및 관련 규격 항목 |
|---|---|
| 1. SAM의 관리목적 | 해당 조직의 SAM 관리 목적을 정의하고, 년 1회 검토해야 한다(4.3.2.2a).<br>• 조직의 소프트웨어 불법 복제의 금지<br>• 조직의 소프트웨어 구입 비용 절감<br>• 조직의 소프트웨어 관리 비용 절감 등 |
| 2. 년도 별 SAM 도입 계획 | 도입계획이 매년 이사회 또는 이와 동등한 기관으로부터 승인을 받아야 한다(4.3.2.2b, 4.3.2.2c).<br>(1) 해당 소프트웨어 및 관련 자산의 범위 관리 항목<br>① 해당 소프트웨어 및 관련 자산<br>② 해당 소프트웨어 및 관련 자산의 설명<br>③ 소프트웨어 공급업체 명 및 구매 형태 등을 명확히 한다.<br>• SAM 도입 계획의 실행에 필요한 자원 확보<br>  SAM 도입 계획을 바탕으로 연간 계획을 보장하기 위한 필요한<br>  리소스(인력, 예산, 도구)를 확보 할 것.<br>• 부문 SAM 관리자에 의한 자기 감사의 실시 및 이사회에 정기적 보고,<br>  SAM 관리 책임자는 구매 관리자의 보고 내용을 검토하여 부문 SAM<br>  관리자에게 소관 부서의 도입 상황을 감사하게 하고 해당 감사 결과를 분석<br>  및 집계하여 이사회 또는 이에 상응하는 기관에 분기 1회 보고해야 한다.<br>(2) SAM 관리 체제<br>SAM 관리 체제를 명확히 한다.<br>(예) SAM 관리 책임자, 부문(부서) SAM 관리자 등 |
| 3. SAM 프로세스 (취득~폐기·반환) | • 취득: 구입 신청 ~ 발주까지의 과정과 부서 책임자 역할 등을 명기한다.<br>• 도입: 검수 ~ 보관 관리 및 지불까지의 과정과 부서 책임자 역할 등을 명기한다.<br>• 전근(이동): IT 자산의 이동(이용자, 설치 장소의 이동)에 대한 프로세스와 담당 부서 책임자 역할 등을 명기한다.<br>• 폐기·반환: IT 자산과 설치 매체의 폐기 처분에 대한 프로세스와 담당 부서 책임자 역할 등을 명기한다. |
| 4. 부칙 | 개정 내역 등을 표시. |
| 5. 기타 | 모든 항목에서 참조할 절차 규정을 명기. |

출처: SAM 설명서-도입을 위한 기초-, JIPDEC발행, 2012.2

(2) 부문 SAM 관리 책임자 및 관리 담당자, 전 직원 교육

• 부문 SAM 관리 책임자 및 담당자의 역할과 책임의 명확화와 SAM에 대한 이해의 철저
• 소프트웨어 이용자의 책임과 SAM에 대한 이해의 철저
• 부문 SAM 관리 책임자 및 담당자에 대한 SAM 교육연수 등의 정기적인 실시
• 모든 직원에게 저작권과 SW 이용관련 교육 등의 정기적인 실시

(3) 경영진 교육

    조직에서 SAM 계획을 수립하고 도입하려는 경우, 일반적으로 SAM 총괄 사무국에서 고위 경영진에 제안하는 형태가 되기 때문에 경영진에 SAM의 필요성을 이해시키는 것이 무엇보다 중요하다. 경영진이 SAM의 필요성에 대한 이해가 없으면, SAM을 도입

하기 위한 계획을 수립하기도 어려울 뿐만 아니라 사전 작업으로서 부문 SAM 관리자에 대한 충분한 교육시간도 확보하지 못하게 된다. 또한 경영진은 SAM은 일선 현장에 있는 담당자들이 알아서 제대로 할 것이며, 해야 한다라는 생각이 만연할 것이다. 결국 SAM은 조직 구성원 전체의 이해와 실행을 통해서 목표 달성을 이룰 수 있는 것이다. 다음에서는 고위 경영진의 이해를 도모하는데 현실적인 방법들을 설명하기로 한다.

- 외부 SAM 전문강사(예컨대, SAM관련 WG 멤버 또는 표준화 연구 책임자 등)를 초빙하여 SAM의 필요성을 설명해 달라고 한다.
- SAM 성숙도 평가를 실시하여 객관적으로 조직의 수준을 경영진에 알려준다.
- 기존 SAM 도입 및 적정한 운영 조직을 모범사례로 소개하여 SAM의 실행을 통한 장 단점을 일깨워 준다.

(4) 일본 지방공공단체 사례

- 전 직원
  매년 SAM 위원회에서 교육을 실시하고 있는바, SAM 위원회가 부문 SAM 책임자에게 그리고 부문 SAM 책임자가 해당 직원에게 순차적으로 실시한다.
- 신규직원 (채용직원, 전근발령 직원 등)
  SAM 총괄 사무국(예) 정보화 팀)에서 별도의 연수 및 커리큘럼을 수립하여 정보 보안 교육과 SAM 교육을 실시한다.
- 교육 실시 및 대장 관리자 (감사인)
  정보화 팀 직원 또는 필요한 경우 회계 팀 직원들이 협동하여 내부 감사인이 되어 감사를 실시한다. 매년 반복 교육을 실시함에도 불구하고도 직원의 능력과 전달의 미비 등으로 인해 SAM의 이해에 차이가 나타나고 있다. 지금까지 SAM을 운용하지 않았던 조직에서 SAM을 시작하여 라이선스를 준수 하는 문화를 정착 시키려면 다소 시간이 걸릴 것으로 보인다.

## 4. 재고조사

(1) 개요

재고조사의 목적은 IT 자산의 실물 상황을 확인하고, 관리대장의 기록과의 일치 여부와 차이 분석을 통해 관리 상황의 적정성을 확인하는 것이다.

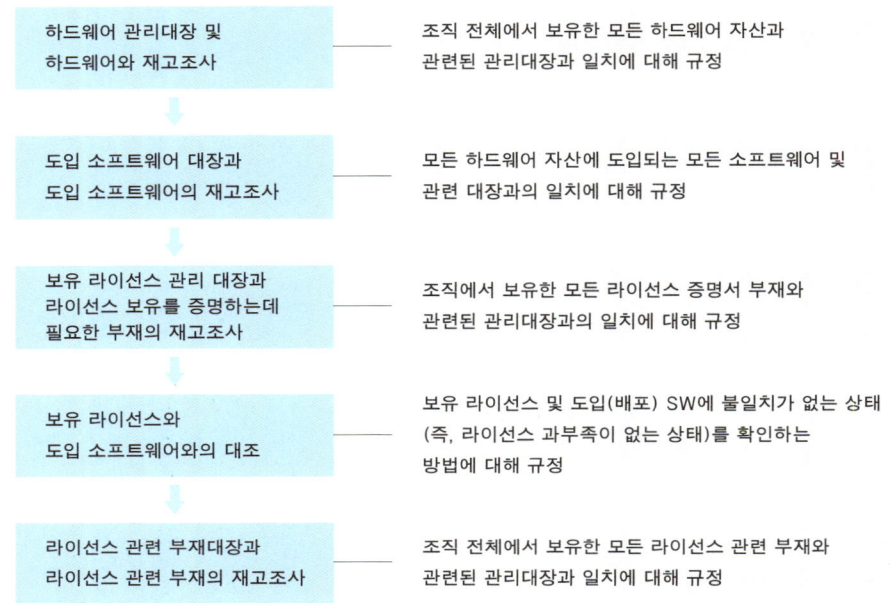

〈그림 6-6〉 관리 지침의 재고조사 책정절차

출처: SAM 설명서-도입을 위한 기초-, JIPDEC발행, 2012.2

(2) 재고조사 간격

KS X ISO/IEC 19770-1은 다음 간격으로 재고조사를 실시할 것을 요청하고 있다.

- 1회 이상 / 3개월
  - 가. 설치된 소프트웨어와 설치 신청 절차 등 추적 조회[244]
  - 나. 보유 라이선스와 사용 라이선스 확인과 조정[245]

- 1회 이상 / 6개월
  - 가. 하드웨어 자산의 소재 확인[246]
  - 나. 소프트웨어가 기록된 매체의 소재 확인[247]

- 1회 이상 / 년
  - 가. 소프트웨어 라이선스 증서 및 관련 부자재 소재 확인[248]
  - 나. 보유 라이선스 수량 확인[249]

## 5. 감사

(1) 개요

SAM을 시정하고 지속적으로 개선하기 위해서는 SAM을 정기적으로 모니터링하는 것이 필수적이다. SAM이 설계된 대로 제대로 운용되고 있는지, 또한 설계된 SAM 자체에 결함이 없는지 확인하고 SAM을 시정하고 개선시키기 위한 계획을 수립하는 것이 SAM의 모니터링 역할이다. 모니터링 방법의 하나로 감사를 들 수 있다. 국가 및 공공단체 등에서 많이 볼 수 있는 분산관리 체제 아래에서는 재고조사는 각 소속에서 자체적으로 하고 사무국은 그 결과를 보고받는 형식이 일반적일 것이다. 따라서 각 소속에서 관리뿐만 아니라 재고조사까지도 허술하게 이루어 진다면 SAM 총괄 사무국이 정확한 관리실태를 파악할 수 없게 된다. 따라서 조직에서 관리가 제대로 이루어지고 있는지를 확인하는 수단으로 감사는 대단히 중요하다고 할 것이다.

(2) 감사의 분류

- 정비상황의 감사
  정비상황의 감사는 SAM의 기능설계 및 운용설계가 제대로 이루어지고 있는지, 운영체제 및 운영절차가 제대로 설정되어 있는지를 확인하는 것이며, 감사기준으로 KS X ISO/IEC 19770-1이 적용된다. 그러나 국가 및 공공단체 등에서는 조직내부에서 이를 확인할 수 있는 부서는 SAM 총괄 사무국 이외에는 존재하지 않기 때문에, 컨설팅 업체 등에 위탁하여 별도로 성숙도 평가를 받는 것도 하나의 방법이다.

- 운용상황의 감사
  운용상황의 감사는 정비된 관리구조에 따라 적절하게 운용되고 있는지 확인하는 것이다. 신청 및 승인 프로세스의 추적, 공청회에 의한 운영절차의 이해 등이 포함된다. 운용 상황에 대한 감사도 SAM 총괄 사무국 직원 이외에서 실시하는 것이 바람직하다. 그러나 국가 및 공공단체 등은 사무국 직원 이외에서 이 작업을 수행하게 되면 보안상 어려운 경우도 있을 것이다. 그 경우 사무국 소속 직원이라도, SAM 운용 담당자 이외의 파트에서 감사를 하는 것이 바람직하다. 감사부서가 많은 경우에는 소속들이 서로 감사하는 "크로스 감사"에 의해 감사를 실시하는 것이 바람직하다.

---

244  SAM 시스템의 기능(수집된 IT자산정보와 관리대장과의 연계기능)으로 제공된다.
245  상동
246  실물 하드웨어와 하드웨어 대장의 비교를 통해 실시 및 확인할 수 있다.
247  라이선스 관련 부재 대장과 실물 라이선스 관련 부재(CD, DVD, 증서 등)의 비교에 따라 실시 및 확인할 수 있다.
248  상동
249  라이선스 대장과 실물 라이선스 관련 부재의 비교를 통해 실시 및 확인할 수 있다.

- 가. 교육 시 고려사항

    ① 직원이 관리규정 등의 존재를 파악하고 있는 지

    ② 직원이 관리규정 등의 최신 버전을 확인하는 방법을 파악하고 있는 지

    ③ 사전 설치조건, 패키지 조건, 볼륨 라이선스 조건 등 주요 라이선스 조건의 의미를 이해하고 있는 지

- 나. 재고조사 시 고려사항

    ① 하드웨어 대장에 해당하는 하드웨어 현물 확인(샘플링 실시)

    ② 라이선스 대장에 기재되어 있는 사항과 라이선스 관련 부재의 현물 확인(샘플링 실시)

    ③ 라이선스 관련 부재 대장에 해당하는 라이선스 관련 부재의 현물 확인(샘플링 실시)

    ④ 하드웨어 대장, 라이선스 대장, 라이선스 관련 부재 대장에 게재되지 않은 IT 자산이 방치되지는 않았는지

### 6. SAM 계획의 검토

(1) 개요

SAM의 PDCA 사이클에서 SAM 계획(Plan)에서 책정된 사항이 달성되었는지 평가(Check)하는 것이 리뷰이며, 향후 운영 개선으로 연결되는 중요한 과정이다. KS X ISO/IEC 19770-1은 SAM 계획의 진척보고를 적어도 분기에 1회, SAM 계획이 달성되었는지 평가는 적어도 년 1회 실시할 것을 요구하고 있다.

(2) 포인트

국가 및 공공단체 등의 경우, 제반 환경 등으로 말미암아 첫해부터 목표를 달성하는 것을 최대의 과제로 하려고 하겠지만, 실상은 그러한 목표 달성이 단기간 내 이루어 지는 것을 상정하는 것은 무리라고 생각되는바, 겉으로만 목표를 달성한 것으로 하면 잠재적인 위험을 안고 있는 것이 되므로 SAM을 실시하기 이전과 달라진 상황은 아무것도 없게 된다는 것을 잊어서는 안 된다. 이미 SAM을 실시하고 있는 조직을 예로 보면, 이전까지 SAM을 실시하고 있지 않은 조직이 SAM을 시작하여 교육을 통해 직원의 의식이 변하고 재고조사 및 감사가 궤도에 오를 때까지 적어도 2~3년은 걸리는 것으로 나타나고 있다. 목표를 달성하지 못한 경우, 반성할 점은 반성하고 이듬해 SAM 계획을 다시 세워 꾸준히 SAM 프로세스를 진행하는 것이 중요하다.

## VII. 조달사양 예시

SAM을 실현하기 위한 시스템을 조달하기 위해서는 조직의 요구사항을 빠짐없이 조달사양에 포함시키는 것이 SAM을 성공시키기 위한 중요한 열쇠가 된다. 이 장에서는 "SAM 시스템의 포인트"에 따라 SAM 시스템 조달사양으로 명심해 두어야 할 포인트와 최소한 필요하다고 생각되는 사항 및 기재 예를 보여주려고 한다.

**1. 작성 개요**

(1) 목적

자신이 속한 조직의 SAM에 대한 인식 및 노력 등을 기재한 후, 어떤 목적과 인식 하에서 SAM을 조달하고 싶은지를 기재한다.

**작성 예**

KS X ISO/IEC 19770-1 소프트웨어자산관리 프로세스라는 국가 표준화 활동으로 말미암아, 최근 소프트웨어자산에 대한 라이선스의 부정이용 방지와 정보보안 강화 등의 측면에서 국가 규격 등에 따라 관리할 것을 요구하고 있다. 본 조직에서도 이미 IT 자산과 관련하여 모든 조직에 대한 관리체제 및 운영규칙을 정하여 이를 실시해 오고 있으나, SAM 실현을 위한 별도 체제 구축이 미약할 뿐만 아니라 이에 해당하는 시스템도 없는 상황이다. SAM 시스템의 조달을 통하여 설명 가능한 높은 준수의무를 실현하고, IT 통제기반 강화와 IT 비용 최적화 및 정보보안 향상에 기여하는 것을 목적으로 소프트웨어 자산관리 시스템을 조달할 필요가 있다.

(2) 목표와 기대효과

목적과 위험평가의 결과를 감안하여 목표와 기대효과를 설정한다. 자산의 사용 상황의 중앙 집중식 일원화 관리, 유휴 자산의 검출 등 질적 목표와 성숙도 달성 수준 관리 등 양적 목표를 들어 그 효과를 명확히 한다.

(3) 시스템 구축에 대해

- 전체 구성도
여기에서는 SAM 시스템에 연결하는 서버 및 PC 등 하드웨어에 필요한 네트워크를 포함하여 개요를 보여주는 그림을 게재한다. 도입된 인벤토리 도구와 연동시키려면 인벤토리 도구의 시스템 구성도를 함께 기재하면 이해에 도움이 될 것이다.

- 구축방법

  시스템의 가동 플랫폼 요구 사항, 품질관리 방법, 실시 진행 방식(프로세스) 등을 기재하여 조직원들의 이해를 도모한다.

- 기존 시스템과의 연계

  기존 시스템과의 데이터를 연결하는 경우, 데이터의 동일성 확보를 위해 데이터 항목을 일치 시킬 수 있도록 기재해야 한다.

- 구축기간 및 비용의 최소화

  본 시스템의 구축을 통해 조직에서 요구하는 기능이 제공됨을 설명하고, 가능한 한 구축 기간 및 비용을 최소화할 수 있는 방식을 채택하도록 한다. 다만, 터무니 없게 기간을 짧게 또는 비용을 낮게 책정하면 추후 기한 등에 쫓겨 제대로 된 시스템을 구축할 수 없게 되므로 주의해야 한다.

- 구축 종사자의 자격

  본 시스템의 구축에 종사하는 자는 소프트웨어자산관리 업무에 필요한 지식과 경험이 있고, 이 시스템의 구축 및 운용에 적절한 기여를 할 수 있는 전문가 이어야 한다. 예컨대, 일본에서는 소프트웨어자산관리평가인증협회(SAMAC)가 정하는 소프트웨어자산관리 기준 및 소프트웨어자산관리평가 기준에 관한 지식이 있어야 한다거나, 또한 소프트웨어자산관리 기준 및 소프트웨어자산관리 평가표준에 대한 지식을 객관적으로 판단할 수 있는 자료(예: ISO/IEC 19770-1이나 SAMAC 관리기준 및 평가 기준에 따라 소프트웨어자산관리 업무 또는 소프트웨어자산관리 시스템을 도입한 실적이 있는 소프트웨어 자산 관리 관련 각종 단체의 회원이며 적극적으로 활동하고 있거나, SAMAC의 공인 SAM 컨설팅 사업자〈CSCC〉 및 공인 SAM 컨설턴트〈CSC〉의 인증을 받고 있는 등)를 제시하는 방법 등을 통해 구축 종사자의 자격을 지정하고 있는 것으로 보인다.

(4) 업무내용 및 공급물품

- 업무내용

  이 시스템의 도입을 통해 예상되는 업무(프로젝트 관리, 설계, 구축, 운영전환, 교육 등)를 망라하고 열거하여 기록한다. 예컨대, 시스템 납품 완료까지의 업무 내용과 프로세스가 어떠한지 기록하여 주지시킬 필요가 있다.

- 공급물품

  도입이 예상되는 시스템의 납품물(시스템 또는 본체, DVD, 매뉴얼 등)을 망라하여 열거하여 기록한다. 또한 일정이 확정되는 경우에는 납입 기일도 명기한다.

(5) 일정개요

일정 구분을 타임 스케쥴 형식의 표로 작성하여 한눈에 직관적으로 볼 수 있도록 한다. 시스템 도입과 병행하여 대상 자산을 파악할 경우, 대상 자산의 파악 일정표도 게재하고 있는 것이 바람직하다.

**2. 기능 요구사항**

(1) IT 자산 정보의 수집 기능

"SAM 시스템의 포인트" 중 "IT 자산정보 수집 기능의 포인트"를 참고하여 필요한 기능 개요를 정리하여 나열한다. 주요 항목의 예로는 다음과 같다.

- 수집방법에 대한 요구사항(자동수집, 수동수집)
- 수집 가능한 OS 요구사항
- 수집정보 요구사항
- 수집빈도에 대한 요구사항
- IT 자산 정보의 표시에 관한 사항
- 계량에 관한 요구사항

(2) 관리 대장 기능

"SAM 시스템의 포인트" 중 "관리 대장 기능의 포인트"를 참고하여 요청하는 기능 개요를 정리하여 나열한다. 주요 항목의 예로는 다음과 같다.

- 관리에 필요한 대장 요건
- 관리대장의 관리항목에 대한 요구사항
- 소프트웨어 또는 라이선스의 목록에 대한 요구사항
- 소프트웨어 사전 요구사항
- 표준 및 개별 도입 소프트웨어(라이선스) 요구사항
- 분산관리 요구사항
- 화면의 시인성 요구사항
- 사용자 요구사항
- 검색 및 정렬 요구사항
- 전근(이동) 관리 요구사항
- 워크 플로우 요구사항
- 가져오기 및 내보내기 요구사항 등

(3) 수집한 IT 자산정보 관리 대장과의 연계 기능

"SAM 시스템의 포인트"중 "수집한 IT 자산 정보 관리 대장과의 연계 기능에 있어서 포인트"를 참고하여 필요한 기능 개요를 정리하여 나열한다. 주요 항목의 예로는 다음과 같다.

- IT 자산 정보 관리 대장의 비교 및 경고 메시지 전송 요구 사항
- 경고 메시지 전달의 온·오프 전환 요구사항 등

**3. 비기능적 요구사항**

(1) 시스템 하드웨어 요구사항

(2) 규모 요구사항

- 관리 하드웨어
  관리대상 하드웨어(PC, 매킨토시, PDA, 모바일 등)의 OS와 그 개수는 IT자산정보의 수집기능을 실현하는 목록 수집 툴에 필요한 라이선스 수(CAL를 포함)를 계산 하는데 필요하기 때문에 누락이 있지는 않는지 확인 후 기재한다.

- 이용자 수
  이용자 수는 SAM 시스템에 필요한 라이선스 수(CAL 포함)의 정확한 산출을 위해 필요하므로 누락이 없는지 확인한 후 기재한다.

(3) 성능 요구사항

기존 시스템의 요구 조건이 있으면 거기에 맞춘다. 기존 시스템과 데이터 가져오기 또는 내보내기를 할 경우, 예컨대 야간 일괄 처리에 허용된 시간과 예상되는 결과를 포함하는 것이 바람직하다.

(4) 정보보안 요구사항

- 권한 설정
  분산관리 체제를 채택하는 경우 각 부서에서의 분산관리와 총괄 부서에서의 전체(중앙집중식) 관리가 실현 가능하도록 권한 설정을 기재한다.

- 정보보안 대책
  시행중인 정보보안 정책이 있으면 그것을 준수할 것임을 명시한다. 구축 후에 발견된 보안패치나 바이러스 대책 등에 대해서 특별히 기록해 두고 싶은 경우는 요구사항을 열거한다.

(5) 확장성 등 요구사항

- 확장성 요구사항
"SAM 시스템의 포인트" 중 "IT 자산 정보 수집 기능의 포인트" 및 "관리 대장 기능의 포인트"를 참고하여 향후 예상되는 하드웨어 및 이용자 수의 증대에 대응할 수 있도록 기재한다. 특히, IT 자산 정보의 수집 기능을 구현하는 인벤토리 수집 도구는 관리 대수가 늘어 나게 되면 필요한 라이선스 수(CAL 포함)도 증가하기 때문에 추가 비용에 유의해야 한다.
- 호환성 요구사항

(6) 운용요구사항
- 시스템 가동과 모니터링 등 요구사항
- 데이터 관리요구사항
- 운영시설 설비 요구사항

(7) 유지보수 요구사항
- 유지보수 체계
- 소프트웨어 유지 보수
- 하드웨어 유지 보수

(8) 시스템 운영환경
- 하드웨어 구성
- 소프트웨어 구성
- 네트워크 구성
- 테스트 요구사항

(9) 교육

(10) 시스템 구축시의 작업 체제 및 방법
- 체제 및 역할
  - 가. 체제
  - 나. 담당자
- 관리방법
- 도입 및 인도(전달)관련 요구사항

(11) 서비스 수준

이상으로 SAM을 구현하기 위한 조직의 요구사항들을 중심으로 조달사양을 기재하였으며, 조직에 따라 추가하거나 삭제해도 무방하다. 결론적으로 SAM 시스템을 도입하여 실제적으로 구현하기까지는 여러 절차가 필요하며, 사후 관리 및 교육, 재고조사, 감사 등을 통하여 지속적이 개선을 도모해야 할 것이다.

# VIII. 일본 공공단체의 SAM 구축 사례[250]

## 1. K시 사례

(1) 소프트웨어 자산관리의 목적

소프트웨어 자산 관리는 적절한 소프트웨어가 적절한 라이선스 하에 이용되고 있는지 파악하고, 이것의 실현을 위해서는 ①하드웨어, 설치(도입) 소프트웨어, 라이선스 수를 파악하고, ②3가지 대장이라고 불리는 것(하드웨어 대장, 설치 소프트웨어 대장, 라이선스 대장)을 정비해 두며, ③이를 업데이트 하고, ④정기적으로 재고 조사를 실시하여 차이가 상시적으로 해소되도록 하며, 그것을 기록하여 대외적으로 입증할 수 있는 상태로 한다. 이상의 4개 항목을 실시해 나가지 않으면 안 된다.

(2) 도입과정

- K시 소프트웨어자산관리의 현재 (PC 통합관리 실시)

  K시에서는 현재 PC 통합관리를 위해 컴퓨터 관련 컴플라이언스 대책(개인정보보호법, 저작권법)과 정보보안 대책 비용의 적정화에 노력하고 있다. 이것이 바로 IT 서비스 관리라는 것이다. 구체적으로는 컴퓨터 관련 서비스 제공, 구성관리, 변경관리, 서비스 데스크를 설치하여 사고 대응 등을 하는 것을 말한다. 또한 PC 통합 관리를 위해 2005년도부터 "전자 시청의 추진"을 목표로 직원 인증 기반 시스템 개발(도입: 2008년 2월) 및 PC 환경 정비에서 시작해 컴퓨터의 파악 및 네트워크 강화에 임했다. 이전 OS 컴퓨터의 교체나 메모리 증설 등에도 적극적으로 임했다. 취약한 네트워크 신설을 비롯해 IP 주소 단순화와 고속화에 임했다. 따라서 하드웨어, 소프트웨어, 네트워크의 통합관리에 주력하고 있다. 통합관리 소프트웨어의 도입이 어느 정도 진행되어 소프트웨어 관리를 해 나갈 단계가 되었다.

- 도입절차

  우선 소프트웨어자산관리를 통해 무엇을 하고 싶은지, 어떻게 추진해 나아갈 것인지를 명시하는 계획을 수립했다. 변경관리의 도달을 위해 WBS(working breakdown structure: 작업분류체계)[251]에 의해 작업을 세분화하고 시간과 항목의 관계를 검토하였다. 계획의 진행 방식으로는 크게는 ①하드웨어, 설치 소프트웨어, 라이선스의 취급 검토, 그리고 3개의 대장 항목 검토, ②대장의 파악(PC 통합 관리 프로그램, 검색 프로그램, 수작업), ③변경 관리 프로세스 구축(흐름, 양식, 양식에 대해서는 대장에 미리 넣을 수 있는 것은 미리 표시하여 다른 신청과의 관계를 알

---

[250] SAM 사용자 설명서 개요, JIPDEC, 2010.6
[251] 작업분류체계를 구성하는 각 요소를 설명하는 문서로서 범위 또는 기술서, 정의된 인도물에 대한 간략한 정의, 연관된 활동 목록, 마일스톤 목록이 WBS 사전에 포함된다. 그 밖에 담당 조직, 개시일과 종료일, 필요한 자원, 산정원가, 담당자 번호, 연락처 정보, 품질 요구사항, 성과를 개선하는 데 유용한 기술 참조 정보 등도 제공한다.

수 있게 함), ④시스템 개발, ⑤직원 설명회, ⑥신청제도 개시, ⑦표준 사용자화에 의한 기계적인 설치 제한과 추진방안을 계획했다. 구축 과정과 운영 단계 전반에 걸쳐 각 부서의 협력이 필수적이다. 취합 단계부터 실제로 조사를 해달라고 하는 곳에서 시작해 당초 "라이선스관리 및 소프트웨어 이용 관리대장"의 정비, 부재 관리 등까지 대장을 몇 번이나 확인해 주어야만 했다. 우리는 그러한 과정을 거쳐 결실을 거둘 수 있게 되었다. 또한 시스템 구축에 병행하여 규정 마련에 임했으며, 이 규정이 소프트웨어 자산 관리의 근거가 되고 있다.

- 소프트웨어자산관리의 구체적인 구조

― 가. 신청제도 및 대장 작성과 갱신

변경관리의 구조와 정보시스템을 동시에 구축했지만, 컴퓨터와 소프트웨어의 조달에서 도입과 변경 또는 폐기와 같은 라이프 사이클 전체에 변경이 있으면 신청을 받아 그 내용을 시스템에 의해 파악하고 관리대장의 작성 및 갱신을 실시해 가기로 했다.

― 나. 구입형태별 관리

구입 형태에 따라 패키지 소프트웨어, 사전 인스톨 소프트웨어, 볼륨 라이선스로 대별하고 각각에 맞는 관리를 고려 하였다.

― 다. 관리대상 별 소프트웨어 분류

관리대상을 이용 허가 소프트웨어와 준 이용 허가 소프트웨어로 구분했다. 이용 허가 소프트웨어는 정보화 추진 부서가 사용 조건을 확인하고, PC 통합 관리 시스템의 정상 동작 확인을 한 소프트웨어 이다. 준 이용 허가 소프트웨어는 정보화 추진 부서에서는 사용허락 조건과 함께 시스템에서 정상 동작 확인은 하지 않지만, 각 소속의 장이 필요하다고 판단하여 정보화 추진 부서가 승인한 소프트웨어 이다.

― 라. 소프트웨어 사전 활용

인벤토리의 표시 명에 대한 별칭으로 불리는 소프트웨어 이름, 버전, 에디션, 종별(제품, 프리웨어, HOTFIX, 애드웨어)에 태그를 붙인 것이다. 소프트웨어 사전을 활용하는 의미는 ①대조 및 연결 작업을 통해 라이선스 사용량을 측정하는 방법에 직결되고[252], ②동일한 것은 동일하게 취급[253]할 수 있도록 지원하는 것이다. 이러한 기능을 가진 소프트웨어 사전을 활용함으로써 즉각적인 관리 실현을 이룰 수 있었다.

― 마. 상태 구분 표시

관리 시스템에서는 하드웨어, 소프트웨어에 "상태 구분"을 마련해 신청 단계에 따라 전환시키도록 했다. 특히 설치 과정에 대해서는 설치 신청이 나온 단계에서 PC 관리 번호 및 설치되는 소프트웨어 관리 번호를 가령, 연결 상태 구분은 "설치(계획)"로 하고, 이 단계에서 라이선스 소비 예정수를 늘리는 작업을 하고 있다. 그 후 인벤토리 데이터를 수집하고 설치 대장에서 출력함에 있어 사전을 통한 소프트웨어 이름, 버전, 에디션 및 라이선스 대장의 라이선스 이름, 버전, 에디션을 비교하여 일치시킬 때 비로소 그것들의 이력을 확정 내지 연결시키는 동시에 상태 구분은 "설치(완료)"라고 평가하게 된다.

── 바. 관리번호 취급

관리 번호를 취급함에 있어 하드웨어 또는 소프트웨어 관리 번호는 네트워크 상에서 획득할 수 있는 것이 아니기 때문에, 그것을 고유키의 자격으로 현물과의 동일성을 확보하고 관리 시스템에서 사용하려면 노력이 필요하다. 가능하면 관리 번호를 컴퓨터 이름으로 하는 것이 좋다. 관리 번호는 변경되지 않는 PC 관리번호 변환 테이블을 마련하여 인벤토리 획득 시 컴퓨터 이름, IP 주소, MAC 주소가 일치할 때만 후속 작업을 실행하도록 하고 있다.

── 사. 매체 관리번호 부여

부재라고 하는 소프트웨어 및 라이선스 구입품의 부속물(CD, DVD, 증서 등)의 관리에 대해서는 각 부서에서 실시하는 것으로 하면서, 그 관리 방법은 각 부서에 통지하여 명시적으로 하였다. 매체에 복제물도 포함해 관리 번호를 부여하여 관리하도록 하고 있다.

── 아. 재고조사

재고조사에서 각 관리 대장의 기재 사항과 하드웨어 및 소프트웨어(부재 포함) 현물과 차이가 있는지에 대해 확인한다. 재고조사 실시 전에 시스템 구축 단계에서 정리해 두어야 할 사항이 몇 가지 있다. 구체적으로는 개별 PC 나 소프트웨어가 놓여져 있는 장소와 누가 그것의 관리자 인가는 별도로 정해 두고 있으므로, 소프트웨어는 라이선스 조건에 따라 다른 단체와 거래(리스)를 하는 경우도 있는데 이것의 확인을 어떻게 하는가 라는 것이다. K시에서는 컴퓨터 관리 대상으로는 청사 내에 있는 것으로 하고 있지만, 재고 조사에서는 시 소유 및 임대 PC를 대상으로 이를 컴퓨터 관리자 단위로 확인하게 했다. 컴퓨터 관리자는 업무를 특정하여 어느 부서에 배치할지를 결정하는 담당자이다. 소프트웨어에 대한 관리 대상은 OS와 "프로그램 추가 제거"에 실리게 하고 있지만, 재고 조사로는 자기 소속으로 관리하는 유상 소프트웨어로 정보화 추진부서가 지정하며 이를 소프트웨어 관리자 단위로 확인하기로 했다. 소프트웨어 관리자는 소프트웨어 부재를 소유하고 어느 PC에 설치할 것인지를 결정하는 책임자이다.

252 클라이언트에 어떤 소프트웨어가 설치되어 있는지는 구축 정보 시스템에서 자동 수집할 수 있지만, 이를 인스톨 대장에서 사용권 대장에 나와 있는 어떠한 라이선스와 자동으로 연결시킬 수는 없다. 그것은 하나 하나의 소프트웨어가 보유한 제품명과 버전 등 라이선스 대장에 있는 정보는 자동으로 수집할 수 없기 때문이다. 기계적으로 취득한 인벤토리 정보에서 소프트웨어 사전에서 변환된 버전의 제품명이 라이선스 대장의 버전의 제품명과 일치하는 경우에만 연결을 한다.

253 소프트웨어 이름도 입력할 때마다 다른 이름으로 입력하고 있었다면 데이터로 취급할 수 없다. 대장에서 관리하는 내용에 대해서는 가능한 한 선택적으로 택하도록 하였으며 특히 소프트웨어 사전의 조달을 통해 소프트웨어 이름을 통일적으로 취급할 수 있게 되었다. 따라서 신청제도의 운용이나 대장 작성 및 갱신이 가능해 졌다.

**2. Y발전기 주식회사**

(1) 도입환경

SAM을 도입하는 Y발전기 주식회사는 북미, 유럽, 아시아로의 수출 비율이 높은 수출형 기업이다. 관계 회사도 해외에 수십 개가 있으며, 생산 및 판매를 실시하여 전역으로 사업을 전개하고 있는 회사이다. 기본적으로는 제조 회사이지만 기초 연구에서부터 설계, 실험, 프로토타입, 생산, 물류, 마케팅, 애프터마켓, 부품 서비스 등 다양한 종류의 다양한 상품을 글로벌 하게 공급하고 있는바, 각각 업무의 기능이 연관되어 수많은 소프트웨어를 사용하여 업무의 효율화 및 정밀도와 생산성 향상을 도모하고 있다. 구체적인 예로 말하면, CAD에 대해서는 오토바이 모양을 설계하기 위한 CAD 소프트웨어와 선외기의 프로펠러 부분을 디자인하는 데 사용하는 또 다른 CAD 소프트웨어를 도입하고 있다. 즉, 각각의 업무 요구사항에 따라 기능이 다른 적합한 제품을 사용하고 관리하도록 하고 있다.

(2) IT 자산관리 서비스 제공 형태 및 지원

IT 자산관리 서비스를 전반적으로 제공(full service 제공)하는 회사와 소프트웨어 사전만 제공하는 회사로 나누어 자산 관리 서비스를 실시하고 있다. 또한 서비스 제공의 체제는 단순히 IT 자산관리 서비스를 제공하는데 머물지 않고, 도입부터 폐기까지의 과정을 전반적으로 지원하고 서비스 별 시너지 효과를 올리는 것으로 사용자 만족도를 높이기 위해 노력하고 있다.

(3) IT 자산관리 서비스 도입의 목적

IT 자산관리 서비스 도입의 목적은 당연히 컴플라이언스를 준수 상태로 유지하는데 있다. 또한 도입의 파생 효과로서 소프트웨어의 표준화에 의한 IT 위험 감소와 소프트웨어 구입비용 절감도 염두해 두었으며, 구매에서 사용 및 폐기에 이르기까지 라이프 사이클 프로세스 관점에서 생각하고 관리하는 방법을 구축했다.

(4) IT 자산관리 서비스 소개

- 서비스 도입 전

  서비스 도입 전 준비 단계란 서비스 내용의 확정에서부터 서비스 내용에 따른 운용 절차의 확립, 컴퓨터 재고조사 및 소프트웨어 재고조사를 실시하는 단계이다. 여기서 반드시 IT 자산을 파악하는 것(컴플라이언스를 준수하고 있는 상태)이 향후 자산관리 운영을 크게 좌우하는 매우 중요한 작업이다.

- 소프트웨어 도입 계획
  사용자에게 권장 소프트웨어를 소개하고, 유상 및 무상을 불문하고 소프트웨어의 도입 여부를 정책(위험, 편익, 비용 등)에 따라 판정하는 단계이다.

- 운용 보수
  라이선스 신규 등록, 소프트웨어 사전의 갱신과 소프트웨어 일괄관리(미디어, 증서) 및 일괄관리 소프트웨어의 반납 등도 실시한다.

- 재고조사
  컴퓨터 및 소프트웨어 재고조사 시 적정한 사용 정보의 확보와 자산의 유효한 이용 여부를 확인한다.

- 폐기
  하드 디스크의 데이터 삭제, 폐기 PC의 라이선스 정보의 이동, 불필요해진 소프트웨어의 폐기 등을 실시하는 단계이다.

(5) SAM 도입의 성공요인

SAM 도입을 성공시키는 요인은 여러 가지를 들 수 있지만 가장 중요한 것은 다음의 3가지 포인트라고 생각한다.

- 도입전의 재고의 현황 파악
- 어떻게 관리해 나아갈지를 결정할 프로세스를 설계(표준화 기준 작성)할 것
- 사전을 최신 상태로 유지할 것

기타 중요한 요소는 많이 있지만, 작업자가 매일 PDCA를 돌려 지속적인 개선을 실시하는 것으로 대응해야 성공이 가능하지 않을까 생각한다.

(6) 표준화

표준화는 당초 다음의 4가지 포인트를 기준으로 했다.

- 라이프사이클 프로세스 구축
  소프트웨어의 도입에서 폐기까지의 라이프 사이클에서 관리하는 방법에 대한 프로세스 및 절차를 명확히 했다. 그 전까지는 소프트웨어 라이선스를 숙지한 사람밖에 대응할 수 없었던 작업을 누구나 지침을 보면 관리 업무를 할 수 있도록 했다.

- IT 자산 도입 비용 절감
  도입 컴퓨터 및 소프트웨어 표준화를 통해 관리자의 조사 및 관리 노력을 절감하고 도입 비용 절감도 실현했다.

- 프로세스의 표준화
  신청 승인 프로세스를 표준화 함으로써 창구에서의 대응 노력의 절감을 실현했다.

- 증서 및 미디어 등 일괄관리
  사용자가 도입한 설치 미디어 및 라이선스 증서를 회수하여 창고에서 일괄관리 함으로써 미디어 및 라이선스 증서의 분실 및 적정한 이용을 담보했다.

그러나 미디어 및 라이선스 증서의 일괄관리에는 위험이 따른다. 예를 들어, 현장에서 사용중인 컴퓨터에 문제가 발생한 경우 복구 미디어가 필요한 경우도 있다. 그러나 사용자의 수중에 미디어가 없으므로 즉시 복구할 수 없는 상황이 발생하며, 경우에 따라서는 업무 중단 및 정지 등으로 대규모 손실이 예상될 수도 있다. 그런 사태를 방지하기 위해 긴급성이 높은 소프트웨어의 경우 예외로 미디어 및 라이선스 증서는 사용자가 보관하는 것도 가능하며, 감사 시에는 보관 상태가 유지되고 있는지를 확인하는 관리 프로세스도 도입하였다.

(7) 정보의 자동연계

지금까지 감사 때마다 컴퓨터 정보관리시스템, 소프트웨어 라이선스 관리시스템, 인벤토리 정보수집시스템 등 각각의 정보를 수작업에 의해 대조를 실시하여 감사 대상이 되는 PC와 소프트웨어를 산출했다. 수작업에는 막대한 시간과 노력이 필요하기 때문에, 3개의 시스템 정보를 자동으로 일치할 수 있도록 하여 시간과 비용의 절감에 힘썼다. 자동화를 통해 향상된 점은 다음의 3가지를 들 수 있다.

- IT 정보 및 사전 정보 비교
  컴퓨터 정보, 소프트웨어 및 라이선스 정보, 인벤토리 정보 및 사전(library) 정보를 비교하는 것으로, 라이선스 확인 대상 소프트웨어를 필터링(검색)하는 시간을 줄여 감사 업무의 수고로움을 대폭적으로 줄일 수 있었다.

- IT 정보의 공개
  자동화에 의해 필요한 정보를 사용자에게 공개할 수 있게 하여 각 부서에서 소유하고 있는 라이선스를 사용자가 언제든지 확인할 수 있게 하였다. 유휴자산의 활용이 진전되고, 하드웨어 및 소프트웨어 도입 비용을 절감시켰다.

- 라이선스 준수 의식 고취
  라이선스 확인이 필요한 소프트웨어의 정보를 사용자가 언제든지 확인할 수 있게 됨으로써, 더욱 더 컴플라이언스 중시의 의식화를 도모할 수 있었다.

(8) 대처를 통한 성과

라이선스 감사 개시 당초에는 감사 대상은 주요 소프트웨어로 제한 했음에도 불구하고, 라이선스 확인 대상 소프트웨어가 수천 개 있었다. 그러나 현재는 모든 소프트웨어를 대상으로 한 감사를 실시하고 있음에도 불구하고, 라이선스 확인 대상 소프트웨어는 100개 정도로 억제되어 왔다. 이를 통해 당초 감사에 18인/월 정도 걸리던 공정을 3분의 1이하로 줄일 수 있었다. SAM 도입 성과를 높이기 위한 포인트로 다음 두 가지를 들 수 있다.

- 사용자의 인식 제고
- 소프트웨어 사전의 최신판 유지

그러나 사용자의 의식을 높이고 시스템의 자동화를 실시해서 수고로움을 줄인다고 하더라도, 결국 사전의 최신판을 유지하기 위해서는 아직도 많은 노력을 필요로 한다. 향후 이 작업(사전의 최신화)에 노력을 절감하기 위해 소프트웨어 제조업체 및 공급업체 등을 포함한 업계에서 다음과 같은 인벤토리 정보를 수집할 수 있도록 표준화해 주기를 바란다. 아울러 이러한 정보를 사전으로 제공하여 주기를 바란다. 가장 최신의 소프트웨어 사전 제공은 각 기업이 소프트웨어의 적정한 이용을 할 수 있게 하며, 또한 비용 절감에 큰 도움이 되기 때문이다.

― 가. 인벤토리 이름
― 나. 제조사
― 다. 라이선스 형태
― 라. 설치 미디어
― 마. 설치 가능 PC 대수
― 바. Down grade 가능 버전

(9) 교훈 및 향후 과제

SAM의 혜택을 누리기 위해서는 먼저 인식해야 할 것은 SAM의 도입과 운용 미비로, 관리해야 할 자산을 관리하지 않고 방치함으로써 정보보안 및 IT 거버넌스의 기초를 파괴할 수 있는 위험을 안고 있을 가능성이 높다는 것이다. 그것을 바탕으로 각 조직원이 SAM에 대한 의식을 가지고 임하는 것이 바람직하다. 그렇게 해야 SAM 도입의 본래 취지에 맞게 SAM이 가지는 혜택을 충분히 누릴 수 있게 되는 것이다. 다만 앞서 언급했듯이, SAM의 도입에 있어서는 어느 정도의 전문 지식이 필요하며 효율적으로 도입을 추진하기 위해서는 전문가의 조언도 효과적이다. 그러나 사용자뿐만 아니라 SAM 컨설팅을 제공하는 조직이나 SAM을 위한 관리 도구를 제공하는 조직 조차, 라이선스 컴플라이언스의 마인드 및 SAM을 제대로 운용하지 않은 경우의 위험을 제대로 이해하지 못한 곳이 많고, 이는 향후 SAM을 더욱 확산시켜 나가는데 있어서 확실히 큰 걸림돌이 될 것으로 보인다. 라이선스 준수가 주목적 임에도 불구하고 거기에서 요구되는 상태의 해석이 사용자에 의해 제 각각인 현상은 매우 이상한 것이다. 만일, 컨설팅 회사로부터 SAM의 해석을 제대로 받지 못했기 때문에 라이선스 준수를 결과적으로 이루지 못한 경우, 컨설턴트에 대한 손해배상 등의 문제로 발전할 수도 있다. 관리 도구만을 도입하여 "SAM을 실현할 수 있다"고 착각하고 있는 조직도 주의를 요한다. 지금까지 언급 바와 같이, SAM은 경영 시스템이며 관리도구는 그것을 어느 정도 합리화하는 도구에 불과하다는 것을 상기해야 한다. "관리 도구를 도입하면 SAM을 실현할 수 있다"라는 것은 결코 아님에도 불구하고 그런 말로 관리도구의 도입을 권하는 벤더와 컨설팅 회사도 많다. 관리도구를 도입하면 SAM을 실현할 수 있다고 착각한 채 투자해 버리면, 그것이 낭비라고 인식했다고 해도 되돌릴 수 없게 될 뿐만 아니라 새로운 투자를 하는 것도 당분간 어렵게 된다. 따라서 본래의 SAM에 대한 대응이 늦어지게 되고 그 사이에 위험이 표면화될 수도 있다. SAM은 정보보안 및 IT 거버넌스의 기초 요소로서 그 운용이 중요시되고 있다. 그리고 제대로 SAM을 유도함으로써 라이선스 준수를 넘어 다른 큰 혜택도 누릴 수 있게 되는 것이다. SAM을 도입하는 조직이 SAM 본래의 혜택을 누릴 수 있도록 향후 도입하는 측뿐만 아니라 그 도입을 도와주는 측도 통일된 기준과 사고방식을 가질 수 있도록 지식과 인식 수준을 통일하기 위한 특별한 구조가 만들어질 필요가 있다고 생각한다. 또한 사용자가 라이선스 준수를 달성하기 위한 관리 시스템이 도입되고 있음을 대외적으로 입증할 수 있게 되면, SAM에 대처하게 되는 동기 부여도 달라지므로 SAM 도입의 분위기도 더 크게 높아지게 될 것이다. 그것은 사용자 및 컨설팅 사업자에 대한 SAM 인증 제도를 통해 보다 더 성숙해 질 수 있을 것이다.

# IX. 일본 대학교 SAM 구축 사례[254]

### 1. D 예술공과대학

(1) 학교 개요

- 소재지: 야마가타市
- 체제: 2학부 7학과 (예술학부, 디자인 공학부), 대학원
- 학생수: 약 2,100명

(2) SAM 구축 배경

D대학은 예술가와 디자이너를 양성하는 예술공대로서 지적 재산권에 가장 긴밀한 분야를 가르치고 있는바, 2002년도까지는 그다지 저작권에 대한 관심이 없이 다양한 과제를 안고 있었다. 또한 PC 및 소프트웨어를 구매함에 있어 학과별로 다양한 예산수립과 집행 형태를 갖추고 있었기에 구매 기록을 추적하는 것은 굉장히 어려웠다. 아울러 구입한 PC나 소프트웨어 관리는 각 학과 사무실 직원이나 조교가 맡아 하고 있었으므로 수작업에 의존할 수 밖에 없었다.

(3) 계몽 및 교육

이러한 과제를 해결하기 위해 정규 수업 및 이메일 등을 통해 학생들을 계몽하고, 소프트웨어 조사와 병행하여 교수회의를 개최하여 적절한 관리를 요청하였다. 무엇보다도 이사장과 이사회가 소프트웨어 자산관리의 중요성을 깊이 인식하여 주도적으로 시행했기 때문에 성공적인 계몽이 이루어 질 수 있었다.

(4) 자료와 정보 수집

D대학은 정책과 절차 수립을 위해 ACCS(컴퓨터소프트웨어저작권협회)로부터 "즉시 시작하는 소프트웨어 관리" 책자를 입수하여 규정화를 시작하였다. 또한 "퀄리티소프트"라는 자산관리 도구 업체의 "IT 관리 솔루션 세미나"에 참가하여 자산관리 솔루션인 "QND Plus" 테스트 버전을 통해 테스트 환경을 구축하고 도입 평가를 실시하였다. 아울러 마이크로소프트의 소프트웨어 관리 지원 프로그램에 등록 후 세미나를 참석하는 등 다양한 노력을 기울였다. 그러나 이러한 노력에도 불구하고 다음과 같은 3가지 과제가 부각되었다.

---

[254] http://bsa.or.jp/ 사례연구, BSA평가프로세스 도입에 따른 소프트웨어자산관리의 실현 참조

- 학교에 맞지 않는 시스템

  기업조직에 특화된 소프트웨어 자산관리 솔루션이 D대학교에는 정확히 일치 하지 않았으며, 기업 조직의 경우 소프트웨어 자산관리가 하향식임에 반해 D대학교는 그렇지 않았다. 또한 기업에서는 업무효율성과 비용절감을 위해 소프트웨어 구성은 거의 표준화 되어 있는 것이 보통이었다. 그러나 D대학은 관리 체제도 분산형이고 학과(게임 및 영상제작, 그래픽 디자인, 설계, e-비즈니스 등)마다 필요로 하는 소프트웨어도 다양할 수 밖에 없었다. 즉, 기업과 같이 일률적인 규칙을 세우기 곤란하였다.

- 컴퓨터실 관리의 어려움

  소규모 단과대학의 경우 종합 컴퓨터실(또는 센터) 1개소에서 집중적으로 컴퓨터 교육을 실시함으로써 그 관리도 용이할 수 있으나, D대학은 학과마다 컴퓨터실이 분산 설치되어 있으므로 인해 일괄적인 관리가 어려웠다.

- 외부로부터의 신뢰성 구축의 필요성

  자발적으로 소프트웨어 자산관리 시스템을 도입하여 구축하였다고 하더라도 외부의 시선에서 적정하게 운영하고 있다고 인정되지 않는다면 커다란 의미가 없다고 할 것이다. 즉, 자기 만족으로 끝나서는 아니 되며 또한 관리 시스템 자체에 보편성이 없으면 제대로 된 자산관리는 어려울 수 밖에 없다.

(5) BSA 평가 프로그램 도입

2005년 11월경 BSA 평가 프로그램에 기초하여 관리 대장 및 규정, 매뉴얼 등을 작성하고 내부 협의를 실시하였고, 12월 BSA 관계자가 학교를 방문하여 현지 조사를 실시하였다. 2006년 2월 조사 결과를 토대로 다양한 개선 사항을 도출하고 같은 해 4월 개선안을 제출하여 완성도를 높이려 하고 있다.

(6) 자산관리 소프트웨어 (QND Plus) 도입 및 BSA와 지속적 협의

2006년 3월 퀄리티소프트사의 QND Plus를 도입하고, 같은 해 9월 PC의 대폭적인 교체를 실시하여 QND Plus를 통한 완성도 높은 소프트웨어 자산관리의 운용을 위해 노력하고 있다. 2007년 상반기중 BSA와 최종 협의를 마치고 규정방안을 이사회에 심의하여 정식으로 시행하기에 이르렀다. 그 이후 관리책임자 및 담당자를 선임하여 정기적인 교육을 실시하고 있으며, 재고조사 및 감사를 끝으로 라이프사이클을 실시하고 있다.

(7) BSA 평가 프로그램의 도입 성과

우선, 학생과 교수 사이에서 불법복제를 해서는 안된다는 인식을 폭넓게 주입할 수 있었으며, 또한 소프트웨어자산관리를 제대로 하지 않으면 안 된다는 강한 동기를 부여했다고 할 것이다. 아울러 BSA 평가 프로그램의 높은 장애물을 넘게 되므로 외부로부터의 신인도 제고와 입학지원자 증가, 수탁 연구 과제의 증가를 예상할 수 있었다. 끝으로, 소프트웨어 자산관리는 강한 목적 의식하에 하향식으로 실현되어야 하고, 자산관리 총괄 책임자 내지 담당자와 현업부서의 직원간에 긴밀한 의견교환이 정례적으로 이루어 져야 한다.

**2. G 대학**

(1) 학교개요

G대학은 121년의 역사를 가진 일본 굴지의 종합 대학이다. 현재는 대학원, 대학, 고등학교, 중학교 및 유치원 등 3만 1,000여명의 학생으로 구성된 종합 학원으로 발전하였고 2007년도 응시자 수는 10만 명을 넘어 전국 756개 대학 중 3위를 차지했다. G 대학에서 사용하고 있는 소프트웨어만도 2,300여 종류에 이르고 있다.

(2) 구축배경 및 문제점

G대학은 2004년 7월경 지식의 요람인 대학에서 소프트웨어 등의 저작권을 침해한다는 것이 대학 스스로의 존재 가치를 부정하게 된다는 문제 인식하에 소프트웨어자산관리 규정을 제정하게 되었다. 동시에 소프트웨어 자산관리 도구를 도입하여 각종 데이터를 수집하고 관리하기 시작했다. 그 당시 이러한 노력은 대학으로서는 매우 선진적인 대처였다고 할 것이다. 그러나 현실은 좀처럼 원활하게 데이터 수집 및 관리가 이루어지지 않았다. 규정을 만들고 도구를 도입하면 모든 것이 원만하게 관리될 것이라는 사고는 다음과 같은 문제점을 낳게 하였고, 2005년 12월 소프트웨어 관리 프로젝트가 발족해서 실마리를 찾게 되었다.

- 대규모 조직에 따른 문제점

  G대학은 대규모 조직이어서 그곳에서 사용하는 하드웨어 및 소프트웨어 수는 상상을 초월하였다. 그 모든 것에 대해 설치 관리 대장을 작성하고 라이선스 취득 및 폐기 신고서의 제출을 의무화하고 관리 담당자 및 책임을 명확히 해 나가는 작업은 실제로 매우 어려웠다.

- 자산관리 툴 및 라이선스에 대한 오해

  소프트웨어 자산관리 도구를 사용하면 쉽게 정보를 수집하거나 라이선스 조회가 자동으로 이루어지는 것으로 착각하였을 뿐만 아니라 교육용 라이선스는 복사가 가능한 것으로 잘못 인식하고 있었다.

- 대학 특유의 조직형태에 따른 문제점

  또한 소프트웨어 관리의 필요성이 인식되고 있다고 해도 그것을 조직적으로 지속해서 실시해 나가는 것은 쉽지 않았다. 바쁜 일상 업무 속에서 누가 담당할 것인지, 기업과는 다른 대학 특유의 조직 문화 속에서 어떻게 통합 관리를 실현할 것인지, 소프트웨어 관리 업무의 노하우 부족을 어떻게 보충할 것인지, 예산 관리 및 유지보수, 계몽, 기술 지원 등 다각적인 노력을 어떻게 감독할 것인가 등등의 문제점을 안게 되었다.

(3) SAM 구축 프로세스

우선 로드맵을 작성하고 실시 항목과 일정을 수립하였다. 아래 그림의 실시항목에 따라 세부 사항을 결정하고 과제를 추출한 후 관리체제를 구축하였다. 문제가 발생하였을 때 관련 부서만 모여 검토하는 수직적 관리체계 방식에서 횡단적 관리체제(학과장, 사무직원, IT 센터 담당자, 상임 프로젝트 참여자, 각 부서 라이선스 담당자 등)로 변경하여 소프트웨어 관리 시스템 및 관리 규칙의 검토를 함께 진행하여 정보를 공유하였다.

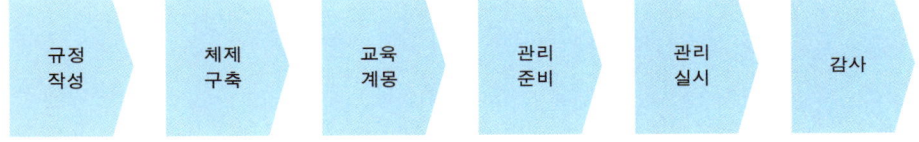

〈그림 6-7〉 실시항목

(4) 성공적인 소프트웨어 관리 프로젝트 요인

본 프로젝트의 기본 이념은 소프트웨어 관리의 운영과제를 대학 전체적인 관점에서 검토하고 과제별로 적절한 방향성을 지속적으로 모색한 점이라고 할 수 있다. 구체적 요인은 대학 전체의 PC에 설치되어 있는 모든 소프트웨어의 적절한 사용 및 관리를 목적으로 과제 발굴 및 해결 방안을 학교 전체의 운용 시책으로 입안하여 실시(실현 가능한 목표 설정)하고 사후 지도 및 계몽을 꾸준히 한 결과라고 할 것이다.

(5) 힘들었던 점

- 대학 특수성으로 인한 어려움
  — 가. 종합대학으로서 연구 및 교육활동이 다양하여 소프트웨어 종류도 약2,300 종류에 이르렀다. 기업의 경우 PC에 설치된 소프트웨어 수량을 일정 부분 제한할 수 있지만, 대학의 경우 교육 연구 활동에 지장이 생기기 때문에 제한하는 것이 쉽지 않았다.
  — 나. PC또는 소프트웨어 구매 및 사용방법이 학과 등 조직에 따라 상이하여 관리체제 구축 및 상황 파악이 어려웠다.

- 소프트웨어 자산관리 도구의 문제
  시판되고 있는 관리도구들은 일반적으로 기업체를 위해 설계되었으며, 대학의 특수성에 맞는 솔루션은 부족한 것이 현실이다. 예컨대, 소프트웨어 정보수집 방법 및 수집내용, 소프트웨어 사전을 구축함에 있어 별도의 노력이 수반되어야 한다. 또한 각 제조사의 소프트웨어 파일명에 규칙이 없고, 유상과 무상 소프트웨어를 식별하지 못한다는 것이다. 아울러 패키지 소프트웨어, 사전설치 소프트웨어, 번들 소프트웨어 등도 구분이 어렵다. 이러한 문제를 해결하기 위해 G대학에서는 담당자를 지정하여 상시적으로 인터넷으로 새로운 소프트웨어를 검색하여 별도로 DB 작업을 하였다.

- 운영비용과 노력 문제
  이상과 같은 문제점을 안고 있는 상태에서 수 만대 되는 PC의 상황을 파악하고 설치된 소프트웨어를 관리하기 위해서는 엄청남 비용과 시간이 소요된다. 결국 로드맵에 따라 관리체제 및 규정과 관리방법 등을 활용하여 정기적으로 검토하고 운용해 나가는 수 밖에는 특별한 방법이 없다고 할 것이다. 또한 학교 전체적으로 PC에 계몽 스티커 등을 부착하여 사용자가 실시간으로 불법상태를 만들지 않도록 하는 노력도 필요하다고 할 것이다.

(6) 프로젝트 성과

- 사무용 소프트웨어 설치 기준 제정을 통한 소프트웨어 표준화
- 학부 별 소프트웨어 자산관리 상황 파악
- 교수 및 교직원과 학생의 저작권 보호 인식 향상
  — 가. 재학생 및 신입생 대상 소프트웨어 사용 지침서 배포
  — 나. 학교 내 모든 PC에 계몽 스티커 부착
  — 다. IT 센터 주최의 강연회에서 저작권 보호 및 보안 등의 정보 활용 능력 교육 실시
  — 라. BSA 계몽 포스터를 각 시설에 부착

(7) 향후 계획

G 대학은 소프트웨어 자산 관리에 그치지 않고 정보 관리 전반에 대한 검토를 시작하고 있으며, 이에 따라 학교 전체적으로 정보 보안 정책 및 보안지침, 네트워크 이용 규정 등을 정비하여 미래에는 정보 부문을 총괄하는 기능을 강화하는 방향으로 조직을 이끌어 갈 계획이라고 한다.

부록 A

# KS X ISO/IEC 19770-1 단계에 따른 성과의 요약 참조표

부록A. ISO/IEC 19770-1 단계에 따른 성과의 요약 참조표

| 주요 항목 | 부수 항목 | 프로세스 영역 항목 | 성과(결과) | 표제 | 추가 설명 | 1단계 | 2단계 | 3단계 | 4단계 |
|---|---|---|---|---|---|---|---|---|---|
| SAM 조직관리 프로세스 | SAM 통제환경 | SAM 기업지배 프로세스 | 4.2.2.2.a | 조직 범위와 전반적 책임 | | | X | | |
| | | | 4.2.2.2.b | SAM 책임의 인식 | | | X | | |
| | | | 4.2.2.2.c | 법률, 규정 및 지침 | | | X | | |
| | | | 4.2.2.2.d | 위험 평가 | | | X | | |
| | | | 4.2.2.2.e | SAM 관리 목적의 승인 | | | | | X |
| | | SAM 역할과 책임 | 4.2.3.2.a | 조직 전체 SAM 책임 | | | X | | |
| | | | 4.2.3.2.b | 부문(부서) SAM 책임 | | | X | | |
| | | | 4.2.3.2.c | 책임의 의사소통 | | | X | | |
| | | SAM 정책, 프로세스 및 절차 | 4.2.4.2.a | 정책, 프로세스 및 절차의 구조적 접근 | | | X | | |
| | | | 4.2.4.2.b | 정책, 프로세스 및 절차의 구성 | | | X | | |
| | | | 4.2.4.2.c | 정책의 적용 문제 | | | X | | |
| | | | 4.2.4.2.d | 정책과 절차의 소통 | | | X | | |
| | | SAM 역량 | 4.2.5.2.a | 교육훈련의 가용성 | | | X | | |
| | | | 4.2.5.2.b | 라이선스 증빙 | | | | | X |
| | | | 4.2.5.2.c | 수행 교육 | | | X | | |
| | | | 4.2.5.2.d | SW제조자의 지침의 가용성 | | | X | | |
| | SAM 계획과 도입 프로세스 | SAM 계획 | 4.3.2.2.a | SAM 관리 목적의 수립 | | | | | X |
| | | | 4.3.2.2.b | SAM 계획의 수립 | | | X | | |
| | | | 4.3.2.2.c | SAM 계획의 승인 | | | X | | |
| | | SAM 도입 | 4.3.3.2.a | 문제 피드백 | | | | | X |
| | | | 4.3.3.2.b | SAM 계획에 대한 진척상황 | | | | | X |
| | | | 4.3.3.2.c | 후속조치 | | | | | X |
| | | SAM 모니터링 및 검토 | 4.3.4.2.a | 매년 SAM 관리 검토 | | | | | X |
| | | | 4.3.4.2.b | SAM 책임자 승인 | | | | | X |
| | | | 4.3.4.2.c | SW 배포 검토 | | | partial (빠른 달성) | | 완전 준수 |
| | | SAM 지속적 개선 | 4.3.5.2.a | 개선할 의견 제안 | | | | | X |
| | | | 4.3.5.2.b | 개선할 실행 제안 | | | | | X |

278

| 주요 항목 | 부수 항목 | 프로세스 영역 항목 | 성과(결과) | 표제 | 추가 설명 | 1 단계 | 2 단계 | 3 단계 | 4 단계 |
|---|---|---|---|---|---|---|---|---|---|
| 핵심 SAM 프로세스 | SAM 재고 프로세스 | SW자산 식별 | 4.4.2.2.a | 데이터 요구사항의 초기 식별 | | | | | X |
| | | | 4.4.2.2.b | 저장물과 재고자산의 마스터(원본) 등록 | | X | | | |
| | | SW자산 재고관리 | 4.4.3.2.a | 재고관리의 정책과 절차 | | X | | | |
| | | | 4.4.3.2.b | HW 인벤토리, 설치된 SW와 라이선스 | | X | | | |
| | | | 4.4.3.2.c | SW 마스터(원본) 및 계약문서의 재고 | | 1, 3-4 | | | 2 |
| | | | 4.4.3.2.d | 모든 라이선스 구조 (메트릭스)의 측정 매커니즘 | | X | | | |
| | | | 4.4.3.2.e | 작업의 연속성 | | | | | X |
| | | | 4.4.3.2.f | 최소한 보고 설명서 | | | | | X |
| | | SW자산 통제 | 4.4.4.2.a | 변경 감사 추적 | | | | | X |
| | | | 4.4.4.2.b | 버전 통제의 정책 및 절차 | | | | | X |
| | | | 4.4.4.2.c | 배포기준 정책 및 절차 | | | | | X |
| | SAM 검증 및 준수 프로세스 | SW자산 기록 검증 | 4.5.2.2.a | 기록검증 정책 및 절차 | 해당 프로세스 모든 단계에서 11 | 1-3, 8-9 | 10 (빠른 달성) | | 4-7 |
| | | SW 사용권 계약 준수 | 4.5.3.2.a | 사용권 계약 준수 정책 및 절차 | | X | | | |
| | | SW자산 보안 준수 | 4.5.4.2.a | SAM 보안정책 검사 실행 | | | | X | |
| | | | 4.5.4.2.b | 후속 위반사항 식별 | | | | X | |
| | | SAM 적합성 검증 | 4.5.5.2.a | 적합성 검증 정책 및 절차 | 해당 프로세스 모든 단계에서 | X | X | X | X |
| | | | 4.5.5.2.b | 적합성 검증의 실행 | 해당 프로세스 모든 단계에서 | X | X | X | X |
| | | SAM 관계 및 계약관리 | 4.6.2.2.a | 공급자 관계관리 정책 및 절차 | | | | X | |
| | | | 4.6.2.2.b | 고객 측 관계관리 정책 및 절차 | | | | | X |
| | | | 4.6.2.2.c | 계약관리 정책 및 절차 | | | partial (빠른 달성) | 완전 준수 | |

| | | | | | | | partial (빠른 달성) | 완전 준수 | |
|---|---|---|---|---|---|---|---|---|---|
| SAM 운영관리 프로세스 및 인터페이스 | SAM 재무관리 | 4.6.3.2.a | 필요한 재무 정보의 정의 | | | | | X | |
| | | 4.6.3.2.b | 예산 | | | | | X | |
| | | 4.6.3.2.c | 예산에 대한 실제보고 | | | | | X | |
| | | 4.6.3.2.d | 자산가치 정보의 가용성 | | | | | X | |
| | | 4.6.3.2.e | 예산에 대한 실제 검토 및 후속조치 | | | | | X | |
| | | 4.6.3.2.f | 라이선스 최적화 | | | | partial (빠른 달성) | 완전 준수 | |
| | SAM 서비스 수준 관리 | 4.6.4.2.a | 서비스 수준 계약의 정의 | | | | | X | |
| | | 4.6.4.2.b | 대상에 대한 실제 보고 | | | | | X | |
| | | 4.6.4.2.c | 수행결과 보고 | | | | | X | |
| | SAM 보안관리 | 4.6.5.2.a | SAM 자원에 대한 보안 정책 | | | | | | X |
| | | 4.6.5.2.b | SAM 자원에 대한 접근통제 명세 | | | | | | X |
| | | 4.6.5.2.c | 접근통제의 실행 | | | | | | X |

| 주요 항목 | 부수 항목 | 프로세스 영역 항목 | 성과 (결과) | 표제 | 추가 설명 | 1단계 | 2단계 | 3단계 | 4단계 |
|---|---|---|---|---|---|---|---|---|---|
| SAM 기본 프로세스 인터 페이스 | SAM 라이프 사이클 프로세스 인터 페이스 | 변경관리 프로세스 | 4.7.2.2.a | 변경 관리 프로세스 정의 | | | | | X |
| | | 획득(취득) 프로세스 | 4.7.3.2.a | 표준 아키텍처 | | | | X | |
| | | | 4.7.3.2.b | 표준 구성 | | | | X | |
| | | | 4.7.3.2.c | 구매정책 및 절차 | | | | X | |
| | | | 4.7.3.2.d | 영수증 처리를 위한 정책 및 절차 | | | | X | |
| | | 소프트웨어 개발 프로세스 | 4.7.4.2.a | SAM 요구사항을 고려한 SW 개발 프로세스 정의 | | | | | X |
| | | | 4.7.4.2.b | 자산관리를 위한 SW 개발 프로세스 정의 | | | | | X |
| | | 소프트웨어 릴리스 관리 프로세스 | 4.7.5.2.a | 소프트웨어 릴리스 관리 프로세스 정의 | | | | | X |
| | | 소프트웨어 배포 프로세스 | 4.7.6.2.a | 소프트웨어 배포 프로세스 정의 | | | | X | |
| | | 사건·사고 관리 프로세스 | 4.7.7.2.a | 사건·사고관리 프로세스 정의 | | | | | X |
| | | 문제관리 프로세스 | 4.7.8.2.a | 문제관리 프로세스 정의 | | | | | X |
| | | 폐기 프로세스 | 4.7.9.2.a | 폐기 프로세스 정의 | | | | X | |

주요 포인트: 표에서 'X'는 이 단계가 위 성과의 모든 하위 조항을 포함하고 있음을 의미한다. 반면 'partial'은 이 성과에 선택된 하위 조항만 단계에 포함되었다는 것을 나타낸다(선택적 충족과 관련해서는 규정 조항을 참조).

부록 B

## 선택된
## 주제에 대한
## 안내서

## B.1 소개

이 부록은 KS X ISO/IEC 19770-1과 관련하여 선택된 주제에 대한 지침을 제공한다. 또한 산업지침은 부록C에서 설명한 것처럼 활용이 가능하다.

## B.2 릴리스

우선, 릴리스라는 용어는 종종 내부적으로 출시되는 최종 제품에 적용한다. 예컨대, 기술적으로 승인된 배포 버전의 릴리스 또는 특정 장치(예컨대, 데스크톱 컴퓨터 수량에 따른)와 함께 사용하도록 릴리스 된 기업빌드를 말한다.

두번째, 릴리스와 빌드에 대한 용어의 다양한 사용 예는 소프트웨어 개발프로세스에 있는 소프트웨어자산에서 적용한다. 이러한 용어는 일반적으로 오픈소스 소프트웨어를 소비하는 경우(예컨대 소프트웨어를 자신이 직접 구축하려는 사용자가 OSS 코드를 릴리스 할 때)에도 흔히 쓰이고 있다. KS X ISO/IEC 19770-1은 개발 유형 프로세스를 구체적으로 정의하고 있지 않지만, 자산에 대한 규정이 식별되고 통제되도록 하고 있다. 상기 두 가지 사례 중 어느 쪽을 소프트웨어자산관리에 적용할 것인가는 SAM 프로세스 적용 시 임의대로 활용하면 된다(개발에 대한 KS X ISO/IEC 19770-1의 적용 논의에 대해 적용분야 1.2를 참조하시오).

어떤 릴리스라도 이 표준을 이용하여 관리되는 동안, 릴리스라는 용어가 일련의 사건에서 두 번 나타나고 특히 위 두 번의 릴리스를 위해서 공식적인 승인이 필요하다는 점을 알 수 있다. 이것은 추가적인 설명이 필요하다. 결합된 예를 들면, 기업빌드 프로세스는 내부 개발자로부터 릴리스 코드의 구축과 함께 제작된 소프트웨어를 결합하는 하나의 연속적인 단계 그 이상의 것으로 구성될 수 있고, 그리고 OSS 개발로부터 소스코드 릴리스를 포함할 수 있다. 이러한 프로세스는 일반적으로 패치를 포함한다. 이러한 활동의 일부 또는 전부는 때때로 패키징 작업이라고 일컬어 진다. 패키징 작업은 대개 특정 소프트웨어 배포 유틸리티에서 요구하는 소프트웨어 "랩퍼(wrapper)"의 추가를 의미한다. 몇 가지 기업빌드는 배포버전(때때로 이미지 형태)이 최종 릴리스가 제작되고 승인되기 전에 일반적으로 실제환경에서 시험을 받고 기술적으로 승인이 필요하다. 결론적으로, KS X ISO/IEC 19770-1은 개발자에 의해 개발된 코드 릴리스인 릴리스 소프트웨어자산의 종류와 연속적인 패키징 활동으로부터 자체 생산한 릴리스 모두를 관리할 것이다.

이 두 가지 모두 이 표준의 적용범위에 있고, 재고 프로세스 및 기록 검증 프로세스에 의해 관리될 것이다. 그리고 관리되는 모든 릴리스는 기술적으로 승인을 받아야 하고, 궁극적으로 허가를 받은 설치 재고와 함께 배포 권한을 부여 받아야 한다.

### B.3 문서 및 기록관리

KS X ISO/IEC 19770-1의 부분에서 문서 및 기록관리를 위한 명백한 요구사항은 없지만, 그럼에도 불구하고 실제로 다음과 같은 것이 요구된다.

— ① 4.2.4.2. a)
("여기에는 정책, 프로세스 및 절차 그리고 SAM 연관된 관련문서의 작성, 검토, 승인, 발행, 그리고 통제하는데 구조적인 접근방법이 있다. 그 결과 이용 가능한 완전한 조합, 즉 각 문서의 버전에서 현재 유효한 것과 종류가 다른 소프트웨어 및 관련자산에 대해 적용이 가능한 문서를 항상 확인할 수 있도록 되어 있다.")

— ② 4.2.4.2. b)
("KS X ISO/IEC 19770-1의 부분에 필요한 정책, 프로세스 및 절차 문서는 이 표준의 프로세스 분류를 사용하여 또는 그 분류와 상호 참조할 수 있도록 함께 구성된다.")

— ③ 4.5.5.2. b)
("다음의 것을 입증하는 문서가 있다. (a) 위에서 수행되는 검증 절차가 실행되고 있다. (b) 확인된 모든 위반사항의 원인이 완전히 규명될 때까지 적절한 후속조치를 취하고 있다.")

KS X ISO/IEC 19770-1을 구현하는 조직은 KS Q ISO 9001(2009)과 KS X ISO/IEC 20000-1(2007)에서 요구하는 관리시스템 표준화 같은 문서와 기록관리 또한 구현하는 것이 바람직하다. 그리고 이것은 요구사항에 부응하는 필요한 일반 기능을 제공할 것이다.

부록 C

# 업계 모범사례에 대한 상호참조

## C.1 소개

KS X ISO/IEC 19770-1의 1.1 목적 부분에서 설명한 바와 같이, 프로세스의 성과에 대한 요구사항을 충족하기 위한 필요한 방법 또는 절차에 관하여 SAM 프로세스를 세분하지 않는다. 마찬가지로, 이 표준은 조직이 SAM을 구현하기 위해 따라야 하는 일련의 단계를 구체적으로 지정하지 않을 뿐만 아니라 어떠한 암시된 순서를 가지고 프로세스를 설명하지 않는다.

이 표준이 이러한 주제(SAM 프로세스)를 세분하지 않는다 할지라도, 이러한 주제는 SAM을 구현하고 이 표준의 요구사항을 충족함에 있어서 매우 중요한 것이다. 이 표준은 SAM에 대한 지침의 특정 출처를 보증하지 않으며, 관련 제품 및 소싱 조직에 대한 ISO/IEC의 보증을 암시하지 않는다. 그러나 지침의 출처는 사례로써 참조하도록 하기 위해 표시하고자 한다.

## C.2 출처

KS X ISO/IEC 19770-1에서 언급한 것처럼, SAM 지침에 대하여 적어도 3가지 주요 출처가 있다. 그것 모두 이 표준을 담당하는 워킹 그룹에서 개인들이 표시한다. 이것들은 예시일 뿐이다. 이 표준의 개발과 관련된 공개 검토 과정에서 여러 가지를 확인했다.

그것은 CMMI, FFIEC, BSA SAM 혜택, 가트너, 기술자산관리협회와 ISEB SAM Essential 이다. 또한 Agnitio 교수 -http://www.agnitioadvisors.com/Assessment- 와 IBSMA 지침 -http://www.ecpmedia.com/publications.htm#sm guidetosam- 같은 유용한(이후 국가기관에 의해 인용됨)것이 있다.

상기에서 언급한 SAM 지침에 대한 3가지 주요 출처는 출판순서상 다음과 같다.

- 소프트웨어자산관리 지침 버전2 (ITIL® V3, TSO, © 2009, ISBN 978 0 11 331106 4.)는 ISO/IEC 19770-1(2006년)이 개발되기 전 발행되었다. 여러 측면에서 ISO/IEC 19770-1(2006년)의 전신이었다.

- IAITAM 모범사례 라이브러리, 국제IT자산관리자협회, –www.iaitam.org– ©2008, ISBN 978-1-935019-00-8, 978-1-935019-01-5, 978-1-935019-02-2, 978-1-935019-03-9, 978-1-935019-04-6, 978-1-935019-05-3, 978-1-935019-06-0, 978-1-935019-07-7, 978-1-935019-08-4, 978-1-935019-09-1, 978-1-935019-10-7, 978-1-935019-11-4. 이 모범사례 지침은 매우 포괄적인 12권의 세트로 되어 있고, 소프트웨어자산관리 만이 아니라 모든 IT자산관리를 포함하고 있다. 이것은 ISO/IEC 19770-1(2006년)이 발표되기 전 개발되었다. 이 ISO/IEC 문서는 IBPL을 참고하고, IAITAM의 허락 하에 사용되었다. ©2008 IAITAM. All rights reserved.
- SAM 표준 및 평가기준, SAMAC –www.samac.or.jp– 소프트웨어자산관리 표준, 소프트웨어자산관리평가인증협회, 일본 ©2010. 이문서는 일본어와 영어로 되어 있다. 비록 표준이라고 제목을 붙였지만, 기본적으로 모범사례이다. 그것은 ISO/IEC 19770-1(2006년)이 발표된 후 개정되었고, ISO/IEC 19770-1(2006년)에 맞게 배열했다. 이 ISO/IEC 문서는 SAMAC 표준 V2를 참조하고, SAMAC의 허가 하에 사용되었다. © SAMAC 2010. All rights reserved.

이 지침에 접근을 용이하게 하기 위하여, 이 부록 말미에 표로 KS X ISO/IEC 19770-1에서 위에서 언급한 마지막 두 가지 출처를 분류하여 제공할 것이다. 이 ISO/IEC 문서는 CobiT 4.1 ® 역시 포함하고 있다. ISACA/ITGI[www.isaca.org]의 허가에 의해 사용되었다. ©1996-2007 ITGI. All rights reserved. CobiT는 IT를 제어하고 관리하는 도구와 기술의 집합이다. 그것은 관리자가 기업의 목표를 순서대로 지원하는 IT 부서를 위해 목표를 설정하도록 돕는 IT 지배경영을 위한 프레임워크를 형성한다.

**C.3 CobiT 선택 매핑에 대한 상세한 정보**

CobiT의 사례 및 이 표준 또는 실제로 다른 IT 관리 프레임워크를 통해 모범사례를 소개하기 위해서는 시간이 걸리고 여러 단계를 요한다. 각 단계는 즉각적 혜택의 구현을 위한 선택적 목표설정을 할 수 있고, 이후 관심 영역을 확인할 수 있다. 지원하는 접근방식은 CobiT를 활용할 수 있지만 연결된 목표는 다르게 정의되어 있으므로 다음과 같은 지침은 연결의 일부를 보여준다. 이미 CobiT를 사용하는 조직이 지침을 사용할 것이고, CobiT 프로세스는 각 단계를 지원하는 표시를 제공한다(모든 CobiT 연결의 완성은 이 표준의 1단계의 요구사항을 준수하는 것을 의미하는 것은 아니다).

이 표준은 모든 부속서와 마찬가지로, 그 내용은 다른 사례 및 평가에서 찾을 수 있는 관련주제에 대한 유익한 정보이다. 그 정보는 CobiT 지식에 대한 궁극적인 해석으로서가 아니라 단지 지침을 제시하고자 하는 것이다. 또한 CobiT이 다른 유용한 방법들과 관계가 있는지에 대해서는 부록E(업계 역량 및 성숙도 접근방식)에서 자세한 정보를 참조하시오.

### C.3.1 CobiT에서 "1단계 신뢰할 수 있는 데이터" 매핑에 대하여

1단계를 달성한다는 것은 당신이 가지고 있는 문제가 무엇인지 알고 있으므로 인해 그것을 관리할 수 있다는 것이다.

1단계를 달성하는 조직은 IT자산 및 상태에 대한 지식의 수집 및 평가에 대한 관리활동에 의존하고 있다. 그 관리활동은 특히 구성 관리 분야를 통해 지원을 받는다. CobiT에서의 이러한 활동은 IT 인프라, 자원, 역량, 정보아키텍처 그리고 기타 자산에 대한 정보를 관리하고 모니터링 하는 것과 관련이 있다.

특히 다음과 같은 CobiT 프로세스는 1단계 성과(결과)를 달성할 수 있도록 지원한다.

| CobiT 프로세스 | 설명 |
|---|---|
| DS11 데이터 관리 | 이 프로세스에 대한 요구사항은 절차를 수립하고 SAM 데이터를 관리하기 위한 요구사항을 확인하는 것을 포함한다. |
| PO2 정보 아키텍처의 정의 | 정보 아키텍처의 정의는 IT 자산 데이터를 관리하기 위한 완고한 기준을 수립한다. |
| ME1 IT 성과 모니터링 및 평가 | 데이터를 보증하기 위해 재고와 검증프로세스를 모니터링 하기 위한 요구사항을 제어한다. |
| DS9 구성 관리 | 이 과정에서 수집된 CI(구성항목) 정보는 SAM에서 관리되어야 할 데이터의 상당한 양을 포함한다. |

### C.3.2 CobiT에서 "2단계 실용적 관리" 매핑에 대하여

2단계를 달성한다는 것은 관리통제를 개선하고 즉각적인 혜택을 나타내는 것을 의미한다.

이 단계에서 활동은 관리, 통제 그리고 거버넌스 활동으로 알려져 있다. 여기서 (2단계) 달성하려는 성과는 SAM 자체의 계획에 대한 관심과 함께 예방관리의 구현을 필요로 한다. 또한 2단계 성과의 모니터링과 평가를 포함하여 현재 구현한 SAM 프로세스 전반에 걸쳐 관리가 필요하다. CobiT에서 관련 프로세스는 "계획 및 구성"과 "모니터링 및 평가"로 그룹화되어 언급하고 있다. 특히 다음과 같은 CobiT 프로세스는 2단계 성과를 달성하도록 지원한다.

| CobiT 프로세스 | 설명 |
| --- | --- |
| PO4 IT 프로세스, 조직과 관계간의 정의 | PO4를 위한 요구사항은 SAM 통제환경을 위한 토대를 구축하는 것이다. |
| ME3 외부 요구사항의 준수 보증 | 법률 및 규제 요구사항은 2단계 통제환경의 부분에서 취급한다 (라이선스 준수활동은 1단계에서 결정된다). |
| ME4 IT 거버넌스 제공 | IT 거버넌스 수립은 관리 및 통제를 위한 정의를 제공한다. |
| PO5 IT 투자 관리 | 이 단계에서 필요한 재무관리의 성과 중 일부를 다루고 있다. |
| PO8 품질(성능) 관리 | 품질관리시스템은 관리활동을 지원하고 정의한다. |
| PO9 IT 위험 평가 및 관리 | 이 단계에서 위험 관리가 필요하다. |
| DS7 사용자 교육 및 훈련 | 소프트웨어자산 이용을 위해 2단계 정책, 프로세스 및 절차 (특히 의사소통)에 긴밀하게 맞추어 조정한다. |

### C.3.3 CobiT에서 "3단계 운영통합" 매핑에 대하여

3단계를 달성한다는 것은 효율성 및 효과성의 개선(향상)을 의미한다. 이 단계에서 SAM 프로세스는 IT 운영을 통합한다. 소프트웨어 및 관련자산의 라이프사이클을 관리한다. 표준 및 외부요구사항을 준수할 수 있도록 이 단계에서 통제 관리 계획을 수립한다. CobiT에서, 라이프사이클 프로세스는 주로 획득과 구현부분에서 정의되고, 규정준수는 주로 배포 및 지원 프로세스 부분에서 다루게 된다. 특히 다음과 같이 CobiT 프로세스는 3단계 성과를 달성하도록 지원한다.

| CobiT 프로세스 | 설명 |
| --- | --- |
| AI3 기술 인프라 도입 및 유지보수 | 소프트웨어를 기반으로 하는 기술에 대한 라이프사이클 관리를 지원한다. |
| AI2 응용소프트웨어 도입 및 유지보수 | 소프트웨어 응용 프로그램의 라이프사이클을 지원한다. |
| AI5 IT자원 조달 | 조달 절차를 정의하고 관리한다. |
| DS1 서비스 수준 정의 및 관리 | 서비스 수준관리 요구사항 관계를 보여주다. |
| DS2 외부업체 서비스 관리 | 공급업체 관리에 도움을 준다 |
| DS6 비용 산정 및 배분 | 이 단계에서 완전한 재무관리가 필요하다. |
| ME2 내부 통제 모니터링 및 평가 | 적절한 재무관리를 위한 핵심이다. |
| DS3 성능 및 용량 관리 | SAM을 위한 서비스 수준관리를 지원한다. |

### C.3.4 CobiT에서 "4단계 충분한(완전한) ISO/IEC SAM 적합성" 매핑에 대하여

4단계를 달성한다는 것은 최상위 단계의 전략적 SAM을 성취하는 것을 의미한다.

마지막 단계는 전략적 목표 내에서 비즈니스를 지원하기 위해 SAM 목적을 성취하는 것이다. 따라서 IT서비스 관리 프로세스는 이제 완벽히 지원된다. 또한 SAM은 안정성과 지속적 개선을 보증하는 프로세스를 얻는다. 그 결과로, SAM은 조직이 의존할 수 있는 프로세스의 완벽한 시스템이다. CobiT에서, 전략적 프로세스는 클래스 내에서 최상위에 초점을 맞춘 특정 IT 관리요소를 만들기 위해 지침을 제공하는 전체 프레임워크에 걸쳐 넓게 형성되어 있다. 다음의 CobiT 프로세스는 최상의 전략적 SAM을 달성함에 있어서 가장 도움이 되는 것으로 확인된다.

| CobiT 프로세스 | 설명 |
| --- | --- |
| PO1 IT 전략 계획 수립<br>*일반 CobiT 참조:<br>PO6 관리 목표 전달.<br>따라서 주주는 4단계에서 이사회에 의해 승인된 SAM 목표를 지지한다. | 전략적 계획수립 프로세스는 비즈니스 및 IT 정렬과 통합을 달성하는데 도움을 준다. 또한 4단계는 SAM 관리 목표에 대해 경영진의 승인을 포함한다(4.2.2.2.e). |
| AI6 변경 관리 | 4단계 변경관리프로세스를 지원한다. |
| AI7 솔루션 및 변경의 설치 및 인가 | 변경관리의 일환으로 요구된다. |
| DS4 서비스의 지속성 확보 | 이 단계에서 운영의 지속성이 필요하다. |
| DS5 시스템 보안 확보 | 이 단계에서 보안관리가 필요하다. |
| DS8 서비스 데스크 및 사고관리 | 이 단계에서는 고객의 피드백뿐만 아니라 사고관리 프로세스를 관리할 필요가 있다. |
| DS10 문제 관리 | 이 단계에서 문제관리 프로세스가 명시적으로 필요하다. |
| ME1 IT 성과 모니터링 및 평가 | 이 단계에서 지속적인 개선이 필요하다. |

위의 표에서 대부분의 연결은 하나의 CobiT 프로세스가 하나의 단계에 긴밀하게 연결되어 나타나고 있다. 또한 일부 단계 중에서, 특히 4단계는 하나 이상의 일반화된 CobiT 프로세스에 의해 지원되고 있다. 이것들은 하나 이상의 단계를 폭넓게 지원하는 것으로 ISO 목적 달성을 위해 간접적 지원을 제공하고 있다. 이러한 일반적인 CobiT 프로세스의 예는, 간접적으로 3단계 서비스 수준관리와 4단계 SAM 모니터링 및 검토 그리고 지속적개선 및 소프트웨어자산 통제를 지원하는 DS13 운영관리가 될 것이다.

### C.3.5 기타 CobiT 프로세스

직접적으로 특정 단계를 지원하는 상기 프로세스 이외에, 간접적이든 일반적이든 SAM을 지원하는 기타 CobiT 프로세스가 있다. 기타 CobiT 프로세스의 다음 목록은 여기에서 참조하도록 배치했다.

- PO3 — 기술 방향 결정
- PO6 — 경영목표 및 방침전달
- PO7 — IT 인적자원 관리
- PO10 — 프로젝트 관리
- AI1 — 자동화 솔루션 도출
- AI4 — 운영 및 사용 지원
- DS12 — 물리적 환경 관리
- DS13 — 운영 관리

## C.4 업계 지침에 대한 결과표의 상호 참조

| KS X ISO/IEC 19770-1 주요 영역 성과 | 19770-1 참조항목 | 19770-1 단계 | IAITAM 모범사례 라이브러리 (IBPL) 주요 영역 | 일본 SAMAC 모범 사례 | CobiT 4.1 주요 영역 |
|---|---|---|---|---|---|
| **4.2 SAM 통제 환경** SAM의 통제 환경의 목적은 다른 SAM 프로세스에서 구축된 관리시스템을 설정하고 유지하는데 있다. | | | | | |
| **4.2.2 SAM의 기업지배 구조 프로세스** SAM 기업지배 구조 프로세스의 목적은 소프트웨어자산에 대한 관리책임이 경영진(이사회 또는 이와 동등한 기관)의 수준에서 인식되고 책임이 적절하게 이행이 되도록 적절한 매커니즘이 마련되게 하는 것을 보장하는데 있다. | | | | | |
| SAM 기업지배 구조 프로세스의 구현은 조직으로 하여금 다음을 입증할 수 있도록 한다. | 4.2.2.2 | | | | |
| 이 표준의 목적에 따라 다음 사항을 다룬 명확한 기업의선언서가 있다. | 4.2.2.2.a | 2단계 | 프로그램 관리 | 1. 정책: 정책 및 규정 수립 | ME4  IT 거버넌스 제공 |
| 적용범위에 포함되는 법인단체 또는 그 부문(부서) | 4.2.2.2.a1 | 2단계 | 프로젝트 관리 | 1. 정책 | PO4  IT프로세스, 조직 및 관계정의 PO6  경영목표 및 방침전달 ME4  IT 거버넌스 제공 |
| 법인단체 또는 그 부문(부서)에 대한 전반적인 기업경영 책임을 가지고 있는 특정한 기관 또는 개인 | 4.2.2.2.a2 | 2단계 | 프로젝트 관리 | 1. 정책 | PO4  IT프로세스, 조직 및 관계정의 ME4  IT 거버넌스 제공 |
| 소프트웨어와 관련 자산의 기업 지배 구조에 대한 책임은 공식적으로 이사회 또는 이에 상응하는 기관에 의해 인정되고 있다. | 4.2.2.2.b | 2단계 | 프로그램 관리 | 1. 정책 | PO1  IT 전략 계획 수립 PO4.2  IT 전략위원회 PO10.3  프로젝트 관리 접근방법 PO10.6  프로젝트 단계착수 PO10.11  프로젝트 변경통제 ME4  IT거버넌스 제공 |
| 소프트웨어 및 관련자산의 사용에 관한 조직에 관련되는 기업지배 규제 또는 지침은, 그것이 운용되는 모든 국가에서 식별되고 문서화 되고, 최소한도 1년에 한번 검토되고 있다. | 4.2.2.2.c | 2단계 | 정책 관리 | 1. 정책 | PO2  정보아키텍처 정의, ME3  외부요구사항 준수 |
| 소프트웨어 및 관련자산에 관련된 위험요소의 평가와 경영진이 지시한 위험 감소 방안의 평가가 문서화되고, 적어도 연 1회 갱신되어 이사회 또는 이에 상응하는 기관의 승인을 받아야 한다. 이러한 평가는 적어도 다음 사항을 대상으로 하고 있다. | 4.2.2.2.d | 2단계 | 준수 관리 | 1. 정책 | PO9  IT리스크 평가 및 관리 |
| 규제 비준수의 위험 | 4.2.2.2.d1 | 2단계 | 프로그램/ 준수/법률 관리 | 1. 정책 | PO9  IT리스크 평가 및 관리 |
| 보안 요구사항 위반의 위험 | 4.2.2.2.d2 | 2단계 | | 1. 정책 | PO9  IT리스크 평가 및 관리 DS5  시스템 보안의 확보 |
| 라이선스 비준수의 위험 | 4.2.2.2.d3 | 2단계 | 프로그램/ 준수/취득 관리 | 1. 정책 | PO9  IT리스크 평가 및 관리 ME3  외부요구사항 준수 AI2는 응용프로그램 소프트웨어 도입 및 유지보수 |

| KS X ISO/IEC 19770-1 주요 영역 성과 | 19770-1 참조항목 | 19770-1 단계 | IAITAM 모범사례 라이브러리 (IBPL) 주요 영역 | 일본 SAMAC 모범 사례 | CobiT 4.1 주요 영역 |
|---|---|---|---|---|---|
| 부적절한 SAM에서 발생할 수 있는 IT 인프라 문제로 인한 작업의 중단 위험 | 4.2.2.2.d4 | 2단계 | 프로그램/ 취득/자산ID/ 프로젝트 관리 | 1. 정책 | PO2는 정보아키텍처 정의 PO9은 IT 리스크 평가 및 관리 |
| 부적절한 SAM에서 발생할 수 있는 라이선스 취득 비용 및 기타 IT 유지비용의 과도한 지출에 대한 위험 | 4.2.2.2.d5 | 2단계 | 프로그램/ 취득/자산ID/ 재무/폐기 관리 | 1. 정책 | PO5는 IT투자 AI1은 자동화된 솔루션의 도출 DS6은 비용의 산정 및 배분 DS9 구성 관리 |
| 소프트웨어와 관련자산에 대한 분산관리방식 대 집중관리방식에 관련된 위험 | 4.2.2.2.d6 | 2단계 | 프로그램/ 취득/자산ID/ 폐기 관리 | 1. 정책 | PO9은 IT리스크 평가 및 관리 |
| 해당 지역의 법령 및 규제 준수에 대한 문화 및 강제 수단을 고려하여 여러 나라에서 사업을 영위함에 관련될 수 있는 위험 | 4.2.2.2.d7 | 2단계 | 프로그램/ 준수/법률 관리 | 1. 정책 | ME3는 외부요구사항 준수 PO4는 IT프로세스, 조직 및 관계정의 PO9은 IT리스크 평가 및 관리 |
| SAM의 관리 목적은 이사회 또는 이에 상응하는 기관에 의해 승인되고, 적어도 매년 검토된다. | 4.2.2.2.e | 4단계 | 프로그램 관리 | 1. 정책 | PO1은 IT 전략 계획 수립 ME4는 IT 거버넌스 제공 ME2는 내부 통제 모니터링 및 평가 |

### 4.2.3 SAM 역할 및 책임
SAM 역할과 책임 프로세스의 목적은 소프트웨어 및 관련자산에 대한 역할과 책임이 명확하게 정의되고 유지되며, 잠재적으로 영향을 받는 모든 요원들이 이해하고 있는지를 보장하는데 있다.

| KS X ISO/IEC 19770-1 주요 영역 성과 | 19770-1 참조항목 | 19770-1 단계 | IAITAM 모범사례 라이브러리 (IBPL) 주요 영역 | 일본 SAMAC 모범 사례 | CobiT 4.1 주요 영역 |
|---|---|---|---|---|---|
| SAM 프로세스의 역할과 책임의 구현은 조직으로 하여금 다음을 입증할 수 있도록 한다. | 4.2.3.2 | | 프로그램 관리 | | PO4.6 역할과 책임의 확립 ME4 IT거버넌스 제공 |
| SAM 관리 책임자의 역할, 즉 전체 조직을 위한 소프트웨어 및 관련자산에 대한 기업지배책임이 이사회 또는 이와 상응하는 기관에 의해 명확하게 정의되고 승인된다. 할당된 책임은 조직 전체에 대해 다음의 사항을 포함한다. | 4.2.3.2.a | 2단계 | | 2. 시스템: 관리 시스템의 수립 | PO4.6 역할과 책임의 확립 |
| SAM 관리목적 제시 | 4.2.3.2.a1 | 2단계 | 프로그램 관리 | 2. 시스템 | PO4.6 역할과 책임의 확립 |
| SAM 계획수립의 감독 | 4.2.3.2.a2 | 2단계 | 프로그램 관리 | 2. 시스템 | PO4.6 역할과 책임의 확립 |
| 승인된 SAM 계획을 실행하기 위한 자원확보 | 4.2.3.2.a3 | 2단계 | 프로그램 관리 | 2. 시스템 | PO4.10 감독 |
| 승인된 SAM 계획에 대한 결과 전달 | 4.2.3.2.a4 | 2단계 | 프로그램 관리 | 2. 시스템 | PO4.6 역할과 책임의 확립 |

부록C. 업계 모범사례에 대한 상호참조

| KS X ISO/IEC 19770-1 주요 영역 성과 | 19770-1 참조항목 | 19770-1 단계 | IAITAM 모범사례 라이브러리 (IBPL) 주요 영역 | 일본 SAMAC 모범 사례 | CobiT 4.1 주요 영역 |
|---|---|---|---|---|---|
| 모든 부문 SAM 관리책임자가 제대로 책임을 확인하고, 조직의 모든 부문이 SAM 관리책임자 또는 부문 SAM 관리책임자에 의해 충돌되는 모순 없이 관리되는 것을 보장한다. | 4.2.3.2.a5 | 2단계 | 프로그램 관리 | 2. 시스템 | PO4.6 역할과 책임의 확립 |
| 소프트웨어와 관련자산의 기업지배구조에 대한 부문의 역할과 책임은 문서화 되고 지정된 개인에게 할당된다. 할당된 책임은 각 개인이 담당하고 있는 조직의 부문에서 다음의 사항을 포함한다. | 4.2.3.2.b | 2단계 | 프로그램 관리 | 2. 시스템 | PO4.6 역할과 책임의 확립 |
| 승인된 SAM 계획을 실행하기 위한 자원확보 | 4.2.3.2.b1 | 2단계 | 프로그램 관리 | 2. 시스템 | PO4 IT프로세스, 조직 및 관계 정의 |
| 승인된 SAM 계획에 대한 결과 전달 | 4.2.3.2.b2 | 2단계 | 프로그램 관리 | 2. 시스템 | PO4 IT프로세스, 조직 및 관계 정의 |
| 필요한 정책, 프로세스 및 절차를 채택하고 구현 | 4.2.3.2.b3 | 2단계 | 프로그램/ 정책 관리 | 2. 시스템 | PO6 경영목표 및 방침전달 |
| 소프트웨어와 관련자산의 정확한 기록 유지 | 4.2.3.2.b4 | 2단계 | 프로그램 관리 | 2. 시스템 | PO1.4 IT전략 수립 |
| 소프트웨어자산의 조달, 배포, 통제가 관리 및 기술측면에서 승인이 필요함을 확인한다. | 4.2.3.2.b5 | 2단계 | 취득관리 | 2. 시스템 | PO10.8 프로젝트 자원 |
| 계약관리 및 공급업체 관계 그리고 내부고객 관계를 관리 | 4.2.3.2.b6 | 2단계 | 프로그램/ 문서/ 공급업체 관리 | 2. 시스템 | PO4 IT프로세스, 조직 및 관계 정의 PO8.4 고객 지향성 PO10 프로젝트 관리 DS1.6 서비스 수준 계약 검토 |
| 필요성을 파악하고 개선점을 실행 | 4.2.3.2.b7 | 2단계 | 프로그램 관리 | 2. 시스템 | DS10.4 구성, 사건/사고 및 문제관리의 통합 |
| SAM의 책임은 조직 전체의 정책 및 부문 내지 부서의 정책이 전달되는 것과 같은 방식으로 SAM에 조금이라도 관련되는 모든 부문에 전파된다. | 4.2.3.2.c | 2단계 | 의사소통 및 교육관리 | 2. 시스템 | PO4.6 역할과 책임의 확립 |
| 4.2.4 SAM 정책, 프로세스 및 절차 SAM 정책, 프로세스 및 절차 프로세스의 목적은 SAM의 효과적인 계획 수립, 운용 및 통제를 보장할 수 있도록 조직이 명확한 정책, 프로세스, 절차를 유지하는 지 보장하는데 있다. ||||||
| SAM 프로세스의 정책, 프로세스 및 절차의 구현은 조직으로 하여금 다음을 입증할 수 있도록 한다. | 4.2.4.2 | | | | PO4 IT프로세스, 조직 및 관계 정의 |
| SAM 정책, 프로세스 및 절차와 관련문서의 작성, 검토, 승인, 발행, 통제를 위한 구조화된 실시수단이 존재하고, 이용 가능한 완전한 조합, 즉 각 문서의 버전에서 현재 유효한 것과 종류가 다른 소프트웨어 및 관련자산에 대해 적용이 가능한 문서를 항상 판정할 수 있도록 되어 있다. | 4.2.4.2.a | 2단계 | 정책 관리 | 1. 정책 | PO2 정보아키텍처의 정의 ME2 내부통제의 모니터링 및 평가 PO3 기술적 방향의 결정 |

| KS X ISO/IEC 19770-1 주요 영역 성과 | 19770-1 참조항목 | 19770-1 단계 | IAITAM 모범사례 라이브러리 (IBPL) 주요 영역 | 일본 SAMAC 모범 사례 | CobiT 4.1 주요 영역 |
|---|---|---|---|---|---|
| 이 표준이 요구하는 정책, 프로세스 및 절차에 관한 문서는 이 표준의 프로세스 분류를 사용하여 또는 그 분류와 상호 참조 할 수 있도록 구성된다. | 4.2.4.2.b | 2단계 | 정책관리 | 1. 정책 | PO2 정보아키텍처의 정의<br>PO2.1 전사적정보아키텍처 모델<br>PO2.3 데이터 분류 체계 |
| 최소한도 다음사항을 다룬 정책이 수립, 승인, 공표 되고 있다. | 4.2.4.2.c | 2단계 | 정책/<br>의사소통 및<br>교육 관리 | 1. 정책 | PO1 IT 전략 계획 수립<br>PO2 정보아키텍처의 정의<br>PO6 경영목표 및 방침전달<br>PO8 품질관리<br>DS7 사용자 교육 및 훈련 |
| 소프트웨어와 관련자산의 기업지배 구조에 대한 개인과 기업의 책임 | 4.2.4.2.c1 | 2단계 | 정책/<br>프로그램<br>관리 | 1. 정책 | PO1 IT 전략 계획 수립<br>PO2 정보아키텍처의 정의<br>PO4 IT프로세스, 조직<br>및 관계 정의<br>PO4.6 역할과 책임의 확립<br>PO4.7 IT품질 보증 책임 |
| 기업의 소프트웨어와 관련자산을 사적으로 이용하는 것을 제한 | 4.2.4.2.c2 | 2단계 | 정책관리 | 1. 정책 | PO4.8 위험, 보안<br>및 준수 책임 |
| 저작권 및 데이터 보호 등 포함한 법률 및 규정의 준수 요구사항 | 4.2.4.2.c3 | 2단계 | 준수/<br>정책 관리 | 1. 정책 | ME3는 외부요구사항 준수<br>PO4.8 위험, 보안<br>및 준수 책임 |
| 모든 조달 요구사항(예: 기업계약사용 또는 신뢰할 수 있고 인증된 공급업체에서만 구매) | 4.2.4.2.c4 | 2단계 | 취득/<br>정책 관리 | 1. 정책 | AI1 자동화 솔루션 도출<br>PO4.8 위험, 보안<br>및 준수 책임 |
| 구입 여부에 상관없이, 소프트웨어 사용 및 설치 승인에 대한 요구사항 | 4.2.4.2.c5 | 2단계 | 취득관리 | 1. 정책 | PO2 정보아키텍처의 정의<br>PO10 프로젝트 관리 |
| 이러한 정책을 위반한 경우 징계된다는 내용 공지 | 4.2.4.2.c6 | 2단계 | 정책관리 | 1. 정책 | ME2는 내부 통제 모니터링 및 평가<br>DS5 시스템보안 보증 |
| 정책과 절차는 다음과 같은 방식으로 모든 직원에게 전달되고 있다. (1) 신규 요원이 처음 직무에 종사할 때 기존 요원이 적어도 1년에 한번 전달하고 있다. (2)직원들이 입사할 때 그리고 적어도 1년에 한번은 요원들로부터 긍정적인 답변을 요구한다. 그리고 (3) 요원이 항상 쉽게 접근할 수 있는 상태로 둔다. | 4.2.4.2.d | 2단계 | 의사소통 및<br>교육관리 | 1. 정책,<br>3. 역량: SAM의 역량의 구축 및 유지보수,<br>5. 구현: 구현된 소프트웨어 및 관련 자산 확인 | DS7 사용자 교육 및 훈련<br>PO1 전략적 IT 계획의 정의<br>PO2 정보아키텍처의 정의<br>PO6 경영목표 및 방침전달<br>PO8 품질관리 |

| KS X ISO/IEC 19770-1 주요 영역 성과 | 19770-1 참조항목 | 19770-1 단계 | IAITAM 모범사례 라이브러리 (IBPL) 주요 영역 | 일본 SAMAC 모범 사례 | CobiT 4.1 주요 영역 |
|---|---|---|---|---|---|
| **4.2.5 SAM 역량** <br> SAM 역량 프로세스의 목적은 SAM에서 적절한 역량과 전문 지식을 활용할 수 있고 적용할 수 있는 지 보장하는데 있다. | | | | | |
| SAM 프로세스에서 역량의 구현은 조직으로 하여금 다음사항을 입증할 수 있도록 한다. | 4.2.5.2 | | | | PO6 경영목표 및 방침전달 <br> PO7 IT인적자원 관리 |
| 다음 사항에 대해 SAM 관리책임을 맡고 있는 요원의 교육훈련과 인증에 대한 가용성 및 효율성을 포함하는 검토 내용이 문서화되고 적어도 1년에 한 번 갱신된다. | 4.2.5.2.a | 2단계 | 의사소통 및 교육관리 | 3. 역량 | PO7 IT인적자원 관리 |
| SAM 일반 | 4.2.5.2.a1 | 2단계 | 의사소통 및 교육관리 | 3. 역량 | PO7 IT인적자원 관리 |
| 사용하는 소프트웨어에 대한 소프트웨어 제조사로부터의 라이선스 | 4.2.5.2.a2 | 2단계 | 의사소통 및 교육관리 | 3. 역량 | AI5 IT 자원 조달 <br> AI6 변경관리 <br> DS9 구성관리 <br> DS9.3 구성의 무결성 검토 |
| 소프트웨어 제조사에서 무엇이 "사용권계약증명서"가 되는지를 결정하기 위해 적어도 1년에 한번은 검토를 시행하고 있다. | 4.2.5.2.b | 4단계 | 준수 관리 | 3. 역량 | ME2는 내부 통제 모니터링 및 평가 <br> AI6 변경관리 <br> DS9 구성관리 <br> DS9.3 구성의 무결성 검토 |
| SAM관리 책임을 맡고 있는 담당자는 초기(구현 시)교육과 매년 공식적인 평생 교육을 포함하여 SAM 및 이와 관련되는 라이선스 교육을 모두 받는다. | 4.2.5.2.c | 2단계 | 의사소통 및 교육관리 | 3. 역량 | PO7 IT인적자원 관리 |
| 사용권계약을 준수할 수 있도록 소프트웨어 제조사에 어떤 지침이 추가로 제공되고 있는지를 확인하기 위한 검토를 적어도 1년에 한번은 시행하고 있다. | 4.2.5.2.d | 2단계 | 준수 관리 | 3. 역량 | PO1 IT 전략 계획 수립 <br> PO2 정보아키텍처의 정의 <br> PO3 기술적 방향 결정 <br> PO3.4 기술표준 <br> PO3.5 IT아키텍처 위원회 <br> PO4 IT프로세스, 조직 및 관계 정의 <br> PO4.1 IT 프로세스 프레임워크, IT 프로세스 정의 <br> PO4.8 위험, 보안 및 준수 책임 <br> PO6 경영목표 및 방침전달 <br> PO8.6 품질측정, 모니터링 및 검토 |

| KS X ISO/IEC 19770-1 주요 영역 성과 | 19770-1 참조항목 | 19770-1 단계 | IAITAM 모범사례 라이브러리 (IBPL) 주요 영역 | 일본 SAMAC 모범 사례 | CobiT 4.1 주요 영역 |
|---|---|---|---|---|---|
| **4.3 SAM 계획 및 구현프로세스**<br>SAM 계획 및 구현 프로세스의 목적은 SAM의 관리 목적이 효과적이고 효율적인 성취를 보장하는데 있다. | | | | | |
| **4.3.2 SAM 계획**<br>SAM 계획 수립 프로세스의 목적은 SAM 목적의 효과적이고 효율적인 달성을 위한 적절한 준비와 계획을 보장하기 위한 것이다. | | | | | |
| SAM 계획 수립 프로세스의 구현은 조직으로 하여금 다음을 입증할 수 있도록 한다. | 4.3.2.2 | | | | PO1 IT 전략 계획 수립<br>PO3 기술적 방향 결정<br>PO10 프로젝트 관리 |
| SAM에 대한 관리목표를 개발하고, 이사회 또는 이에 상응하는 기관에 의한 승인을 받고, 적어도 1년에 한번 갱신된다. | 4.3.2.2.a | 2단계 | 프로그램 관리 | 1. 정책 | PO4.8 위험, 보안 및 준수 책임<br>PO5 IT투자<br>PO9.6 위험실행계획의 유지보수 및 모니터링<br>AI1 자동화 솔루션 도출<br>PO6 경영목표 및 방침전달<br>ME4는 IT 거버넌스 제공 |
| SAM을 구현하고 배포하기 위한 계획(SAM 계획)이 수립되고 문서화 되며, 최소한도 1년에 한번 갱신된다. 그 계획은 다음을 포함한다. | 4.3.2.2.b | 2단계 | 프로그램 관리 | 1. 정책 | PO4.8 위험, 보안 및 준수 책임<br>PO5 IT투자<br>PO9.6 위험실행계획의 유지보수 및 모니터링<br>AI1 자동화 솔루션 도출<br>PO1 IT 전략 계획 수립 |
| 어떤 종류의 SW가 포함되는지를 설명하는 명확한 범위 지침서(모호 하지 않는 SW자산 범위); SW와 관련자산의 범위는 최종 갱신된 SAM 계획에 대한 완전성을 실제와 계획 수치를 통해 예컨대 몇 퍼센트로 나타낼 수 있다; 본 표준에 의해 요구되는 최소한도를 초과하는 자산의 범위가 있으면 그것을 포함한 관련자산의 범위 그리고 다른 조직 또는 시스템과의 인터페이스 또는 그 요구사항을 포함한다. | 4.3.2.2.b1 | 2단계 | 프로그램/<br>준수 관리 | 1. 정책 | AI1 자동화 솔루션 도출<br>DS9 구성관리 |
| 범위 내 자산(해당자산)에 어떤 정책, 프로세스 및 절차가 요구되는지에 대한 명확한 설명 | 4.3.2.2.b2 | 2단계 | 프로그램/<br>정책/취득 관리 | 1. 정책 | PO6 경영목표 및 방침전달<br>PO7 IT인적자원 관리 |
| 프로세스를 지원하기 위해 적절하게 감사하고 관리하며, SAM등의 자동화를 개선하는 방법에 대한 명확한 설명 | 4.3.2.2.b3 | 2단계 | 프로그램 관리 | 1. 정책 | PO2 정보아키텍처의 정의<br>PO3 기술적 방향 결정<br>PO8.3 개발 및 도입 표준<br>AI1 자동화 솔루션 도출 |
| 정해진 관리 목표를 달성 하는데 따르는 관련된 위험과 문제점을 식별하고, 평가하며, 관리하기 위한 접근방법의 설명 | 4.3.2.2.b4 | 2단계 | 프로그램/<br>준수/법률 관리 | 1. 정책 | PO2 정보아키텍처의 정의<br>PO3 기술적 방향 결정<br>PO8.3 개발 및 도입 표준<br>AI1 자동화 솔루션 도출<br>DS8 서비스데스크 및 사고 관리<br>DS10 문제 관리 |
| 관리보고서 준비와 검증과 준수 활동의 성과 등 정기적인 활동을 위한 일정과 책임 | 4.3.2.2.b5 | 2단계 | 프로그램 관리 | 1. 정책 | PO2 정보아키텍처의 정의<br>PO3 기술적 방향 결정<br>PO8.3 개발 및 도입 표준<br>AI1 자동화 솔루션 도출<br>ME1 IT 성과 모니터링 및 평가 |

부록C. 업계 모범사례에 대한 상호참조

| KS X ISO/IEC 19770-1 주요 영역 성과 | 19770-1 참조항목 | 19770-1 단계 | IAITAM 모범사례 라이브러리 (IBPL) 주요 영역 | 일본 SAMAC 모범 사례 | CobiT 4.1 주요 영역 |
|---|---|---|---|---|---|
| SAM 계획을 구현하는데 필요한 예산 등 자원의 특정 | 4.3.2.2.b6 | 2 단계 | 프로그램 관리 | 1. 정책 | PO2 정보아키텍처의 정의<br>PO3 기술적 방향 결정<br>PO8.3 개발 및 도입 표준<br>AI1 자동화 솔루션 도출<br>PO5 IT투자<br>DS6 비용산정 및 배분 |
| 자산관리 기록의 정확성에 대한 목표달성지표 등 SAM 계획을 기준으로 한 성취도를 측정하기 위한 성과지표 | 4.3.2.2.b7 | 2 단계 | 프로그램/ 준수 관리 | 1. 정책 | PO2 정보아키텍처의 정의<br>PO3 기술적 방향 결정<br>PO8.3 개발 및 도입 표준<br>AI1 자동화 솔루션 도출<br>ME1 IT 성과 모니터링 및 평가 |
| 계획은 회사의 이사회 또는 이에 상응하는 기관(경영진)에 의해 승인된다. | 4.3.2.2.c | 2 단계 | 프로그램 관리 | 1. 정책 | PO4.8 위험, 보안 및 준수 책임<br>PO5 IT투자<br>PO9.6 위험조치계획의 유지보수 및 모니터링<br>ME4는 IT 거버넌스 제공 |
| **4.3.3 SAM 구현**<br>SAM 도입 프로세스의 목적은 SAM의 전체 목적 및 SAM 계획을 확실하게 달성하는 것이다. | | | | | |
| SAM 구현(도입) 프로세스의 구현은 조직으로 하여금 다음을 가능하게 한다. | 4.3.3.2 | | | | |
| 부문 SAM관리 책임자의 정보를 포함하여 연중 SAM계획에 미치는 영향, 문제점 및 위험에 대한 정보를 수집하기 위한 구조가 정비되어 있다. | 4.3.3.2.a | 4 단계 | 프로그램/ 의사소통 및 교육 관리 | 2. 시스템 | AI6 변경관리<br>PO9 IT 위험 평가 및 관리<br>PO6 경영목표 및 방침전달 |
| 이사회 또는 이에 상응하는 기관에 보고하기 위해 SAM계획을 기준으로 전반적인 진행상황에 대해 자세하게 정기적 상황보고서(분기당 최소 1호)가 SAM 관리책임자에 의해 준비된다. | 4.3.3.2.b | 4 단계 | 프로그램/ 의사소통 및 교육 관리 | 2. 시스템 | ME2는 내부 통제 모니터링 및 평가<br>PO6 경영목표 및 방침전달 |
| 밝혀진 불일치에 대해 추적조사를 신속하게 실시하고 문서화한다. | 4.3.3.2.c | 4 단계 | 프로그램 관리 | 2. 시스템 | ME1 IT 성과 모니터링 및 평가<br>ME2는 내부 통제 모니터링 및 평가<br>ME3 외부 요건 준수 보장<br>ME4 IT거버넌스 제공<br>PO6 경영 목표 및 방침 전달<br>PO7 IT인적자원 관리 |

| KS X ISO/IEC 19770-1 주요 영역 성과 | 19770-1 참조항목 | 19770-1 단계 | IAITAM 모범사례 라이브러리 (IBPL) 주요 영역 | 일본 SAMAC 모범 사례 | CobiT 4.1 주요 영역 |
|---|---|---|---|---|---|
| **4.3.4 SAM 모니터링 및 검토**<br>SAM 모니터링 및 검토 프로세스의 목적은 SAM의 관리목적이 달성되는 것을 보장하는데 있다. | | | | | |
| SAM 모니터링 및 검토 프로세스의 구현은 조직이 다음을 입증할 수 있도록 한다. | 4.3.4.2 | | | | ME1 IT 성과 모니터링 및 평가 |
| 공식적인 검토가 적어도 1년에 한번 실시된다. | 4.3.4.2.a | 4 단계 | 프로그램 관리 | 3. 역량<br>4. 소유: 소유 라이선스의 확인 및 검증<br>5. 도입 | ME1 IT 성과 모니터링 및 평가 |
| SAM관리목적 및 SAM계획이 달성되고 있는지 평가 | 4.3.4.2.a1 | 4 단계 | 프로그램 관리 | 3. 역량<br>4. 소유<br>5. 도입 | ME1 IT 성과 모니터링 및 평가 |
| SAM 계획 및 SAM관련 서비스 수준 합의서에 규정된 모든 수행 측정 지표에 대한 결과 요약 | 4.3.4.2.a2 | 4 단계 | 프로그램 관리 | 3. 역량<br>4. 소유<br>5. 도입 | ME2는 내부 통제 모니터링 및 평가<br>PO8 품질관리 |
| SAM 프로세스의 적합성 검증 결과의 요약 제공 | 4.3.4.2.a3 | 4 단계 | 준수 관리 | 3. 역량<br>4. 소유<br>5. 도입 | PO8 품질관리<br>ME3는 외부요구사항 준수 |
| 상기의 기준에 따른 다음의 결론 | 4.3.4.2.a4 | 4 단계 | | 3. 역량<br>4. 소유<br>5. 도입 | |
| SAM과 연관 있는 관리자에 의해 승인된 정책이 본 표준의 목적을 위해 규정된 조직범위에 걸쳐 효과적으로 전파되는지 여부 | 4.3.4.2a4 i | 4 단계 | 정책/의사소통 및 교육 관리 | 3. 역량<br>4. 소유<br>5. 도입 | PO1 전략적 IT 계획 정의<br>PO2.4 무결성 관리<br>PO4 IT프로세스, 조직 및 관계 정의<br>PO4.14 계약직원 정책 및 절차 |
| 관리자에 의해 승인된, SAM과 연관 있는 프로세스 및 절차가 본 표준의 목적에서 규정된 조직범위에 걸쳐 효과적으로 구현되는지 여부 | 4.3.4.2a4 ii | 4 단계 | 프로그램/준수 관리 | 3. 역량<br>4. 소유<br>5. 도입 | PO1 IT 전략 계획 수립<br>PO2.4 무결성 관리<br>PO4 IT프로세스, 조직 및 관계 정의<br>PO4.14 하청인력에 대한 정책 및 절차 |
| 위의 결과로 조치해야 할 필요가 있는 확인된 위반사항과 작업의 요약 | 4.3.4.2a5 | 4 단계 | 프로그램 관리 | 3. 역량<br>4. 소유<br>5. 도입 | PO1 IT 전략 계획 수립<br>PO2.4 무결성 관리<br>PO4 IT프로세스, 조직 및 관계 정의<br>PO4.14 하청인력에 대한 정책 및 절차 |
| 소프트웨어 및 관련자산에 대한 서비스제공에 대한 개선기회의 특정 | 4.3.4.2a6 | 4 단계 | 프로그램 관리 | 3. 역량<br>4. 소유<br>5. 도입 | PO1 IT 전략 계획 수립<br>PO1.1 IT가치 관리<br>PO1.3 현재 역량 및 성과 평가<br>PO1.4 IT 전략 계획<br>PO1.5 IT 전술 계획<br>PO3 기술적 방향 결정<br>PO4.3 IT 운영위원회<br>PO4 IT프로세스, 조직 및 관계 정의 |
| 정책, 프로세스 및 절차의 지속적인 적절성, 완전성과 정확성에 대해 검토할 필요가 있는지 여부의 고려 | 4.3.4.2a7 | 4 단계 | 정책 관리 | 3. 역량<br>4. 소유<br>5. 도입 | PO9 IT 위험 평가 및 관리<br>DS9 구성 관리 |

| KS X ISO/IEC 19770-1 주요 영역 성과 | 19770-1 참조항목 | 19770-1 단계 | IAITAM 모범사례 라이브러리 (IBPL) 주요 영역 | 일본 SAMAC 모범 사례 | CobiT 4.1 주요 영역 |
|---|---|---|---|---|---|
| SAM 관리책임자는 공식적으로 보고서를 승인하고, 그 결과로 취하게 될 의사결정과 행동을 문서화하며, 이사회 또는 이에 상응하는 기관에 배포하고 있다. | 4.3.4.2.b | 4 단계 | 프로그램 관리 | 3. 역량<br>4. 소유<br>5. 도입 | PO2 정보아키텍처의 정의 |
| 비용대비 효과가 최대가 되도록 SW 및 관련자산이 제대로 배포되고 있는지에 대해 정기적인 검토(최소한 1년에 1회)후, 가능한 한 개선을 위해 권고가 이루어진다. | 4.3.4.2.c | 4 단계 | 프로그램 관리 | 3. 역량<br>4. 소유<br>5. 도입 | PO9 IT 위험 평가 및 관리<br>DS9 구성 관리 |
| **4.3.5 SAM의 지속적 개선**<br>SAM 지속적인 개선 프로세스의 목적은 소프트웨어 및 관련자산의 사용 및 SAM 프로세스 자체에서 개선 기회를 식별하고, 그것이 타당하다고 판단되는 경우에 적절히 대처하는 것을 보장하는데 있다. | | | | | |
| SAM 지속적인 개선 프로세스의 구현은 조직으로 하여금 다음을 입증할 수 있도록 한다. | 4.3.5.2 | | | | PO2 정보아키텍처의 정의<br>PO4.1 IT 프로세스 프레임워크 |
| 일내내 모든 출처로부터 발생하는 SAM에 제안된 개선을 수집하고 기록하는 구조가 있다. | 4.3.5.2.a | 4 단계 | 의사소통 및 교육 관리 | 2. 시스템<br>4. 소유 | PO2 정보아키텍처의 정의<br>PO4.1 IT 프로세스 프레임워크 |
| 개선을 위한 제안을 정기적으로 평가하고 우선순위를 정하며, SAM을 도입 및 개선하기 위한 계획을 위해 승인을 받는다. | 4.3.5.2.b | 4 단계 | 프로그램 관리 | 2. 시스템<br>4. 소유 | PO2 정보아키텍처의 정의<br>PO4.1 IT 프로세스 프레임워크 |
| **4.4 SAM 재고 프로세스**<br>SAM에 대한 재고 프로세스는 소프트웨어 및 관련자산을 전체적으로 관리함에 있어 대장과 기록을 작성 및 갱신하고 유지하는 것이다. 그리고 다른 SAM 프로세스에서 소프트웨어 및 관련자산의 관리가 통일적 임을 보장하는 데이터 관리 기능을 제공하는 것이다. SAM에 대한 재고 프로세스는 SAM에서 뿐만 아니라 모든 구성관리에서 기본이 된다. 모든 IT자산(소프트웨어 및 관련 자산뿐만 아니라) 및 이러한 모든 자산 사이의 관계를 대상으로 하는 한, 비 IT자산도 포함된다는 점에서 구성관리는 SAM의 적용범위를 넘는다고 할 것이다. IT 서비스관리를 모두 포괄하는 프로젝트의 맥락에서는 SAM의 재고 프로세스는 구성관리의 일부로 간주될 수 있다. | | | | | |
| **4.4.2 소프트웨어자산 식별**<br>소프트웨어자산 식별 프로세스의 목적은 자산의 필요한 분류를 선택하고 그룹화되어 있는지를 보장하는데 있다. 그리고 소프트웨어 및 관련자산의 효과적이고 효율적인 관리를 가능하도록 적절한 특성에 따라 정의된다. | | | | | |
| SW자산 식별 프로세스의 구현은 조직으로 하여금 다음을 입증할 수 있도록 한다. | 4.4.2.2 | | | | PO2 정보아키텍처의 정의<br>PO4.1 IT 프로세스 프레임워크<br>DS9 구성 관리 |
| 관리해야 할 자산의 종류와 그와 관련된 정보가 공식적으로 다음의 점을 근거로 정의된다. | 4.4.2.2.a | 4 단계 | | 1. 정책<br>4. 소유<br>5. 도입 | PO2 정보아키텍처의 정의<br>AI1 자동화 솔루션 식별<br>PO1.5 IT 전술 계획<br>PO5 IT 투자관리<br>PO9 IT 위험 평가 및 관리 |
| 전체 라이프사이클에서 관리가능 하고 추적가능 하다는 것을 보장 하기 위해 설정된 선택기준을 사용 하여 관리해야 할 항목을 선택하고 그룹화하며 분류하고 특정한다. | 4.4.2.2.a1 | 4 단계 | 자산식별 관리 | 1. 정책<br>4. 소유<br>5. 도입 | PO9 IT 위험 평가 및 관리<br>DS5 시스템 보안 보증<br>DS9.1 구성 저장소 및 기준 |
| 관리해야 할 항목은 다음과 같다. | 4.4.2.2.a2 | 4 단계 | | 1. 정책<br>4. 소유<br>5. 도입 | PO9 IT 위험 평가 및 관리 |
| 소프트웨어 설치 및 실행이 가능한 모든 플랫폼 | 4.4.2.2.a2 i | 4 단계 | 자산식별 관리 | 1. 정책<br>4. 소유<br>5. 도입 | PO9 IT 위험 평가 및 관리<br>PO10 프로젝트 관리<br>DS9 구성 관리 |
| 소프트웨어 최종 버전(원본) 및 배포용 버전(사본) | 4.4.2.2.a2 ii | 4 단계 | 자산식별 관리 | 1. 정책<br>4. 소유<br>5. 도입 | DS9 구성 관리 |

| KS X ISO/IEC 19770-1 주요 영역 성과 | 19770-1 참조항목 | 19770-1 단계 | IAITAM 모범사례 라이브러리 (IBPL) 주요 영역 | 일본 SAMAC 모범 사례 | CobiT 4.1 주요 영역 |
|---|---|---|---|---|---|
| 소프트웨어 빌드 및 릴리스 (원본 및 배포용 사본) | 4.4.2.2.a2iii | 4 단계 | 자산식별관리 | 1. 정책 4. 소유 5. 도입 | DS9 구성 관리 |
| 설치된 모든 소프트웨어 | 4.4.2.2.a2iv | 4 단계 | 자산식별관리 | 1. 정책 4. 소유 5. 도입 | PO10 프로젝트 관리 DS9 구성 관리 |
| 소프트웨어 버전 | 4.4.2.2.a2 v | 4 단계 | 자산식별/ 프로그램 관리 | 1. 정책 4. 소유 5. 도입 | DS9 구성 관리 |
| 범위 내에서 소프트웨어를 식별하는 방법 | 4.4.2.2.a2vi | 4 단계 | 자산식별관리 | 1. 정책 4. 소유 5. 도입 | PO10 프로젝트 관리 DS9 구성 관리 |
| 패치 및 업데이트 | 4.4.2.2.a2vii | 4 단계 | 자산식별관리 | 1. 정책 4. 소유 5. 도입 | DS9 구성 관리 |
| 기본 라이선스 및 완전히 사용 가능한 라이선스를 포함한 라이선스 | 4.4.2.2.a2viii | 4 단계 | 자산식별/ 준수 관리 | 1. 정책 4. 소유 5. 도입 | AI2 응용소프트웨어 도입 및 유지보수 |
| 사용권계약의 증빙서 | 4.4.2.2.a2 ix | 4 단계 | 준수/ 문서 관리 | 1. 정책 4. 소유 5. 도입 | AI2 응용소프트웨어 도입 및 유지보수 |
| 서면과 전자문서를 포함한 소프트웨어자산 계약서(계약조건을 포함) | 4.4.2.2.a2 x | 4 단계 | 준수/문서/ 취득 관리 | 1. 정책 4. 소유 5. 도입 | AI2 응용소프트웨어 도입 및 유지보수 |
| 상기와 관련되는 물리적 또는 전자적 저장소 | 4.4.2.2.a2 xi | 4 단계 | 자산식별관리 | 1. 정책 4. 소유 5. 도입 | PO9 IT 위험 평가 및 관리 DS9 구성 관리 |
| 라이선스 방식 | 4.4.2.2.a2 xii | 4 단계 | 준수 관리 | 1. 정책 4. 소유 5. 도입 | PO9 IT 위험 평가 및 관리 PO5 IT 투자 관리 |
| 소프트웨어는 소프트웨어 제조자 또는 개발자가 릴리스 한 구체적인 제품에 해당하는 파일과 박스제품에 의해 관리가능 하도록 한다. | 4.4.2.2.a3 | 4 단계 | 자산식별관리 | 1. 정책 4. 소유 5. 도입 | PO9 IT 위험 평가 및 관리 DS12 물리적 환경관리 |
| 모든 자산에 필요한 기본정보는 다음과 같다. | 4.4.2.2.a4 | 4 단계 | 자산식별관리 | 1. 정책 4. 소유 5. 도입 | DS9 구성 관리 |
| 고유 아이디 | 4.4.2.2.a4 i | 4 단계 | 자산식별관리 | 1. 정책 4. 소유 5. 도입 | DS9 구성 관리 |
| 명칭 및 설명 | 4.4.2.2.a4 ii | 4 단계 | 자산식별관리 | 1. 정책 4. 소유 5. 도입 | DS9 구성 관리 |
| 위치 | 4.4.2.2.a4 iii | 4 단계 | 자산식별/ 프로그램 관리 | 1. 정책 4. 소유 5. 도입 | DS9 구성 관리 |

| KS X ISO/IEC 19770-1 주요 영역 성과 | 19770-1 참조항목 | 19770-1 단계 | IAITAM 모범사례 라이브러리 (IBPL) 주요 영역 | 일본 SAMAC 모범 사례 | CobiT 4.1 주요 영역 |
|---|---|---|---|---|---|
| 관리담당자(또는 관리책임자) | 4.4.2.2.a4iv | 4 단계 | 자산식별/ 프로그램/ 취득 관리 | 1. 정책<br>4. 소유<br>5. 도입 | DS9 구성 관리 |
| 상태(예컨대, 테스트 및 생산상태, 개발 및 빌드<개발 중>인 상태) | 4.4.2.2.a4 v | 4 단계 | 자산식별/ 프로그램 관리 | 1. 정책<br>4. 소유<br>5. 도입 | DS9 구성 관리 |
| 종류(예컨대, 소프트웨어, 하드웨어, 부대설비) | 4.4.2.2.a4vi | 4 단계 | 자산식별 관리 | 1. 정책<br>4. 소유<br>5. 도입 | DS9 구성 관리 |
| 버전(해당되는 경우) | 4.4.2.2.a4vii | 4 단계 | 자산식별 관리 | 1. 정책<br>4. 소유<br>5. 도입 | DS9 구성 관리 |
| 어떤 종류의 정보가 어디에 저장되었는지 분명한 보관시설과 재고장부가 존재한다. 그리고 여기에는 정보의 복제시킨 최종버전 소스의 기록까지 거슬러 올라갈 경우에만 허용된다. | 4.4.2.2.b | 4 단계 | 자산식별/ 문서관리 | 4. 소유<br>5. 도입 | DS9 구성 관리<br>DS12 물리적 환경관리 |
| **4.4.3 소프트웨어자산 - 재고관리**<br>소프트웨어자산 재고관리 프로세스의 목적은 소프트웨어자산의 물리적 실체가 적정하게 저장 되었는지 와 모든 자산 및 구성항목의 특성에 대해 필요한 데이터가 생명주기에 걸쳐 정확하게 기록되었는지를 보장하는데 있다. | | | | | |
| 소프트웨어자산 재고관리 프로세스의 도입은 조직으로 하여금 다음을 입증할 수 있도록 한다. | 4.4.3.2 | | | | DS13.4 중요한 문서 및 출력 장치 |
| 다음과 같은 접근통제를 포함한 재고 및 물리적 또는 전자적 보관장치의 관리와 유지를 포함한 정책 및 절차가 수립되고 승인되며 발행된다. | 4.4.3.2.a | 1 단계 | 정책/ 의사소통 및 교육 관리 | 4. 소유<br>5. 도입 | DS9 구성 관리<br>DS13.4 중요문서 및 출력 장치 |
| 허용되지 않은 접근, 변경 또는 손상으로부터 보호 | 4.4.3.2.a1 | 1 단계 | 정책관리 | 4. 소유<br>5. 도입 | PO7.8 직무 변경 및 퇴직<br>DS5.3 ID 관리 |
| 재해복구 수단의 제공 | 4.4.3.2.a2 | 1 단계 | 문서관리 | 4. 소유<br>5. 도입 | DS4.1 IT 연속성구조 (프레임워크) |
| 재고로 다음의 것이 있다. | 4.4.3.2.b | 1 단계 | | 4. 소유<br>5. 도입 | |
| 소프트웨어 자산의 설치 또는 실행이 가능한 모든 장치와 플랫폼 | 4.4.3.2.b1 | 1 단계 | 자산식별 관리 | 4. 소유<br>5. 도입 | DS9 구성 관리<br>PO10 프로젝트 관리 |
| 허가를 얻어 설치된 모든 소프트웨어는 설치된 모든 플랫폼에 따라 다음 사항을 보여준다. | 4.4.3.2.b2 | 1 단계 | 자산식별 관리 | 4. 소유<br>5. 도입 | DS9 구성 관리<br>PO10 프로젝트 관리 |
| 보유하고 있는 기본라이선스와 유효한 정식 라이선스 | 4.4.3.2.b3 | 1 단계 | 자산식별/ 문서 관리 | 4. 소유<br>5. 도입 | PO9 IT 위험 평가 및 관리<br>DS9 구성 관리 |
| 재고와 해당 물리적/전자적 저장 대상은 다음과 같다. | 4.4.3.2.c | 1 단계 | 자산식별 관리 | 4. 소유<br>5. 도입 | PO9 IT 위험 평가 및 관리<br>DS9 구성 관리 |
| 소프트웨어(최종 마스터 버전과 배포용 사본) | 4.4.3.2.c1 | 1 단계 | 자산식별 관리 | 4. 소유<br>5. 도입 | PO9 IT 위험 평가 및 관리<br>DS9 구성 관리 |

| KS X ISO/IEC 19770-1 주요 영역 성과 | 19770-1 참조항목 | 19770-1 단계 | IAITAM 모범사례 라이브러리 (IBPL) 주요 영역 | 일본 SAMAC 모범 사례 | CobiT 4.1 주요 영역 |
|---|---|---|---|---|---|
| 소프트웨어 빌드와 릴리스 (원본 및 배포용 사본) | 4.4.3.2.c2 | 4 단계 | 자산식별 관리 | 4. 소유 5. 도입 | PO9 IT 위험 평가 및 관리 DS9 구성 관리 |
| 소프트웨어 자산에 대한 계약 (문서 버전 및 전자 버전 모두) | 4.4.3.2.c3 | 1 단계 | 자산식별/ 문서 관리 | 4. 소유 5. 도입 | PO9 IT 위험 평가 및 관리 DS9 구성 관리 |
| 라이선스 계약의 증빙서 | 4.4.3.2.c4 | 1 단계 | 문서관리 | 4. 소유 5. 도입 | PO9 IT 위험 평가 및 관리 DS9 구성 관리 PO5 IT 투자관리 AI1 자동화 솔루션 도출 AI2 응용소프트웨어 도입 및 유지보수 |
| 재고나 명확하게 정의된 분석 또는 측정방법은 SW 설치 이외의 다른 기준에 따른 라이선스 사용현황을 결정하기 위해 존재한다. | 4.4.3.2.d | 1 단계 | 자산식별/ 프로그램 관리 | 5. 도입 | PO9 IT 위험 평가 및 관리 PO10 프로젝트 관리 |
| 상기의 자원을 계속해서 안정적으로 이용 가능하게 하기 위한 조치를 취한다. | 4.4.3.2.e | 4 단계 | 문서관리 | 4. 소유 5. 도입 | PO5 IT 투자관리 AI1 자동화 솔루션 도출 |
| 생성된 각 재고 보고서에는 해당 정체성과 목적 및 데이터 소스를 포함한 명확한 설명이 있다. | 4.4.3.2.f | 4 단계 | 자산식별 관리 | 4. 소유 5. 도입 | PO5 IT 투자관리 AI1 자동화 솔루션 도출 DS13.4 중요문서 및 출력장치 |
| **4.4.4 소프트웨어자산 통제** 소프트웨어자산 통제 프로세스의 목적은 소프트웨어자산과 소프트웨어 및 관련자산의 변경에 대한 통제 매커니즘을 제공하는데 있다. 그러한 과정에서 상황 및 승인에 대한 변경기록을 유지하는 것이 필요하다. | | | | | |
| 소프트웨어자산 통제 프로세스의 구현은 조직으로 하여금 다음을 입증할 수 있도록 한다. | 4.4.4.2 | | | | |
| 감사추적이 상황, 장소, 관리자임무 및 버전을 포함한 SW 및 관련자산에 대한 변경내용에 대하여 지속적으로 유지된다. | 4.4.4.2.a | 4 단계 | 자산식별/ 프로그램 관리 | 4. 소유 5. 도입 | AI 7 솔루션 및 변경의 설치와 인증 AI 7.5 시스템 및 데이터 변환 DS9 구성 관리 |
| 소프트웨어 버전, 설치 이미지와 빌드 및 릴리스의 개발과 관리 및 유지보수를 위한 정책과 절차가 개발되고, 승인되며, 발행된다. | 4.4.4.2.b | 4 단계 | 정책/ 의사소통 및 교육 관리 | 4. 소유 | PO1 IT 전략 계획 수립 PO2.4 무결성 관리 PO4 IT 프로세스, 조직 및 관계 정의 PO4.14 하청인력에 대한 정책 및 절차 DS9 구성 관리 |
| 실제 배포에 대한 후속검사에 사용할 수 있는 방식으로 실제환경에 소프트웨어 출시 전에 적절한 기준을 요구할 정책과 절차가 수립되고 승인되며 발행된다. | 4.4.4.4.c | 4 단계 | 정책/ 의사소통 및 교육 관리 | 4. 소유 | PO1 IT 전략 계획 수립 PO2.4 무결성 관리 PO4 IT 프로세스, 조직 및 관계 정의 PO4.14 하청인력에 대한 정책 및 절차 DS9 구성 관리 |
| **4.5 SAM 검증 및 준수 프로세스** SAM 검증 및 준수 프로세스의 목적은 사용권계약의 권리를 포함하여 SAM 정책, 프로세스 및 절차에 대한 모든 위반사항을 발견하고 관리하는데 있다. SAM 검증 및 준수 프로세스는 조직의 중요한 기능이다. 이 기능은 조직 자체적으로 행하는 자체감사 및 자체 평가 프로세스를 이르는 것이며, 유사성이 있다 할 지라도 외부업체(제조사)에 의해 시행되는 감사와 다르다. 전체적인 SAM 프로세스의 적절한 기능에 대해, 그리고 그 기능에 의존하는 IT서비스 관리 프로세스에 대해 정기적으로 실시할 필요가 있다. | | | | | |

부록 C. 업계 모범사례에 대한 상호참조

| KS X ISO/IEC 19770-1 주요 영역 성과 | 19770-1 참조항목 | 19770-1 단계 | IAITAM 모범사례 라이브러리 (IBPL) 주요 영역 | 일본 SAMAC 모범 사례 | CobiT 4.1 주요 영역 |
|---|---|---|---|---|---|
| **4.5.2 소프트웨어자산 기록 검증**<br>소프트웨어자산 기록 검증 프로세스의 목적은 기록하려고 한 기록을 정확하고 완전하게 반영하고, 반대로 기록한 것은 승인절차 없이는 변경되지 않는다는 것을 보장하는데 있다. | | | | | |
| 소프트웨어자산 기록 검증 프로세스의 구현은 조직으로 하여금 다음을 입증할 수 있도록 한다. | 4.5.2.2 | | | | PO1 IT 전략 계획 수립<br>PO3 기술적 방향 결정<br>PO10 프로젝트 관리<br>DS9 구성 관리<br>ME2 내부통제 모니터링 및 평가 |
| 소프트웨어자산 기록검증 프로세스에 대해 다음과 같은 절차가 수립되고, 승인되며 발행된다. | 4.5.2.2.a | 1 단계 | 프로그램/<br>준수 관리 | 4. 소유<br>5. 도입 | PO1 IT 전략 계획 수립<br>PO2.4 무결성 관리<br>PO4 IT 프로세스, 조직 및 관계 정의<br>PO4.14 하청인력에 대한 정책 및 절차 |
| 범위가 정의되거나 변경될 때 마다, 조직 및 SW 범위는 비즈니스 요구사항에 부합되도록 보장하기 위해 계약 및 구매내역의 제시를 통해 해당 범위의 유효성 검사를 한다. | 4.5.2.2a1 | 1 단계 | 프로그램/<br>준수 관리 | 4. 소유<br>5. 도입 | PO1 IT 전략 계획 수립<br>PO2.4 무결성 관리<br>PO4 IT 프로세스, 조직 및 관계 정의<br>PO4.14 하청인력에 대한 정책 및 절차 |
| 각 플랫폼에 설치되어 있는 것과 설치 승인이 부여된 것과의 조정이 적어도 분기에 1회 열린다. 위 조정에서는 종전의 조정이 있은 뒤에 변경된 것과 현재 설치된 것에서 확인된 위반사항에 대한 보고도 한다. | 4.5.2.2a2 | 1 단계 | 프로그램/<br>준수/<br>자산식별<br>관리 | 4. 소유<br>5. 도입 | DS9 구성 관리<br>ME2 내부통제 모니터링 및 평가<br>PO9 IT 위험 평가 및 관리<br>PO10 프로젝트 관리 |
| 확인된 위반사항의 보고를 포함하여 하드웨어 재고가 적어도 6개월에 1회 설치장소를 포함하여 검증된다. | 4.5.2.2a3 | 1 단계 | 프로그램/<br>준수/<br>자산식별<br>관리 | 4. 소유<br>5. 도입 | DS9 구성 관리<br>ME2 내부통제 모니터링 및 평가<br>PO5 IT 투자관리<br>AI1 자동화 솔루션 도출<br>DS13.4 중요문서 및 출력장치 |
| 확인된 위반사항의 보고를 포함하여 SW 프로그램(최종 버전 및 배포용 사본)의 재고가 적어도 6개월에 1회 검증된다. | 4.5.2.2a4 | 4 단계 | 자산식별<br>관리 | 4. 소유<br>5. 도입 | AI2 응용소프트웨어 도입 및 유지보수<br>DS9 구성 관리<br>ME2 내부통제 모니터링 및 평가<br>PO5 IT 투자관리<br>AI1 자동화 솔루션 도출<br>DS13.4 중요문서 및 출력장치 |
| 확인된 위반사항의 보고를 포함하여 SW 빌드(원본 및 배포용 사본)의 재고가 적어도 6개월에 1회 검증된다. | 4.5.2.2a5 | 4 단계 | 자산식별<br>관리 | 4. 소유<br>5. 도입 | AI2 응용소프트웨어 도입 및 유지보수<br>DS9 구성관리<br>ME2 내부통제 모니터링 및 평가 |
| 확인된 위반사항의 보고를 포함하여 라이선스 계약을 증명하는 문서의 물리적 보관물이 적어도 년 1회 (그 진위 포함) 검증된다. | 4.5.2.2a6 | 4 단계 | 문서관리 | 4. 소유<br>5. 도입 | PO9 IT 위험 평가 및 관리<br>DS9 구성 관리 |
| 필요한 수의 기본 라이선스가 있고 그 수가 중복 계산되지 않는다는 것을 보장하기 위해 사용 라이선스의 기준 및 기본 라이선스에서 활성화 라이선스 계산은 적어도 1년에 한번 검토가 이루어진다. | 4.5.2.2a7 | 4 단계 | 준수/<br>취득 관리 | 4. 소유<br>5. 도입 | PO9 IT 위험 평가 및 관리<br>DS9 구성 관리 |

| KS X ISO/IEC 19770-1 주요 영역 성과 | 19770-1 참조항목 | 19770-1 단계 | IAITAM 모범사례 라이브러리 (IBPL) 주요 영역 | 일본 SAMAC 모범 사례 | CobiT 4.1 주요 영역 |
|---|---|---|---|---|---|
| 확인된 위반사항의 보고를 포함하여 소프트웨어자산 관련 계약문서의 물리적 보관물에 대해 그 완전성이 적어도 1년에 한번 검증된다. | 4.5.2.2.a8 | 1 단계 | 문서 관리 | 4. 소유 5. 도입 | PO9 IT 위험 평가 및 관리 DS9 구성 관리 |
| 확인된 위반사항의 보고를 포함하여 보관된 계약서가 적어도 1년에 한번 검증된다. | 4.5.2.2.a9 | 1 단계 | 문서/ 자산식별 관리 | 4. 소유 5. 도입 | PO5 IT 투자관리 AI1 자동화 솔루션 도출 DS13.4 민감한 문서 및 출력장치 PO5 IT 투자관리 AI1 자동화 솔루션 도출 DS13.4 민감한 문서 및 출력장치 |
| 잘못된 청구서와 초과지불을 식별할 목적으로 과거의 송장을 정기적으로 검토한다. | 4.5.2.2.a10 | 2 단계 | 재무 관리 | 4. 소유 5. 도입 | ME2 내부통제 모니터링 및 평가 ME3 외부 요구사항의 준수 DS2 외부업체 서비스 관리 |
| 위에 명시된 모순 또는 문제에 대한 후속 조치가 일어나고, 문서화 된다. | 4.5.2.2.a11 | 1-4 단계 | 프로그램 관리 | 4. 소유 5. 도입 | DS5 시스템 보안 확보 DS10 문제관리 ME3.4 준수의 긍정적인 보증 |

### 4.5.3 소프트웨어 사용권계약 준수

소프트웨어 사용권계약의 준수 프로세스의 목적은 조직에 있는 개인 사용자가 보유하고 있지만 조직에서 사용하는 소프트웨어 및 관련자산과 관련된 모든 지적재산권에 대하여 조직이 적정하게 라이선스를 받은 한편, 계약조건에 따라 사용하는 것을 보장 하는데 있다.

| KS X ISO/IEC 19770-1 주요 영역 성과 | 19770-1 참조항목 | 19770-1 단계 | IAITAM 모범사례 라이브러리 (IBPL) 주요 영역 | 일본 SAMAC 모범 사례 | CobiT 4.1 주요 영역 |
|---|---|---|---|---|---|
| 소프트웨어 사용권계약 준수 프로세스의 구현은 조직으로 하여금 다음을 입증할 수 있도록 한다. | 4.5.3.2 | 1 단계 | | | PO1 IT 전략 계획 수립 PO3 기술적 방향 결정 PO10 프로젝트 관리 |
| 절차가 소프트웨어 라이선스 준수 프로세스에 의해 다음과 같이 개발되고 승인되며, 발행된다. | 4.5.3.2.a | 1 단계 | | 4. 소유 5. 도입 | PO1 IT 전략 계획 수립 PO2.4 무결성 관리 PO4 IT 프로세스, 조직 및 관계 정의 PO4.14 하청인력에 대한 정책 및 절차 |
| 사용권 계약조건에 따라 라이선스 요청이 결정됨을 감안하여 사용하는 소프트웨어에 대한 필요라이선스와 보유하고 있는 유효한 라이선스간 일치 작업을 적어도 분기에 1회 조정을 실시한다. | 4.5.3.2.a1 | 1 단계 | 준수/ 자산식별 관리 | 4. 소유 5. 도입 | PO9 IT 위험 평가 및 관리 DS9 구성 관리 |
| 조정에서 판정된 불일치는 정확하게 기록하고 분석하여, 근본원인을 규명한다. | 4.5.3.2.a2 | 1 단계 | 준수/ 자산식별 관리 | 4. 소유 5. 도입 | DS10 문제 관리 PO4.8 위험, 보안 및 준수 책임 |
| 후속조치의 우선순위가 정해지고 실행된다. | 4.5.3.2.a3 | 1 단계 | 프로그램/ 자산식별 관리 | 4. 소유 5. 도입 | PO4.8 위험, 보안 및 준수 책임 |

| KS X ISO/IEC 19770-1 주요 영역 성과 | 19770-1 참조항목 | 19770-1 단계 | IAITAM 모범사례 라이브러리 (IBPL) 주요 영역 | 일본 SAMAC 모범 사례 | CobiT 4.1 주요 영역 |
|---|---|---|---|---|---|
| **4.5.4 소프트웨어자산 보안준수**<br>소프트웨어자산 보안준수 프로세스의 목적은 소프트웨어 및 관련자산의 사용에 대한 보안요구 사항의 준수를 보장 하는데 있다. ||||||
| 소프트웨어 보안준수 프로세스의 구현은 조직으로 하여금 다음을 입증할 수 있도록 한다. | 4.5.4.2 | | | | PO1 IT 전략 계획 수립<br>PO3 기술적 방향 결정<br>PO10 프로젝트 관리<br>DS5 시스템 보안 보증 |
| 보안정책 위반사항을 발견하기 위해 적어도 매년 1회 검토를 실시한다. 여기서 검증은 소프트웨어 최종 마스터 버전 및 배포용 사본에 대한 접근 통제와 사용자 또는 사용자그룹을 지정할 설치/사용 권한을 확인한다. | 4.5.4.2.a | 3 단계 | 정책 관리 | 4. 소유<br>7. 보안:<br>보안 요구 사항 준수 | PO9 IT 위험 평가 및 관리<br>DS9 구성 관리 |
| 이러한 검토를 통해 확인된 불일치 사항에 대해 후속조치를 하고 문서화한다. | 4.5.4.2.b | 4 단계 | 정책/<br>프로그램 관리 | 4. 소유<br>7. 보안 | PO4.8 위험, 보안 및 준수 책임 |
| **4.5.5 SAM의 적합성 검증**<br>SAM의 적합성 검증 프로세스의 목적은 요청된 정책 및 절차의 준수를 포함하여 본 표준의 요구사항을 지속적으로 준수하는 것을 보장 하는데 있다. ||||||
| SAM 프로세스의 적합성 검증 프로세스의 구현은 조직으로 하여금 다음을 입증할 수 있도록 한다. | 4.5.5.2 | | | | PO1 IT 전략 계획 수립<br>PO3 기술적 방향 결정<br>PO10 프로젝트 관리<br>ME2 내부통제 모니터링 및 평가<br>ME3 외부 요구사항의 준수 |
| 본 표준의 관련단계 준수를 검증하기 위한 정책 및 절차가 수립되고 승인되어 발행되고, 적어도 샘플단위로 매년 본 표준에 규정된 모든 요구사항을 기준으로 하는 검증을 확실히 실시한다. 여기서는 다른 SAM 프로세스에 대해 조직의 실시단계나 해당 지시사항이 본 표준에 규정된 요구사항을 충족하는지에 대한 검증을 포함해야 한다. | 4.5.5.2.a | 1-4 단계 | 준수/<br>정책/의사 소통 및 교육 관리 | 1. 정책 | ME2 내부통제 모니터링 및 평가<br>ME3 외부 요구사항의 준수<br>PO1 IT 전략 계획 수립<br>PO2.4 무결성 관리<br>PO4 IT 프로세스, 조직 및 관계 정의<br>PO4.14 하청인력에 대한 정책 및 절차 |
| 다음의 것을 입증하는 문서가 있다.<br>(a) 위의 검증 절차가 실행되고 있다.<br>(b) 확인된 모든 위반사항의 원인이 완전히 규명될 때까지 적절한 후속조치를 취하고 있다. | 4.5.5.2.b | 1-4 단계 | 준수/<br>문서 관리 | 1. 정책 | ME2 내부통제 모니터링 및 평가<br>ME3 외부 요구사항의 준수<br>PO4.8 위험, 보안 및 준수 책임 |

| KS X ISO/IEC 19770-1 주요 영역 성과 | 19770-1 참조항목 | 19770-1 단계 | IAITAM 모범사례 라이브러리 (IBPL) 주요 영역 | 일본 SAMAC 모범 사례 | CobiT 4.1 주요 영역 |
|---|---|---|---|---|---|
| 4.6 SAM 운영관리 프로세스 및 인터페이스<br>SAM 운영관리 프로세스 및 인터페이스의 목적은 SAM 전체의 목표와 이익을 달성하기 위해 필수적인 운영관리 기능을 수행하는데 있다. | | | | | |
| 4.6.2 SAM 관계 및 계약관리<br>SAM 관계 및 계약관리 프로세스의 목적은 외부와 내부 등 다른 조직 관계를 관리하는데 있고, 완벽하고 우수한 SAM 서비스의 제공을 보장하며, 소프트웨어 및 관련자산 그리고 서비스에 대한 모든 계약을 관리하는데 있다. | | | | | |
| SAM의 관계 및 계약관리 프로세스의 구현은 조직으로 하여금 다음을 입증할 수 있도록 한다. | 4.6.2.2 | | | | PO1 IT 전략 계획 수립<br>PO3 기술적 방향 결정<br>PO10 프로젝트 관리 |
| 소프트웨어 및 관련자산과 서비스를 제공하는 공급업체와의 관계를 관리하기 위하여 다음과 같은 정책 및 절차가 수립되고 승인되어 발행된다. | 4.6.2.2.a | 3 단계 | 공급업체 관리 | 8. 운영관리:SAM 운영관리 프로세스 | AI5 IT 자원 조달<br>PO1 IT 전략 계획 수립<br>PO2.4 무결성 관리<br>PO4 IT 프로세스, 조직 및 관계 정의<br>PO4.14 하청인력에 대한 정책,절차 |
| 각 공급업체 관리에 대한 명확한 전반적 책임을 가지고 지정된 개인과 함께 공급업체 관리에 대한 책임의 정의 | 4.6.2.2.a1 | 3 단계 | 공급업체 관리 | 8. 운영관리 | AI5 IT 자원 조달<br>PO2 정보아키텍처 정의<br>PO3 기술적 방향 결정<br>PO4 IT 프로세스, 조직 및 관계 정의<br>AI1 자동화 솔루션 도출<br>DS2 외부업체 서비스 관리 |
| 소프트웨어 및 관련자산의 공급에 관한 입찰 안내서 책정; 이 프로세스가 서비스 수준관리, 보안관리, 릴리스 및 변경관리 등 SAM 요구사항의 검토를 포함하고 있는 지를 보장한다. | 4.6.2.2.a2 | 3 단계 | 취득/준수/프로그램 관리 | 8. 운영관리 | DS2 외부업체 서비스 관리 |
| 문서화된 결론 및 강구해야 할 대책에 관한 결정 사항에 일치하는 공급자의 수행능력과 성적 그리고 문제점에 관하여 적어도 6개월에 1회 공식적인 검토 문서 필요 | 4.6.2.2.a3 | 3 단계 | 공급업체 관리 | 8. 운영관리 | DS2 외부업체 서비스 관리 |
| 고객 측의 관계를 관리하기 위해 다음과 같은 정책 및 절차가 수립되고 승인되어 발행된다. | 4.6.2.2.b | 4 단계 | | 8. 운영관리 | PO1 IT 전략 계획 수립<br>PO2.4 무결성 관리<br>PO4 IT 프로세스, 조직 및 관계 정의<br>PO4.14 하청인력에 대한 정책,절차 |
| SW 및 관련자산과 서비스와 관련하여 고객 측과의 관계를 관리하기 위한 책임의 정의 | 4.6.2.2.b1 | 4 단계 | 취득/공급업체 관리 | 8. 운영관리 | DS1 서비스 수준의 정의 및 관리<br>PO8 품질 관리 |
| 고객 및 사업전체의 현재와 미래에 대한 SW 요구사항에 대하여 적어도 1년에 한번 정식 검토 | 4.6.2.2.b2 | 4 단계 | 프로그램 관리 | 8. 운영관리 | DS1 서비스 수준의 정의 및 관리<br>PO8 품질 관리<br>PO9 IT 위험 평가 및 관리<br>DS9 구성 관리 |
| 문서화된 결론과 강구해야 할 대책에 관한 결정관련, 공급자의 수행능력과 성적 그리고 문제점에 관하여 적어도 1년에 한번 공식적인 검토 문서 필요 | 4.6.2.2.b3 | 4 단계 | 공급업체/프로그램 관리 | 8. 운영관리 | DS1 서비스 수준의 정의 및 관리<br>PO8 품질 관리<br>ME1 IT 성과 모니터링,평가<br>PO9 IT 위험 평가 및 관리<br>DS9 구성 관리 |

| KS X ISO/IEC 19770-1 주요 영역 성과 | 19770-1 참조항목 | 19770-1 단계 | IAITAM 모범사례 라이브러리 (IBPL) 주요 영역 | 일본 SAMAC 모범 사례 | CoBiT 4.1 주요 영역 |
|---|---|---|---|---|---|
| 계약을 관리하기 위하여 다음과 같은 정책 및 절차가 수립되고 승인되어 발행된다. | 4.6.2.2.c | 3 단계 | | 8. 운영 관리 | |
| 계약이 서명되면 계약 세부 사항은 실행중인 계약관리시스템에 기록되는 것을 확실히 함. | 4.6.2.2.c1 | 3 단계 | 취득/준수/ 정책/ 공급업체 관리 | 8. 운영 관리 | DS2 외부업체 서비스 관리 |
| 서명된 계약문서의 사본은 문서관리 시스템에 저장된 사본과 함께 안전하게 보관한다. | 4.6.2.2.c2 | 3 단계 | 문서 관리 | 8. 운영 관리 | DS2 외부업체 서비스 관리 |
| 문서화된 결론과 강구해야 할 대책에 관한 결정관련, 공급자의 수행능력과 성적 그리고 문제점에 관하여 적어도 6개월에 한번 공식적인 검토 문서 필요 | 4.6.2.2.c3 | 3 단계 | 준수/ 공급업체 관리 | 8. 운영 관리 | ME2 내부통제 모니터링 및 평가 |

### 4.6.3 SAM 재무관리
SAM 재무관리 프로세스의 목적은 소프트웨어 및 관련자산에 대한 예산 편성 및 회계처리에 있고, 재무보고, 세금계획, 소유자산 총비용과 투자수익 등 계산을 위해 관련 재무정보가 즉시 활용될 수 있도록 보장하는 데 있다.

| KS X ISO/IEC 19770-1 주요 영역 성과 | 19770-1 참조항목 | 19770-1 단계 | IAITAM 모범사례 라이브러리 (IBPL) 주요 영역 | 일본 SAMAC 모범 사례 | CoBiT 4.1 주요 영역 |
|---|---|---|---|---|---|
| SAM 재무관리 프로세스의 구현은 조직으로 하여금 다음을 입증할 수 있도록 한다. | 4.6.3.2 | | | | PO1 IT 전략 계획 수립<br>PO3 기술적 방향 결정<br>PO10 프로젝트 관리<br>PO5 IT 투자관리 |
| 소프트웨어 및 관련자산의 관리와 관련된 재무정보의 정의는 해당 관계자들 사이에서 합의된 자산의 종류별로 문서화 한다. | 4.6.3.2.a | 3 단계 | 재무/ 프로그램 관리 | 8. 운영 관리 | PO5 IT 투자관리<br>AI1 자동화 솔루션 도출<br>DS6 비용의 산정 및 배분 |
| 공식적 예산은 소프트웨어 자산 (외부 또는 내부) 취득 및 관련지원과 인프라 비용을 위해서 반영한다. | 4.6.3.2.b | 3 단계 | 재무/ 프로그램 관리 | 8. 운영 관리 | PO5 IT 투자관리<br>DS6 비용의 산정 및 배분 |
| 소프트웨어 자산과 관련지원 및 인프라 비용의 실제 지출이 예산을 기준으로 회계처리 한다. | 4.6.3.2.c | 3 단계 | 재무/ 프로그램 관리 | 6. 비용 최적화<br>8. 운영 관리 | PO5 IT 투자관리<br>AI1 자동화 솔루션 식별<br>DS6 비용의 식별 및 할당 |
| 소프트웨어자산 가치(취득원가 및 감가상각 된 비용을 포함)에 대해 명확하게 문서화된 재무 정보를 즉시 얻을 수 있다. | 4.6.3.2.d | 3 단계 | 문서 관리 | 6. 비용 최적화<br>8. 운영 관리 | DS6 비용의 산정 및 배분 |
| 문서화된 결론과 강구해야 할 대책에 관한 결정과 함께 예산을 기준으로 한 실제 지출의 공식문서 후기가 적어도 분기에 한번 진행되며 문서화하고 있다. | 4.6.3.2.e | 3 단계 | 재무 관리 | 8. 운영 관리 | PO5 IT 투자관리 |
| 라이선스 최적화는 라이선스 비용 관리자의 비용 대 수익 분석의 구성과 개선권고사항의 결과를 통하여 수행된다. | 4.6.3.2.f | 3 단계 | 자산식별/ 프로그램 관리 | 6. 비용 최적화 | PO2 정보아키텍처 정의<br>PO4.1 IT 프로세스 프레임워크 |

| KS X ISO/IEC 19770-1 주요 영역 성과 | 19770-1 참조항목 | 19770-1 단계 | IAITAM 모범사례 라이브러리 (IBPL) 주요 영역 | 일본 SAMAC 모범 사례 | CobiT 4.1 주요 영역 |
|---|---|---|---|---|---|
| **4.6.4 SAM 서비스 수준관리**<br>SAM 서비스 수준관리 프로세스의 목적은 SAM관련 서비스 수준을 정의하고, 기록하며, 관리하는데 있다. | | | | | |
| SAM 서비스 수준관리 프로세스의 구현은 조직으로 하여금 다음을 입증할 수 있도록 한다. | 4.6.4.2 | | | | DS1 서비스 수준의 정의 및 관리<br>PO1 IT 전략 계획 수립<br>PO3 기술적 방향 결정<br>PO10 프로젝트 관리 |
| SAM 범위 내에서 실시되는 서비스에 대해 서비스 수준계약 및 지원계약이 책정되고 승인된다. 그것은 다음과 같다. | 4.6.4.2.a | 3 단계 | | 8. SAM 운영관리 프로세스 | PO1 IT 전략 계획 수립<br>PO1.1 IT 가치 관리 |
| 소프트웨어의 취득, 설치, 이동 및 소프트웨어 자산과 관련된 자산의 변화에 관한 서비스가 해당 서비스 수준의 목표와 작업부하의 특성과 함께 관계부서안에 합의한다. | 4.6.4.2.a1 | 3 단계 | 취득/프로그램 관리 | 8. SAM 운영관리 프로세스 | AI6 변경관리<br>PO9 IT 위험 평가 및 관리<br>PO10 프로젝트 관리 |
| SAM 관련하여 고객과 사용자의 의무와 책임은 서비스 수준계약서에서 정의되거나 참고가 된다. | 4.6.4.2.a2 | 3 단계 | 프로그램 관리 | 8. SAM 운영관리 프로세스 | DS1 서비스 수준의 정의 및 관리<br>PO1 IT 전략 계획 수립<br>PO1.1 IT 가치 관리 |
| SAM 목표를 기준으로 했을 때 실제 작업부하 및 서비스 수준은 정기적 (분기당 최소 1회)으로 보고되고, 부적합에 대한 이유를 문서화 한다. | 4.6.4.2.b | 3 단계 | 프로그램/준수 관리 | 8. SAM 운영관리 프로세스 | PO7 IT인적자원 관리<br>ME1 IT 성과 모니터링 및 평가 |
| SAM 서비스 수준에 대한 성능을 검토하기 위하여 관계부서에서 정기적 (분기당 최소 1회) 검토를 하여 취해야 할 대책에 대한 결정을 문서화 한다. | 4.6.4.2.c | 3 단계 | 프로그램/준수/공급업체 관리 | 8. SAM 운영관리 프로세스 | DS1 서비스 수준의 정의 및 관리<br>ME1 IT 성과 모니터링 및 평가 |
| **4.6.5 SAM 보안관리**<br>SAM 보안관리 프로세스의 목적은 모든 SAM활동에서 정보보안을 효율적으로 관리하고 SAM관련 승인에 대한 요구사항을 지원하는데 있다. | | | | | |
| SAM 보안관리 프로세스의 구현은 조직으로 하여금 다음을 입증할 수 있도록 한다. | 4.6.5.2 | | | | PO1 IT 전략 계획 수립<br>PO3 기술적 방향 결정<br>PO10 프로젝트 관리<br>DS5 시스템 보안 보증 |
| 소프트웨어의 물리적, 전자적 저장소 및 소프트웨어 빌드 그리고 릴리스를 포함하여 모든 SAM 자원에 대한 보안과 접근제한에 관한 공식적인 정책을 수립하고 승인한다. | 4.6.5.2..a | 4 단계 | 정책 관리 | 8. SAM 운영관리 프로세스 | PO2.3 데이터 분류 체계<br>DS5.3 ID 관리 |
| SAM 정책의 승인에 대한 요구사항을 수행하기 위하여 물리적 및 논리적인 접근통제를 특정한다. | 4.6.5.2.b | 4 단계 | 정책 관리 | 8. SAM 운영관리 프로세스 | PO2.3 데이터 분류 체계<br>DS5.3 ID 관리 |
| 이러한 특정된 접근통제가 실시되고 있다는 증빙 문서가 있다. | 4.6.5.2.c | 4 단계 | 정책/준수 관리 | 8. SAM 운영관리 프로세스 | PO2.3 데이터 분류 체계<br>DS5.3 ID 관리 |

부록 C. 업계 모범사례에 대한 상호참조

| KS X ISO/IEC 19770-1 주요 영역 성과 | 19770-1 참조항목 | 19770-1 단계 | IAITAM 모범사례 라이브러리 (IBPL) 주요 영역 | 일본 SAMAC 모범 사례 | CobiT 4.1 주요 영역 |
|---|---|---|---|---|---|
| 4.7 SAM 라이프사이클 프로세스 인터페이스<br>SAM에 대한 생명주기 프로세스 인터페이스는 SAM과 관련해서는 KS X ISO/IEC 12207의 생명주기 프로세스 및 KS X ISO/IEC 20000 표준 군의 프로세스와 거의 일치하고 있다. 이 표준은 이러한 생명주기 프로세스에서의 SAM 요구사항을 규정하고 있다. ||||||
| 4.7.2 변경관리 프로세스<br>소프트웨어 및 관련자산에 대한 변경관리 프로세스의 목적은 SAM에 영향을 주는 모든 변경이 제어된 방법으로 평가되고 승인되며 실시되어 검토가 이루어지고, 모든 기록 유지의무 요구사항을 충족시키는데 있다. ||||||
| SAM 변경관리 프로세스의 구현은 조직으로 하여금 이 다음을 입증할 수 있도록 한다. | 4.7.2.2. | | | | AI6 변경관리<br>PO1 IT 전략 계획 수립<br>PO3 기술적 방향 결정<br>PO10 프로젝트 관리 |
| 다음과 같은 공식적인 변경관리 프로세스가 있다. | 4.7.2.2.a | 4 단계 | | 1. 정책 2. 관리 시스템의 수립 3. 역량 4. 소유 5. 도입 9. 라이프 사이클 프로세스 인터페이스 | AI2.9 응용프로그램 요구사항 관리<br>AI 3.3 인프라 유지보수<br>AI6.1 변경기준 및 절차 |
| 소프트웨어 및 관련자산이나 서비스 또는 SAM 프로세스에 영향을 미치는 모든 변경 요청은 특정하고 기록한다. | 4.7.2.2.a1 | 4 단계 | 프로그램 관리 | 1. 정책 2. 관리 시스템의 수립 3. 역량 4. 소유 5. 도입 9. 라이프 사이클 프로세스 인터페이스 | AI2.9 응용프로그램 요구사항 관리<br>AI 3.3 인프라 유지보수<br>AI6.1 변경기준 및 절차 |
| 소프트웨어 및 관련자산이나 서비스 또는 SAM 프로세스에 영향을 미치는 모든 변경 요청은 미칠 영향에 대해 평가되고 우선 순위를 정해 담당 관리자가 승인한다. | 4.7.2.2.a2 | 4 단계 | 프로그램 관리 | 1. 정책 2. 관리 시스템의 수립 3. 역량 4. 소유 5. 도입 9. 라이프 사이클 프로세스 인터페이스 | AI2.9 응용프로그램 요구사항 관리<br>AI 3.3 인프라 유지보수<br>AI6.1 변경기준 및 절차 |
| 승인된 변경 요청을 수행하는 프로세스는 승인된 경우에만 실시된다. | 4.7.2.2.a3 | 4 단계 | 프로그램/프로젝트 관리 | 1. 정책 2. 관리 시스템의 수립 3. 역량 4. 소유 5. 도입 9. 라이프 사이클 프로세스 인터페이스 | AI2.9 응용프로그램 요구사항 관리<br>AI 3.3 인프라 유지보수<br>AI6.1 변경기준 및 절차 |
| 소프트웨어 및 관련자산 또는 서비스 및 SAM 프로세스에 영향을 미치는 모든 변경은 기록된다. | 4.7.2.2.a4 | 4 단계 | 프로그램/프로젝트 관리 | 1. 정책 2. 관리 시스템의 수립 3. 역량 4. 소유 5. 도입 9. 라이프 사이클 프로세스 인터페이스 | AI2.9 응용프로그램 요구사항 관리<br>AI 3.3 인프라 유지보수<br>AI6.1 변경기준 및 절차 |

| KS X ISO/IEC 19770-1 주요 영역 성과 | 19770-1 참조항목 | 19770-1 단계 | IAITAM 모범사례 라이브러리 (IBPL) 주요 영역 | 일본 SAMAC 모범 사례 | CobiT 4.1 주요 영역 |
|---|---|---|---|---|---|
| 이러한 변화의 성공여부는 문서화되고 정기적으로 검토된다. | 4.7.2.2.a5 | 4 단계 | 프로그램 관리 | 1. 정책<br>2. 관리 시스템의 수립<br>3. 역량<br>4. 소유<br>5. 도입<br>9. 라이프 사이클 프로세스 인터페이스 | AI2.9 응용프로그램 요구사항 관리<br>AI3.3 인프라 유지보수<br>AI6.1 변경기준 및 절차 |
| **4.7.3 취득 프로세스**<br>소프트웨어 및 관련자산에 대한 취득 프로세스의 목적은 소프트웨어 및 관련자산이 제어된 방법으로 취득하고 적정하게 기록되었는지 보장하는데 있다. ||||||
| 소프트웨어 취득 프로세스의 구현은 조직으로 하여금 다음을 입증할 수 있도록 한다. | 4.7.3.2 | | | | |
| 기준에서 일탈하는 것을 명확히 하기 위해 SW 서비스 제공에 관한 표준구조(아키텍처) 정의 | 4.7.3.2.a | 3 단계 | 취득/<br>프로그램 관리 | 4. 소유<br>6. 비용 최적화 | PO2 정보아키텍처 정의<br>PO3 기술적 방향 결정 |
| 표준 소프트웨어 구성을 정의하고, 그것을 표준의 위반여부에 대한 기준으로 삼는다. | 4.7.3.2.b | 3 단계 | 프로그램 관리 | 4. 소유<br>6. 비용 최적화 | PO2 정보아키텍처 정의<br>PO3 기술 방향 결정<br>DS9 구성 관리 |
| SW자산 및 관련자산의 취득 요청 및 주문에 대한 다음과 같은 정책 및 절차를 수립하고 적정하게 허용하고 발행한다. | 4.7.3.2.c | 3 단계 | | 4. 소유<br>6. 비용 최적화 | |
| 요구사항의 규정 방법 | 4.7.3.2.c1 | 3 단계 | 취득/<br>정책 관리 | 4. 소유<br>6. 비용 최적화 | PO1 IT 전략 계획 수립<br>PO2.4 무결성 관리<br>PO4 IT프로세스, 조직 및 관계 정의<br>PO4.14 하청인력에 대한 정책 및 절차 |
| 필요한 관리 및 기술적 승인 | 4.7.3.2.c2 | 3 단계 | 취득/<br>정책 관리 | 4. 소유<br>6. 비용 최적화 | PO1 IT 전략 계획 수립<br>PO2.4 무결성 관리<br>PO4 IT프로세스, 조직 및 관계 정의<br>PO4.14 하청인력에 대한 정책 및 절차 |
| 사용 가능한 경우 기존 라이선스 계약의 권리를 이용하거나 재 배포 | 4.7.3.2.c3 | 3 단계 | 취득 관리 | 4. 소유<br>6. 비용 최적화 | PO1 IT 전략 계획 수립<br>PO2.4 무결성 관리<br>PO4 IT프로세스, 조직 및 관계 정의<br>PO4.14 하청인력에 대한 정책 및 절차 |
| 보고 및 지불 전에 소프트웨어를 배포할 경우, 향후 취득 요구사항을 기록 | 4.7.3.2.c4 | 3 단계 | 취득 관리 | 4. 소유<br>6. 비용 최적화 | PO1 IT 전략 계획 수립<br>PO2.4 무결성 관리<br>PO4 IT프로세스, 조직 및 관계 정의<br>PO4.14 하청인력에 대한 정책 및 절차 |
| SW 및 관련자산과 연관된 영수증 처리 기능에 대해 다음과 같은 정책 및 절차가 수립되고, 승인되어 발행된다. | 4.7.3.2.d | 3 단계 | | 4. 소유<br>6. 비용 최적화 | PO1 IT 전략 계획 수립<br>PO2.4 무결성 관리<br>PO4 IT프로세스,조직 및 관계 정의<br>PO4.14 하청인력에 대한 정책 및 절차 |
| 주문서, 라이선스 관리 목적을 위한 사본의 보관을 포함한 청구서의 처리 | 4.7.3.2.d1 | 3 단계 | 자산식별/<br>재무 관리 | 4. 소유<br>6. 비용 최적화 | PO9 IT 위험 평가 및 관리<br>DS5 시스템 보안의 확인<br>DS9.1 구성 저장소 및 기준 |

| KS X ISO/IEC 19770-1 주요 영역 성과 | 19770-1 참조항목 | 19770-1 단계 | IAITAM 모범사례 라이브러리 (IBPL) 주요 영역 | 일본 SAMAC 모범 사례 | CobiT 4.1 주요 영역 |
|---|---|---|---|---|---|
| 구입한 모든 라이선스의 유효한 사용계약 증빙서 접수 및 안전한 보관을 확인 | 4.7.3.2.d2 | 3 단계 | 취득/ 문서 관리 | 4. 소유 6. 비용 최적화 | |
| 내용의 검증 및 내용에 대한 기록유지 및 안전유지에 대한 요구사항을 포함한 수용매체(물리 매체와 전자적 사본) 처리 | 4.7.3.2.d3 | 3 단계 | 자산식별 관리 | 4. 소유 6. 비용 최적화 | PO9 IT 위험 평가 및 관리 DS5 시스템 보안의 확인 DS9.1 구성 저장소 및 기준 |
| **4.7.4 소프트웨어 개발 프로세스**<br>소프트웨어 및 관련자산에 대한 소프트웨어 개발 프로세스의 목적은 소프트웨어 및 관련자산이 SAM 요구사항을 고려하여 개발되고 있는 지를 보장하는데 있다. ||||||
| 소프트웨어 개발프로세스의 구현은 조직으로 하여금 다음을 입증할 수 있도록 한다. | 4.7.4.2 | | | | PO1 IT 전략 계획 수립 PO3 기술적 방향 결정 PO10 프로젝트 관리 |
| 다음사항을 고려하고 있는 것을 보장하기 위해 SW개발의 공식적인 프로세스가 있다. | 4.7.4.2.a | 4 단계 | | 6. 비용 최적화 9. 라이프 사이클 | AI2는 응용프로그램 SW 도입 및 유지보수 PO2 정보아키텍처 정의 |
| 표준 구조(아키텍처) 및 표준 구성 | 4.7.4.2.a1 | 4 단계 | 프로그램 관리 | 6. 비용 최적화 9. 라이프 사이클 | PO2 정보아키텍처 정의 PO3 기술적 방향 결정 |
| 라이선스 제약조건 및 종속성 | 4.7.4.2.a2 | 4 단계 | 준수 관리 | 6. 비용 최적화 9. 라이프 사이클 | PO2 정보아키텍처 정의 |
| SW 제품이 실제환경에 도입전, SW자산 통제하에 놓이게 하는 것을 보장하는 SW 개발을 위한 공식적인 프로세스가 있다. | 4.7.4.2.b | 4 단계 | 프로그램/ 자산식별 관리 | 6. 비용 최적화 9. 라이프 사이클 | AI2는 응용프로그램 SW 도입 및 유지보수 PO9 IT 위험 평가 및 관리 DS5 시스템 보안의 확인 DS9.1 구성 저장소 및 기준 |
| **4.7.5 소프트웨어 릴리스 관리 프로세스**<br>소프트웨어 및 관련자산에 대한 소프트웨어 릴리스 관리 프로세스의 목적은 릴리스(출시)가 SAM 요구사항을 지원하는 방식으로 계획되고 실행되도록 보장하는데 있다. ||||||
| 소프트웨어 릴리스 관리 프로세스의 구현은 조직으로 하여금 다음을 입증할 수 있도록 한다. | 4.7.5.2 | | | | AI2는 응용프로그램 SW 도입 및 유지보수 PO1 IT 전략 계획 수립 PO3 기술적 방향 결정 PO10 프로젝트 관리 |
| 다음과 같은 릴리스 관리의 공식적인 프로세스가 있다. | 4.7.5.2.a | 4 단계 | | 9. 라이프 사이클 | |
| 릴리스 이전(시험판)의 패치을 포함하여 모든 릴리스 방안을 구축하고 시험하기 위해 제어된 수용 환경이 사용된다. | 4.7.5.2.a1 | 4 단계 | 취득 관리 | 9. 라이프 사이클 | AI2는 응용프로그램 SW 도입 및 유지보수 PO1 IT 전략 계획 수립 PO2.4 무결성 관리 PO4 IT프로세스,조직,관계 정의 PO4.14 하청인력에 대한 정책 및 절차 |
| 보안 패치 릴리스의 빈도를 포함하여 릴리스의 빈도와 종류를 계획하고 기업과 고객 사이에 합의한다. | 4.7.5.2.a2 | 4 단계 | | 9. 라이프 사이클 | AI6 변경관리 AI7 솔루션 및 변경의 설치와 인증 DS9 구성 관리 |
| 예정된 릴리스 일자와 배포물(결과물)은 관련 변경요청 및 문제를 참조하여 기록하고, 사건 사고 관리에 전달한다. | 4.7.5.2.a3 | 4 단계 | | 9. 라이프 사이클 | AI6 변경관리 AI7 솔루션 및 변경의 설치와 인증 DS9 구성 관리 |

| KS X ISO/IEC 19770-1 주요 영역 성과 | 19770-1 참조항목 | 19770-1 단계 | IAITAM 모범사례 라이브러리 (IBPL) 주요 영역 | 일본 SAMAC 모범 사례 | CobiT 4.1 주요 영역 |
|---|---|---|---|---|---|
| 소프트웨어 및 관련자산의 출시는 담당 책임자가 승인한다. | 4.7.5.2.a4 | 4 단계 | | 9. 라이프 사이클 | AI6 변경관리<br>AI7 솔루션 및 변경의 설치와 인증<br>DS9 구성 관리 |
| 릴리스의 성공여부를 기록하고 정기적으로 검토한다. | 4.7.5.2.a5 | 4 단계 | | 9. 라이프 사이클 | AI6 변경관리<br>AI7 솔루션 및 변경의 설치와 인증<br>DS9 구성 관리 |
| **4.7.6 소프트웨어 배포 프로세스**<br>소프트웨어 배포 프로세스의 목적은 SAM 요구사항을 지원하도록 하여 소프트웨어 배포 및 재 배포가 실시되는 것을 보장하는데 있다. | | | | | |
| 소프트웨어 배포 프로세스의 구현은 조직으로 하여금 다음을 입증할 수 있도록 한다. | 4.7.6.2 | | | | PO1 IT 전략 계획 수립<br>PO3 기술적 방향 결정<br>PO10 프로젝트 관리 |
| 다음과 같은 소프트웨어 배포 및 설치에 대한 정책과 절차를 수립하고 승인하여 발행한다. | 4.7.6.2.a | 3 단계 | | 5. 도입<br>9. 라이프 사이클 | PO1 IT 전략 계획 수립<br>PO2.4 무결성 관리<br>PO4 IT프로세스,조직 및 관계 정의<br>PO4.14 하청인력에 대한 정책 및 절차 |
| 소프트웨어 및 관련자산의 배포를 위해 담당 책임자가 승인한다. | 4.7.6.2.a1 | 3 단계 | 취득 관리 | 5. 도입<br>9. 라이프 사이클 | PO3.2 기술 인프라 계획<br>PO8 품질관리 |
| 배포가 성공적이지 않으면, 제대로 된 배포를 위해 다시 이전상태로 되돌리는 개선 절차 및 방법이 있다. | 4.7.6.2.a2 | 3 단계 | | 5. 도입<br>9. 라이프 사이클 | PO3.2 기술 인프라 계획<br>PO8 품질관리 |
| 배포되는 소프트웨어에 과도한 접근 및 설치 후를 포함하여 보안 요구사항이 준수되고 있다. | 4.7.6.2.a3 | 3 단계 | 프로그램/<br>자산식별/<br>취득 관리 | 5. 도입<br>9. 라이프 사이클 | PO9 IT리스크 평가 및 관리<br>PO10 프로젝트 관리 |
| 관련 소프트웨어 및 관련자산 상태의 변경이 자산의 관리임무자 변경과 이러한 변경 내용을 기록하는 감사 추적을 포함하여 정확하고 적절한 시기에 기록한다. | 4.7.6.2.a4 | 3 단계 | 자산식별<br>관리 | 5. 도입<br>9. 라이프 사이클 | PO9 IT리스크 평가 및 관리<br>PO10 프로젝트 관리<br>AI6 변경관리 |
| 배포된 것이 배포허가를 받은 것과 같은지, 위반사항이 어떠한 차이를 자세히 설명하는지, 자산이 허가된 범위 내에서 배포되는 것을 검증할 수 없는 경우가 있는지 등에 대해 확인하는 문서화된 통제시스템이 있다. | 4.7.6.2.a5 | 3 단계 | 자산식별<br>관리 | 5. 도입<br>9. 라이프 사이클 | PO9 IT리스크 평가 및 관리<br>PO10 프로젝트 관리 |
| 배포의 성공여부가 기록되고 정기적으로 검토를 받는다. | 4.7.6.2.a6 | 3 단계 | 준수 관리 | 5. 도입<br>9. 라이프 사이클 | DS8 서비스데스크 및 사고 관리<br>DS10 문제 관리 |

| KS X ISO/IEC 19770-1 주요 영역 성과 | 19770-1 참조항목 | 19770-1 단계 | IAITAM 모범사례 라이브러리 (IBPL) 주요 영역 | 일본 SAMAC 모범 사례 | CobiT 4.1 주요 영역 |
|---|---|---|---|---|---|
| **4.7.7 사건·사고관리 프로세스** 소프트웨어 및 관련자산에 대한 사건·사고관리 프로세스의 목적은 소프트웨어 및 관련자산과 관련된 지속적인 운영에서 일어나는 사건·사고를 모니터링하고 그 사건·사고를 적절히 대응하는 것을 보장하는데 있다. | | | | | |
| 사건·사고 관리 프로세스의 구현은 조직으로 하여금 다음을 입증할 수 있도록 한다. | 4.7.7.2 | | | | PO1 IT 전략 계획 수립 PO3 기술적 방향 결정 PO10 프로젝트 관리 |
| 다음과 같은 사건·사고관리의 공식적인 프로세스가 있다. | 4.7.7.2.a | 4 단계 | | 9. 라이프 사이클 | DS3 성능 및 용량 관리 DS4 서비스 지속성 확보 DS8 서비스데스크 및 사고 관리 |
| 소프트웨어 및 관련자산 또는 SAM 프로세스에 영향을 미치는 모든 사건·사고는 기록되고 해결을 위한 최우선 과제로 분류된다. | 4.7.7.2.a1 | 4 단계 | 프로그램 관리 | 9. 라이프 사이클 | DS3 성능 및 용량 관리 DS4 서비스 지속성 확보 DS8 서비스데스크 및 사고 관리 |
| 모든 사건·사고는 해결을 위한 우선순위에 따라 해결되고, 그 해결책을 문서화 한다. | 4.7.7.2.a2 | 4 단계 | 프로그램 관리 | 9. 라이프 사이클 | DS3 성능 및 용량 관리 DS4 서비스 지속성 확보 DS8 서비스데스크 및 사고 관리 |
| **4.7.8 문제관리 프로세스** 소프트웨어 및 관련자산에 대한 문제관리 프로세스의 목적은 사고원인의 사전 분석과 식별 및 근본문제의 해결을 포함한 소프트웨어자산의 최신화와 운영적합성을 유지하는 것을 보장하는데 있다. | | | | | |
| 문제관리 프로세스의 구현은 조직으로 하여금 다음을 입증할 수 있도록 한다. | 4.7.8.2 | | | | PO1 IT 전략 계획 수립 PO3 기술적 방향 결정 PO10 프로젝트 관리 DS10 문제 관리 |
| 문제를 관리함에 있어 다음과 같은 공식적인 절차가 있다. | 4.7.8.2.a | 4 단계 | | 9. 라이프 사이클 | DS9 구성 관리 DS9.2 구성항목의 식별 및 유지보수 DS10 문제 관리 |
| 소프트웨어 및 관련자산 또는 SAM 프로세스에 영향을 미치는 모든 사건은 기록되고 영향 정도에 따라 분류된다. | 4.7.8.2.a1 | 4 단계 | 프로그램 관리 | 9. 라이프 사이클 | DS9 구성 관리 DS9.2 구성항목의 식별 및 유지보수 DS10 문제 관리 |
| 우선순위가 높고 반복되는 사고는 근본원인을 분석하여 우선적으로 해결책을 마련한다. | 4.7.8.2.a2 | 4 단계 | 프로그램 관리 | 9. 라이프 사이클 | DS9 구성 관리 DS9.2 구성항목의 식별 및 유지보수 DS10 문제 관리 |
| 근본원인을 문서화하고 사고관리에 전달한다. | 4.7.8.2.a3 | 4 단계 | 프로그램 관리 | 9. 라이프 사이클 | DS9 구성 관리 DS9.2 구성항목의 식별 및 유지보수 DS10 문제 관리 |
| 문제는 해결을 위한 우선순위에 따라 해결하고, 그 해결책은 문서화하고, 사고관리에 전달한다. | 4.7.8.2.a4 | 4 단계 | 프로그램 관리 | 9. 라이프 사이클 | DS9 구성 관리 DS9.2 구성항목의 식별 및 유지보수 DS10 문제 관리 |

| KS X ISO/IEC 19770-1 주요 영역 성과 | 19770-1 참조항목 | 19770-1 단계 | IAITAM 모범사례 라이브러리 (IBPL) 주요 영역 | 일본 SAMAC 모범 사례 | CobiT 4.1 주요 영역 |
|---|---|---|---|---|---|
| 4.7.9 폐기 프로세스<br>소프트웨어 및 관련자산에 대한 폐기 프로세스의 목적은 회사방침과 기록유지 요구사항에 맞게 적절한 부서에 관련자산의 재사용을 포함하여 사용 소프트웨어와 관련자산을 제거하는데 있다. | | | | | |
| 폐기 프로세스의 구현은 조직으로 하여금 다음을 입증할 수 있도록 한다. | 4.7.9.2 | | | | PO1 IT 전략 계획 수립<br>PO3 기술적 방향 결정<br>PO10 프로젝트 관리 |
| 소프트웨어 또는 소프트웨어를 설치한 하드웨어를 안정적으로 제거하기 위해 다음과 같은 정책 및 절차를 수립하고 승인하며 발행한다. | 4.7.9.2.a | 3 단계 | 폐기 정책 관리 | 4. 소유<br>5. 도입<br>9. 라이프 사이클 | PO1 IT 전략 계획 수립<br>PO2.4 무결성 관리<br>PO4 IT프로세스, 조직 및 관계 정의<br>PO4.14 하청인력에 대한 정책 및 절차<br>PO9 IT 리스크 평가 및 관리<br>PO10 프로젝트 관리<br>ME3 외부요구사항 준수 |
| 소프트웨어 배포 사본은 소프트웨어 라이선스 및 데이터 기밀성에 미치는 영향을 고려한 후 관리자에 의해 명시적으로 허가하는 경우를 제외하고는 폐기하는 하드웨어에서 제거된다. | 4.7.9.2.a1 | 3 단계 | 폐기 관리 | 4. 소유<br>5. 도입<br>9. 라이프 사이클 | DS11 데이터 관리<br>DS11.4 폐기 |
| 재 배포할 수 있는 라이선스와 기타 자산을 재 배포하기 위해 특정한다. | 4.7.9.2.a2 | 3 단계 | 폐기 관리 | 4. 소유<br>5. 도입<br>9. 라이프 사이클 | DS11 데이터 관리<br>DS11.4 폐기 |
| 타인에게 양도하는 자산(당사자가 누구며 관련이 있든 없든, 그리고 양도가 유상이든 아니든)은 기밀성, 라이선스 조건 또는 기타 계약상의 요구사항을 감안하여 적정하게 양도한다. | 4.7.9.2.a3 | 3 단계 | 폐기 관리 | 4. 소유<br>5. 도입<br>9. 라이프 사이클 | DS11 데이터 관리<br>DS11.4 폐기 |
| 재 배포할 수 없는 라이선스 및 기타 자산을 적절히 처리한다. | 4.7.9.2.a4 | 3 단계 | 폐기 관리 | 4. 소유<br>5. 도입<br>9. 라이프 사이클 | DS11 데이터 관리<br>DS11.4 폐기 |
| 상기 변경사항을 반영하도록 기록이 업데이트 되어 변경사항에 대한 감사추적을 유지한다. | 4.7.9.2.a5 | 3 단계 | 폐기 관리 | 4. 소유<br>5. 도입<br>9. 라이프 사이클 | DS11 데이터 관리<br>DS11.4 폐기 |

부록 D

# 로드맵

**D.1 소개**

이하의 절에서는 소프트웨어자산관리 표준 ISO/IEC 19770 군의 프로세스 요구사항 표준에 대한 요약 로드맵을 포함하고 있다. 전체 군을 포함하는 로드맵은 KS X ISO/IEC 19770-5를 참조하기 바란다.

**D.2 프로세스 요구사항 표준 로드맵**

**D.2.1 소개**

KS X ISO/IEC 19770-5에서 충분히 설명한 로드맵의 프로세스 요구사항 표준집합은 표 D-1에서 보여주는 것처럼 3세대 표준을 다루고 있다. 이것을 일명 프로세스 표준 로드맵이라 한다.

① 1세대 – ISO/IEC 19770-1: 2006년
② 2세대 - KS X ISO/IEC 19770-1: 2012년(ISO/IEC 19770-1의 현재 국가 표준화 버전)
③ 3세대 - ISO/IEC 19770-1: 20yy(향후 전체관리시스템 표준)

〈표 D-1〉 프로세스 표준 로드맵

| 1세대 | 2세대 | 3세대 |
|---|---|---|
| 19770-1(2006년) | KS X ISO/IEC 19770-1 (2012년) | 19770-1(20yy) |
| 대부분 제품 명세로 작성: 적합성은 명시된 세부 결과를 달성할 것을 요구한다. | ISO/IEC 19770-1(2006년)을 각 단계로 분할함으로써 목적에 기초한 적합성 인증을 할 수 있도록 한다. | 역량 및 성숙도 평가와 더불어 새로이 조화로운 방법을 통한 전체관리시스템 표준화를 구상한다. |

**D.2.2 배경**

비즈니스 목적을 달성하기 위해, 조직은 시간이 경과하면서 성장하는 프로세스의 지속적인 프로그램으로써 SAM을 개발하고, 이로 인해 IT 관련자산의 광범위한 거버넌스와 라이선스 지적재산권 및 규정 그리고 계약적 의무에 기여할 수 있다.

일반적으로 효과적인 관리를 위해 프로세스의 지속적인 개선에 의존하게 되면 폭넓고 다양한 구현이 가능하게 된다. 조직은 비즈니스 필요성을 포함하여 운영환경에 영향을 주는 다른 프로그램 그리고 규정 및 준수에 영향을 미치는 외부의 영향력 등 복잡한 요소에 의해 주도되는 진화단계에서 경영 시스템을 개선하려는 경향이 있다.

조직은 점점 더 자신의 프로세스가 효과적이라는 것을 입증하려 하고, 조직을 개선하는 데 도움이 되는 여러 가지 방법을 제공하기 위한 표준을 고려하려고 한다.

SAM은 광범위한 규정이며, ISO/IEC 19770-1(2006년)은 프로세스에 대한 충분하고 포괄적인 출처(소스)를 제공한다. 일부 조직은 모든 모범사례에 폭넓은 적합성을 표시하는 것으로 비즈니스 정당성을 가지려 하고, 다른 조직은 단지 라이선스 준수를 통제하기 위한 필수적 프로세스 요소만을 보여주고 싶어 한다. 프로세스의 각 단계들은 시장의 요구사항을 충족하기 위해 있고, 모든 단계는 여전히 SAM 프로세스에 대한 지식의 일반 체계를 기반으로 세워졌다.

점차적으로 조직은 유사한 비즈니스 및 운영환경을 갖춘 조직과 비교하며 경영시스템을 개선하는 것을 선호한다. SAM 표준을 이용하여 유사한 조직과 비교하며 경영시스템을 개선하기 위해 설정되고 표준화된 방법이 있으며, 조직은 이미 표준을 이용하여 적합성을 측정하기 위해 입증된 방법으로 정렬하고 있다.

추가적으로, 다양한 관리시스템의 평가를 통하여 이루어지는 일반적인 접근이 바람직하다. 조직이 다른 목적을 위해 SAM이 아닌 다른 표준을 채택할 때, 조직은 이를 테면 업무를 개선하는 모든 관리체계를 통하여 동일한 원칙과 전문지식이 다시 적용될 수 있다는 것을 알기 때문에 중복되는 것을 제거하려고 한다. 앞으로의 방향은 비용 효율성 선택을 위해 협력하고 재사용하는 표준화 노력에 대한 더 많은 기회를 특징으로 한다.

프로세스 요구사항 표준 로드맵은 조직이 충분히 통합된 평가와 관련인증에 공을 들임으로써 혜택을 받을 수 있도록 만든 3세대 표준을 다루고 있다.

### D.2.3 세대별 프로세스 요구사항

#### D.2.3.1—1세대 - ISO/IEC 19770-1(2006년)

ISO/IEC 19770-1(2006년)는 제품명세와 유사한 용어로 설명되어 있다. 충분(전체) 적합성은 모든 요구사항이 성과를 통해 만족하고 있음을 입증함으로써 달성된다는 것은 ISO/IEC 19770-1(2006)에서 기술하였다. ISO/IEC 19770-1(2006년)에 포함된 요구사항은 SAM 프로세스에 대한 기본적 구조(프레임 워크)로 널리 채용되었다. 그러한 요구사항은 표준화된 SAM을 위해 필요한 사항에 대한 정상적인 구조 (프레임 워크)로 남게 된다. 그러나 모든 목적에 대하여 모든 성과를 달성해야만 적합성을 얻을 수 있다는 "전부 또는 전무"의 접근방식은 일반적으로 많은 조직에게 너무 많은 것을 요구하는 것으로 여겨진다.

### D.2.3.2—2세대 - KS X ISO/IEC 19770-1(2012년)

KS X ISO/IEC 19770-1: 2012년(ISO/IEC 19770-1의 현재 버전)은 단계라 불리는 그룹화의 집합 속으로 ISO/IEC 19770-1(2006년)에 포함된 요구사항을 세분화 한 것이다. 이 표준은 기존의 모든 ISO/IEC 19770-1(2006)의 성과를 단계별로 할당하고, 그러한 각 단계는 확립된 업계 관행 및 기타 지침과 관련되어 있다. KS X ISO/IEC 19770-1(2012년)의 적합성은 각 단계별로 개별적으로 요청되거나, 다수의 목적을 달성하는 것으로 요구될 수도 있다. 각 단계에서도 적합성을 달성할 수 있는 기능이 ISO/IEC 19770-1(2006)의 문제점, 즉 대부분의 조직에게 지나치게 포괄적이고 요구사항이 많았던 주요 과제를 해결해 주었다.

### D.2.3.3—3세대 - ISO/IEC 19770-1: 20yy년 (미래 관리시스템 표준)

ISO/IEC 19770 표준 군의 프로세스 요구사항에 대한 미래 개발 버전은 표준 군이 전체관리시스템 표준 프레임워크로 성숙해져 가는 변화를 반영할 것이다. 이러한 개발은 다른 영역에서 입증되었을 뿐만 아니라 다른 표준개발(예: ISO/IEC 20000)과 잘 맞으면서도 같이 발전할 수 있는 역량 및 성숙도 평가 접근방식을 가능하게 한다.

ISO/IEC 19770-1(20yy년)은 1,2세대에서 먼저 명시된 적합성을 입증하기 위한 보다 더 다양한 옵션을 개발할 것이다. 이 세대에서 적합성은 ISO/IEC 33000(이전에 ISO/IEC 15504)의 ISO/IEC 프로세스평가 표준 군을 위해 정의된 평가수준에서 가능할 것이다. 또한 ISO/IEC 19770-1의 제3세대는 적정한 SAM 성숙도 및 역량 모델에 대비되어 일관성 있는 평가를 용이하게 할 것이다.

부록 E

# 업계 역량 및
# 성숙도
# 접근방식

**E.1 소개**

역량 및 성숙도 접근방식은 KS X ISO/IEC 19770-1의 규범적 내용에 포함되지 않는다. 그러나 이러한 접근방식에 대해 상당한 시장수요가 있고, 이 접근방식을 이 표준의 발전에 따른 제3세대의 일환으로 포함하려고 한다(D.2 프로세스 요구 표준 로드맵을 참조하시오).

정의된 역량 또는 성숙도 모델을 활용하여 ISO/IEC 19770-1(2006)년에 설명된 프로세스의 구현에 대한 효과를 평가하는 능력을 가지고 있는 것이 바람직하고 실용적이다. 그러나 다양한 구축모델이 존재하고는 있지만, 오늘날 SAM을 평가하기 위해 구체적이고 보편적으로 인용되는 역량 또는 성숙도 모델은 없다. SAM에 대한 구체적이고 보편적으로 인용되는 역량 또는 성숙도 모델의 개발에는 추가적인 시간이 필요하고, ISO/IEC 19770에 기초한 통합 접근 방식과 시장에서 활용 가능한 방법들 간의 통합을 가능하게 할 것이다.

공공 및 민간조직에서의 관리는 조직 내 소프트웨어자산이 제대로 관리되고 있는 지를 이해할 필요가 있다. 잘 정의된 역량 또는 성숙도 모델은 조직으로 하여금 소정의 목적을 달성하기 위해 자신의 SAM 프로세스의 효과를 평가하는 객관적인 측정방법으로 사용하도록 할 것이다. SAM 프로세스의 사용방법이 아닌 성과에 초점을 맞춤으로써, 조직은 자신의 SAM 프로세스를 최상으로 개선하는 방법에 대한 더 나은 결정을 내릴 수 있는 능력을 향상시킬 수 있다. 또한 조직은 유사한 조직과의 측정성과를 비교하여 추가적인 통찰력을 얻게 될 것이다.

효과적인 SAM 프로세스는 소정의 목적을 달성하는데 초점을 맞춘 통합된 전체로서 사람, 도구와 기술 그리고 방법을 하나로 묶는다. 조직의 SAM 프로그램이 성숙할 때, SAM 프로세스는 보다 더 잘 정의되고, 조직전반에 걸쳐 일관되게 구현된다. 그러나 SAM의 역량과 성숙도 모델의 역할은 조직으로 하여금 객관적으로 SAM 프로세스의 성과가 얼마나 자신들의 소정의 목적에 효과적으로 부합할 수 있고, 그것을 바로 어떻게 평가하고 검증할 수 있는가 라는 점에 있다고 할 것이다.

일관성 있는 평가에 기초한 잘 정의된 역량 또는 성숙도 모델을 활용함으로써 측정이 더 객관적이고 의미가 있게 된다.

역량과 성숙도 모델은 원하는 목표를 달성하기 위해 구현 프로세스의 효과를 평가하기 위한 구조(프레임 워크)를 정의한다. 이러한 역량 또는 성숙도 모델은 소정의 목적을 충족하는 효과수준과 서로 연관되는 다양한 수준을 갖게 될 것이다. 다양한 수준은 기본적 수준 이거나 효과가 없는 수준에서부터 모범사례에 이르기까지 다양할 것이다. 평가된 역량 또는 성숙도 수준에 따라, 조직은 원하는 효과를 달성하기 위해 자신의 프로세스에서 필요로 하는 개선이 무엇인지 결정할 수 있다. 또한 역량 또는 성숙도 모델 평가는 자신의 프로세스 수준을 다른 조직과 비교하기 위해 조직에 적절한 옵션을 제공하는 측정 프레임워크를 포함할 수 있다.

SAM 역량 또는 성숙도 모델의 목적은 다음과 같다. 1) SAM 프로세스의 효과를 평가하기 위한 것에서부터 앞에서 기술된 목적을 달성하기까지의 정의된 모델을 제공한다. 2) 조직이 측정 프로세스에 대한 일관된 접근방식을 사용할 수 있도록, 가능하면 기존의 역량 또는 성숙도 표준 개발(예, 널리 사용되는 15504 방식 등)에 부합하도록 한다. 그리고 3) 조직이 자신의 SAM 프로그램에서 지속적인 개선을 추적할 수 있는 방법을 제공한다.

또한 SAM 성숙도 모델은 SAM 프로그램 프로세스를 개선할 수 있는 조직으로부터 추가적인 지침을 제공한다는 점에서 바람직하다.

### E.2 주요 활용 가능한 역량/ 성숙도 모델

#### E.2.1 개요

오늘날 프로세스 관리를 평가하기 위해 활용되는 다양하게 설정되고 잘 정의된 역량 또는 성숙도 모델이 있다. 위 모델 중에서 SAM 관련 프로세스를 평가하기 위해 활용하는 가장 일반적인 측정모델은 다음과 같다. KS X ISO/IEC 15504:2003년 (종종 SPICE로 불린다); 정보 및 관련기술(CobiT)에 대한 통제 목표; 역량 성숙도 모델 통합(CMMI); 비즈니스 프로세스 성숙도 모델(BPMM); 마이크로소프트 소프트웨어자산관리 최적화 모델(SOM); IAITAM의 360 평가모델 및 SAM 평가인증협회(SAMAC)의 소프트웨어자산관리 표준.

현재, 마이크로소프트, IAITAM과 SAMAC의 모델은 특히 자신의 모델에 SAM을 적용한다. CobiT는 좀더 일반적이지만, 여전히 적용 가능하고 널리 이용되고 있다.

〈C.3 Cobit 선별된 맵핑(mapping)에 대한 상세한 정보〉에서는 CobiT와 SAM에 대해 보다 더 자세한 정보를 제공한다.

참고) KS X ISO/IEC 19770-1은 SAM에 대한 지침의 외부모델의 특정 출처를 보증하지 않는다. 이것은 ISO/IEC가 관련제품이나 출처를 제공하는 조직을 보증하지 않음을 의미한다. 여기에서 언급한 모델의 선택으로 말미암아 향후 작업에 대한 선호를 표현하는 것은 아니다.

이러한 다양한 역량 또는 성숙도 모델은 자신의 평가 프로세스에서 두 가지 다른 방법을 이용한다. 가장 일반적인 평가 방법은 소정의 목적 또는 성과를 얻기 위한 능력에 기초한 개별 프로세스에 기반을 두고 있다는 것이다. 마이크로소프트의 SOM과 IAITAM의 360 평가모델에 의해 사용되는 또 다른 방법은 마치 프로세스와 같이 그룹화에 기초를 두고 나서 소정의 목적과 성과를 달성하는 능력에 따라 그러한 그룹을 평가하는 것이다. 또한 CobiT와 BPMM모델은 주위에 비즈니스 IT목적으로 알려진 그룹화하는 방법을 용이하게 수용할 수 있다.

다음은 환경에서 보다 일반적인 역량과 적합성 모델에 대한 간략한 개요이다.

### E.2.2 ISO/IEC 15504/33000

ISO/IEC 15504 시리즈는 현재 33000 시리즈로 수정 중에 있다. ISO/IEC 15504 시리즈는 프로세스 평가의 개념에 대한 소개를 제공할 뿐만 아니라 평가 프레임워크 및 일부 모범 프로세스 평가모델을 제공한다. KS X ISO/IEC 15504는 프로세스의 효율성을 평가할 때 다음 6단계를 사용한다.

**0**    미달성(불안전) 프로세스: 프로세스가 구현되지 않았거나, 그 프로세스 목적을 달성하지 못한다. 이 수준에서는 프로세스 목적을 체계적으로 달성했다는 증거가 거의 없다.

**1**    실행(수행) 프로세스: 실행된 프로세스는 프로세스 목적을 달성한다.

**2**    관리 프로세스: 앞서 설명한 실행 프로세스는 현재 관리 관행(계획, 감시, 조정) 대로 구현되며, 결과물은 적절하게 설정되고 통제되며 유지된다.

**3**    설정 프로세스: 앞서 설명한 관리 프로세스는 현재 프로세스 성과를 달성할 수 있는 정의된 프로세스를 사용하여 구현된다.

**4**    예측 프로세스: 앞서 설명한 설정 프로세스는 현재 프로세스 성과를 달성하기 위한 정의된 범위 내에서 작동한다.

**5**    최적화 프로세스: 앞서 설명한 예측 프로세스는 적절한 현재와 미래의 비즈니스 목적을 달성하기 위해 지속적으로 개선된다.

### E.2.3 CobiT ®

(CobiT 선택된 매핑을 통한 C.3 자세한 정보를 참조하시오)

CobiT의 프로세스 모델은 계획, 구축, 운영 및 모니터링의 책임영역에 맞춰 4개의 영역과 34 프로세스로 IT를 세분화 한다. 그리고 그것은 IT의 모든 관점을 제공한다. CobiT는 프로세스의 효율성을 평가할 때 다음의 6단계를 사용한다.

0    존재하지 않음: 인식할만한 프로세스의 완벽한 결여. 기업은 해결해야 할 문제가 있다는 것조차도 인식하지 못한다.

1    초기/임시: 기업이 문제가 존재하고 해결할 필요가 있다는 것을 인식하는 증거가 있다. 그러나 이 단계에는 표준화된 프로세스가 없다. 대신에 개별 또는 사례별로 적용하려고 하는 임기응변적 접근방법이 있다. 관리에 대한 전반적인 접근이 조직화되어 있지 않다.

2    반복적이나 직관적: 프로세스는 유사한 절차가 유사한 일을 겪는 다른 사람에 의해 따르게 되는 단계로 개발한다. 이 단계에는 표준절차의 공식적 교육이나 의사소통은 없고 책임은 개인에게 남게 되며, 개인의 지식에 의존하는 정도가 높으므로 오류가 발생할 가능성이 높다.

3    정의된 프로세스: 절차는 표준화되고 문서화되며 교육을 통해 전달된다. 이러한 프로세스는 준수해야 할 의무가 있지만, 위반사항을 추적하지는 않는다. 절차 자체가 정교하지 않지만, 현행 관행을 반영한다.

4    관리되고 측정 가능: 관리되고 있다는 것은 절차 준수를 모니터링하고 측정하며, 프로세스가 효과적으로 작동하지 않는 경우 조치를 취한다는 것이다. 프로세스들은 지속적인 개선 중에 있고 모범사례를 제공한다. 자동화 솔루션과 도구는 제한적 또는 단편적 방식으로 사용된다.

5    최적화: 프로세스는 지속적 개선 및 다른 기업의 적합성 모델링의 결과에 따라 우수한 작업 수준으로 정제된다. IT는 품질과 효율성을 향상시키는 도구를 제공하고 기업으로 하여금 신속하게 적응하게 함으로써 업무의 흐름(워크플로우)을 자동화할 수 있는 통합적인 방법으로 사용된다.

원천이 될 출처(소스)는 가장 최신의 콘텐츠를 사용할 것을 추천한다. ISACA/ITGI www.isaca.org를 참조하시오.

### E.2.4 BPMM 성숙도 모델

BPMM 성숙도 모델은 CMMI 모델 원칙에 기반을 두고 있다. BPMM는 30가지 프로세스 영역을 활용하여 넓은 범위를 다루고 있지만, 더 자세하게 특정 영역을 충족할 수 있도록 확장할 수 있다. BPMM은 프로세스의 효율성을 평가할 때 다음의 5단계를 활용한다.

1    초기 또는 소방관리: 여기에는 명확한 목적이 없다. 이러한 조직에서 성공은 검증 프로세스의 사용에서가 아니라, 조직에 있는 사람들의 능력과 열정에 의존한다.

2    관리 또는 작업단위 관리: 이 목적은 각 작업단위 또는 프로젝트 안에서 관리 기반을 만드는 것이다.

3    표준 또는 프로세스 관리: 이 목적은 조직의 제품과 서비스를 제공하기 위해 수행하는 방법에 있어 일관성을 달성하기 위한 조직의 프로세스 인프라 및 관련 프로세스 자산을 설정하고 사용하는 것이다.

4    예측 또는 역량 관리: 이 목적은 예정된 결과를 달성하기 위해 조직의 프로세스 인프라 역량과 관련 프로세스 자산에 대한 변화를 통제함으로써 관리하고 성취하는데 있다.

5    혁신 또는 변경 관리: 이 목적은 지속적으로 결함 및 문제예방, 지속적 역량 그리고 예정된 혁신적 개선을 통하여 조직의 프로세스와 생산제품 및 서비스를 개선하는데 있다.

원천이 될 출처(소스)가 최신 정보의 콘텐츠로 사용할 것을 추천한다.
목적관리그룹 www.omg.org 을 참조하시오.

### E.2.5 마이크로소프트 SAM 최적화 모델

마이크로소프트의 SAM 최적화 모델(SOM)은 6개의 카테고리로 이 표준에서 확인된 27 프로세스를 그룹화 했다. 그리고 측정하기 위한 10개 핵심 역량을 식별했다. 마이크로소프트는 이러한 10개의 핵심역량은 조직이 효과적인 SAM 프로그램을 실행하기 위해 필요한 것으로써 위 역량에 중점을 두어야 한다고 믿는다. 역량의 효과를 평가할 때 SOM은 다음 4단계를 활용한다.

**기본 SAM — 임시:**

어떠한 IT자산이 어디에서 사용되는지 관리가 곤란하다. 정책, 절차, 자원 그리고 도구가 결여되어 있다.

**표준 SAM — 자산 추적:**

SAM 프로세스는 도구로써 뿐만 아니라 데이터 저장소로써 존재한다. 정보가 완전하거나 정확하지 않을 수 있고, 일반적으로 의사결정을 위해 사용되지 않는다.

**합리적인 SAM — 활동적 관리:**

IT자산관리 라이프사이클을 관리하기 위해 비전, 정책 그리고 도구를 사용한다. 자산을 사업대상으로 관리하기 위해 신뢰할만한 정보를 사용한다.

**역동적인 SAM — 최적화:**

변화하는 비즈니스 요구에 실시간으로 배열한다. 비즈니스 경쟁력은 SAM을 통해 혜택을 입는다.

원천이 될 출처(소스)는 최신 정보의 콘텐츠를 사용할 것을 추천한다.
마이크로소프트 www.microsoft.com 을 참조하시오.

### E.2.6 IAITAM 360 평가모델

(부록 C를 참조하시오.) IAITAM의 360 평가모델은 IAITAM 모범사례(IBPL)에서 확인된 12가지 핵심 프로세스 영역(KPAs)에 기초하고 있다. IAITAM는 다양한 프로세스 평가를 위한 12가지 핵심프로세스 영역(KPAs)으로 분류하고, 프로세스의 효율성을 평가할 때 다음의 5단계를 활용한다.

**임시** — 프로세스가 정의되지 않음; 기능과 정책은 단지 격납고 내에 존재; 내부 의사소통은 최소화; 사전행동조치 대신에 즉흥적 조치; 규정준수 위험 존재; 생산성의 최소화; 가치의 최소화

**반복** — 주요절차가 조직 전반에 걸쳐 반복화 됨; 프로세스가 재무적 성공을 보여주기 위해 시작됨; 프로세스가 정의되고 반복되기 시작하나, 아직 독립적으로 기능하지 못함; 정책이 정의되고 집행됨; 절차의 수립 및 상호 의존성의 최소; 비즈니스 요구에 대한 합치의 최소; 역할의 출현과(그 안에서) 구매집행의 실현

**정렬** — 주요 프로세스는 잘 정의되어 있으며 다른 프로세스와 핵심프로세스 영역(KPAs)과의 상호작용은 명확히 이해되고 있다; 효율성은 프로그램 내에서 존재하지만, 아직 극대화 되지 않는다; 상호의존성은 존재하나, 아직 극대화되지 않았다; ITAM 프로그램은 핵심역량으로써 기능이 작동되기 시작한다; 의사소통의 효율성은 조직 전반을 통해 극대화된다; 규범준수 위험은 현저하게 감소하고, 역할이 정의되고 실행된다.

**전략** — 프로세스와 핵심 역량프로세스 영역(KPAs) 사이에 상호작용이 존재하고 있어 프로세스 성능이 최적화 된다; 사전 의사결정이 표준활동이 된다; 역할은 공통의 목표를 향해 작동한다; 프로젝트는 요구에 맞게 계획된다; 비즈니스 목표는 달성된다; 비즈니스 요구와 목적이 이 프로그램을 정렬하고, (그 안에서) 조직적 구매가 달성된다.

**적응 평가** — 프로세스 결과는 예측 가능하다; 프로세스 결과는 필요에 따라 조정 가능하다; 프로그램은 조직 내 핵심역량으로 기능하고, 규범준수 위험은 이해되고 제거된다.

원천이 될 출처(소스)는 최신 정보의 콘텐츠를 사용할 것을 추천한다.
IAITAM www.iaitam.org 을 참조하시오.

### E.2.7 SAM 평가 및 인증 (SAMAC)협회 성숙도모델

(부록 C를 참조하시오.) SAMAC의 성숙도 모델은 조직에서 SAM을 실시하는 방법에 대한 13가지 관리적 영역을 정의하는 소프트웨어자산관리 표준 문서에 기반하고 있다. 이 성숙도 모델은 프로세스의 효율성을 평가할 때 다음의 6단계를 활용한다.

**레벨 0 — 미완성:** 관리가 전혀 구현되지 않는다. 이것은 가장 낮은 평가(성숙도)다.

**레벨 1 — 초기/임시:** 관리가 반복적으로 구현되지 않고 책임자에 의해 구현되지 않으며, 일반 개개인에 의존하여 구현되는 정도의 수준을 말한다.

**레벨 2 — 반복:** 조직적 시스템이 부분적으로 존재하고, 지속적인 관리가 구현된다.

**레벨 3 — 정의:** 조직과 관리시스템 전반에 걸쳐 정책과 규칙이 적정하게 규정되어 있고, 심각한 결함을 포함하지 않는다.

**레벨 4 — 관리:** 소정의 정책, 규칙 그리고 관리시스템에 따라 관리의 구현이 모니터링 된다.

**레벨 5 — 최적화:** SAM은 SAM을 둘러싼 환경변화를 반영하여 최적의 관리를 구현하기 위해 필요에 따라 정기적으로 검토된다.

원천이 될 출처(소스)는 최신 정보의 콘텐츠를 사용할 것을 추천한다. SAMAC www.samac.or.jp 을 참조하시오.

부록 F

# 일본 SAMAC의 성숙도 모델에 의한 평가방법[255]

[255] 소프트웨어자산관리평가표준 ver4.0 참조,
일반사단법인 소프트웨어자산관리평가인증협회, 2013.10.1

부록 E (업계 역량 및 성숙도 접근방식)중 일본의 경우인 **E.2.7** SAM 평가인증협회(SAMAC)에 의한 성숙도 평가방식을 기초로 ISO/IEC 19770-1의 각 단계별 관리목표 및 성과에 대한 성숙도 모델을 나타내면 다음과 같다. 본 평가기준에 의한 평가의 대상은 조직 전체의 소프트웨어자산관리이다. 이 성숙도 모델은 9개의 관리목표 및 요구사항에 대해 성숙도 모델을 수립하고 이를 평가기준으로 삼고 있다.

### I. 관리목표: 소프트웨어자산관리 정책 및 규정의 정비

#### 1. 요구사항
소프트웨어 자산관리 정책 및 규정, 절차가 명확하게 주지되고 있다.

#### 1-1. 성숙도 평가 모델

- 레벨 5 최적화된 단계
  SAM 정책 및 규정, 절차가 관리하는 조직과 자산의 범위를 포함하여 정기적으로 검토 되고 있는 단계이다.

- 레벨 4 관리되는 단계
  SAM 정책 및 규정, 절차의 준수 여부가 정기적으로 검토되고 평가되고 있는 단계이다.

- 레벨 3 정의되는 단계
  SAM 정책 및 규정, 절차는 조직 전체로 표준화 및 승인이 되어 조직 전체에 주지되어 있다. 모든 문서는 표준 요구사항을 충족하고 중대한 결함이 없는 단계이다.

- 레벨 2 반복 가능한 단계
  SAM 정책 및 규정, 절차는 문서화되어 있지만 조직 전체로 표준화되지는 않고 있으며, 부서 및 담당자에 의해 실시 내용이 다른 경우가 있다. 또한 정해져 있는 내용도 규격의 요구사항을 충족하지 못한 단계이다.

- 레벨 1 초기/임기응변적인 단계
  SAM 정책 및 규정, 절차는 문서화된 것도 있지만, 조직에서 승인된 것이 아니라 직원과 관리부문의 자발적인 활동에 의존하고 있다. 지속적으로 실시될 가능성이 낮은 단계이다.

- 레벨 0 관리가 존재하지 않는 단계
  SAM 정책 및 규정, 절차가 정해져 있지 않은 단계이다.

## 2. 요구사항

SAM에 대한 위험평가가 실시되고 있다.

### 2-1. 성숙도 평가 모델

- 레벨 5 최적화된 단계
  SAM에 대한 위험평가 절차가 정기적으로 검토되고 있는 단계이다.

- 레벨 4 관리되는 단계
  SAM에 대한 위험평가 절차가 실시되어 실시 내용이 확인(모니터링)되고 있는 단계이다.

- 레벨 3 정의되는 단계
  SAM에 대한 위험평가 절차가 문서화 및 승인되어 조직 전체로 실시되고 분석되며 평가되는 단계이다.

- 레벨 2 반복 가능한 단계
  SAM에 대한 위험평가를 실시하고 있지만, 조직으로 표준화된 것으로는 되어 있지 않고 부서 및 담당자에 의해 실시내용이 다른 경우가 있는 단계이다.

- 레벨 1 초기 / 임기응변적인 단계
  SAM에 대한 위험 평가는 실시되고 있는 경우도 있지만, 실시 결과가 조직으로 승인된 것이 아니고, 또한 평가 자체도 담당자와 관리부문의 자발적인 활동에 의존하고 있다. 지속적으로 실시될 가능성이 낮은 단계이다.

- 레벨 0 관리가 존재하지 않는 단계
  SAM에 대한 위험평가가 실시되고 있지 않는 단계이다.

## 3. 요구사항

SAM 정책 및 규정, 절차에 대한 검토가 실시되고 있다.

### 3-1. 성숙도 평가 모델

- 레벨 5 최적화된 단계
  SAM 정책 및 규정, 절차에 대한 검토가 정기적으로 실시되고 있는 단계이다.

- 레벨 4 관리되는 단계
  SAM 정책 및 규정, 절차에 대한 검토가 실시되고, 실시 내용을 확인(모니터링)하고 있는 단계이다.

- 레벨 3 정의되는 단계

    SAM 정책 및 규정, 절차에 대한 검토 절차가 문서화되고 승인된 조직 전체에 주지되어 있는 단계이다.

- 레벨 2 반복 가능한 단계

    SAM 정책 및 규정, 절차에 대한 검토 절차가 문서화 되어 있지만 조직 전체로 통제된 것으로는 되어 있지 않고 부서 및 담당자에 의해 실시 내용이 다른 경우가 있는 단계이다.

- 레벨 1 초기/임기응변적인 단계

    SAM 정책 및 규정, 절차에 대한 검토가 실시되고 있는 것도 있지만, 실시 결과가 조직에서 승인 된 것은 아니며 검토 자체도 담당자와 관리 부문의 자발적인 활동에 의존하고 있는 단계이다. 지속적으로 실시될 가능성이 낮다.

- 레벨 0 관리가 존재하지 않는 단계

    SAM 정책 및 규정, 절차에 대한 검토가 실시되지 않는 단계이다.

## II. 관리목표 : 소프트웨어자산관리 체제의 정비

### 1. 요구사항

SAM에 관한 관리 체제와 책임이 정해져 있다.

### 1-1. 성숙도 평가 모델

- 레벨 5 최적화된 단계

    SAM에 관한 관리 체제와 책임에 대한 검토 절차가 정해져 있으며 정기적으로 실시되고 있는 단계이다.

- 레벨 4 관리되는 단계

    SAM에 관한 관리 체제와 책임에 변경 또는 잘못이 있으면 갱신하거나 수정하는 절차가 정해져 있으며 실시되고 있는 단계이다.

- 레벨 3 정의되는 단계

    SAM에 관한 관리 체제와 책임이 승인되어 조직 전체에 주지되고 있는 단계이다. 모든 문서는 규격의 요구 사항을 충족하고 중대한 결함은 없다.

- 레벨 2 반복 가능한 단계

    SAM에 관한 관리 체제와 책임은 문서화되어 있지만 조직 전체로 통제되어 있지는 않으며, 각 부서 및 담당자에 의해 임의적으로 실시되는 단계이다. 또한 명시된 체제 및 책임도 규격의 요구 사항을 충족하고 있지 않다.

- 레벨 1 초기/임기응변적인 단계

    SAM에 관한 관리 체제와 책임은 존재하고 있지만, 조직으로 승인된 것이 아니라 직원과 관리 부문의 자발적인 행위에 의존하는 단계이다. 계속적으로 실시될 가능성이 낮다.

- 레벨 0 관리가 존재하지 않는 단계

    SAM에 관한 관리 체제와 책임이 정해져 있지 않은 단계이다.

### III. 관리목표: 소프트웨어자산관리 역량 확립 및 유지

**1. 요구사항**

전 조직원에 대한 SAM 능력을 정의하고 필요한 교육을 실시하고 있다.

#### 1-1. 성숙도 평가 모델

- 레벨 5 최적화된 단계

    SAM의 관리자 및 피 관리자에 대한 교육을 개선하기 위한 구조가 마련되어 정기적으로 실시되고 있는 단계이다.

- 레벨 4 관리되는 단계

    SAM의 관리자 및 피 관리자에 대해 정해진 실시 내용에 따라 실시 결과를 정기적(년 1회 이상)으로 검토하고 있는 단계이다.

- 레벨 3 정의되는 단계

    SAM의 관리자 및 피 관리자에 대한 교육 체제와 교육 내용이 승인되어 조직 전체에 주지되어 규격의 요구사항을 충족하고 중대한 결함이 없는 단계이다.

- 레벨 2 반복 가능한 단계

    SAM의 관리자 및 피 관리자에 대한 교육 체제와 교육 내용은 문서화되어 있지만 조직 전체를 통제하지 못하고, 부서 또는 담당자에 의해 실시 내용이 다른 경우가 있는 단계이다. 또한 정해져 있는 교육체제 및 교육내용도 규격의 요구사항을 충족하지 못한다.

- 레벨 1 초기/임기응변적인 단계

  SAM에 관한 관리 체제와 책임은 존재하고 있지만, 조직으로 승인된 것이 아니라, 직원과 관리 부문의 자발적인 활동에 의존하고 있는 단계이다. 지속적으로 실시될 가능성이 낮다.

- 레벨 0 관리가 존재하지 않는 단계

  SAM의 관리자 및 피 관리자에 대한 교육 체제가 정해져 있지 않은 단계이다.

### 2. 요구사항

SAM 감사에 관한 교육 체제가 구축되어 있다.

#### 2-1. 성숙도 평가 모델

- 레벨 5 최적화된 단계

  SAM에 관한 감사를 개선하기 위한 구조가 정기적으로 실시되고 있는 단계이다.

- 레벨 4 관리되는 단계

  SAM에 대한 감사의 연도별 계획이 수립되고 승인되어 있으며, 그 실시 결과를 정기적(년 1회 이상)으로 검토하고 있는 단계이다.

- 레벨 3 정의되는 단계

  SAM에 대한 감사 체제와 절차가 승인되어 조직 전체에 주지되어 규격의 요구 사항을 충족하고 중대한 결함이 없는 단계이다.

- 레벨 2 반복 가능한 단계

  SAM에 대한 감사 체제와 절차가 문서화되어 있지만, 규격의 요구 사항을 충족하지 못하는 단계이다.

- 레벨 1 초기/임기응변적인 단계

  SAM에 대한 감사 체제는 존재하고 있지만, 조직으로 승인된 것이 아니라 직원과 경영진의 자발적인 활동에 의존하고 있는 단계이다. 지속적으로 실시될 가능성이 낮다.

- 레벨 0 관리가 존재하지 않는 단계

  SAM의 감사 체제가 정해져 있지 않은 단계이다.

## IV. 관리목표: 보유라이선스 파악 및 인증

### 1. 요구사항

라이선스 이동 정보를 기록하는 절차가 수립되어 실시되고 있다.

#### 1-1. 성숙도 평가 모델

- 레벨 5 최적화된 단계
  라이선스 이동 정보를 기록하는 절차 등이 필요에 따라 변경 및 개선되고 있는 단계이다.

- 레벨 4 관리되는 단계
  라이선스 이동이 적시에 기록되고 있으며 그 내용의 타당성이 확인되고 있고, 발견된 문제는 제대로 시정되고 있는 단계이다.

- 레벨 3 정의되는 단계
  라이선스 이동 정보를 기록하는 절차가 승인되어 조직 전체에게 주지되어 규격의 요구사항을 충족하고 있으며 중대한 결함이 없는 단계이다.

- 레벨 2 반복 가능한 단계
  라이선스 이동 정보를 기록하는 절차가 문서화되어 있지만, 규격의 요구사항을 충족하지 못하는 단계이다.

- 레벨 1 초기/임기응변적인 단계
  라이선스 이동 정보를 기록하는 절차가 계속 존재하고 있지만, 조직으로 승인된 것이 아니라 직원과 경영진의 자발적인 활동에 의존하고 있는 단계이다. 계속적으로 실시될 가능성이 낮다.

- 레벨 0 관리가 존재하지 않는 단계
  라이선스 이동 정보를 기록하는 절차가 없는 단계이다.

### 2. 요구사항

라이선스에 필요한 부재가 제대로 보관되어 있다.

#### 2-1. 성숙도 평가 모델

- 레벨 5 최적화된 단계
  라이선스에 필요한 부재를 보관하는 절차가 필요에 따라 수정 및 개선되고 있는 단계이다.

- 레벨 4 관리되는 단계

  라이선스에 필요한 부재를 보관하는 절차가 실시되고 있으며, 그 내용의 타당성이 확인되고 있는 단계이다. 발견된 문제는 제대로 시정되고 있다.

- 레벨 3 정의되는 단계

  라이선스에 필요한 부재를 보관하는 절차가 승인되어 조직 전체에 주지되어 규격의 요구사항을 충족하고 중대한 결함이 없는 단계이다.

- 레벨 2 반복 가능한 단계

  라이선스에 필요한 부재를 기록하는 절차는 문서화되어 있지만, 규격의 요구사항을 충족하지는 못한 단계이다.

- 레벨 1 초기/임기응변적인 단계

  라이선스에 필요한 부재를 기록하는 절차는 계속 존재하고 있지만, 조직으로 승인된 것이 아니라 직원과 경영진의 자발적인 활동에 의존하고 있는 단계이다. 지속적으로 실시될 가능성이 낮다.

- 레벨 0 관리가 존재하지 않는 단계

  라이선스에 필요한 부재를 보관하는 절차가 없는 단계이다.

## 3. 요구사항

보유 라이선스 관리 상태를 확인하고 있다.

### 3-1. 성숙도 평가 모델

- 레벨 5 최적화된 단계

  라이선스 관리 상태를 확인하는 절차가 필요에 따라 변경 및 개선되고 있는 단계이다.

- 레벨 4 관리되는 단계

  라이선스 관리 상태를 확인하는 절차가 실시되고 있으며, 그 절차에 문제가 없는 것으로 확인되고 있는 단계이다. 발견된 오류 또는 문제는 시정되고 있다.

- 레벨 3 정의되는 단계

  라이선스 관리 상태를 확인하는 절차가 승인되어 조직 전체에 주지되어 규격의 요구사항을 충족하고 있으며 중대한 결함이 없는 단계이다.

- 레벨 2 반복 가능한 단계

  라이선스 관리 상태를 확인하는 절차는 문서화되어 있지만, 규격의 요구사항을 충족하지는 못한 단계이다.

- 레벨 1 초기/임기응변적인 단계

  라이선스 관리 상태를 확인하는 절차는 계속 존재하고 있지만, 조직으로 승인된 것이 아니라 직원과 경영진의 자발적인 활동에 의존하고 있는 단계이다. 지속적으로 실시될 가능성이 낮다.

- 레벨 0 관리가 존재하지 않는 단계

  라이선스 관리 상태를 확인하는 절차가 없다.


## V. 관리목표 : 도입 소프트웨어 파악

### 1. 요구사항

하드웨어 및 도입소프트웨어 이동 정보를 기록하는 절차가 책정되어 실시되고 있다.

#### 1-1. 성숙도 평가 모델

- 레벨 5 최적화된 단계

  하드웨어 및 소프트웨어의 이동 정보를 기록하는 절차가 필요에 따라 변경 및 개선되고 있는 단계이다.

- 레벨 4 관리되는 단계

  하드웨어 및 소프트웨어의 이동 정보를 기록하는 절차가 실시되고 있으며, 발견된 문제는 제대로 시정되고 있는 단계이다.

- 레벨 3 정의되는 단계

  하드웨어 및 소프트웨어의 이동 정보를 기록하는 절차가 승인되어 조직 전체에 주지되어 규격의 요구사항을 충족하고 있으며 중대한 결함이 없는 단계이다.

- 레벨 2 반복 가능한 단계

  하드웨어 및 소프트웨어의 이동 정보를 기록하는 절차는 문서화되어 있지만, 규격의 요구사항을 충족하지는 못한 단계이다.

- 레벨 1 초기/임기응변적인 단계
  하드웨어 및 소프트웨어의 이동 정보를 기록하는 절차는 계속 존재하고 있지만, 조직으로 승인된 것이 아니라 직원과 경영진의 자발적인 활동에 의존하고 있는 단계이다. 지속적으로 실시될 가능성이 낮다.

- 레벨 0 관리가 존재하지 않는 단계
  하드웨어 및 소프트웨어의 이동 정보를 기록하는 절차가 없는 단계이다.

### 2. 요구사항
하드웨어 및 소프트웨어의 관리상태를 확인하고 있다.

#### 2-1. 성숙도 평가 모델

- 레벨 5 최적화된 단계
  하드웨어 및 소프트웨어의 관리상태를 확인하는 절차가 필요에 따라 변경 및 개선되고 있는 단계이다.

- 레벨 4 관리되는 단계
  하드웨어 및 소프트웨어의 관리상태를 확인하는 절차가 실시되고 있으며, 발견된 문제는 제대로 시정되고 있는 단계이다.

- 레벨 3 정의되는 단계
  하드웨어 및 소프트웨어의 관리상태를 확인하는 절차가 승인되어 조직 전체에 주지되어 규격의 요구사항을 충족하고 있으며 중대한 결함이 없는 단계이다.

- 레벨 2 반복 가능한 단계
  하드웨어 및 소프트웨어의 관리상태를 확인하는 절차는 문서화되어 있지만, 규격의 요구사항을 충족하지는 못한 단계이다.

- 레벨 1 초기/임기응변적인 단계
  하드웨어 및 소프트웨어의 관리상태를 확인하는 절차는 계속 존재하고 있지만, 조직으로 승인된 것이 아니라 직원과 경영진의 자발적인 활동에 의존하고 있는 단계이다. 지속적으로 실시될 가능성이 낮다.

- 레벨 0 관리가 존재하지 않는 단계
  하드웨어 및 소프트웨어의 관리상태를 확인하는 절차가 없는 단계이다.

## VI. 관리목표 : 비용 효율화

### 1. 요구사항

조달 계획이 수립되어 실시되고 있다.

#### 1-1. 성숙도 평가 모델

- 레벨 5 최적화된 단계
  소프트웨어 및 관련자산과 이와 관련된 서비스를 조달하기 위한 계획 수립절차가 필요에 따라 변경 및 개선되고 있는 단계이다.

- 레벨 4 관리되는 단계
  소프트웨어 및 관련자산과 이와 관련된 서비스를 조달하기 위한 계획 수립절차가 실시되고있으며, 발견된 문제는 제대로 시정되고 있는 단계이다.

- 레벨 3 정의되는 단계
  소프트웨어 및 관련자산과 이와 관련된 서비스를 조달하기 위한 계획 수립절차가 승인되어 조직 전체에 주지되어 규격의 요구사항을 충족하고 있으며 중대한 결함이 없는 단계이다.

- 레벨 2 반복 가능한 단계
  소프트웨어 및 관련자산과 이와 관련된 서비스를 조달하기 위한 계획 수립절차는 문서화되어 있지만, 규격의 요구사항을 충족하지는 못한 단계이다.

- 레벨 1 초기/임기응변적인 단계
  소프트웨어 및 관련자산과 이와 관련된 서비스를 조달하기 위한 계획 수립절차는 계속 존재하고 있지만, 조직으로 승인된 것이 아니라 직원과 관리부문의 자발적인 활동에 의존하고 있는 단계이다. 지속적으로 실시될 가능성이 낮다.

- 레벨 0 관리가 존재하지 않는 단계
  소프트웨어 및 관련자산과 이와 관련된 서비스를 조달하기 위한 계획 수립절차가 없는 단계이다.

### 2. 요구사항

소프트웨어 및 관련자산의 표준화를 검토하는 절차가 수립되어 실시되고 있다.

### 2-1. 성숙도 평가 모델

- 레벨 5 최적화된 단계
  소프트웨어 및 관련자산의 표준화를 검토하는 절차가 필요에 따라 변경 및 개선되고 있는 단계이다.

- 레벨 4 관리되는 단계
  소프트웨어 및 관련자산의 표준화를 검토하는 절차가 실시되고 있으며, 발견된 문제는 제대로 시정되고 있는 단계이다.

- 레벨 3 정의되는 단계
  소프트웨어 및 관련자산의 표준화를 검토하는 절차가 승인되어 조직 전체에 주지되어 규격의 요구사항을 충족하고 있으며 중대한 결함이 없는 단계이다.

- 레벨 2 반복 가능한 단계
  소프트웨어 및 관련자산의 표준화를 검토하는 절차는 문서화되어 있지만, 규격의 요구사항을 충족하지는 못한 단계이다.

- 레벨 1 초기/임기응변적인 단계
  소프트웨어 및 관련자산의 표준화에 관한 문서는 존재하고 있지만, 조직으로 승인된 것이 아니라 직원과 관리부문의 자발적인 활동에 의존하고 있는 단계이다. 지속적으로 실시될 가능성이 낮다.

- 레벨 0 관리가 존재하지 않는 단계
  소프트웨어 및 관련자산에 관한 표준화가 검토되고 있지 않은 단계이다.

## 3. 요구사항

SAM 프로세스의 효율성, 정확성의 향상 등을 고려하여 최적화를 도모하기 위한 절차가 수립되고 실시되고 있다.

### 3-1. 성숙도 평가 모델

- 레벨 5 최적화된 단계
  SAM 프로세스의 효율성, 정확성의 향상 등을 고려하여 최적화를 도모하기 위한 절차가 필요에 따라 변경 및 개선되고 있는 단계이다.

- 레벨 4 관리되는 단계
  SAM 프로세스의 효율성, 정확성의 향상 등을 고려하여 최적화를 도모하기 위한 절차가 진행되고 절차에 문제가 없는 것으로 확인되며, 발견된 문제는 제대로 시정되고 있는 단계이다.

- 레벨 3 정의되는 단계

  SAM 프로세스의 효율성, 정확성의 향상 등을 고려하여 최적화를 도모하기 위한 절차가 승인되어 조직 전체에 주지되어 규격의 요구사항을 충족하고 있으며 중대한 결함이 없는 단계이다.

- 레벨 2 반복 가능한 단계

  SAM 프로세스의 효율성, 정확성의 향상 등을 고려하여 최적화를 도모하기 위한 절차는 문서화되어 있지만, 규격의 요구사항을 충족하지는 못한 단계이다.

- 레벨 1 초기/임기응변적인 단계

  SAM 프로세스의 효율성, 정확성의 향상 등을 고려하여 최적화를 도모하기 위한 문서는 존재하고 있지만, 조직으로 승인된 것이 아니라 직원과 관리부문의 자발적인 활동에 의존하고 있는 단계이다. 지속적으로 실시될 가능성이 낮다.

- 레벨 0 관리가 존재하지 않는 단계

  SAM 프로세스의 효율성, 정확성의 향상 등을 고려하여 최적화가 검토되고 있지 않은 단계이다.

## VII. 관리목표: 정보보안 요구사항의 준수

### 1. 요구사항

소프트웨어 및 관련자산에 관한 보안 요구사항이 준수되고 있다.

#### 1-1. 성숙도 평가 모델

- 레벨 5 최적화된 단계

  소프트웨어 및 관련자산에 관한 보안 요구사항이 준수하기 위한 절차가 필요에 따라 변경 및 개선되고 있는 단계이다.

- 레벨 4 관리되는 단계

  소프트웨어 및 관련자산에 관한 보안 요구사항이 준수하기 위한 절차가 진행되고 절차에 문제가 없는 것으로 확인되며, 발견된 문제는 제대로 시정되고 있는 단계이다.

- 레벨 3 정의되는 단계

  소프트웨어 및 관련자산에 관한 보안 요구사항이 준수하기 위한 절차가 승인되어 조직 전체에 주지되어 규격의 요구사항을 충족하고 있으며 중대한 결함이 없는 단계이다.

- 레벨 2 반복 가능한 단계
  소프트웨어 및 관련자산에 관한 보안 요구사항이 준수하기 위한 절차는 문서화되어 있지만, 규격의 요구사항을 충족하지는 못한 단계이다.

- 레벨 1 초기/임기응변적인 단계
  소프트웨어 및 관련자산에 관한 보안 요구사항이 준수하기 위한 문서는 존재하고 있지만, 조직으로 승인된 것이 아니라 직원과 관리부문의 자발적인 활동에 의존하고 있는 단계이다. 지속적으로 실시될 가능성이 낮다.

- 레벨 0 관리가 존재하지 않는 단계
  소프트웨어 및 관련자산에 관한 보안 요구사항이 준수하는 절차가 없는 단계이다.

### VIII. 관리목표 : 소프트웨어 자산관리 운용 프로세스

#### 1. 요구사항
SAM 관련 관계 및 계약관리 절차가 책정되어 실시되고 있다.

##### 1-1. 성숙도 평가 모델

- 레벨 5 최적화된 단계
  SAM 관련 관계 및 계약관리 절차가 필요에 따라 변경 및 개선되고 있는 단계이다.

- 레벨 4 관리되는 단계
  SAM 관련 관계 및 계약관리 절차가 진행되고 절차에 문제가 없는 것으로 확인되며, 발견된 문제는 제대로 시정되고 있는 단계이다.

- 레벨 3 정의되는 단계
  SAM 관련 관계 및 계약관리 절차가 승인되어 조직 전체에 주지되어 규격의 요구사항을 충족하고 있으며 중대한 결함이 없는 단계이다.

- 레벨 2 반복 가능한 단계
  SAM 관련 관계 및 계약관리 절차는 문서화되어 있지만, 규격의 요구사항을 충족하지는 못한 단계이다.

- 레벨 1 초기/임기응변적인 단계
  SAM 관련 관계 및 계약관리 절차가 존재하고 있지만, 조직으로 승인된 것이 아니라 직원과 관리부문의 자발적인 활동에 의존하고 있는 단계이다. 지속적으로 실시될 가능성이 낮다.

- 레벨 0 관리가 존재하지 않는 단계

  SAM 관련 관계 및 계약관리 절차가 없는 단계이다.

## 2. 요구사항

SAM의 예산 및 실적관리, 투자의 적시성 파악 등 재무관리에 관한 절차가 수립되어 실시되고 있다.

### 2-1. 성숙도 평가 모델

- 레벨 5 최적화된 단계

  SAM의 재무관리 절차가 필요에 따라 변경 및 개선되고 있는 단계이다.

- 레벨 4 관리되는 단계

  SAM의 재무관리 절차에 문제가 없는 것으로 확인되며, 발견된 문제는 제대로 시정되고 있는 단계이다.

- 레벨 3 정의되는 단계

  SAM의 재무관리 절차가 승인되어 조직 전체에 주지되어 규격의 요구사항을 충족하고 있으며 중대한 결함이 없는 단계이다.

- 레벨 2 반복 가능한 단계

  SAM의 재무관리 절차는 문서화되어 있지만, 규격의 요구사항을 충족하지는 못한 단계이다.

- 레벨 1 초기 / 임기응변적인 단계

  SAM의 재무관리 절차가 존재하고 있지만, 조직으로 승인된 것이 아니라 직원과 관리부문의 자발적인 활동에 의존하고 있는 단계이다. 지속적으로 실시될 가능성이 낮다.

- 레벨 0 관리가 존재하지 않는 단계

  SAM의 재무관리 절차가 없는 단계이다.

## 3. 요구사항

SAM에 관한 서비스 수준 관리 절차가 수립되어 실시되고 있다.

### 3-1. 성숙도 평가 모델

- 레벨 5 최적화된 단계

  SAM에 관한 서비스 수준 관리 절차가 필요에 따라 변경 및 개선되고 있는 단계이다.

- 레벨 4 관리되는 단계

  SAM에 관한 서비스 수준 관리 절차에 문제가 없는 것으로 확인되며, 발견된 문제는 제대로 시정되고 있는 단계이다.

- 레벨 3 정의되는 단계

  SAM에 관한 서비스 수준 관리 절차가 승인되어 조직 전체에 주지되어 규격의 요구사항을 충족하고 있으며 중대한 결함이 없는 단계이다.

- 레벨 2 반복 가능한 단계

  SAM에 관한 서비스 수준 관리 절차는 문서화되어 있지만, 규격의 요구사항을 충족하지는 못한 단계이다.

- 레벨 1 초기/임기응변적인 단계

  SAM에 관한 서비스 수준 관리 절차가 존재하고 있지만, 조직으로 승인된 것이 아니라 직원과 관리부문의 자발적인 활동에 의존하고 있는 단계이다. 지속적으로 실시될 가능성이 낮다.

- 레벨 0 관리가 존재하지 않는 단계

  SAM에 관한 서비스 수준 관리 절차가 없는 단계이다.

## 4. 요구사항

SAM 대상 자산 및 문서 등의 액세스 제어 방법의 절차가 수립되어 실시되고 있다.

### 4-1. 성숙도 평가 모델

- 레벨 5 최적화된 단계

  SAM의 액세스 제어 방법에 관한 절차가 필요에 따라 변경 및 개선되고 있는 단계이다.

- 레벨 4 관리되는 단계

  SAM의 액세스 제어 방법에 관한 절차에 문제가 없는 것으로 확인되며, 발견된 문제는 제대로 시정되고 있는 단계이다.

- 레벨 3 정의되는 단계

  SAM의 액세스 제어 방법에 관한 절차가 승인되어 조직 전체에 주지되어 규격의 요구사항을 충족하고 있으며 중대한 결함이 없는 단계이다.

- 레벨 2 반복 가능한 단계

  SAM의 액세스 제어 방법에 관한 절차는 문서화되어 있지만, 규격의 요구사항을 충족하지는 못한 단계이다.

- 레벨 1 초기/임기응변적인 단계

    SAM의 액세스 제어 방법에 관한 절차가 존재하고 있지만, 조직으로 승인된 것이 아니라 직원과 관리부문의 자발적인 활동에 의존하고 있는 단계이다. 지속적으로 실시될 가능성이 낮다.

- 레벨 0 관리가 존재하지 않는 단계

    SAM의 액세스 제어 방법에 관한 절차가 없는 단계이다.

## IX. 관리목표: 라이프 사이클 프로세스 인터페이스

### 1. 요구사항

SAM에 대한 모든 변경 관리 절차가 수립되어 실시되고 있다.

#### 1.1. 성숙도 평가 모델

- 레벨 5 최적화된 단계

    SAM의 변경관리 절차가 필요에 따라 변경 및 개선되고 있는 단계이다.

- 레벨 4 관리되는 단계

    SAM의 변경관리 절차에 문제가 없는 것으로 확인되며, 발견된 문제는 제대로 시정되고 있는 단계이다.

- 레벨 3 정의되는 단계

    SAM의 변경관리 절차가 승인되어 조직 전체에 주지되어 규격의 요구사항을 충족하고 있으며 중대한 결함이 없는 단계이다.

- 레벨 2 반복 가능한 단계

    SAM의 변경관리 절차는 문서화되어 있지만, 규격의 요구사항을 충족하지는 못한 단계이다.

- 레벨 1 초기/임기응변적인 단계

    SAM의 변경관리 절차가 존재하고 있지만, 조직으로 승인된 것이 아니라 직원과 관리부문의 자발적인 활동에 의존하고 있는 단계이다. 지속적으로 실시될 가능성이 낮다.

- 레벨 0 관리가 존재하지 않는 단계

    SAM의 변경관리 절차가 없는 단계이다.

## 2. 요구사항

SAM에 대한 모든 검색 정보를 관리하기 위한 절차가 수립되어 실시되고 있다.

### 2-1. 성숙도 평가 모델

- 레벨 5 최적화된 단계
  SAM 검색 정보의 관리 절차가 필요에 따라 변경 및 개선되고 있는 단계이다.

- 레벨 4 관리되는 단계
  SAM 검색 정보의 관리 절차에 문제가 없는 것으로 확인되며, 발견된 문제는 제대로 시정되고 있는 단계이다.

- 레벨 3 정의되는 단계
  SAM 검색 정보의 관리 절차가 승인되어 조직 전체에 주지되어 규격의 요구사항을 충족하고 있으며 중대한 결함이 없는 단계이다.

- 레벨 2 반복 가능한 단계
  SAM 검색 정보의 관리 절차는 문서화되어 있지만, 규격의 요구사항을 충족하지는 못한 단계이다.

- 레벨 1 초기/임기응변적인 단계
  SAM 검색 정보의 관리 절차가 존재하고 있지만, 조직으로 승인된 것이 아니라 직원과 관리부문의 자발적인 활동에 의존하고 있는 단계이다. 지속적으로 실시될 가능성이 낮다.

- 레벨 0 관리가 존재하지 않는 단계
  SAM 검색 정보의 관리 절차가 없는 단계이다.

## 3. 요구사항

소프트웨어 개발관련 절차가 수립되어 실시되고 있다.

### 3-1. 성숙도 평가 모델

- 레벨 5 최적화된 단계
  소프트웨어 개발관련 절차가 필요에 따라 변경 및 개선되고 있는 단계이다.

- 레벨 4 관리되는 단계
  소프트웨어 개발관련 절차에 문제가 없는 것으로 확인되며, 발견된 문제는 제대로 시정되고 있는 단계이다.

- 레벨 3 정의되는 단계

  소프트웨어 개발관련 절차가 승인되어 조직 전체에 주지되어 규격의 요구사항을 충족하고 있으며 중대한 결함이 없는 단계이다.

- 레벨 2 반복 가능한 단계

  소프트웨어 개발관련 절차는 문서화되어 있지만, 규격의 요구사항을 충족하지는 못한 단계이다.

- 레벨 1 초기/임기응변적인 단계

  소프트웨어 개발관련 절차가 존재하고 있지만, 조직으로 승인된 것이 아니라 직원과 관리부문의 자발적인 활동에 의존하고 있는 단계이다. 지속적으로 실시될 가능성이 낮다.

- 레벨 0 관리가 존재하지 않는 단계

  소프트웨어 개발관련 절차가 없는 단계이다.

### 4. 요구사항

SAM 대상 자산의 릴리스에 대한 절차가 수립되어 실시되고 있다.

#### 4-1. 성숙도 평가 모델

- 레벨 5 최적화된 단계

  SAM 대상 자산의 릴리스에 대한 절차가 필요에 따라 변경 및 개선되고 있는 단계이다.

- 레벨 4 관리되는 단계

  SAM 대상 자산의 릴리스에 대한 절차에 문제가 없는 것으로 확인되며, 발견된 문제는 제대로 시정되고 있는 단계이다.

- 레벨 3 정의되는 단계

  SAM 대상 자산의 릴리스에 대한 절차가 승인되어 조직 전체에 주지되어 규격의 요구사항을 충족하고 있으며 중대한 결함이 없는 단계이다.

- 레벨 2 반복 가능한 단계

  SAM 대상 자산의 릴리스에 대한 절차는 문서화되어 있지만, 규격의 요구사항을 충족하지는 못한 단계이다.

- 레벨 1 초기/임기응변적인 단계

  SAM 대상 자산의 릴리스에 대한 절차가 존재하고 있지만, 조직으로 승인된 것이 아니라 직원과 관리부문의 자발적인 활동에 의존하고 있는 단계이다. 지속적으로 실시될 가능성이 낮다.

- 레벨 0 관리가 존재하지 않는 단계

  SAM 대상 자산의 릴리스에 대한 절차가 없는 단계이다.

### 5. 요구사항

SAM 대상 자산의 배포 절차가 수립되어 실시되고 있다.

#### 5-1. 성숙도 평가 모델

- 레벨 5 최적화된 단계

  SAM 대상 자산의 배포 절차가 필요에 따라 변경 및 개선되고 있는 단계이다.

- 레벨 4 관리되는 단계

  SAM 대상 자산의 배포 절차에 문제가 없는 것으로 확인되며, 발견된 문제는 제대로 시정되고 있는 단계이다.

- 레벨 3 정의되는 단계

  SAM 대상 자산의 배포 절차가 승인되어 조직 전체에 주지되어 규격의 요구사항을 충족하고 있으며 중대한 결함이 없는 단계이다.

- 레벨 2 반복 가능한 단계

  SAM 대상 자산의 배포 절차는 문서화되어 있지만, 규격의 요구사항을 충족하지는 못한 단계이다.

- 레벨 1 초기/임기응변적인 단계

  SAM 대상 자산의 배포 절차가 존재하고 있지만, 조직으로 승인된 것이 아니라 직원과 관리 부문의 자발적인 활동에 의존하고 있는 단계이다. 지속적으로 실시될 가능성이 낮다.

- 레벨 0 관리가 존재하지 않는 단계

  SAM 대상 자산의 배포 절차가 없는 단계이다.

### 6. 요구사항

SAM 사건 및 사고 관리에 관한 절차가 수립되어 실시되고 있다.

#### 6-1. 성숙도 평가 모델

- 레벨 5 최적화된 단계

  SAM의 사건 및 사고 관리에 관한 절차가 필요에 따라 변경 및 개선되고 있는 단계이다.

- 레벨 4 관리되는 단계

    SAM의 사건 및 사고 관리에 관한 절차에 문제가 없는 것으로 확인되며, 발견된 문제는 제대로 시정되고 있는 단계이다.

- 레벨 3 정의되는 단계

    SAM의 사건 및 사고 관리에 관한 절차가 승인되어 조직 전체에 주지되어 규격의 요구사항을 충족하고 있으며 중대한 결함이 없는 단계이다.

- 레벨 2 반복 가능한 단계

    SAM의 사건 및 사고 관리에 관한 절차는 문서화되어 있지만, 규격의 요구사항을 충족하지는 못한 단계이다.

- 레벨 1 초기/임기응변적인 단계

    SAM의 사건 및 사고 관리에 관한 절차가 존재하고 있지만, 조직으로 승인된 것이 아니라 직원과 관리부문의 자발적인 활동에 의존하고 있는 단계이다. 지속적으로 실시될 가능성이 낮다.

- 레벨 0 관리가 존재하지 않는 단계

    SAM의 사건 및 사고 관리에 관한 절차가 없는 단계이다.

## 7. 요구사항

SAM 문제 관리를 위한 절차가 수립되어 실시되고 있다.

### 7-1. 성숙도 평가 모델

- 레벨 5 최적화된 단계

    SAM 문제 관리를 위한 절차가 필요에 따라 변경 및 개선되고 있는 단계이다.

- 레벨 4 관리되는 단계

    SAM 문제 관리를 위한 절차에 문제가 없는 것으로 확인되며, 발견된 문제는 제대로 시정되고 있는 단계이다.

- 레벨 3 정의되는 단계

    SAM 문제 관리를 위한 절차가 승인되어 조직 전체에 주지되어 규격의 요구사항을 충족하고 있으며 중대한 결함이 없는 단계이다.

- 레벨 2 반복 가능한 단계

    SAM 문제 관리를 위한 절차는 문서화되어 있지만, 규격의 요구사항을 충족하지는 못한 단계이다.

- 레벨 1 초기/임기응변적인 단계

  SAM 문제 관리를 위한 절차가 존재하고 있지만, 조직으로 승인된 것이 아니라 직원과 관리부문의 자발적인 활동에 의존하고 있는 단계이다. 지속적으로 실시될 가능성이 낮다.

- 레벨 0 관리가 존재하지 않는 단계

  SAM 문제 관리를 위한 절차가 없는 단계이다.

## 8. 요구사항

SAM의 대상 자산에 대한 폐기 및 반환 절차가 수립되어 실시되고 있다.

### 8-1. 성숙도 평가 모델

- 레벨 5 최적화된 단계

  SAM의 폐기 및 반환 절차가 필요에 따라 변경 및 개선되고 있는 단계이다.

- 레벨 4 관리되는 단계

  SAM의 폐기 및 반환 절차에 문제가 없는 것으로 확인되며, 발견된 문제는 제대로 시정되고 있는 단계이다.

- 레벨 3 정의되는 단계

  SAM의 폐기 및 반환 절차가 승인되어 조직 전체에 주지되어 규격의 요구사항을 충족하고 있으며 중대한 결함이 없는 단계이다.

- 레벨 2 반복 가능한 단계

  SAM의 폐기 및 반환 절차는 문서화되어 있지만, 규격의 요구사항을 충족하지는 못한 단계이다.

- 레벨 1 초기/임기응변적인 단계

  SAM의 폐기 및 반환 절차가 존재하고 있지만, 조직으로 승인된 것이 아니라 직원과 관리부문의 자발적인 활동에 의존하고 있는 단계이다. 지속적으로 실시될 가능성이 낮다.

- 레벨 0 관리가 존재하지 않는 단계

  SAM의 폐기 및 반환 절차가 없는 단계이다.

부록 G

# BSA의 경영자를 위한 소프트웨어 리스크 관리 가이드[256]

---

[256] 경영자를 위한 소프트웨어 리스크 관리 가이드 참조, 일본 BSA, 2008. 10.

## I. 소개

기업을 둘러싼 경영 환경의 변화가 날을 거듭할수록 복잡하고 다양한 가운데, 이제는 업무 프로세스의 자동화가 필수적인 이슈로 자리잡게 되었다. IT 투자와 이로 인한 유·무형의 IT 자산을 얼마나 효율적이고 적절하게 관리 하느냐가 오늘날 기업 경영에 있어서 중요한 과제가 되고 있다. 그러나 국내 IT 자산 관리의 현황은 내부통제 및 ISO/IEC 20000 등의 국제 표준화에 따른 IT 전반의 운영 관리에 관한 노력에는 치중하고 있지만, 라이선스 및 그 이용 상황 등의 실태 파악에 대해서는 아직까지 그에 미치지 못한다고 할 것이다. 국제사회는 2000년 5월 스페인 마드리드에서 개최된 ISO/IEC JTC1/SC7 회의 시 스웨덴에서 제출한 "Asset Management for Licenses (AML)" 제안(Proposal)을 시작으로, 2001년 7월 "Software Asset Management Process(소프트웨어자산관리 프로세스)"의 NP 투표를 거쳐 공식적으로 JTC1/SC7에 WG 21 (Information technology – Software asset management –)을 설립 하였다. 그 후 2006년 5월 국제 표준 ISO/IEC 19770-1이라는 포괄적 표준으로 발행하였고, 2012년 6월 기술적 보강을 통해 개정하였다. 또한 소프트웨어 식별 태그의 표준화 작업을 통하여 보다 용이한 소프트웨어 관리를 모색할 수 있도록 준비하고 있다. 본 안내서는 기업 경영자로 하여금 국제적인 흐름 속에 있는 소프트웨어 자산관리의 필요성 인식과 소프트웨어 자산관리 부재로 인한 위험과 대처방법을 이해할 수 있도록 지원하고 있다.

## II. 필요성

소프트웨어 자산관리(SAM)는 소프트웨어 투자를 최적화하는 과정과 체제의 구축 및 운영 관리의 개선을 도모하는 것으로, 단순히 조직에서의 소프트웨어 불법 사용을 예방할 목적으로만 표준화 작업을 추진한 것이 아니다. 즉, 정책 및 체제 구축을 통한 자산의 효율적 관리를 통한 IT자산의 라이프 사이클의 운용과 구매 및 법무, 재무까지를 포함한 종합적이고 전사적인 관리 체제의 구축으로 기업의 경쟁력을 배가시키려는 데 그 목적과 필요성이 있다고 할 것이다. 우리나라는 2012년 대통령 훈령으로 "공공기관의 소프트웨어 관리에 관한 규정"이 발표되어 정부 및 산하단체 등 공공기관에서의 소프트웨어 자산관리에 대한 인식 제고를 강조하였다. 이는 한미 FTA 협정 제18장 제4조 제9항에 근거하여 국내 훈령을 통하여 실현방법을 구체화 하려고 한 것이라 볼 수 있다.

## III. SAM을 도입하지 않음에 따른 위험

### 1. 1차적 위험

#### 1-1. 법률 및 규정 준수 위반에 따른 리스크

앞서 언급했지만, 우리나라 저작권법 제1조 및 제11장 벌칙 중 제140조, 제141조 등을 종합적으로 보면, "영리를 목적으로 또는 상습적으로 제136조 제1항 제1호, 제136조 제2항 제3호 및 제4호의 경우에는 고소가 없어도 검찰이 직권으로 공소를 제기할 수 있도록 비 친고죄 범위를 확대하여 개정하였다. 다만, 제124조 제1항 제3호에서는 "프로그램의 저작권을 침해하여 만들어진 프로그램의 복제물을 그 사실을 알면서 취득한 자가 이를 업무상 이용하는 행위의 경우에는 피해자의 명시적 의사에 반하여 처벌하지 못한다."라고 규정되어 있다. 이를 위반할 경우 동법 제136조 제1항에 의거 최대 5년 이하의 징역 또는 5천 만원 이하의 벌금에 처하거나 병과할 수 있도록 하고 있다.

#### 1-2. 정보 보안 위험

국제적인 시장조사 기관인 IDC 조사에 따르면, 불법 다운로드 및 CD를 통해 입수한 불법 복제 소프트웨어는 약 50%의 확률로 IT 시스템에 손상을 주거나 개인정보 또는 기업정보의 유출 사고가 발생할 수 있는 바이러스와 스파이웨어 등의 추가 코드가 포함된 것으로 밝혀지고 있다. 또한 불법복제 제품은 소프트웨어 제조사의 공식적인 유지보수 지원이 불가능하기 때문에 사용상 제약 및 보안상 허점이 발생할 수 있고 부정 액세스 대책에 취약점을 남기게 된다.

#### 1-3. 재무부담 위험

적절한 관리가 이루어지지 않으면 불측의 비용집행 또는 손해의 문제가 발생하기 마련이다. 첫째, 소프트웨어 불법사용으로 인한 소프트웨어 제조사의 문제제기로 말미암아 예측하지 못한 예산편성과 자금집행이 수반되어야 한다. 이는 기업회계에 있어 자금확보 문제 및 현금 유동성 문제 등을 발생시킬 수 있다고 할 것이다. 둘째, 기존에 정식으로 라이선스를 받은 제품의 업그레이드 가능 기한을 경과함으로써 추가적인 비용지출이 발생할 수 있다.

## 2. 2차적 위험

### 2-1. 기업이미지 실추

오늘날 인력의 잦은 이동과 조직의 정보를 외부로 이동시킬 수 있는 수단의 다양화(이메일, 이동식 저장매체 등) 그리고 내부 또는 외부 고발자들로 말미암아 기업 내 부정행위에 대한 노출 위험은 매우 높다고 할 것이다. 조직에서의 불법 복제품 사용이 발각되었을 경우, 각종 이해관계자의 신뢰 실추로 이어질 뿐 아니라 쌓아온 기업의 평판에도 커다란 악영향을 끼칠 수 있다고 할 것이다.

### 2-2. 비즈니스 영속성 저해

관리 부재로 인한 바이러스 및 스파이웨어의 노출로 회사 및 공장 운영의 중단으로 인한 생산 차질을 배제할 수 없다. 또한 라이선스 위반 발각 시 그 침해금액이 감당할 수 없을 정도의 규모로 인해 각종 손해배상금을 지불하고 나면 회사를 경영할 자금이 없게 됨으로 인해 사업의 계속이 곤란한 상황에 빠질 수도 있다고 할 것이다.

## IV. SAM 운용에 따른 효과

### 1. 위험 감소

전술한 위험(III. SAM을 도입하지 않음에 따른 위험)을 제거하거나 줄일 수 있다.

### 2. 직원의 라이선스 인식 향상

오늘날 어느 조직이든 조직원들은 대체적으로 라이선스 준수에 대한 이해를 공감하고 있다고 할 것이다. 따라서 기업 차원에서의 라이선스 컴플라이언스에 대한 접근 자세가 결국 직원들의 업무향상 및 기업규칙의 준수 등으로 이어질 뿐만 아니라 기업에 대한 충성심을 조성하게 되어 결과적으로 생산성 향상에 크게 기여할 것이다.

### 3. 비용 (TCO) 절감

이미 보유하고 있는 라이선스를 파악하여 불필요한 신규 라이선스 구매를 예방할 수 있으며, 아울러 소프트웨어 제조업체로부터 조직의 현재 상황에 맞는 최적의 라이선스 프로그램을 제안 받을 수도 있을 것이다. 이는 단순히 이용자의 요구에 따라 라이선스를 구입하지 않고 전사적인 차원에서 그 필요성을 판별할 수 있게 되어 추가 지출 비용 등을 절감할 수 있다.

### 4. IT 자산의 효율적 운용

시스템 사용자 및 지원부서의 성능 향상과 백업 및 복구 계획 수립이 가능해 진다.

## V. 경영자에게 요구되는 실천사항

소프트웨어 관리를 소홀히 한다는 것은 IT 자산의 적절한 관리를 실현하지 못하고 있을 뿐만 아니라, 많은 위험을 내포한 상태로 기업을 경영하고 있다고 할 것이다. 결국 SAM의 실현을 통하여 각종 위험을 제거하고 재무적인 관리로 경쟁력을 확보해야 할 것이다. 이것을 신속하고 원활하게 실시하기 위해서는 기업 경영자를 포함한 경영진의 의지가 무엇보다 중요하다. BSA는 다음 세 가지 포인트가 적절한 SAM 실현에 필수적인 경영자의 행동이라고 보고 있다.

### 1. 경영진의 명확한 약속

SAM을 원활하게 추진하기 위해서는 전 임직원의 의식개혁과 지원이 필수적이다. 우선 경영진이 경영 전략의 일환으로 SAM을 실시한다는 명확한 의사를 모든 직원에게 보여주는 것이 SAM을 실현할 수 있는 강력한 원동력이 될 것이다.

### 2. 경영진 관할하의 SAM 프로젝트 팀 구성

SAM 부문 조직원 또는 경영진만의 노력으로는 SAM을 실현할 수 없다. 적절한 SAM에는 관리 체제 구축이 필수적이며, 이를 위해서는 여러 부서가 참여하는 것이 요구된다. SAM을 신속하게 실현하기 위해 경영진을 직할 조직으로 하여 부문별로 SAM 프로젝트 팀을 발족시키는 것이 중요하다.

### 3. 경영진의 지속적인 관심

자사의 소프트웨어와 라이선스의 현상 파악 없이는 SAM의 실현은 있을 수 없다. 이 작업에는 많은 시간과 노력이 필요하기 때문에 담당자의 의욕이 저하될 가능성도 배제할 수 없다. 이 문제를 해결하려면 경영진이 현황 파악보고를 직접 받는 등 프로젝트에 지속적인 참여를 보여 줄 수 있도록 하고, 수시로 담당자에 대한 격려가 중요하다고 할 것이다.

## VI. SAM 운용시 모범 프로세스

① SW자산관리 정책 및 규정의 정리
→ ② SW자산관리 체제의 정비
→ ③ 소유 라이선스 파악
→ ④ 도입 소프트웨어 파악
→ ⑤ 소프트웨어 및 라이선스 대장정리

- ① 정책,규정을 통한 지속적 관리 근거 만련
- ② 관리체계, 교육체계, 감사체계 정비하여 책임소재 명확화
- ③ 소프트웨어 자산 배분의 용이성 확보 차원
- ④ 소프트웨어 자산 배분의 용이성 확보 차원
- ⑤ 소유 라이선스와 도입 소프트웨어 비교 (과부족수 파악)

⑥ 미사용/불요 소프트웨어 제거
→ ⑦ 미취득분 라이선스 구매
→ ⑧ 소프트웨어 및 라이선스 적정화 유지
→ ⑨ 정기적 검토
→ ⑩ 라이선스 최적화 및 적절한 프로그램 검토

- ⑥ 적절한 소프트웨어 자산배분
- ⑦ 적절한 소프트웨어 자산배분
- ⑧ 설치 소프트웨어 및 필요 라이선스의 과부족이 없는 상태
- ⑨ 반기 또는 연도별 라이선스 대장 갱신
- ⑩ 소프트웨어 제조사와 협의를 통해 라이선스 최적화를 통한 효과 극대화

부록 H

# 마이크로소프트의 소프트웨어 자산관리 가이드[257]

[257] 마이크로소프트 SAM Software asset management 소개 사이트 http://www.microsoft.com/korea/resources/sam/default.mspx 참조

## I. SAM(Software asset management)

### 1. 개요

소프트웨어 자산관리를 운용하면 프로세스를 단순화하고 비용을 줄이며 안정성과 보안을 강화할 수 있다. 소프트웨어 자산관리는 지속적인 소프트웨어 현황 조사 및 기록뿐만 아니라 소프트웨어 자산과 관련한 기업의 정책, 절차, 기술, 구매, 전달, 배포 및 지원 등을 모두 포함한다. SAM 구현 계획으로는, 첫째 소프트웨어 현황 조사, 둘째 설치된 소프트웨어를 구매한 라이선스와 일치 시키기, 셋째 정책 및 절차 검토, 넷째 SAM 계획 수립 및 문서화이다. 각 해당 사항에 대한 내용은 여러 차례 중복 설명하였으므로 생략하기로 한다.

### 2. 부문(부서)별 SAM과의 관계

#### 2-1. SAM과 IT 부서

누구도 IT 부서보다 조직에 대한 SAM의 이점을 더 잘 이해할 수 없다. 그러므로 프로그램을 올바르고 효율적으로 수행하려면 조직과 조직원에 대한 IT 부서의 협력이 필수적이다. IT 부서가 SAM 데이터베이스의 구축, 유지 관리, 모니터링에 대한 궁극적인 책임을 지며 프로그램이 원활하게 수행되면 IT부서도 다음과 같은 많은 이점을 얻을 수 있다.

- 기존 소프트웨어에 대한 이해 증진과 필요한 프로그램의 판단 능력 향상
- 새로운 소프트웨어를 구입할 시기와 업데이트 필요 여부 및 사용 가능한 시기를 파악할 때의 효율성 증가
- 과부족 라이선스 현황에 따른 대처 능력 제고(초과 분의 재 배포, 부족분의 도입 계획 수립 등)
- 잘 실행되고 법률적 문제가 없는 소프트웨어 프로그램을 통한 직원의 사기 및 동기 부여 향상
- 유지 관리되고 있으나 현재 사용되고 있지 않은 프로그램에 대한 인식 제고
- 신입 직원 교육의 감소와 그 비용의 절감
- 패치를 적용하지 않거나 사용 가능한 패치에 대한 지식 부족으로 인한 보안 문제의 감소

### 2-2. SAM과 구매부서

구매부서는 주요 재정적 사안에 대해 중간 의사결정을 하고 있는바, 소프트웨어 구매 등과 관련하여 제반 문서 업무와 법률 문제를 이해하고 처리해야 하며 공급업체를 효과적으로 다루는데 필요한 협상력을 가지고 있어야 한다. IT 팀, 경영진, SAM 구현 팀과 협력하여 구매부서는 SAM 프로그램을 구축하는데 필수적인 역할을 하게 된다. 우수한 SAM 프로그램을 통하여 비용을 절감하고 다음과 같은 점에서 구매 부서의 전체적 효율성을 향상시킬 수 있다.

- 필요한 소프트웨어와 라이선스에 대한 인식의 제고를 통한 공급업체와의 협상과 관계 강화 (대량 구매에 따른 매입 할인 가능)
- 소프트웨어 감가상각에 대한 인식 제고로 인한 잠재적 세금 혜택(비용처리를 통한 법인세 절감)
- 많은 라이선스를 구매하여 불필요한 비용지출 가능성 감소
- SAM 은 볼륨 라이선스나 사용자당 또는 PC당 기준 구매의 이점을 설명
- 단순한 소프트웨어 기능과 기존 데이터 베이스에 대한 완벽한 이해를 통한 출시 기간 단축

### 2-3. 경영진과 SAM

SAM 운용 및 결과에 따른 최종 책임은 궁극적으로 경영진에 있으므로, SAM의 활용과 각 프로세스상 요구사항에 대해서는 모든 직원들이 인식할 수 있고 책임질 수 있도록 해야 한다. 그러기 위해서는 적합한 SAM에 대한 구현 사례를 준비하는 것이 효과적이다. 또한 SAM 프로그램이 직원이나 외부 계약 업체에 의해 적절하게 수행되고 있는지 확인하고, SAM이 적절하게 유지 관리 되고 있는지 감독해야 한다. 아울러 SAM이 일상 업무 흐름을 간소화하고 회사가 원활하게 운영되고 유지된다는 것을 조직원에게 보여줄 필요가 있다. 우수한 SAM 프로그램은 적절한 소프트웨어 관리로 인한 직원의 전체적 효율성 제고를 포함하여 다음과 같은 이점을 제공한다.

- 적합하지 못한 라이선스 문제로 발생하는 법적 책임의 감소
- 완벽하고 체계화된 라이선스 시스템으로 인한 신속하고 원활한 인수 또는 합병
- 단순한 소프트웨어 기능과 기존 데이터베이스에 대한 완벽한 이해를 통한 출시 기간 단축
- 향상된 소프트웨어 프로그램을 통한 직원 사기와 동기 부여의 향상
- 각 관리자 교육 비용의 감소

## II. SAM 구현에 따른 혜택 및 주의사항

SAM 운용으로 인한 혜택은 앞에서도 수 차례 언급했지만, 크게는 비용절감, 위험관리, 재해방지, 경쟁우위 라는 4가지 틀로 대별할 수 있다.

### 1. 원활한 운영

SAM을 사용하면 전체 조직을 더 원활하게 운영할 수 있다. 예컨대, 기업 운영상 지원되지 않는 프로그램, 바이러스, 패치 또는 업데이트의 부족으로 발생하는 보안 문제 등에 대해 안심해도 된다.

### 2. 유리한 가격 협상

SAM을 통하여 소프트웨어 공급업체와의 관계를 향상시킬 수 있으며 향후 구매 시 혜택을 받을 수도 있다. 소프트웨어 요구사항에 대하여 잘 알고 있을 경우 대량으로 구매할 수 있으며 대량 구매와 관련된 가격 혜택을 이용할 수 있다.

### 3. 인수 합병 시 자산 평가 용이

최신 라이선스 및 광범위하고 포괄적인 미디어 라이브러리가 있을 경우 쉽고 빠르게 합병과 인수가 성사될 수 있다. 또한 SAM을 사용하면 간편해진 소프트웨어 기능과 기존 데이터베이스에 대한 완벽한 이해를 바탕으로 출시 기간을 단축할 수 있다.

### 4. 건전한 재무 건전성 확보

SAM 프로그램의 적절한 활용을 통하여 소프트웨어 감가상각과 관련된 세금 혜택을 받을 수 있을 뿐만 아니라 예상하지 못한 라이선스 비용의 발생을 방지하여 재정상의 안전을 확보할 수 있다. 또한 SAM 계획에 있어 중요한 단계인 철저한 소프트웨어 조정으로 사용하고 있지는 않으나 아직도 유지 관리 중인 소프트웨어를 파악할 수 있다. 따라서 그러한 소프트웨어를 제거하고 필요로 하는 부서에서 관련 라이선스와 함께 재 사용할 수 있도록 하여 비용을 절감할 수 있다.

### 5. 볼륨 디스카운트

SAM을 구현하게 되면 얼마나 많은 라이선스가 필요한지, 어떤 유형의 라이선스가 필요한지에 대해 더 잘 알 수 있다. 또한 사용자 또는 PC 기준으로 구입해야 할지, 볼륨 라이선스 취득을 고려해야 할지도 판단할 수 있다. 결국 라이선스를 구매할 때 SAM 계획을 통해 정확한 수요와 상황 판단을 하게 됨으로써 IT 투자 비용을 절감할 수 있다.

### 6. 소프트웨어 수요 예측

SAM은 미래의 소프트웨어 요구에 대한 예측 가능한 정보를 제공한다. 매번 최신 소프트웨어와 업데이트 제품을 구입하지 않고 적절한 시기에 필요한 소프트웨어의 수요를 결정할 수 있다. 또한 SAM을 운용함으로써 향후 소프트웨어 요구에 대비한 계획을 수립할 수 있고, 새로운 하드웨어의 필요 여부도 판단할 수 있다.

### 7. 기업 거버넌스

위험의 식별과 관리 및 수정 보완 등의 프로세스를 통해 올바른 기업 지배구조 시스템을 보장할 수 있다.

### 8. 오프 사이트 저장소의 활용

년 1회 이상 인벤토리 조사를 통하여 이전 기록과 비교하고, 온 사이트 기록이 손상되는 경우를 대비하여 오프 사이트에 데이터 복사본을 저장하는 것이 바람직하다. 또한 설치 미디어(CD, DVD, 사용설명서 등)와 소유권 증명서(EULA, 정품인증서, 구매 송장 등 문서 원본)도 오프사이트 저장소에 보관해야 한다. 시스템과 오프 사이트 저장소는 최소한 분기마다 업데이트 해야 하고, 복사본은 기업의 여러 사람이 액세스할 수 있는 안전한 장소에 보관해야 한다. 그래야만 비상시 액세스하기 위해 한 사람에게만 의존함으로써 발생하게 될 위험을 피할 수 있다.

## III. SAM의 4단계

SAM의 구현 단계도 앞서 여러 차례 설명을 했으므로 간략하게 정의하기로 한다.

### 1. 1단계 — 현황조사

소프트웨어 현황조사 수행으로 수동 조사(프로그램 추가 및 제거 화면 활용)와 자동조사(SAM 도구 활용)가 있다.

### 2. 2단계 — 소프트웨어와 라이선스 일치 작업

라이선스 증서 찾기
라이선스 증서 보관(시건 장치 확보)
데이터(대장 등) 비교
소프트웨어와 라이선스 일치 작업

### 3. 3단계 — 정책 및 절차 검토

소프트웨어 구입 정책 수립
신규 구입 소프트웨어 등록
소프트웨어 사용 정책 수립
소프트웨어 재해 복구 계획 수립

### 4. 4단계 — SAM 계획 수립

소프트웨어 분석
소프트웨어 교육
표준화 및 자동화를 통한 지원 비용 절감
별도의 저장소 보관을 통한 안전한 소프트웨어 관리
소프트웨어 및 하드웨어 맵 작성
소프트웨어 현황조사 일정 수립(정기적)

## IV. SAM 구현

### 1. 정책 및 절차 수립

ISO/IEC 19770-1의 규격에 의거, 조직이 최초로 SAM을 운용함에 있어 처음으로 고려해야 할 사항이다. 정책 수립 및 체제 구축, 현황조사, 결과도출 및 시정에서부터 최종 폐기에 이르기까지의 전 과정을 표준화하여 적용할 필요가 있다. 이하에서는 취득에서 폐기에 이르는 과정에 대한 정의를 간략히 설명하기로 한다.

#### 1-1. 소프트웨어 취득

조직에서의 소프트웨어 취득은 책임부서에서 집중관리 하는 방식이 비용절감 및 원활한 관리라는 관점에서 유익하다고 할 것이다.

#### 1-2. 소프트웨어 사용

조직에서 소프트웨어를 설치할 경우 신청 및 승인 프로세스를 구축하여 체계화할 필요가 있으며, 올바른 사용을 보장하기 위하여 각 라이선스의 내용을 정확히 파악하여 전 조직원에게 주지시킬 필요가 있다. 또한 인터넷과 다운로드 작업을 모니터링하고, 모든 직원이 쉽게 접할 수 있도록 정책 및 각종 프로세스를 마련해야 한다.

#### 1-3. 소프트웨어 입고

이 단계는 필요로 하는 소프트웨어 취득 후, 즉시 시스템 또는 각종 대장에 등록하고, 설치미디어 및 사용권증명서를 정해진 장소에 보관하여 자산으로서 관리할 수 있도록 하는 과정이다.

### 1-4. 소프트웨어 폐기

구 버전 소프트웨어는 새로운 응용 프로그램과 함께 원활히 실행되지 않을 수 있으므로 업무 효율성을 떨어뜨릴 수 있다. 그리고 신규 버전으로 업그레이드하는 비용은 워크플로우 개선 등 호환성 향상으로 상당 부분 지출 비용을 상쇄할 수 있다. 또한 크고 비싼 응용 프로그램을 소수의 직원만이 사용하고 있는 경우를 발견할 수도 있다. 그리고 오래된 응용 프로그램은 전체 네트워크 속도를 저하시킬 수 있으므로, 적은 비용으로 더 많은 직원을 지원할 수 있는 대안을 찾아보는 것이 현명할 것이다.

### 2. 인벤토리 도구

최근 다양한 소프트웨어 인벤토리 및 자산관리 도구가 출시되어 있는바, 전자는 PC에 설치된 소프트웨어를 대상으로 하며, 후자는 네트워크와 관련된 소프트웨어를 관리하기 위한 도구로 활용되고 있다. 그밖에 SAM 전문 컨설팅 업체로부터 지원 요청을 생각해 볼 수 있다.

### 3. 소프트웨어 인벤토리

SAM 계획의 첫 번째 단계는 PC에 설치되어 있는 소프트웨어를 조사하는 것이다. 이를 소프트웨어 인벤토리 실시라고 한다. 소규모 조직은 수작업으로도 가능하겠지만, 대규모 조직은 자동 검색 도구를 활용하는 것이 효율적일 것이다. 후자의 경우 대부분 자동으로 다양한 형식의 소프트웨어 관리 대장을 생성할 수 있다.

### 4. 라이선스 인벤토리

이 단계는 소프트웨어 인벤토리 프로세스를 완료한 후 해당 라이선스 문서와 소프트웨어가 일치하는 지 확인하는 과정으로서, 필요한 문서 유형을 확인하여 라이선스 및 관련 부재를 추적해야 한다. 일반적으로 IT부서 내지 구매부서 등에서 관리하는 것이 보통이며, 이를 확인할 수 없는 경우 해당 소프트웨어 제조업체에 문의하는 것도 하나의 방법일 것이다.

### 5. 라이선스 과부족 시정

위의 과정을 통해 소프트웨어와 라이선스의 매칭(일치) 여부를 확인할 수 있는바, 라이선스가 과도한 경우는 필요로 하는 부서에 재 배포할 수 있으며, 혹시라도 부족한 경우에는 추가 구입 계획을 수립해야 할 것이다. 참고로, 마이크로소프트에서는 중소기업의 경우 Open license option을, 대기업은 Volume license option, 비영리 기관은 특별 전용 라이선스 옵션을 권장하고 있다.

### 6. 재해복구계획

소프트웨어는 유형자산으로 분류하고 있으므로 인해 각종 재해에 노출되어 있다. 따라서 인벤토리 데이터, 설치 미디어, 소유권 증명서의 손실로부터의 복구 시스템을 구축해야 한다. 예컨대, 소유한 모든 소프트웨어 제목에 대한 중앙 집중식 인벤토리를 만들고 복사본을 오프 사이트에 보관하여 수시로 점검한다.

### 7. 소프트웨어 설치

소프트웨어를 취득하고 인벤토리 등록 단계를 완료한 후, PC에 소프트웨어를 설치할 수 있다. 또한 담당부서 또는 책임자가 모든 소프트웨어 배포를 담당하는 중앙 집중식 설치 정책이 필요하다고 할 것이다.

### 8. 지속적인 개선

#### 8-1. 인벤토리 일정 수립

SAM의 지속적이고 최적화된 구현을 위해 인벤토리 정보의 정기적 업데이트는 필수적이라고 할 것이다. 구체적인 일정 수립은 기업의 규모 및 구매빈도 등에 따라 판단하되, SAM 총괄 부문 내지 SAM 부문 담당자는 수시로 인벤토리 보고서를 확보하는 것이 바람직하다.

#### 8-2. 정기 감사 (내부 및 외부) 실시

소프트웨어 자산관리 도구 중에는 소프트웨어 설치를 모니터링하고 인벤토리 보고서를 실시간으로 제공하는 것도 있다. 그러나 인벤토리의 최신 상태 유지를 위해 도구에만 전적으로 의존할 수는 없는 일이다. 그래서 시스템이 원활하게 작동되도록 하려면 정기적으로 인벤토리 특별 감사를 수행해야 한다. 또한 외부 기관을 고용하여 인벤토리 정기 감사를 수행하고 그 결과를 자체 감사 결과와 비교할 수도 있다.

#### 8-3. 지속적인 교육

지속적인 SAM 교육과 인식을 고취하기 위한 방안으로 다음을 참고하기 바란다.
- SAM 정책 및 계획뿐만 아니라 직원의 책임과 역할 공지
- 법령과 라이선스 준수 위반으로 인한 잠재적 위험의 공지
- SAM 도구의 인식과 사용법 교육
- 정기 진행 보고서 작성을 통하여 직원에게 배포
- 조직에 맞는 도구인지 여부에 대한 정기적인 시스템 검토

부록 I

# 각종 규정 류 및 대장 등 보고서

**서식 1**

**소프트웨어 자산관리 규정 — 예시 1**

**공공기관의 소프트웨어 관리에 관한 규정**
[시행 2012.6.14] [대통령훈령 제296호, 2012.6.14, 제정]

**제1조(목적)**
이 규정은 공공기관에서 취득하여 보유하고 있는 소프트웨어의 관리에 필요한 사항을 정하여 소프트웨어를 적법하게 이용하도록 함으로써 소프트웨어 저작자의 권리를 보호하고 소프트웨어의 공정한 이용을 도모함을 목적으로 한다.

**제2조(정의)** 이 규정에서 사용하는 용어의 정의는 다음과 같다.
1. "소프트웨어"란 컴퓨터·통신·자동화 등의 장비와 그 주변장치에 대하여 명령·제어·입력·처리·저장·출력·상호작용이 가능하도록 하게 하는 지시·명령(음성이나 영상정보 등을 포함한다)의 집합과 이를 작성하기 위하여 사용된 기술서 그 밖의 관련 자료를 말한다.
2. "소프트웨어의 관리"란 소프트웨어의 취득, 이용, 폐기 또는 처분 등에 이르는 전 과정을 말한다.
3. "공공기관"이란 다음 각 목의 어느 하나에 해당하는 기관을 말한다.
가. ‹정부조직법› 제2조에 따른 중앙행정기관 및 그 소속기관
나. 감사원, 대통령실, 국무총리실, 방송통신위원회, 국가과학기술위원회, 원자력안전위원회
다. 국민권익위원회, 공정거래위원회, 금융위원회
라. ‹공공기관의 운영에 관한 법률› 제4조 제1항에 따라 공공기관으로 지정받은 기관
마. ‹공공기관의 운영에 관한 법률› 제4조 제1항 제1호부터 제5호까지의 어느 하나에 해당하는 기관 (라 목의 기관은 제외한다)

제3조(관리책임자의 지정)

　① 공공기관의 장은 소프트웨어의 관리에 관한 업무를 총괄하기 위하여 정보 담당 부서의 장을 관리책임자(이하 "기관관리책임자"라 한다)로 지정한다.

　② 공공기관의 장은 효율적인 소프트웨어의 관리를 위하여 필요한 경우 기관관리책임자 외에 부서단위의 부서관리책임자(이하 "부서관리책임자"라 한다)를 지정할 수 있다.

**제4조(관리책임자의 업무)**

　① 기관관리책임자는 다음 각 호의 업무를 수행한다.

1. 소프트웨어의 관리 대장 및 소프트웨어 설치 현황표의 작성·보관
2. 소프트웨어의 관리에 관한 실태 점검 및 불법복제 소프트웨어 등에 대한 폐기 등 조치
3. 부서관리책임자에 대한 지도·감독
4. 그 밖에 소프트웨어의 관리에 관한 업무

　② 부서관리책임자는 다음 각 호의 업무를 수행한다.

1. 해당 부서의 소프트웨어의 관리대장 및 소프트웨어 설치 현황표의 작성·보관
2. 부서 내 소프트웨어의 관리에 관한 실태 점검 및 불법복제 소프트웨어 등에 대한 폐기 등 조치
3. 제2호에 따른 점검 및 조치 결과의 기관관리책임자에 대한 보고
4. 그 밖에 부서 내 소프트웨어의 관리에 관한 업무

**제5조(소프트웨어의 관리 대장 등)**

관리책임자는 분기별로 별지 제1호 서식에 따른 소프트웨어의 관리대장 및 별지 제2호 서식에 따른 소프트웨어 설치 현황표를 작성·보관(전산정보처리시스템을 통한 작성·보관을 포함한다)하여야 한다.

**제6조(소프트웨어의 관리 실태 점검 등)**

　① 공공기관의 장은 연 1회 이상 소프트웨어의 관리에 관한 실태를 점검하고, 불법복제 소프트웨어 등을 발견하였을 때에는 폐기 등 필요한 조치를 하여야 한다.

　② 공공기관의 장은 제1항에 따른 점검 시 필요한 경우 문화체육관광부장관에게 점검용 소프트웨어의 제공을 요청할 수 있다.

　③ 공공기관의 장은 문화체육관광부장관의 요청이 있으면 제1항에 따른 점검 및 조치 결과를 문화체육관광부장관에게 통보하여야 한다.

④ 문화체육관광부장관은 제3항에 따라 통보 받은 내용을 검토한 결과 소프트웨어의 적법한 이용을 위하여 필요한 경우 해당 공공기관의 장이 필요한 조치를 하도록 권고할 수 있다.

**제7조 (소프트웨어의 관리에 관한 교육 등)**
① 소프트웨어의 관리 관련 업무담당자는 연 1회 이상 한국저작권위원회 등 관련 기관에서 실시하는 소프트웨어의 관리에 관한 교육을 받아야 한다.
② 공공기관의 장은 연 1회 이상 소속 직원을 대상으로 적법한 소프트웨어 이용 및 저작권 관련 법령 등에 관한 교육을 실시하여야 한다.
③ 공공기관의 장은 제2항에 따른 교육에 필요한 자료 및 강사 등의 지원을 문화체육관광부장관에게 요청할 수 있다.
④ 공공기관의 장은 효율적인 소프트웨어 관리 체계를 구축하고 소속 직원의 소프트웨어의 관리 능력을 배양하기 위하여 필요한 경우 문화체육관광부장관에게 소프트웨어 관리 체계 컨설팅 지원을 요청할 수 있다.

**제8조(지방자치단체 등에 대한 지원 등)**
① 문화체육관광부장관은 지방자치단체, 그 소속기관, 지방공기업법에 따른 지방직영기업, 지방공사 및 지방공단(이하 "지방자치단체 등"이라 한다)의 소프트웨어의 관리에 관한 실태 점검을 위한 점검용 소프트웨어를 제공할 수 있다.
② 문화체육관광부장관은 지방자치단체 등에 적법한 소프트웨어 이용 및 저작권 관련 법령 등에 관한 교육에 필요한 자료 및 강사 등을 지원할 수 있다.
③ 문화체육관광부장관은 지방자치단체 등의 효율적인 소프트웨어 관리 체계를 구축하고 소속 직원의 소프트웨어의 관리 능력을 배양하기 위하여 필요한 경우 소프트웨어 관리 체계 컨설팅을 지원할 수 있다.
④ 문화체육관광부장관은 소프트웨어의 관리에 필요한 사항에 대하여 지방자치단체 등에 협조를 요청할 수 있다.

**부칙 <제00296호, 2012.6.14>**

**제1조** (시행일) 이 훈령은 발령한 날부터 시행한다.
**제2조** (다른 훈령의 폐지) 정품 소프트웨어 및 그 밖의 대상물 관리에 관한 규정을 폐지한다.

## 개정문

대통령훈령 제296호 공공기관의 소프트웨어 관리에 관한 규정을 다음과 같이 발령한다. 2012년 6월 14일 대통령 이명박(인) 공공기관의 소프트웨어 관리에 관한 규정 [본문 생략]

## 부칙

**제1조**(시행일) 이 훈령은 발령한 날부터 시행한다.

**제2조**(다른 훈령의 폐지) 정품 소프트웨어 및 그 밖의 대상물 관리에 관한 규정을 폐지한다.

## 개정이유

〈제정〉

### 제정이유

소프트웨어 저작자의 권리를 보호하고 소프트웨어의 공정한 이용을 도모하기 위하여 중앙행정기관 등 공공기관의 장은 소프트웨어의 관리에 관한 업무를 총괄하기 위한 관리책임자를 지정하고, 연 1회 이상 소프트웨어의 관리에 관한 실태 점검 및 불법복제 소프트웨어 등에 대한 폐기 등 필요한 조치를 하도록 하는 한편, 문화체육관광부장관은 소프트웨어의 적법한 이용을 위하여 필요한 경우 공공기관의 장이 필요한 조치를 하도록 권고할 수 있도록 하는 등 공공기관에서 취득하여 보유하고 있는 소프트웨어의 관리에 필요한 사항을 정하려는 것임.

### 주요내용

가. 관리책임자의 지정(안 제3조)

공공기관의 장은 소프트웨어의 관리에 관한 업무를 총괄하기 위하여 정보담당부서의 장을 기관 관리책임자로 지정하고, 효율적인 소프트웨어의 관리를 위하여 필요한 경우 기관관리책임자 외에 부서 단위의 부서관리책임자를 지정할 수 있도록 함.

나. 소프트웨어의 관리 실태점검 등(안 제6조)

1) 공공기관의 장은 연 1회 이상 소프트웨어 관리에 관한 실태를 점검하고,

불법복제소프트웨어 등을 발견하였을 때에는 폐기 등 필요한 조치를 하도록 함.

2) 공공기관의장은 문화체육관광부장관의 요청이 있으면 소프트웨어 관리에 관한 실태 점검 및 조치 결과를 문화체육관광부장관에게 통보하고, 문화체육관광부장관은 통보 받은 내용을 검토한 결과 소프트웨어의 적법한 이용을 위하여 필요한 경우 해당 공공기관의 장이 필요한 조치를 하도록 권고할 수 있도록 함.

3) 공공기관이 소프트웨어의 관리 능력을 구축하고 적법한 소프트웨어를 이용하도록 유도함으로써 불법복제 소프트웨어 등의 이용률을 낮추는 등 소프트웨어의 적법한 이용을 도모할 수 있을 것으로 기대됨.

다. 소프트웨어의 관리에 관한 교육(안 제7조)

1) 소프트웨어의 관리 관련 업무담당자는 연 1회 이상 한국저작권위원회 등 관련 기관에서 실시하는 소프트웨어의 관리에 관한 교육을 받도록 하고, 공공기관의 장은 연 1회 이상 소속 직원을 대상으로 적법한 소프트웨어 이용 및 저작권 관련 법령 등에 관한 교육을 실시하도록 함.

2) 공공기관의 적법한 소프트웨어 이용 환경을 조성함으로써 소프트웨어 산업의 육성을 위한 토대를 마련하고 저작자의 권리 보호 및 소프트웨어의 공정한 이용 문화의 정착에 이바지할 수 있을 것으로 기대됨.

라. 지방자치단체 등에 대한 지원 등(안 제8조)

문화체육관광부장관은 지방자치단체와 그 소속기관 등에 소프트웨어의 관리에 관한 실태 점검을 위한 점검용 소프트웨어의 제공과 적법한 소프트웨어 이용 및 저작권 관련 법령 등에 관한 교육에 필요한 자료 및 강사 등을 지원할 수 있도록 하고, 소프트웨어의 관리에 필요한 사항에 대하여 지방자치단체와 그 소속기관 등에 협조를 요청할 수 있도록 함.

**서식 1**

### 소프트웨어 자산관리 규정 — 예시 2

조달청고시 제2007-10호

**소프트웨어관리규정**

물품관리법 시행령 제51조의 규정에 따라 〈소프트웨어 관리규정〉을 다음과 같이 제정·고시합니다.

2007년 5월 17일

조달청장

**제1조 (목적)**

이 규정은 물품관리법 시행령 제51조 제1항 제12호 및 동조 제2항에 따라 국가가 보유하고 있는 소프트웨어를 효율적으로 관리하기 위하여 필요한 사항을 정하는데 그 목적이 있다.

**제2조 (정의)** 이 규정에서 사용하는 용어의 정의는 다음과 같다

1. "정품소프트웨어"라 함은 소프트웨어 저작권자 또는 배포 권한이 있는 자가 판매, 사용허락 등의 방법으로 사용자에게 제공하는 소프트웨어를 말한다.

2. "번들 소프트웨어"라 함은 기본 운용프로그램과 같이 컴퓨터에 설치되어 공급되는 소프트웨어로서 컴퓨터와 수명 주기를 같이하는 소프트웨어를 말한다.

3. "라이선스 증서"라 함은 특정 소프트웨어의 사용허락 조건 등을 명시한 증서를 말한다.

4. "매체"라 함은 프로그램, 설명서 및 기타 기술자료를 수록한 콤팩트 디스크, 디스켓 또는 테이프 등을 말한다.

5. "디지털예산회계시스템"이라 함은 예산시스템과 회계시스템을 통합 하고, 중앙정부, 지방정부, 공공기관의 재정정보를 통합 관리하는 시스템을 말한다.

6. "컴퓨터프로그램보호위원회(현, 한국저작권위원회)"라 함은 〈컴퓨터 프로그램 보호법〉 제35조의 규정에 의하여 소프트웨어 지적재산권에 관한 분쟁조정 및 알선, 소프트웨어 불법복제 방지 등을 수행하는 기관을 말한다.

**제3조 (적용범위)** 이 규정은 국가기관이 취득하여 사용하거나 보관중인 정품 소프트웨어(이하 "소프트웨어"라 한다), 그 매체 및 라이선스 증서의 관리에 관하여 적용한다. 다만, 번들 소프트웨어나 국유재산으로 관리하는 소프트웨어는 이 규정에서 제외한다.

**제4조 (관리부서 및 책임자 지정)**
물품관리관은 소프트웨어의 효율적 관리를 위하여 총괄관리 부서 및 관리책임자를 지정하고 취득, 운용 및 기록관리의 책임을 부여하여야 한다. 이 경우 기관의 규모 등을 고려하여 운용부서별 단위책임자를 둘 수 있다.

**제5조 (취득)**
① 소프트웨어 관리책임자(이하 "관리책임자"라 한다)는 매년 소프트웨어의 수요를 조사하고 소프트웨어의 종류와 용도, 취득시기, 사용부서와 소요수량 등을 파악하여야 한다.
② 관리책임자는 제1항의 규정에 의하여 소프트웨어를 구매하고자 할 때에는 수요에 대한 타당성을 검토하고 필요한 성능을 가진 여유분의 소프트웨어 매체가 있는 지를 확인 후 구매 여부를 결정하여야 한다.
③ 관리책임자는 제1항의 규정에 의하여 소프트웨어를 취득한 때에는 반드시 정품 소프트웨어인 지를 확인하여야 한다.

**제6조 (관리)**
① 관리책임자는 당해 기관 전체의 소프트웨어 보유현황을 취득일자, 품명, 규격, 운용부서별 보유수량 및 취득금액 등을 명확히 하여 디지털예산회계시스템의 소프트웨어 관리대장에 기록·관리하여야 한다.
② 관리책임자는 제1항의 규정에 의하여 관리하는 소프트웨어를 컴퓨터에 설치한 때에는 식별이 용이하도록 해당 컴퓨터의 고유번호를 소프트웨어 관리대장에 기록하여야 한다.
③ 관리책임자는 제1항의 규정에 의하여 관리하는 소프트웨어 중 사용하지 않은 소프트웨어나 보관이 필요한 매체 및 라이선스 증서는 항상 활용이 가능하도록 종류별로 구분하여 지정된 장소에 보관하여야 한다.

**제7조 (처분 등)**
① 관리책임자는 사용할 필요가 없거나 사용할 수 없는 SW가 있을 때에는 불용사유와 처분방법 등을 명확히 하여 필요한 절차를 거친 후 처분하고 그 결과를 소프트웨어 관리대장에 정리하여야 한다.
② 관리책임자는 제1항의 규정에 의하여 SW를 처분하고자 할 때에는 우선 다른 부서가 사용할 수 있는 지를 확인하여야 하며, 소요가 없는 경우에는 매각 양여 폐기 등의 방법으로 처분할 수 있다.
③ 관리책임자는 컴퓨터를 매각·양여·폐기할 때에는 별도 구입하여 설치한 소프트웨어

를 제거하거나 양도조서를 작성하는 등 보안이나 저작권 보호를 위하여 필요한 조치를 취하여야 한다.

**제8조 (점검)**

① 관리책임자는 소프트웨어의 관리현황 및 이용실태를 연 1회 이상 정기적으로 점검하고 변동사항을 SW 관리대장에 정리해야 한다.

② 관리책임자는 제1항의 규정에 의하여 컴퓨터에 설치된 소프트웨어의 불법복제 사용에 관한 점검을 하고자 할 때에는 한국저작권권위원회 위원장이 제공하는 무료 점검용 소프트웨어를 이용할 수 있다.

**제9조 (교육)**

관리책임자는 필요하다고 인정할 경우 소프트웨어 사용 공무원에게 정품 소프트웨어 사용 및 컴퓨터프로그램저작권 보호관련 법령 등 교육을 실시할 수 있다.

**제10조 (준용규정)**

이 규정에 따른 소프트웨어 관리에 관해서는 물품 관리법 제7조(총괄기관), 제26조(물품관리 종사공무원의 주의의무), 제36조(매각), 제45조(물품관리 종사공무원의 책임), 제46조(손·망실처리)의 규정을 준용한다.

**제11조 (기타)**

소프트웨어의 저작권 침해나 양도 가능 여부 등에 관한 해석은 한국저작권위원회 위원장이 정하는 〈공공기관 SW 관리 가이드라인〉에 따른다.


부 칙


**제1조** (시행일)

이 규정은 고시한 날로부터 시행한다.

**제2조** (지침 폐지)

조달관보 제14889호(2001.8.30)의 "소프트웨어 물품관리 지침 통보"는 이를 폐지한다.

**서식 1**

### 소프트웨어 자산관리 규정 — 예시 3

## 소프트웨어 자산관리 기준[258]

### 1. 소프트웨어자산관리 필요성 및 목적

**1-1. 필요성**

IT 및 소프트웨어 기술의 발달에 따라 소프트웨어 자산은 조직의 대내외적 업무에 필수 불가결한 자산이 되어 적절히 관리를 하지 않으면 기업에 다음과 같은 위험을 끼칠 수 있는 상황이다.

1) 법령 및 저작권 위반에 따른 잠재적인 법률적 위험
2) 비효율적 관리로 인한 중복 투자 발생 등 추가 비용 부담
3) 부적절한 소프트웨어 이용을 통한 보안 문제 발생
4) SW를 효과적으로 이용할 수 없는데 따른 생산성 저하 및 경쟁력 약화
5) 책임 소재의 불명확화로 인한 직원의 도덕적 해이
6) 법률위반 및 관리소홀에 따른 사회적 신용 추락

위와 같은 위험요소는 기업을 경영함에 있어서 제거해야만 할 대상인바, 이러한 위험에 대처하기 위하여 다양한 관점에서 소프트웨어 자산관리를 실시할 필요가 있다고 할 것이다.

**1-2. 관리목적**

1) 위험관리 목적

---

[258] 소프트웨어자산관리기준 Ver.4.0 참조, 日本,소프트웨어자산관리평가인증협회 (SAMAC), 2013.10.1

가. 책임 및 역할 분담을 통한 위험 제거

나. 소프트웨어 자산으로서의 재무관리를 통한 회계기준 준수

다. 법령 및 라이선스 준수 위반 위험 제거

라. 보안 문제 대처 등

2) 비용 관리 목적

가. 소프트웨어 관련 TCO 절감

나. 전략적인 소프트웨어 운영계획과 예산 수립

다. 저작권 침해로 인한 불필요한 손해배상금 지출 통제 등

3) 경쟁우위 목적

가. 소프트웨어의 유효한 활용

나. 기술변화에 따른 대처능력 향상(호환성 보장 등)

2. 관리기준의 체계

이 관리기준은 다음의 9개 영역으로 구성되어 있는바, 이는 소프트웨어 자산관리에 필요한 관리 목표(성과)에 따라 분류된 것이다. 각 영역마다 하나의 관리목표를 할당하고 있다.

2-1. 정책: 소프트웨어 자산관리 정책 및 규정의 정비

2-2. 체제: 소프트웨어 자산관리 체제의 정비

2-3. 역량: 소프트웨어 자산관리 역량 확립 유지

2-4. 보유 라이선스: 보유 라이선스 파악 및 인증

2-5. 도입 소프트웨어: 도입 소프트웨어 파악

2-6. 비용: 비용 효율화

2-7. 정보보안: 정보보안 요구사항 준수

2-8. 운용관리: 소프트웨어 자산관리 운용관리 프로세스

2-9. 라이프사이클: 라이프사이클 프로세스 인터페이스

3. 관리기준의 구성

관리기준은 관리목표, 관리 요구사항과 관리 항목으로 구성되어 있다.

### 3-1. 관리목표

관리목표는 소프트웨어 자산관리를 수행하기 위하여 무엇을 해야 하는지 판단하기 위한 기본 요인이다. 즉, 적절한 소프트웨어 자산관리를 수행하기 위해 이 관리목표를 달성할 수 있어야 한다.

#### 1) TCO(Total Cost of Ownership)

시스템의 라이프 사이클을 통해 구입, 도입, 유지관리, 폐기 등까지 포함한 각 시스템을 구현하는 데 소요되는 총 비용을 말한다.

#### 2) 관리 요구사항

관리 요구사항은 관리 목표를 달성하기 위해 필요한 사항이며, 이 관리 요구사항이 모두 충족되는 것을 전제로 목표 달성 여부를 판단하게 된다.

#### 3) 관리항목

관리 항목은 각 관리 요구 사항을 충족시키기 위한 구체적인 관리 내용이며, 예시를 하고 있으므로 참고하면 된다. 관리 요구 사항을 충족시키기 위한 실현 방법으로서 관리항목은 여러 가지를 상정할 수 있으므로 각 조직에 의해 자유롭게 선택할 수 있다. 이 관리 기준에 있어서는 일반적으로 예상되는 표준 조직에서 실시되어야 실시 내용을 관리항목으로 기술하고 있다.

### 4. 관리기준의 활용상 주의할 점

### 4-1. 위험과 통제의 균형

소프트웨어 자산 관리의 구체적인 내용 및 수준은 각 조직의 상황에 따라 조직에서 결정할 필요가 있다. 즉, 구체적인 내용 및 수준은 조직의 규모, 소프트웨어 이용의 복잡성, 조직 정책 등 다양한 요인에 의해 결정하게 된다. 다만, 기본적으로는 조직의 위험과 통제의 균형을 고려하여 해당 조직에 가장 적합한 소프트웨어 자산관리를 실현해야 한다.

### 4-2. 목적과 부합

이 관리 기준은 위험 관리, 비용 관리, 경쟁 우위 라는 3가지 목적을 상정하고 있지만, 조직에 따라 소프트웨어 자산 관리의 필요성과 목적도 달라질 수 있다. 따라서 조직이 관리 기준의 대상으로 다른 목적을 독립적으로 상정하고 있는 경우라면, 그 용도에 따라 기준을 수정하여 적용할 필요가 있다.

### 4-3. 관리항목은 각 조직과 부합

이 기준에서 관리 항목은 일반적인 조직에서 실시될 수 있는 사례를 가지고 기술하였다. 따라서 관리항목을 실시하면 그에 상응하는 관리 요구사항을 충족했다고 말할 수 있지만, 이에 한정하지 않고 다른 합리적 방법에 의해 실현된 경우 적절한 관리가 이루어지고 있다고 말할 수 있다. 그러나 관리목표 및 관리 요구사항은 소프트웨어 자산관리를 실현하기 위해 필요한 사항이며, 소프트웨어 자산관리의 목적 실현을 위해 반드시 충족해야 한다. 이상의 관점에서 각 조직에서 구체적인 관리항목을 결정하는 경우에는 적어도 다음과 같은 사항을 고려해야 한다.

1) 이 관리기준의 관리항목이 조직에 적합한지
2) 이 관리기준의 관리항목이 실현 가능한지
3) 이 관리기준의 관리항목이 합리적인지
4) 다른 대체 수단이 있는지, 있다면 해당 대체 수단에서 관리 요구사항을 충족하고 있는지

### 4-4. 관리체제 정비의 중요성

소프트웨어 자산 관리는 불법 복제가 발생하지 않도록 한다는 관점에서 실태 파악을 행하고 있으면 끝이라는 생각을 할 수 있다. 그러나 본래 소프트웨어 자산관리를 실시하는 목적은 다양하며, 어떻게 효과적이고 효율적으로 관리를 실시해 나갈 것인가 하는 것이 적절한 소프트웨어 자산 관리를 실현하는데 중요한 요소가 된다. 즉, 실태 파악이라는 결과 중심의 관리가 아닌 프로세스 중심의 관리가 요구되는 것이다. 어떠한 관리하에서도 문제가 발생할 수 있으며, 발생한 경우 적절히 해결할 수 있는 체제의 구축이 성공 요인이라고 할

것이다. 따라서 소프트웨어 자산관리에 있어서는 관리의 기본 기능으로 억제, 예방, 발견, 정정 기능을 효과적으로 배분한 관리 체제의 확립이 필요하다.

## 4-5. 소프트웨어 자산관리의 전제로 하드웨어 관리

소프트웨어는 특성상 하드웨어에서 실행이 전제가 되고 있으므로 소프트웨어 이용 상태를 제대로 관리하기 위해서는 하드웨어의 관리가 필요하다. 하드웨어 관리는 소프트웨어 자산관리와는 다른 관리 영역으로 파악하는 것이 일반적이지만, 이 관리 기준에서는 하드웨어 관리에 관한 사항 중 특히 소프트웨어 자산관리의 실시를 하드웨어 사항 범위로 포함하고 있다. 그러나 그 내용은 소프트웨어 자산관리로 실시하는 것이 아니라, 소프트웨어 자산관리를 적절히 실시하기 위해 하드웨어 관리에서 확실하게 실현해 둘 필요가 있다는 것을 의미한다고 할 것이다.

## 5. PDCA 시스템으로서 소프트웨어 자산관리

이 관리 기준에서의 소프트웨어 자산관리는 목적을 제대로 달성하기 위하여 계획(Plan), 실행(Do), 평가(Check), 개선(Act) 이라는 4단계의 PDCA 사이클 기반 관리 시스템으로 구축 및 운용할 것을 상정하고 있으며, 다음과 같은 프로세스로 구체화 할 수 있다.

### 5-1. 소프트웨어 자산관리 계획 프로세스

이 프로세스의 목적은 소프트웨어 자산관리의 목표를 효과적이고 효율적으로 달성하기 위한 적절한 준비와 계획을 수립하는 것이다.

### 5-2. 소프트웨어 자산관리 도입 프로세스

이 프로세스의 목적은 전반적인 소프트웨어 자산관리 목적 및 소프트웨어 자산관리 계획을 실행하기 위한 것이다.

### 5-3. 소프트웨어 자산관리 모니터링 및 검토 프로세스

이 프로세스의 목적은 소프트웨어 자산관리의 적정한 운영을 체크하는 것이다.

5-4. 소프트웨어 자산관리의 지속적인 개선 프로세스

이 프로세스의 목적은 소프트웨어 및 관련자산의 사용 및 설비 자산의 개선점을 파악하여 지속적인 라이프 사이클을 운영하는데 있다.

6. 소프트웨어자산관리 기준

6-1. 소프트웨어 자산관리 정책 및 규정 등의 정비

1) 관리 요구사항: 소프트웨어 자산관리 정책, 규정 및 절차가 조직에 명확하게 주지되어 있다. 또한 정해진 정책, 규정 및 절차가 검토되고 있다.
가. 소프트웨어 자산관리 관련 정책 및 규정 등이 책정되어 있다.
나. 소프트웨어 자산관리 관련 정책 및 규정 등이 경영진에 의해 승인되고 있다.
다. 소프트웨어 자산관리 관련 문서(인증서 등)가 관리되고 있다.
라. 기본 요구사항이 준수되고 있다.
마. 책정된 정책이나 절차가 해당 범위내의 조직원들이 상시적으로 인지할 수 있다.
바. 소프트웨어 자산관리 관련 문서(인증서 등)의 정보가 전체 조직원들에게 전달되고 있다.
사. 소프트웨어 및 관련자산의 사용에 관해서는 조직의 관리지침에 통합되어 문서화되고 있다.
아. 소프트웨어 자산관리를 도입하고 실시되어 운영하기 위한 계획이 수립되어 있다.
자. SAM의 정책 및 규정 등을 위반한 경우 벌칙 규정을 정하고 있다.

2) 관리 요구사항: SAM에 대한 위험평가가 실시되고 있다.
가. 소프트웨어 및 관련자산에 대한 위험이 분석·평가되고 있다.
나. 위험 분석 및 평가 결과를 소프트웨어 자산관리에 반영하고 있다.
다. 위험 분석 및 평가 결과를 바탕으로 경영진에 의해 승인된 위험 감소

방법이 책정되어 있다.

라. 규제 및 사용허락권을 준수하지 않음으로 인한 위험, 잘못된 SAM의 운용중단으로 인한 위험 등에 대한 평가가 이루어 지고 있다.

마. 소프트웨어 자산관리 운영에 따른 위험 및 개선을 위한 정보 수집 시스템이 정비되어 있다.

바. 소프트웨어 자산관리의 연도별 진척 상황을 정기적으로 검토하는 방법이 있다.

3) 관리 요구사항: SAM에 대한 모니터링 및 감사가 실시되고 있다.

가. SAM에 관한 기록을 확인하는 절차가 책정되어 있다.

나. 본 기준의 요구사항이 준수된 것으로 확인되고 있다.

다. 문제가 발생할 경우 해결될 때까지 시정 조치의 절차가 책정되어 있다.

라. 소프트웨어 자산관리의 감사 프로세스는 SAM 관리 목적이 달성되었는지를 확인하기 위하여 최소한 연 1회 실시하도록 규정하고 있다.

마. 감사 결과의 검토 조치에 대한 우선순위가 SAM 관리 책임자에게 승인되고 조직 경영진에 보고되고 있다.

바. 소프트웨어 자산관리의 연도 계획의 진척상황을 정기적으로 검토하는 구조가 마련되어 있다.

4) 관리 요구사항: SAM에 대한 정책, 규정 및 절차에 대한 조정이 실시되고 있다.

가. 정기적으로 또는 중요한 변경에 따라, 정책 및 규정 등의 재검토가 이루어 지고 있다.

나. 정책 및 규정 등 관련하여 조직 전체에서 SAM의 개선안을 수집하고 기록하는 구조가 정비되어 있다.

다. 정책 및 규정 등에 관한 개선방안을 평가하고 우선 순위를 결정하고 승인되며 실시되고 있다.

라. 실시중인 소프트웨어 자산관리에 영향을 주는 변경 문제 및 위험에 대한 정보를 수집하는 구조가 정비되어 있다.

5) 관리 요구사항: SAM에 관한 문서가 기록 관리되고 있다.

가. SAM 관리 책임자는 적어도 다음 항목을 확인할 수 있는 관리대장을
보유하고 있다.
- 관리 대상자산
- SAM 관련 재고 관리대장
- SAM 관련 문서 류
- 해당 관리자 이름 및 저장위치, 설치 장소
- 원본과 복제본의 구별(분리)
- 갱신일자

나. 이 기준에서 요구되는 문서화된 정보는 다음의 사항을
보장하기 위해 관리되고 있다.
- 문서화된 정보가 적절한 장소에 비치되어 있음
- 입수 가능하면서도 사용에 적합함
- 문서화된 정보가 충분히 보호되고 있음

다. 조직은 문서화된 정보 관리에 다음이 포함되어 있다.
- 배포, 액세스, 검색 및 이용
- 읽기 쉽도록 하여 보관 저장
- 변경관리
- 유지 및 폐기

라. SAM 계획 및 운용을 위해 조직이 필요하다고 결정한
외부 문서 정보는 필요에 따라 특정되고 관리되고 있다.

6-2. 소프트웨어자산 관리 교육 및 감사 체제의 정비

1) 관리 요구사항: SAM에 관한 관리 체제와 책임이 정해져 있다.

가. 경영진에 의해 조직 전체에 SAM을 실시하기 위한 체제가 정비되어 있다.

나. 조직의 소프트웨어 자산관리에 관한 SAM 관리 책임자가
   명확하게 정해져 있다.
- SAM 관리 책임자는 다음을 수행할 책임을 진다.

• SAM 관리 목적의 제시
• SAM 계획 수립의 감독
• SAM 계획의 실행에 필요한 자원 확보

- SAM 계획의 달성
    - 분산관리 되고 있는 경우 등은 조직의 관리체제에 따라 부문 SAM 관리 책임자가 설정된다.
- 정해진 SAM을 보장하기 위해 기업지배구조 관련 부문의 역할 및 책임이 문서화되어 있다.
    - 부문 SAM 관리 책임자는 다음을 수행할 책임을 진다.
- SAM 계획 도입 자원의 입수
- SAM 계획을 기준으로 한 결과 달성
- 필요한 정책, 프로세스 및 절차의 채택 및 실시
- 소프트웨어 관련 자산의 정확한 기록 유지
- 소프트웨어 자산의 조달, 배포 및 운영관리와 기술적 승인을 반드시 필요로 한다.
- 계약 공급자 내부고객과의 관계관리
- 필요 개선사항 식별 및 실시
    - SAM 관리 책임자 또는 부문 SAM 관리 책임자는 조직의 모든 부서가 모순되거나 중복되지 않도록 통합 관리해야 한다.

다. 정해진 역할과 책임은 조직 및 부서 단위로 정책을 전달하는 것과 같은 방법으로 소프트웨어 자산관리에 조금이라도 관련되는 대상 범위 전체에 주지되어 있다.

라. SAM 감사 책임자 또는 조직의 관리체제에 따라 SAM 감사 담당자가 정해져 있다.
    - SAM 감사 책임자는 다음을 수행할 책임을 진다.
- SAM 감사계획의 입안
- SAM 감사실행에 필요한 자원의 확보
- SAM 감사 실시
- 경영진에 SAM 감사 결과 보고
- SAM 감사 지적 사항의 후속조치
    - SAM 감사는 다음을 포함하여 실시한다.
- SAM의 관리 목적 및 SAM 계획의 달성도 평가

- 규정 및 기준의 준수 여부
- SAM 계획 및 SAM 관련 SLA에 규정된 지표에 대한 결과
- 조직에 승인된 SAM 정책이 조직 전체에 효과적으로 주지 및 도입되고 있는지
- 위의 결과로 발견된 위반 사항 및 필요한 조치의 요약
- 소프트웨어 관련 자산에 대한 서비스 제공에 대한 개선기회의 특정
- 정책, 프로세스 및 절차의 지속적인 적절성, 완전성과 정확성에 대해 평가할 필요가 있는지 검토
- 비용대비 효과가 최상이 되게 소프트웨어 도입 및 배포가 되고 있는지 확인

마. SAM 감사를 실시하는 자는 감사를 수행함에 있어서 독립성을 고려하여 규정하고 있다.

바. 체제 관련 조직 전체에 SAM의 개선안을 수집하고 기록하는 구조가 정비되어 있다.

2) 관리 요구사항: 체제에 관한 재검토가 실시되고 있다.

가. 체제에 대한 개선안이 평가되고 우선 순위를 정하여 승인되고 실시된다.

6-3. 소프트웨어자산관리 역량 확립 및 유지

1) 관리 요구사항: 전 조직원에 대한 SAM 능력을 정의하고 필요한 교육을 실시하고 있다.

가. SAM에 대한 관리자 및 피 관리자에 대한 SAM의 역량을 정의하고, SAM에 관한 모든 관계자에 대해 SAM 전반 및 사용하는 소프트웨어의 허가에 관한 교육을 직무와 연결하여 또는 매년 정기적으로 실시한다.

― 교육내용
- SAM 정책, 규정 및 절차에 대해
- SAM 체제에 대해
- 라이선스 일반에 대해

나. 실시한 교육 훈련 결과가 경영진에 의해 연 1회 평가되고 있다.

다. 조직이 라이선스를 보유하고 있음을 증명하기 위해 필요한 부재가 적절한지 최소한 연 1회 확인하고 있다.

라. 소프트웨어 벤더에 의한 사용조건의 변경 유무, 새로운 사용조건 등의

정보에 대한 영향이 최소 연 1회 평가되고 있다.


2) 관리 요구사항: SAM 감사인에 대한 역량을 정의하고 교육 체제가 구축되어 있다.

　가. SAM 감사인에 대한 역량(자격요건 등)을 정의하고, SAM 감사인에 대해 연 1회 다음과 같은 교육 훈련이 실시되고 있다.
　　　― 감사인의 교육에는 감사의 지식 및 SAM 지식 등이 포함된다.
　나. 실시한 교육 훈련 결과가 경영진에 의해 연 1회 평가되고 있다.
　　　― 평가 결과에서 실시한 교육의 내용 및 참가자의 이해도를 확인할 수 있다.


6-4. 보유 라이선스 파악 및 인증


1) 관리 요구사항: 라이선스 이동 정보를 기록하는 절차가 수립되어 실시되고 있다.

　가. 보유 라이선스에 관하여 대상 자산의 종류 및 필요한 관리항목이 특정되어 있으며 필요한 정보가 파악되고 기록되어 있다.
　　　― 재고목록, 물리적 전자적 관리 대상의 관리 또는 유지보수(액세스 제어 포함)를 포함한 정책 및 절차가 수립되고 승인되어 발행된다.
　　　― 관리해야 할 항목
- 기본 라이선스와 유효한 정식 라이선스를 포함한 라이선스
- 라이선스 증명 문서
- 소프트웨어 자산에 대한 서면 및 전자 버전 계약서(계약 조건을 포함한다)
- 경우에 따라서는 상기의 물리적 및 전자적 관리 대상
- 라이선스 형태
　　― 물리적 전자적 관리대상
- 보유하고 있는 기본 라이선스와 유효한 정식 라이선스
- 소프트웨어 자산에 관한 계약서(서면 또는 전자적 버전 모두)
- 라이선스 증명 문서
　　― 다운 그레이드 여부 또는 다른 하드웨어로의 전용 여부,

동시 사용수, 프로세서 수 등 이용 조건을 가미한 라이선스 관리가 제대로 이루어 지고 있다.

— 소프트웨어 설치 이외의 기준에 기초하여 라이선스 사용을 측정하기 위해 재고 또는 달리 명확히 정의된 분석 및 측정기준 시스템이 마련되어 있다.

— 조직 외부에서 보유하고 있는 라이선스를 사용하는 경우에는 그 소유자 이름을 포함하여 필요한 사항이 모두 파악되고 있다.

— 어떤 관리대상에 어떤 종류의 정보를 보유하고 있는지가 분명하고, 복제가 확정 버전 소스의 기록까지 추적 가능한 경우에만 허용되는 기록이 존재한다.

나. 라이선스를 구매한 경우에는 내용의 확인이 실시되고 있다.
— 계약서 또는 매체 등의 물리적 전자적 내용의 확인
— 사용조건의 확인
— 변경되는 내용에는 다음과 같은 것이 있다.

• 신규 도입 또는 폐기 반송 등의 소유 라이선스 수량의 변경
• 이용자 부문 등의 변경에 의한 계약 정보 변경
• 이용조건의 재검토에 의한 보유 라이선스 수와 관리해야 할 매체 등의 변경

다. 보유 라이선스와 관련된 물리적 전자적 재고를 적정하게 보관하는 것 (보관전 관리 및 유지보수 포함)

라. 업그레이드 라이선스와 원본 라이선스가 매칭되어 관리되고 있다.

바. 다운그레이드 여부 및 다른 하드웨어로의 전환 여부, 동시 사용수, 프로세서수등사용허락조건을가미한라이선스관리가적절히이루어지고있다.

사. 보유하고 있는 라이선스 매체, 서버 등에 설정된 배포 이미지의 제품명과 수량의 기록이 있다.

아. 매체 및 배포 이미지 사용 기록이 있다.
— 매체의 대출, 반납 절차가 정해져 있다.
— 매체의 대출, 반납 기록이 있다.

자. 보유하고 있는 라이선스를 증명하는 라이선스 계약 및 매체 등 모든 부재는 확인되고 그 관리목적 등이 명확하게 되어 있다.

차. 재고 관리에서 생성되는 대장 및 보고서는 보고 목적, 대상자산의 식별, 데이터 소스 등의 정보가 명확하게 되어 있다.

2) 관리 요구사항: 라이선스에 필요한 부재가 제대로 보관되어 있다.
가. 책임자의 관리하에 라이선스 증서, 사용권허락증서, 계약서 등을 보관하고 있다.
나. 라이선스를 증명하는 부재 등은 언제든지 사용할 수 있는 상태에 있다.
다. 증서 등이 적절히 보관되어 있는지 확인하고 있다.
  — 책임자의 관리하에 라이선스 증서, 사용권증서, 계약서 등을 보관하고 있다.
  — 데이터 작업의 결과, 불일치가 발견된 경우에 치료방법이 있다.
  — 구매기록과 청구서, 사용자 등록 등의 라이선스를 공식적으로 취득했다는 것을 증명하는 보조적인 증거자료가 제대로 저장되어 관리되고 있다.

3) 관리 요구사항: 보유 라이선스 관리 상태를 확인하고 있다.
가. 정확성 및 포괄성
  — 조직이 보유한 모든 라이선스에 대해 재고 목록의 유효성 검사가 1년에 1회 이상, 사용계약상의 증명 부재의 검증이 1년에 1회 이상 정기적으로 검토되고 있다.
  — 조직이 보유한 모든 라이선스 계약에 대해 계약 문서 및 라이선스 대장의 완전성에 대하여 매년 1회 이상 확인되고 있다.
  — 설치 매체 및 설치 이미지(빌드, 배포용 사본)의 재고를 반기에 1회 이상 정기적으로 실시하고, 관련 부재의 관리 대장 및 무결성 검증을 실시하고 있다.
  — 사업소에서 분산 관리되고 있는 경우, 사업소 기록과 전체 기록을 대조하고 있다.
  — 부정한 청구 및 초과 지불여부에 대한 내용을 정기적으로 검토하고 있다.
나. 적시성
  — 소유 라이선스 기록이 적시에 실시되고 있는지

― 사용 조건 등에 따라 구입시 하드웨어와 일체화 된 소프트웨어 라이선스는 재 배포 할 수 없다. 소프트웨어는 하드웨어의 폐기와 동시에 라이선스도 폐기되고 있다.

― 사용 기한부 라이선스는 사용 기간이 기록되어 있으며, 만료된 소프트웨어를 사용하지 않는다.

― 소프트웨어 도입 후 주문 가능한 라이선스는 적시에 주문하고 기록을 남겨두고 있다.

다. 타당성

― 라이선스 이동 및 관련 기록에 대해 책임자에 의해 승인되고 있다.

― 라이선스 이동 내용이 사실에 따라 타당한지에 대해 확인하는 체제가 마련되어 있다.

― 라이선스의 이동 기록이 승인된 액세스 권한에 따라 행해져 그 이력을 확인하는 체제로 되어 있다.

― 라이선스의 폐기 반환을 포함한 이동 기록, 현물 확인, 대조 방법 및 기록이 모두 절차화되어 승인되고 문서화되어 있다.

― 매체 복제 폐기, 도입 이미지 작성 및 삭제 신청, 승인 등의 절차가 책정되어 있다.

― 정확성 망라성 적시성에서 발견된 차이 또는 문제에 대한 시정 조치가 실행되고 문서화되어 있다.

― 액세스 권한의 관리 및 액세스 권한에 따라 제한되는 구조가 있다.

― 소프트웨어 및 관련 자산에 대한 액세스 권한의 유효성은 정기적으로 검토되고 있다.

6-5. 도입 소프트웨어 파악

1) 관리 요구사항: 하드웨어 및 도입소프트웨어 이동 정보를 기록하는 절차가 책정되어 실시되고 있다.

가. 소프트웨어를 실행하는 하드웨어 및 도입 소프트웨어에 관해 관리 대상 자산의 종류 및 필요한 관리 항목을 식별하고 필요한 정보가 파악

되고 기록되어 있다.

나. 하드웨어에 도입되는 모든 소프트웨어가 식별되고 파악되고 있다.

다. 예비 기기 등 배포 사용되지 않는 하드웨어를 포함하여, 소프트웨어를 실행하는 대상 범위에 있는 모든 하드웨어가 파악되고 있다.

라. 도입된 소프트웨어가 허가되어 설치된 것인지를 식별할 수 있도록 되어 있다.

　　― 도입된 소프트웨어와 보유 라이선스는 라이선스 조건에 따라 조합을 이루고 있다.

　　― 필요에 따라 라이선스가 적용된 하드웨어를 파악할 수 있도록 되어 있다.

마. 소프트웨어 설치 이외의 기준에 따른 라이선스의 사용은 내용에 따라 관련 정보를 파악하고 있다(예를 들면, 동시 사용 라이선스는 서버에 설정된 동시 사용자 수, 프로세서 라이선스는 하드웨어 CPU 수, 사용자를 특정한 사용자 라이선스 방식에서는 사용할 사용자 이름 등)

바. 소프트웨어 및 하드웨어 이동 정보가 기록되어 있다.

사. 하드웨어 및 소프트웨어의 이동에 대한 프로세스가 정해져 있다.

아. 다음을 포함한 하드웨어 소프트웨어 배포 시 순서를 정하는 과정이 정해져 있다.

　　― 설치 이미지 등 배포용 사본을 만들 때 관리자에게 승인을 받아야 한다.

　　― 배포가 실패했을 때의 절차가 정해져 있다.

　　― 하드웨어 소프트웨어의 배포에 있어서는 보안 요구사항이 고려되고 배포 결과를 기록하여 검토해야 한다.

자. 필요 정도에 따라 소프트웨어 환경의 가용성을 유지하고 있다.

차. 재고 관리에서 생성되는 대장 및 보고서는 보고의 목적과 대상의 특정, 데이터 소스 등의 정보가 명확히 되어 있다.

2) 관리 요구사항: 도입된 소프트웨어의 관리 상태를 확인하고 있다.

가. 정확성 및 포괄성

　　― 조직에서 도입한 소프트웨어 인벤토리 및 유효한 정식 라이선스와의 대조작업은 적어도 분기에 1회 이상 실시되고 있다.

　　― 도입 후 신고하고 사용료를 지불하는 라이선스를 파악할 수 있다.

— 조직에서 사용하는 하드웨어 검증이 설치 장소를 포함하여 반기에 1회 이상 실시됨으로써 하드웨어 관리 대장과의 적합성 검증을 실시하고 있다.

— 부정한 청구 및 초과 지불 여부에 대한 내용을 정기적으로 검토하고 있다.

나. 적시성

— SAM의 범위에 포함된 모든 소프트웨어와 하드웨어에 대한 이동 정보가 적시에 기록되고 있다(설치, 제거, 업그레이드, 다운그레이드, 이용자 등).

다. 타당성

— 하드웨어와 소프트웨어의 이동 및 기록에 대해 책임자가 승인하고 있다.

— 하드웨어와 소프트웨어의 이동 내용이 사실에 기초해 합리적인지에 대해 확인하는 체제로 되어 있다.

— 정확성 포괄성 적시성에서 발견된 차이 또는 문제에 대한 시정 조치를 실행하고 문서화하고 있다.

— 소프트웨어를 설치할 때 라이선스 사용권한 범위 내에 있는지에 대해 확인하고 있다.


6-6. 비용의 효율화

1) 관리 요구사항: 소프트웨어 및 관련 자산의 비용 효율화가 고려되고 있다.

가. 표준 소프트웨어 등 조직에서 이용되는 소프트웨어를 정한다.

나. 조직에서 소프트웨어를 이용하기 위한 인프라를 포함한 하드웨어의 표준을 정한다.

다. 라이선스 형태를 포함한 조달 사양의 책정 등 조달 및 운영 비용을 고려하여 조달 정책을 정한다.

라. 소프트웨어 및 관련 자산의 비용을 효율화하기 위한 정보를 파악할 수 있다(사용빈도 및 비 표준 소프트웨어를 확인할 수 있다).

마. 이용 가능한 라이선스를 확인할 수 있고 이용 및 재이용할 수 있도록 되어 있다.

바. 동일한 프로세스에 대해 절차의 통일화(표준화)를 도모하고 있다.

사. 소프트웨어 및 관련 자산을 조달할 때, 관리 또는 기술측면의 문제는 없는지에 대한 검토가 이루어 지고 있고 승인되고 있다.

## 6-7. 정보보안 요구사항의 준수

1) 관리 요구사항: 소프트웨어 및 관련자산에 관한 보안 요구사항이 준수되고 있다.

가. 소프트웨어 및 관련 자산에 대한 조직의 보안 요구사항을 파악하고 있다.

나. 소프트웨어 및 관련 자산에 대한 조직의 보안 요구사항의 준수 상태를 확인하는 방법이 있다.

다. 소프트웨어 및 관련 자산에 대한 액세스 제어 방법의 정책이 수립되어 있다.

라. 물리적 논리적 접근 제어 정책을 규정하고 기록하고 있다.

마. 보안 위반사항 발견을 위해 연 1회 이상 검토가 행해져 기록되고 있다 (이 검토에서는 설치 매체 등에의 액세스 권한 제어 및 사용자 또는 사용자 그룹 지정 설치와 소프트웨어 사용권한 유효성 검사를 포함한다).

## 6-8. 소프트웨어 자산관리 운용 프로세스

1) 관리 요구사항: SAM 관련 관계 및 계약관리 절차가 책정되어 실시되고 있다.

가. 내부 외부 서비스 공급자와의 계약 관리에 대해 다음 사항이 정해져 있다.

— 서비스 공급자를 관리하는 책임자 및 그 책임 범위

— 본 기준의 요구사항을 고려하여 소프트웨어 또는 관련 서비스의 조달 사양의 책정

— 서비스 공급자의 역량 문제에 대해 반기에 1회 이상 평가

나. 고객(서비스 제공 대상)과의 관계를 관리하기 위한 정책과 절차를 규정하고 있다.

— 소프트웨어 및 관련 자산 또는 관련 서비스를 제공할 책임

— 고객(서비스 제공 대상)으로부터 현재와 미래의 소프트웨어 요구사항에 대해 적어도 연 1회 검토하고 있다.

— 역량, 고객 만족도, 성과 및 문제점에 대한 검증 결과(문서 기록)에 대해 최소한 연 1회 검토되고 있다.

다. 계약관리를 위한 정책 및 절차가 책정되어 있다.

— 계약의 세부사항이 계속적인 계약관리 시스템에서 확실하게

기록되고 있다.

— 서명된 계약 문서의 사본이 계약관리 시스템에 저장된 사본과 함께 안전하게 보관되어 있다.

— 소프트웨어 및 관련 자산 또는 관련 서비스에 대한 계약을 적어도 6개월에 1회 검토하며, 계약 만료 시 검증결과(문서 기록)를 최종 검토한다.

2) 관리 요구사항: 소프트웨어 및 관련 자산에 대한 재무정보를 필요에 따라 입력할 수 있는 체제가 정비되어 있다.

가. 소프트웨어 및 관련 자산의 재무상 분류와 SAM 자산의 분류와 관련하여 문서화가 되어 있다(소프트웨어 및 관련 자산과 관련된 조달 비용은 SAM 자산 별로 분류가 가능하다).

나. 소프트웨어 및 관련 자산의 조달 관리를 위한 예산이 편성되어 있다.

다. 소프트웨어 및 관련 자산의 집행상황이 예산을 기준으로 파악되고 있다.

라. 소프트웨어 및 관련 자산의 자산 가치(취득원가 및 감가상각 후 원가 포함)를 필요한 경우 문서화된 정보로 입력할 수 있다.

마. 예산의 집행 상황 및 필요에 따라 대책을 포함한 예산에 대한 공식적인 검토를 적어도 분기에 1회 실시하고 문서화 한다.

3) 관리 요구사항: SAM에 관한 서비스 수준을 정의 기록 관리하고 있다.

가. SAM의 적용범위 내에서 실시되는 서비스에 대한 서비스 수준이 합의되고 승인된다.

— 소프트웨어 및 관련 자산의 취득과 이동에 대한 서비스를 서비스 수준 목표와 작업 부하를 가미하여 정의하고 합의한다.

— SAM에 대한 고객 및 사용자의 의무와 책임을 정의하고 합의한다.

나. 서비스 수준과 서비스 수준 달성을 위한 실제 작업 부하에 대해 정기적(적어도 분기에 1회)으로 분석하고 보고한다.

다. 서비스 수준과 서비스 수준 달성을 위한 실제 작업 부하에 대한 분석 및 검토를 위해 필요에 따라 해당 관계자에 의한 정기(적어도 분기에 1회) 검토가 실시되고, 강구할 대책을 결정하고 문서화 한다.

## 6-9. 라이프 사이클 프로세스 인터페이스

1) 관리 요구사항: SAM에 대한 모든 변경 관리 절차가 수립되어 실시되고 있다.

　가. 소프트웨어 및 관련 자산과 관련된 모든 프로세스에 영향을 주는 변경 요청이 특정되고 기록되어 검토되고 있다.

　나. 소프트웨어 및 관련 자산의 변경 과정이 승인절차를 통해서 기록되고 있다.

　다. 변경의 성공 여부가 문서화되고 정기적으로 검토되고 있다.

2) 관리 요구사항: SAM에 대한 모든 검색 정보를 관리하기 위한 절차가 수립되어 실시되고 있다.

　가. 소프트웨어 서비스 제공에 관한 표준 아키텍처가 정의되어 있다.

　나. 소프트웨어 및 관련 자산에 대한 요구사항이 명시되어 있다.

　다. 소프트웨어 및 관련 자산의 취득에 관한 영수증 처리 절차가 수립되어 있다.

　라. 소프트웨어 및 관련 자산 취득에 관한 기록을 유지하고 필요한 전기적, 물리적 매체가 안전하게 보관되어 있다.

3) 관리 요구사항: 소프트웨어 개발관련 절차가 수립되어 실시되고 있다.

　가. 소프트웨어 개발에 관한 공식적인 프로세스가 정해져 있다.

　　　— 개발에 대한 표준 아키텍처가 정해져 있다.

　　　— 라이선스 제한 및 종속성이 고려되고 있다.

　나. 시험 판 소프트웨어를 안정적으로 관리하는 프로세스가 규정되어 있다.

4) 관리 요구사항: 소프트웨어 및 관련 자산의 릴리스에 대한 절차가 수립되어 실시되고 있다.

　가. 소프트웨어 및 관련 자산에 대한 릴리스 프로세스가 정해져 있다.

　　　— 시험 판 테스트를 하기 위해 제어된 수용환경의 구축

　　　— 릴리스 빈도 및 유형에 대한 기업과 고객과의 합의

　　　— 릴리스 기간 및 릴리스 대상물 또는 릴리스의 기초가 된 변경 요청에 대하여 문제의 기록과 사고관리로의 전달

　　　— 소프트웨어 및 관련 자산의 릴리스로 공식 승인

— 소프트웨어 릴리스의 성패 기록 및 정기 검토

5) 관리 요구사항: SAM 대상 자산의 배포 절차가 수립되어 실시되고 있다.
　가. 소프트웨어 및 관련 자산의 배포, 설치 등 상태변경에 대한 절차가 수립되어 있다. 또한 모든 배포 단계의 승인 상태가 정의되어, 상태 변경 시 감사 추적이 기록된다.
　나. 배포된 소프트웨어 및 관련자산이 승인된 것과 동일한 것인지 또는 차이는 없는지, 기한 내 배포된 것인지 등을 검증할 수 있는 문서화된 관리방법이 있다.
　다. 배포가 제대로 이루어 졌는지 기록하고 정기적으로 검토하는 절차가 있다.

6) 관리 요구사항: SAM에 대한 모든 문제를 관리하기 위한 절차가 수립되어 실시되고 있다.
　가. 소프트웨어 및 관련자산에 대한 사건 및 사고가 모두 기록되고 우선순위에 따른 해결책이 문서화되어 있다.

7) 관리 요구사항: SAM 문제 관리를 위한 절차가 책정되어 실시되고 있다.
　가. 소프트웨어 및 관련자산에 대한 사건 및 사고의 원인을 예방하고 식별하기 위한 각종 사건, 사고 기록이 문서화되어 관리되고 있다.

8) 관리 요구사항: SAM 대상 자산에 대한 폐기, 반환 및 양도절차가 수립되어 실시되고 있다.
　가. 소프트웨어 및 관련자산을 폐기, 반환 및 양도하기 위한 구조가 결정되고 승인되어 있다.
　　— 하드웨어가 폐기 또는 반환되는 경우, 해당 소프트웨어를 하드웨어에서 제거하고 있다.
　　— 하드웨어에서 제거된 소프트웨어에 대한 라이선스는 필요에 따라 보유 수량과 이용 가능한 수량을 조정하고 있다.
　　— 일반적으로 사전 설치 소프트웨어 등 하드웨어와 일체로 폐기해야 하는 것이 확인되고 폐기 절차가 실시되고 있다.

― 기타 관계자에게 양도되는 소프트웨어와 관련된 자산이 있는 경우에는 계약 요구사항에 따라 적절하게 양도한다.
― 상기 라이선스는 하드웨어의 폐기 반환 때 적절하게 처리되고 있다.
― 상기 프로세스가 적시에 기록되고 있다.
― 이러한 변경사항을 반영하도록 기록이 업데이트 되어 변경 사항에 대한 감사 추적이 유지된다.

**서식 1**

## 소프트웨어 자산관리 규정 — 예시 4

**소프트웨어 자산관리 규정**

1. 일반

가. 개요

(1) SW 자산관리 정의

소프트웨어 자산관리는 회사 내 소프트웨어의 표준화, 구매, 배포, 업그레이드, 감사, 라이선스 관리, 재고관리, 사용현황 관리, 폐기절차 등을 최적화하여 정보화, 비용 절감, 업무효율 증대, 소프트웨어 재분배 등의 효과를 위한 일련의 정책, 절차, 기술 및 조직을 말한다.

(2) SW 자산관리 목적

SW를 관리하는 목적은 다음과 같다.
① 사내 SW 자산의 효율적 관리로 활용도 증대
② 표준화를 통한 정보공유 기반확립과 유연성 제고
③ SW 구입비용의 절감, SW 자산의 손실 예방으로 TCO 절감
④ 불법 SW 사용으로 인한 저작권 침해 등의 법적 위험 및 피해 예방

(3) 적용 대상
① 본 규정은 회사의 전체 임직원 모두에게 적용되며, 회사의 사무공간에서 회사의 업무를 지원하는 외부업체도 포함될 수 있다.
② 본 규정은 회사 내 모든 PC에 적용되며, 회사에서 일정한 금액 또는 그에 상응하는 형태의 대가를 지불하고 획득한 SW를 대상으로 한다.

(4) 전제조건
① 경영진은 SW 자산에 대해 인식하고 있으며 관리를 승인한다.
② IT 자산(HW, SW)은 유기적으로 연계되어 관리되고, 회사의 IT 정책에 반하지 않는다.
③ 수동 혹은 자동화된 툴을 이용한 SW 사용현황 관리가 주기적으로 반복된다.

나. 위험과 이익
(1) SW 자산관리가 부재하면 다음과 같은 위험에 노출될 수 있다.
① 분실, 소모, 도난에 따른 회사 자산의 감소
② IT환경에 대한 보안상의 위험
③ 시스템과 SW 호환성이 떨어지는 것으로 인해 발생하는 통합비용
④ 저작권 침해로 인한 회사의 이미지 손상, 배상금, 벌금의 위험

(2) SW 자산관리를 통해 다음과 같은 이익을 기대한다.
① SW 관련 TCO 절감
② 전략적인 SW 운영계획과 예산 수립
③ 기술변화에 대한 대처능력
④ 도난, 분실, 오용으로 인한 손실 감소
⑤ 저작권 침해에 따른 비용 감소

다. 교육
(1) 본 규정(안)은 전 직원이 열람할 수 있도록 전자문서로 만들어 공표하거나 인쇄문서로 배포한다.
(2) 시행이나 개정 시 반드시 사내 공유 채널을 이용하여 공지하고 교육한다.

2. 시행절차

가. 정책의 개발과 임직원의 동의
(1) 정책기준

① 경영진은 소프트웨어 관리규정을 개발하여 공표한다.
② 경영진은 회사의 소프트웨어관리자(책임자, 담당자)를 지정한다. 별도의 사업장이나 지사가 있는 경우 사업장의 소프트웨어관리자를 별도로 임명해야 한다.

(2) 사용기준

전 임직원은 **소프트웨어사용윤리강령**을 따르며 **서약서**에 서명하고 회사의 정책을 준수한다.

나. SW 자산의 확인

(1) 기록 및 모니터링

소프트웨어관리자는 회사의 소프트웨어 보유현황을 파악하고 관리대장에 기록하여 지속적으로 관리하며, 주기적으로 내부실태조사를 실시하고 모니터링 한다.

(2) 주요 소프트웨어 확인과 구매를 함에 있어서 운영체제, 백신 등 전사적으로 대량구매 계획이 필요한 소프트웨어는 자산관리 부서가 수량을 파악하여 구매절차에 따라 구입한다(전사적 SW 목록 별첨).

(3) 기타 개별이용 소프트웨어 확인과 구매에 있어서 주요 SW 목록 외에 사용하는 SW나 유틸리티는 각 개인이 개별 신청한 후 주관부서의 승인을 받아 구매절차에 따라 구입한다. 이 때 소프트웨어자산 관리부서는 비용적·관리적 측면을 고려하여 제품구입 형태를 결정하거나 수정할 수 있으며, 구입을 하지 않고 여분의 라이선스로 SW를 재배치 할 수 있다.

다. 구매와 보관

(1) 구매승인
① SW 필요수량이 결정되면 구매부서는 소프트웨어자산관리부서로부터

자료를 이관 받아 구매절차를 진행한다. 이때 회사의 정책에 따라 구매형태가 달라질 수 있다(사례 1. 100만원 이상인 경우 구매부서, 100만원 미만인 경우 소프트웨어 자산관리 부서에서 구입, 사례 2. 800만원 이상인 경우 공개입찰, 800만원 미만인 경우 지정된 파트너로부터 구입 등).
② SW를 구매할 때는 승인 받은 수량을 승인 받은 라이선스 형태로 구매한다.

(2) 구매정보관리
① 모든 SW는 부서별, 개인별, 제품별, 업체별, 기간별로 관리한다.
② 구매정보는 반드시 기록하고 증빙서류를 3년간 보관한다.
③ 년1회 이상 투자비용과 감가상각비용 등을 산출하여 차년도 경영계획 수립 및 투자분석 등에 활용한다.

(3) 계약서와 정품인증서 확보
① SW공급계약서를 작성하여 검토 및 교부하여야 하며, 공급업체의 작성을 입증할 도장이나 서명이 명시된 계약서 1부를 주관부서에서 부서장 또는 담당자의 책임 하에 보관한다.
② 구매한 소프트웨어 대한 정품인증서(COA 또는 라이선스 증서)는 소프트웨어자산 관리부서에서 통합관리하고 접근통제합니다.

(4) SW 사본의 보관
① 구매 완료된 SW는 소프트웨어 자산관리 부서가 안전한 장소에서 관리한다.
② 원본은 접근통제하고 사본을 제작하여 배포와 교육에 사용한다.

라. SW 배포와 회수

(1) 배포
① 구매 완료된 SW는 라이선스의 형태에 따라 네트워크 서버를 이용하여 설치하거나 CD/디스켓을 이용하여 직접 설치한다. 이때는 사본을 사용한다.
② 별도의 사업장에 배포하는 경우 사업장에 소프트웨어관리담당자가

책임지고 배포를 수행해야 하며, 분실, 훼손, 오용을 방지하여야 한다.
③ 소프트웨어관리담당자는 PC별(개인별)로 SW설치 내역을 관리한다.

(2) 회수

퇴직, 부서이동 등의 사유로 사용자가 변경될 경우 소프트웨어관리담당자는 SW사용권을 회수하고 관리대장에 기록해야 한다.

마. SW 폐기

(1) 폐기해야 하는 SW
① 사용기간의 만료로 더 이상 사용할 수 없는 SW
② PC의 폐기로 더 이상 사용할 수 없는 번들 SW 매체 (CD/디스켓 등)
③ 기타 이유로 더 이상 사용하지 않는 SW

(2) 폐기방법(실물폐기)
① 폐기하려는 SW가 향후에 특정파일의 복구나 백업용으로 필요하지 않은지의 확인 후 처리한다.
② 세법상에 명시된 업종별 자산감가상각 처리기준에 근거하여 작성된 사내 자산처리기준에 의거하여 처리한다.

(3) 폐기시기
① 주관부서에서 년1회 이상 정기적으로 파악하여 폐기하거나 수시 폐기한다.
② 물리적으로 폐기하는 경우 주관부서의 담당자 입회 하에 재사용이 불가능하게 매체를 폐기하고, 이력관리를 위해 서류상 폐기하는 경우 접근통제 방안을 수립한다.

바. 조사와 감사

(1) 준비

① 년1회 이상 SW 실태조사를 위한 내부감사를 실시한다.
② 경영진으로부터 일정, 규모, 방법을 포함한 계획안에 대한 승인을 얻은 후 진행한다.
③ 대상이 되는 부서는 주관부서에 협조해야 한다.

(2) 소프트웨어 자산의 확인
① 구매자료를 기준으로 구입 기록을 수집한다. 이때 수집한 자료내용은 제품명, 버전, 저작권사명, 구입날짜, 가격, 대금지급기록 등을 포함한다.
② 어떤 SW의 어떤 버전을 보유하고 있고, 실제 사용할 수 있는 버전은 무엇인지 최종 확인하여 문서화한다.

(3) 정책과 절차분석을 위해 다음 내용을 파악하고 실행 정도를 확인한 후 현실에 맞고 정확한지 재검토한다. 필요 시 변경 여부를 검토하고 승인을 받아 변경한다.
① 소프트웨어 취득 정책/절차, 소프트웨어 설치/회수 절차
② 교육 절차, 소프트웨어의 개인적인 사용에 대한 파악과 조치
③ 소프트웨어 폐기

(4) 사용실태조사
① PC가 네트워크에 연결되어 있는 경우에는 툴을 사용하여 자동검색으로 처리할 수 있다.
② 휴대용 컴퓨터를 비롯하여, 네트워크에 연결되지 않은 PC의 경우에는 수동 혹은 자동화된 다른 유형의 도구를 사용하여 하드드라이브를 검색한다.
③ 감사의 현장작업은 4단계로 구성된다.
- 1단계: 조사할 모든 PC를 식별한다.
- 2단계: 설치되어 있는 SW를 조사한다.
- 3단계: 확인된 자산과 사용실태조사 정보를 비교한다.
- 4단계: 결과를 검토한다.

(5) 보고서 작성

① 조사와 감사 결과보고서는 개선활동과 향후 주관부서의 관리계획을 준비하는데 자료로 활용된다. 결과보고서에는 다음 내용을 포함한다.
- 조사결과가 자산확인과 관리대장에 기초한 예상 결과와 부합하는가?
- 분실하거나 사용권이 만료되어 대체해야 할 요소(디스켓, 설명서 등)가 있는가?
- 취득사실을 증명할 수 없을 경우 대체되어야 할 프로그램이 있는가?
- 합법적인 취득이 필요한 불법복제품이 있는가?
- 기능/교육상의 결함 또는 처분이나 재배치가 가능한 여분이 있는가?
- 현재 또는 향후 사용경향을 나타내는 불만/조언사항이 있는가?

② 결과보고서는 감사의 기록으로 보관해야 하며, 조직 내 SW나 직원의 변동이 있을 때 참조문서로 활용한다.

(6) 개선 및 보완

결과보고서에 근거하여 개선하고 보완해야 할 사항은 경영진에게 보고하며, 다음 활동을 포함한다.
- 불법복사본 파기 혹은 불법설치물의 삭제
- 개선할 사항이 있는 경우, 구입(취득) 절차의 개선사항
- 분실된 소프트웨어의 대체
- 새로운 소프트웨어의 구입 혹은 배포
- 소프트웨어의 재배치
- 중대한 위반의 해결과 미 준수자에 대한 조치사항

(7) 기타자산을 확인하고 실태조사를 실시하는 과정은 회사의 상황에 따라 아웃소싱 할 수 있다.

## 서식 2

### 하드웨어 및 소프트웨어 등 관리대장 — 예시 1

〈하드웨어 대장〉

| 하드웨어 관리번호 | 제조사 | 제품번호 | 컴퓨터명 | CPU 수 | IP주소 | CPU | 메모리 | HDD용량 | OS | OS라이선스 관리번호 | 라이선스 유형 | 설치장소 ID | 유지보수계약 기한 | 도입 연월일 | 도입 신청번호 | 도입시 소속명 | 도입시 관리자명 | 조달처 명 | 조달처 담당자 | 조달처 계약번호 | 조달종별 ID | 현관리소속 ID | 현관리소속 명 | 사용자 ID | 사용자명 | 이전관리소속 ID | 이전관리소속 명 | 이전 사용자명 | 폐기·반환 연월일 | 폐기·반환 신청번호 | 최종 갱신일 | 최종 갱신자 ID | 최종 갱신자 명 | 비고 |
|---|---|---|---|---|---|---|---|---|---|---|---|---|---|---|---|---|---|---|---|---|---|---|---|---|---|---|---|---|---|---|---|---|---|---|
|  |  |  |  |  |  |  |  |  |  |  |  |  |  |  |  |  |  |  |  |  |  |  |  |  |  |  |  |  |  |  |  |  |  |  |
|  |  |  |  |  |  |  |  |  |  |  |  |  |  |  |  |  |  |  |  |  |  |  |  |  |  |  |  |  |  |  |  |  |  |  |

〈소프트웨어 대장〉

| L/C 매체 관리번호 | L/C 관리번호 | 인스톨/CD 키 | 기타 코드 | 현관리장소 ID | 현관리소속 명 | 현관리자 ID | 현관리자명 | 전관리소속 명 | 전관리자명 | 관리책임자 | (원본/복제본) | 원본 매체 관리번호 | 최종 갱신일 | 최종 갱신자 ID | 최종 갱신자명 |
|---|---|---|---|---|---|---|---|---|---|---|---|---|---|---|---|
|  |  |  |  |  |  |  |  |  |  |  |  |  |  |  |  |
|  |  |  |  |  |  |  |  |  |  |  |  |  |  |  |  |

• L/C : 라이선스

〈이용 소프트웨어 대장〉

| 소프트웨어 관리번호 | 하드웨어 관리번호 | 라이선스 관리번호 | 라이선스 매체관리번호 | 소프트웨어 명 | 도입 신청번호 | 최종 갱신일 | 최종 갱신자 ID | 최종 갱신자 명 |
|---|---|---|---|---|---|---|---|---|
|  |  |  |  |  |  |  |  |  |
|  |  |  |  |  |  |  |  |  |

〈라이선스 대장〉

| 라이선스 관리번호 | 소프트웨어 명칭 | 정식 소프트웨어명 | 제조사 | 버전 | 에디션 | 라이선스 종별 | 하드웨어 관리번호 | 사용허락조건 | 라이선스 수량 | 라이선스 증서번호 | 라이선스 계약번호 | 사용허락 기한 | 원본라이선스관리번호 | 다운그레이드 조건 | 업그레이드 조건 | 유지보수계약기한 | 도입 연월일 | 도입 신청번호 | 도입시 소속명 | 도입시 관리담당자 | 조달처 계약번호 | 조달처 담당자 | 현관리소속 ID | 현관리소속 명 | 현관리자 ID | 현관리자명 | 이전관리소속 ID | 이전관리소속 명 | 폐기 연월일 | 폐기 신청번호 | 최종갱신일 | 최종 갱신자 ID | 최종 갱신자명 | 비고 |
|---|---|---|---|---|---|---|---|---|---|---|---|---|---|---|---|---|---|---|---|---|---|---|---|---|---|---|---|---|---|---|---|---|---|---|
|  |  |  |  |  |  |  |  |  |  |  |  |  |  |  |  |  |  |  |  |  |  |  |  |  |  |  |  |  |  |  |  |  |  |  |
|  |  |  |  |  |  |  |  |  |  |  |  |  |  |  |  |  |  |  |  |  |  |  |  |  |  |  |  |  |  |  |  |  |  |  |

**서식 3-1**

**PC 및 소프트웨어 현황조사 보고서**

1. PC 정보[259]

| | |
|---|---|
| PC serial number | |
| Inventory date | |
| Department/ Business Unit | |
| PC used by | |
| Employee ID number or position | |
| Employee telephone extension | |

2. 소프트웨어 설치 현황[260]

| Publisher | Software Title | Version Number | Number of Installations |
|---|---|---|---|
| | | | |
| | | | |
| | | | |
| | | | |
| | | | |
| | | | |
| | | | |
| | | | |
| | | | |
| | | | |
| | | | |
| | | | |
| | | | |
| | | | |

• 개별 PC 목록 작성시 사용 가능

## 3. 소프트웨어 목록[261]

### 3-1. 표준 소프트웨어

| 소프트웨어 명 | 제조사 | 에디션 | 버전 | 용도 | 조달 | 등록일 | 사용 기한 |
|---|---|---|---|---|---|---|---|
| | | | | | | | |
| | | | | | | | |
| | | | | | | | |
| | | | | | | | |

### 3-2. 개별이용 소프트웨어

| 소프트웨어 명 | 제조사 | 에디션 | 버전 | 용도 | 조달 | 사용허가 소속명 | 등록일 | 사용 기한 |
|---|---|---|---|---|---|---|---|---|
| | | | | | | | | |
| | | | | | | | | |
| | | | | | | | | |
| | | | | | | | | |

---

[259] Software Asset Management(SAM), SAM관련 문서 다운로드 페이지 참조, 마이크로소프트 http://www.microsoft.com/korea/resources/sam/download_SAM.mspx

[260] 상동

[261] 일본, M현의 소프트웨어 목록 양식 참조. 업무에 사용하는 소프트웨어를 소프트웨어 대책 실시 기준 및 지침에 따라 정한 것이며, 소프트웨어 목록에 기재되지 않은 소프트웨어의 사용은 엄격하게 금지하고 있다.

### 서식 3-2

### PC 및 소프트웨어 현황조사 보고서[262]

| Employee | A | B | C | D |
|---|---|---|---|---|
| Hardware | Dell Dimension | Dell Latitude | Dell Latitude | Lenovo Thinkpad |
| CPU | Core i3 | Core i5 | Pentium 4-M | Core i5 |
| RAM | 4 GB | 4 GB | 4 GB | 4 GB |
| Operating System | Microsoft Windows 7 Enterprise | Microsoft Windows 7 Enterprise | Microsoft Windows 7 Enterprise | Microsoft Windows 7 Enterprise |
| Software (version) | | | | |
| Microsoft Office | Office Professional Plus2010 | Office Professional Plus2010 | Office Professional Plus2010 | Office 2007 Enterprise |
| Word | 2010 | 2010 | 2010 | 2007 |
| Excel | 2010 | 2010 | 2010 | 2007 |
| PowerPoint | 2010 | 2010 | 2010 | 2007 |
| OneNote | 2010 | 2010 | 2010 | |
| Visio | 2010 | 2010 | 2010 | 2007 |
| Visual Studio Professional | | | 2008 | |
| Adobe Photoshop | | | | CS3 |
| Adobe Acrobat Reader | 9 | 9 | 9 | 9 |
| Internet Explorer | 9 | 9 | 9 | 9 |
| Windows Media Player | 12 | 11 | 12 | 11 |
| | | | | |
| | | | | |

[262] Software Asset Management(SAM), SAM관련 문서 다운로드 페이지 참조, 마이크로소프트 http://www.microsoft.com/korea/resources/sam/download_SAM.mspx

## 서식 4

### 소프트웨어 현황조사 보고서

1. 마이크로소프트[263]

| Business Unit | Computer Name | Software Publisher | Software Title | Version Number | Total Installations |
|---|---|---|---|---|---|
| | | | | | |
| | | | | | |
| | | | | | |
| | | | | | |
| | | | | | |
| | | | | | |
| | | | | | |
| | | | | | |

• 모든 PC에 대한 현황조사 정보를 이 보고서에 통합 가능

2. 공공기관의 소프트웨어 관리에 관한 규정[264]

| 순번 | 소프트웨어 명 ① | 소프트웨어 고유번호 ② | PC 고유번호 | 이용자 | 설치일 | 서명 |
|---|---|---|---|---|---|---|
| 1 | | | | | | (인) |
| 2 | | | | | | (인) |
| 3 | | | | | | (인) |
| 4 | | | | | | (인) |
| 5 | | | | | | (인) |
| 6 | | | | | | (인) |
| 7 | | | | | | (인) |

• 자산관리시스템 및 대장 등에 등재된 명칭과 동일하게 기재
• 자산관리시스템 및 대장 등에 자산으로 등록 시 고유번호

---

[263] Software Asset Management(SAM), SAM관련 문서 다운로드 페이지 참조, 마이크로소프트 http://www.microsoft.com/korea/resources/sam/download_SAM.mspx

[264] 대통령 훈령(제296호) 별지 2호 서식 참조

### 서식 5

## 소프트웨어와 라이선스 일치 보고서

1. 라이선스 현황 보고서[265]

| Software-Title | Version Number | Publisher | Number of Licenses Purchased (by method obtained) | | | | | | | | |
|---|---|---|---|---|---|---|---|---|---|---|---|
| | | | U/G | OEM | Retail (FPP) | Open License | Select License | Enterprise Agreement | Online / Subscription | Other | Total |
| | | | | | | | | | | | |
| | | | | | | | | | | | |
| | | | | | | | | | | | |
| | | | | | | | | | | | |
| | | | | | | | | | | | |
| | | | | | | | | | | | |
| | | | | | | | | | | | |
| | | | | | | | | | | | |

- 라이선스 고유 문서의 정보를 이 보고서에 기록 가능

2. 소프트웨어 설치 및 라이선스 현황 보고서[266]

| Software Installed | | | Total Licenses Acquired | License Excess or Deficiency |
|---|---|---|---|---|
| Product Name | Version | Total Installations | | |
| | | | | |
| | | | | |
| | | | | |
| | | | | |
| | | | | |
| | | | | |
| | | | | |
| | | | | |

- 소프트웨어 및 라이선스 현황조사 보고서의 정보를 이 하나의 보고서에 통합하면 라이선스 과부족 확인 가능

---

[265] Software Asset Management(SAM), SAM관련 문서 다운로드 페이지 참조, 마이크로소프트
http://www.microsoft.com/korea/resources/sam/download_SAM.mspx

[266] 상동

### 서식 6

## 소프트웨어와 라이선스 일치 보고서

### 1. 소개[267]
주식회사 A는 소프트웨어 자산의 법적 윤리적 사용의 중요성을 인식하고 있다. 이 문서는 직원들에게 소프트웨어 자산의 사용에 있어 법적, 윤리적 책임을 명확히 하는 지침서이다. 조직에 속한 모든 소프트웨어는 업무용이며, 사적인 이익을 위해 임의대로 사용할 수 없다.

### 2. 주식회사 A의 소프트웨어 사용 정책

#### 2-1. 일반 정책
주식회사 A는 다양한 소프트웨어 제조업체 및 공급업체로부터 컴퓨터 소프트웨어의 정식 제품을 구매하였다. 사용이 허락되고 등록된 소프트웨어 프로그램은 사내 컴퓨터에 설치되었고, 라이선스 약정서 및 회사 정책에 입각하여 만들어진 백업 복사본을 사용하고 있다. 회사 및 소프트웨어 제조업체의 명시적인 서면 합의 없이 이 소프트웨어 및 증서의 또 다른 복사본을 제작할 수 없다.

#### 2-2. 기타 소스 소프트웨어
주식회사 A는 전체 직원 컴퓨터에 필요한 수량만큼 정당한 요구를 충족하기 위하여 합법적으로 취득한 소프트웨어 복사본을 제공하여 설치한다. 다른 소스로부터 얻은 소프트웨어 사용은 회사의 보안 문제와 법률적 위험 문제를 일으킬 수 있으므로 그러한 사용은 엄격히 금지된다.

#### 2-3. 추가 복사본
특정 소프트웨어 프로그램 사용권계약서에는 일반 컴퓨터 및 가정용 컴퓨터 양쪽에 모두 설치하여 사용할 수 있도록 허락한 경우도 있다. 근로자는 회사 내 담당부서(정보서비스부서)의 승인 없이 소프트웨어 또는 문서의 추가적인 복사본을 만들 수 없다. 법적으로 허용되거나 상당한 비즈니스 이유가 있을 때 복제 본에 의한 설치가 승인될 것이다.

#### 2-4. 무단 복제
저작권이 있는 소프트웨어 또는 사용허락증서의 무단 복제는 법률 침해이며, 사내 근로자 행위 기준에 위배한 것이다. 소프트웨어 또는 사용허락증서의 무단 복제를 만들어 취득하고 사용하는 근로자는 즉각적인 해고 등 징계 대상이 될 수 있다.

#### 2-5. 내부 통제
주식회사 A는 무단 복제 소프트웨어를 만들거나 사용하는 것을 금지하기 위해 강력한 내부 통제 시스템에 의거, 회사의 명성과 투자가치를 보호할 권리와 의무를 지게 된다. 이러한 책무를 다하기 위해 다음과 같은 통제가 필요하다.

- ① 소프트웨어 사용의 정기적인 평가
- ② 컴플라이언스를 보장하기 위해 수시 및 불시 감사를 시행
- ③ 유효한 라이선스 및 증서의 임의적 삭제 제한
- ④ 정책 위반에 따른 징계조치(견책, 감봉, 해고 등)

---

[267] Software Asset Management(SAM), SAM관련 문서 다운로드 페이지 참조, 마이크로소프트http://www.microsoft.com/korea/resources/sam/download_SAM.mspx, 이를 통해 회사 고유의 소프트웨어 사용 정책을 마련할 수 있다.

**서식 7**

### 소프트웨어 구입 정책 지침서

—1. 소개[268]
주식회사 B는 합법적이고 적정하게 구입한 모든 소프트웨어 패키지를 보증함으로써, 전 직원들이 소프트웨어 사용자로서 책임감에 직면하고 있음을 인지하도록 한다. 이 지침서의 목적은 회사에서 구매하는 모든 소프트웨어가 재고 추적 시스템에 의해 처리되고 각종 문서가 제대로 저장되고 관리되고 있음을 보증하기 위한 단계를 설명하는데 있다.

—2. 개요

—2-1. 목적
① 소프트웨어 사용권 관련 사업 부문(부서)의 요구사항 정의
② 소프트웨어 인벤토리의 최신 상태 유지에 필요한 단계를 정의
③ 모든 소프트웨어에 대한 라이선스 권한 문서의 보존을 보장하기 위해 필요한 단계를 정의
④ 소프트웨어 문서를 업무상 접근하고 제공하는 데 필요한 단계를 정의

—2-2. 단계별 수행 요약
    ① 소프트웨어 요청
    ② 소프트웨어에 대한 라이선스 구입
    ③ 소프트웨어 수령
    ④ 소프트웨어 배포
    ⑤ 소프트웨어 사용 증서는 최종 사용자가 이용할 수 있는 지 확인

—3. 소프트웨어 취득 단계

—3-1. 소프트웨어 요청
소프트웨어 또는 장비 요구사항을 결정하기 위해 IT 부서와 협업한다. 일단 결정되면, 회사 구매 주문 요청 절차에 따라 부서관리자의 승인을 득한다.

—3-2. 소프트웨어 수령
소프트웨어를 수령하게 되면, IT 부서는 다음의 회사 내 등록 절차에 따라 소프트웨어 인벤토리에 등록시켜야 한다. IT 부서는 온 사이트 중앙 저장소에 시스템 유지에 필요한 미디어와 문서의 복사본을 보관하여야 한다. 그리고 원본 및 백업 디스크 그리고 원본 라이선스 문서는 아래의 위치로 하여 오프사이트에 저장된다.
    ① 주소 1
    ② 주소 2      도시, 주 우편번호
—부서는 참조 목적으로 원본 문서의 복사본을 보관할 수 있다.

―3-3. 소프트웨어 배포

등록이 완료되면, IT부서는 소프트웨어 설치 일정에 따라 요청 부서에 연락할 것이다. IT부서는 소프트웨어 배포 받을 근로자의 정보를 다음과 같이 요구할 것이다.

　　　① 이름
　　　② 이메일 주소
　　　③ 전화번호

― 만일 소프트웨어의 재설치를 수행하려면, IT부서에 재문의 하시오.

―3-4. 최종 사용자가 사용할 수 있는 소프트웨어 문서(증서 등) 확인

최종사용자사용권계약(EULA) 또는 소프트웨어 사용권 조항 및 설명서의 사본은 소프트웨어를 수령한 부서에 제공될 것이다. 만일 직원이 소프트웨어 문서의 사본을 필요로 한다면, IT 부서는 문서를 제공할 수 있다.

―4. 추가 정보

보다 더 상세한 정보를 원하거나 특별한 목적을 위해 소프트웨어 취득에 관심이 있다면, 귀하의 제안에 앞서 최소 3개월 전에 "성명", "연락처(또는 이메일)"등을 남겨 문의하기 바란다.

**서식 8**

**도입 소프트웨어 등록 시 점검 목록**

## 1. 도입 후 체크 사항[269]

1　패키지를 개봉하고 송장과 패키지에 존재하는 송장(청구서)의 각 항목을 확인한다.
만일 패키지에는 항목이 누락되어 있고 송장에는 표시되어 있는 경우라면,
상품을 주문한 회사에 문의하라.

2　패키지가 청구서에 접수된 날짜를 기록한다.

3　청구서에 이름을 서명하고 프린트 한다.

4　청구서를 복사하여, 방화·방수·시건이 가능한 캐비닛에 그 사본을 보관한다.

[268] Software Asset Management(SAM), SAM관련 문서 다운로드 페이지 참조, 마이크로소프트 http://www.microsoft.com/korea/resources/sam/download_SAM.mspx, 이를 통해 회사 고유의 소프트웨어 사용 정책을 마련할 수 있다.
[269] Software Asset Management(SAM), SAM관련 문서 다운로드 페이지 참조, 마이크로소프트 http://www.microsoft.com/korea/resources/sam/download_SAM.mspx
[270] 　상 동

## 2. 각 항목 체크사항[270]

1 　각 항목을 연다.

2 　소프트웨어 문서(증서, 설명서 등)를 확인한다.

3 　불필요한 광고물은 폐기한다.

4 　소프트웨어 제목 명, 수령일, 수령자 이름과 서명 후 라벨을 부착한다.

5 　사용자가 접근하기 용이한 중앙 위치에 사용자 설명서와 문서를 철하여 둔다.

6 　라이선스 증거 문서의 복사본을 만든다(최종 사용자 사용계약서, 라이선스 인증서, 소유권 인증서, 영수증 또는 송장 등).

7 　제품 상자를 평평하게 한다.

8 　마닐라(누런) 봉투에 평평하게 제품 상자와 원본 문서를 넣는다. 소프트웨어 제목 명, 버전, 영수증 날짜, 이름과 서명 후 레벨을 부착한다. 문서 사본을 별도로 보관한다.

9 　방화, 방수, 시건 가능한 캐비닛에 봉투를 보관한다. 이러한 캐비닛은 오프 사이트에 위치하는 것이 이상적이다. 또는 특정 직원에 의해 접근이 제한되어야 한다.

10 　소프트웨어 감사를 지원하기 위해 액세스 할 수 있는 위치에 문서 사본을 보관한다.

11 　소프트웨어 인벤토리 데이터 베이스를 업데이트 한다.

12 　백업 저장소 영역에서 소프트웨어 미디어의 백업 복사본이 있는지 확인하라. 이 매체는 오프 사이트에 보관하는 것이 바람직하다.

13 　소프트웨어 설치와 관련하여 요청부서와 조율한다. 요청부서에 소프트웨어 문서의 사본을 제공한다.


### 서식 9
### 소프트웨어 재해 복구 계획 지침서

#### 1. 소개[271]

조직은 소프트웨어가 전반적으로 기업 경영상 중요한 도구임을 인식한다. 따라서 특정 단계는 재해 발생시 투자를 보호하고 조직 기능의 최대 연속성을 보증하기 위해 필요하다. 이 계획은 기업 운영상 중요한 부분을 보호하기 위해 필요한 단계로서 개요를 제공한다.

## 2. 개요

### 2-1. 목적

① 다음의 재난을 복구하는 방법을 제공한다.
- 가. 인벤토리 데이터(대장 등)의 손실
- 나. 설치 미디어의 손실
- 다. 소유권 증명서의 손실

② 현시점까지의 시스템을 유지하기 위한 필요한 단계를 정의한다.

③ 재해 발생시 온 사이트 미디어와 정보를 이전 상태로 복구하기 위한 필요한 단계를 정의한다.

### 2-2. 단계별 수행 요약

① 소유한 소프트웨어 이름에 대해 중앙집중식 인벤토리를 만든다 (오프 사이트에 복사본을 보관하고 정기적으로 업데이트 한다).

② 소유한 소프트웨어 이름의 설치 미디어의 백업 복사본을 중앙집중식 세트로 하여 만든다.
- 가. 설치 미디어 사본을 오프 사이트(외부)에 보관 유지하고, 그것을 정기적으로 업데이트 한다.

③ 소유한 소프트웨어 이름의 소유권 증명서를 중앙집중식 세트로 하여 만든다.
- 가. 모든 문서의 사본을 오프 사이트(외부)에 보관 유지하고, 그것을 정기적으로 업데이트 한다.

## 3. 인벤토리

우리가 숙지해야 할 첫 번째 것은 어떠한 소프트웨어에 대해 라이선스를 보유하고 있는가 이다. 이 목표를 달성하기 위해 회사에 의해 허가된 모든 소프트웨어의 중앙집중식 인벤토리를 유지할 필요가 있다고 할 것이다. 인벤토리 데이터를 최신 상태로 유지하기 위해서, 새로운 소프트웨어를 도입하는 즉시 시스템에 입력해야 한다. 또한 지속적인 데이터의 무결성을 증명하기 위해 시스템의 정기적인 감사를 실시한다. 끝으로 인벤토리 데이터의 전체 복사본을 오프 사이트에 보관하고 정기적으로 업데이트 되고 있는지 확인한다. 시스템에 입력할 도입 소프트웨어의 항목은 표준 소프트웨어 등록 프로세스의 일부로 받아 들여 질 것이다. 이 등록 절차는 새로이 도입된 소프트웨어가 사용을 위해 배포 되기 전에 수행되어야 할 것이다. 이것은 인벤토리 시스템에 우선적으로 입력하지 않고서는 소프트웨어를 인스톨할 수 없다는 것을 확인시켜 주고 있다. 또한 이러한 절차가 소유권 증명서나 설치 미디어를 보호할 수 있는 기회를 제공할 것이다. 정기적인 감사는 인벤토리 데이터의 무결성과 연관성을 유지시켜 주는 열쇠이다. 우리는 재고량을 확인하기 위해 소프트웨어를 무작위로 선택하는 방식으로 현장 조사를 분기별로 수행한다. 아울러 재고목록을 업데이트 하기 위해 축출된 수량을 사용한다. 연간 기준으로 우리는 전체 인벤토리 조사를 수행하고, 현장 조사를 통해 불일치에 따른 기존 인벤토리 데이터와의 결과를 비교한다. 우리는 온 사이트 기록을 파괴하는 (화재, 분실 등)가 발생할 경우 자료를 보호하기 위해 데이터 복사본을 오프 사이트에서 보관할 필요가 있다. 이러한 데이터는 일관성을 유지하기 위해 정기적으로 업데이트 해야 한다. 최소한도 재고 감사가 완료될 때마다 오프 사이트 복사본을 업데이트 해야 한다. 이러한 복사본은 회사에서 여러 사람이 접근할 수 있는 안전한 장소에 보관해야 한다. 이것은 비상사태에 한 사람 만에 대한 의존을 막을 수 있을 것이다.

### 4. 설치 미디어

소프트웨어 설치 미디어는 직원들이 쉽게 접근할 수 있도록 해야 하되, 역시 재해 시 보호될 필요가 있다. 재해 시 안전을 보장하기 위해 우리는 안전한 오프 사이트에 설치 미디어의 복사본을 관리해야 한다. 또한 접근 필요 시 직원을 용이하게 지원하기 위해, 우리는 사용할 수 있는 설치 미디어를 중앙집중식 저장소에서 보관해야 할 것이다. 오프 사이트 저장소는 가능한 한 정기적으로 업데이트 해야 한다. 각 소프트웨어 이름의 원본 설치미디어는 오프 사이트 저장소에 별도로 보관 관리해야 한다. DVD·CD·사용자 설명서 등의 미디어는 필요 시 소유권 증명을 추가적으로 제공할 수 있어야 하기 때문에 항상 원본이어야 한다. 오프 사이트 저장소는 최소한 분기에 1회 정도 업데이트 해야 한다. 오프 사이트의 저장소의 공간을 최소화 하기 위해, 각 소프트웨어 이름의 각 버전 별로 1개 정도의 미디어 복사본을 오프 사이트 저장소에 보관 한다. 소프트웨어 제조사가 백업 복사본을 허용한다면, 최소한도 소프트웨어 설치 미디어 1카피는 조직 내 기술자들이 사용할 수 있도록 중앙

---

[271] Software Asset Management(SAM), SAM관련 문서 다운로드 페이지 참조, 마이크로소프트 http://www.microsoft.com/korea/resources/sam/download_SAM.mspx

집중식 설치미디어 저장소(서버)에 제공되어야 한다. 복제가 허용되지 않는다면 추가적인 원본 미디어가 필요할 것이다. 우리가 소프트웨어 패키지에서 몇 개의 카피를 소유할 수 없다면(즉 설치 미디어가 한 개), 설치미디어의 별도의 카피는 적은 수수료를 소프트웨어 제조사에 지불하고 얻을 수 있을 것이다. 별도의 추가 복사본은 가능한 한 지원부서의 직원들을 유연하게 일할 수 있도록 지원하기 위하여 온 사이트(현장) 저장소에 보관해야 한다.

### 5. 소유권 증명서

소유권 증명서는 소프트웨어 자산에 대한 회사의 투자상황을 보호하는데 있어서 가장 중요한 핵심 요소라 할 것이다. 따라서 우리는 오프 사이트 저장소에 원본 문서를 이관하여 관리해야 할 것이다. 또한 온 사이트(현장)에도 원본 문서의 복사본을 라이선스 감사에 적절히 대응하기 위하여 보관해야 한다. 소프트웨어 등록 절차를 통해 소프트웨어 패키지의 소유권을 올바르게 적용하기 위해 문서를 제거하거나 유지해야 한다. 이 문서는 다음 중 하나 또는 모두를 구성할 수 있다.

5-1 최종 사용자 사용권계약서(EULA)
5-2 정품 인증서
5-3 구매 영수증
5-4 인도 증명서
5-5 소프트웨어 박스

이러한 모든 문서의 형태는 유지되어야 한다. 소프트웨어 박스는 저장소에 용이하게 보관하기 위해 납작하게 펴야 하고, 모든 원본은 마닐라(누런) 봉투에 넣어 오프 사이트 저장소에 라벨을 붙여 보관한다. 항상 오프 사이트 저장소는 보호가 제대로 되고 있음을 보장하기 위하여 정기적으로 업데이트 해야 한다. 가능하면 복사본들은 문서와 같이 주의해야 하고, 온 사이트(현장)에서도 보관해야 한다. 복사본의 온 사이트 관리는 감사 시 요청 받은 소유권 증명을 쉽게 할 수 있으며, 재난 시 소프트웨어자산을 보호할 수 있도록 해준다.

**서식 10**

**소프트웨어 질문지 (직원용)**

**1. 대상자**[272]

1-1 성명

1-2 부서

1-3 직책

1-4 이메일 주소

1-5 전화번호

**2. 개인별 소프트웨어 사용횟수**

| 소프트웨어 제조사 및 명칭 | 버전 | 사용횟수 | | | |
|---|---|---|---|---|---|
| | | 매일 | 3~4회/주 | 1~2회/주 | 사용 안함 |
| | | | | | |
| | | | | | |
| | | | | | |

**3. 질문사항**

3-1 당신은 업무를 수행함에 있어 필요한 소프트웨어를 가지고 있다고 생각하십니까? 그렇지 않다면 도움이 될 만한 프로그램 또는 타이틀 제목을 적어 주십시오.

3-2 당신은 업무를 수행함에 있어 에디션/업그레이드된 소프트웨어 또는 하드웨어가 보다 더 업무 효율성이 있었다고 생각하십니까?

3-3 당신이 업무관련 목적을 달성하기 위해 현재 사용하고 있는 프로그램 중 방해가 되거나 도움이 되지 못하는 프로그램은 없습니까?

3-4 자동화할 수 있음에도 수동으로 작업하는 것이 있습니까?

3-5 당신은 회사 내부 및 외부에 있는 동료들과 파일 또는 문서를 용이하게 공유할 수 있습니까?

3-6 소프트웨어 사용 및 필요성을 위해 추가적인 의견이 있으시면 제공해 주십시오.

---

[272] Software Asset Management(SAM), SAM관련 문서 다운로드 페이지 참조, 마이크로소프트
http://www.microsoft.com/korea/resources/sam/download_SAM.mspx

## 서식 11

## 지원비용 절감을 위한 팁

### 주요항목[273]

1. 하드웨어 및 소프트웨어 그리고 사용자 정보를 취득하기 위한 중앙 데이터베이스를 구축하고 보고서를 생성하라. 조직의 지원부서 책임자는 조직원들의 시스템에 대한 전반적인 지식을 알게 될 것이며, 보다 더 빠르고 효율적으로 지원하기 위해 시스템을 활용할 것이다.

2. 서비스 이력 및 하드웨어를 추적할 수 있어야 한다. 일반적으로 골치가 아픈 특정 소프트웨어 타이틀과 하드웨어 구성요소를 검사하고, 필요하면 보다 더 강력한 솔루션으로 교체할 수 있다.

3. 가능한 한 스탭(직원)이 지원해야만 하는 응용프로그램과 시스템을 표준화하여 응용프로그램의 수를 제한하라. 소프트웨어 타이틀을 표준화한다는 것은 지원해야 할 응용프로그램의 목록을 줄인다는 것이며, 헬프 데스크와 지원 비용 상승을 줄일 수 있다는 것이다.

4. 정기적인 주기로 소프트웨어 인벤토리(현황조사)를 수행하기 위해 소프트웨어 인벤토리 도구를 배포하라. 중앙집중식 시스템 관리자와 같은 도구는 전체 비용을 절감해 주고, 신규 도입 소프트웨어의 배포를 원활히 해 주며, 배포된 소프트웨어 및 소프트웨어 사용, 소프트웨어 사용량에 대한 보고서를 상세히 제공해 준다. 중앙 데이터 베이스에 보고서를 저장하라.

5. 회사의 모든 중요한 소프트웨어 및 하드웨어에 대한 유지 보수 계약서를 유지하고, 조직의 스탭이 그것들을 사용할 수 있도록 독려하라. 스탭은 항상 그들의 업무에 대해 보다 더 기술적이고 충분하게 숙지 할 수 있도록 벤더로부터 도움을 받아야 한다.

6. 헬프 데스크 및 문제 추적 시스템의 도입을 검토하라. 이러한 시스템은 가격이 고가일 수 있지만, 일반적으로 임시 데이터 베이스 보다는 커다란 장점이 있다. 예컨대, 빈번한 시스템 운영에 시간적 부하가 덜하고, 보다 더 쉽게 소프트웨어 지원항목을 추적할 수 있다.

7. 조직의 지원부서 스탭을 위해 핵심 소프트웨어와 하드웨어를 사용 방법에 대해 교육 훈련계획을 수립하라. 직원들이 지식을 공유하고 전반적인 효율성 증대를 위하여 스탭 주도의 점심미팅이나 그룹미팅을 권장하라. 회사 직원의 소프트웨어에 대한 전반적인 지식은 응용프로그램을 지원함에 있어 보다 빠르고 쉽게 마련될 것이다.

8. 반복적인 일을 자동화하기 위한 방법을 모색할 수 있도록 스탭들을 격려하라. 이로 인해 직원들로 하여금 업무에 대해 보다 더 직접적인 생각을 이끌어 낼 수 있고, 결과적으로 충분한 효율성을 확보할 수 있다. 자동화된 작업을 문서화하고 그것을 정기적인 프로세스로 설정해야만 한다.

9. 근로자에게 허락된 소프트웨어와 그의 사용 그리고 소프트웨어 취득에 대한 정책을 세워라. 이러한 정책을 통해 배포되어 사용되고 있는 승인된 소프트웨어에 대한 서비스 지원을 줄일 수 있다. 소프트웨어 취득 정책은 네트워크를 통해 배포되었지만 불필요한 소프트웨어 수 및 지원비용, 유지보수 비용 등을 줄일 수 있다.

---

[273] Software Asset Management(SAM), SAM관련 문서 다운로드 페이지 참조, 마이크로소프트 http://www.microsoft.com/korea/resources/sam/download_SAM.mspx

참고 문헌

- KS Q ISO 9001 (2009) 품질경영시스템 – 요구사항

- KS X ISO/IEC 12207 (2009) 정보기술 – 시스템 및 소프트웨어공학– 소프트웨어 생명주기 프로세스

- KS X ISO/IEC 15504-2 (2006) 정보기술 – 프로세스 심사 – 제2부: 심사수행

- KS X ISO/IEC 20000-1 (2007) 정보기술 – 서비스관리 – 제1부: 명세서

- KS X ISO/IEC 20000-2 (2007) 정보기술 – 서비스관리 – 제2부: 실행지침

- KS X ISO/IEC 27001 (2006) 정보기술 – 보안기술 – 정보보안관리시스템 – 요구사항

- KS X ISO/IEC 27002 (2009) 정보기술 - 보안기술 – 정보보안관리를 위한 실무지침

- ISO/IEC 19770-1 (2012) 정보기술 – 소프트웨어자산관리 – 프로세스 및 단계별적 합성 평가

- 2012/2013 소프트웨어 가이드라인, 한국저작권위원회

- 일본 JIPDEC 발행 연재기사 (해외 소프트웨어자산관리)

- SW 지적재산권 침해 시 손해배상액 산정에 관한 연구, 컴퓨터프로그램보호위원회, 조사연구 2007-11

- 소프트웨어 거래와 권리소진의 원칙, 계간 저작권, 2012. 3. 21

- 저작권 동향 제23호, 한국저작권위원회, 2012. 12. 4

- 우리나라 ADR 제도의 활성화 방안, 한국법학회(김상찬, 양영화), 2012

- 대체적분쟁해결처리제도 도입방안, 전병서 외, 2005. 11

- 대체적 분쟁해결제도(ADR)법제의 주요 쟁점과 입법과제(조정을 중심으로), 국회입법조사처(이건묵), 2012. 9. 14

- 한국의 ADR 제도와 저작권 분쟁조정의 특징, 문화체육관광부(김갑유), 2013

- JIS X 0164에서 본 SAM 설명서 활용방법, JIPDCE, 2011. 6

- SAM 설명서(도입을 위한 기초자료), JIPDEC, 2012. 2

- 지방공공단체의 소프트웨어자산관리 도입 가이드, JIPDEC, 2013. 4

- SAM 사용자 설명서 개요, JIPDEC, 2010. 6

- 소프트웨어자산관리평가표준 ver 3.01, 소프트웨어자산관리평가인증협회, 2011. 10. 1

- 경영자를 위한 소프트웨어 리스크 관리가이드, 일본 BSA, 2008. 10

- 마이크로소프트 홈페이지(Software Asset Management: SAM) 참조
  http://www.microsoft.com/korea/resources/sam/download_SAM.mspx

- KLRI Journal of Law and Legislation Volume 2, Leverage That is 'Criminal: Seeking to balance the right of Korean defendants and plaintiffs in small-scale software copyright cases, 한국법제연구원, 2012

정부·공공·교육기관 및 기업체를 위한
소프트웨어자산관리 활용방법

2016년 8월 5일 초판 발행

| | |
|---|---|
| 지은이 | 한연수 SW자산관리 표준화 책임연구원 |
| 발행인 | 한연수 |
| 발행처 | 한국소프트웨어저작권사용자보호협회 |
| 출판신고 | 2013년 5월 15일 제2016-000033호 |

서울특별시 양천구 목동서로 201, KT정보전산센터 20층
02) 797-0028
www.kosupa.or.kr
john88@kosupa.or.kr

| | |
|---|---|
| 디자인 | 유요한 |
| 인쇄 | 환영인쇄 |
| 가격 | 47,300원 |
| ISBN | 979-11-953172-1-9 |

이 출판물은 저작권법에 따라 보호받는 저작물로써
저작권자로부터 별도의 허가를 받지 않거나
정당한 권원 없이 복제 배포 전송을 금지하며,
내용의 전부 또는 일부를 이용하려면 반드시
서면동의를 받아야 합니다.

이 도서의 국립중앙도서관 출판시도서목록(CIP)은
e-CIP 홈페이지(http://www.nl.go.kr/ecip)와
국가자료공동목록시스템(http://www.nl.go.kr/kolisnet)에서
이용하실 수 있습니다. (CIP제어번호 : CIP2016018675)